U0930289

高速铁路基础研究与技术创新丛书

编　委　会

"十四五"时期国家重点出版物出版专项规划项目

高速铁路基础研究与技术创新丛书

工程设计系列

现代铁路枢纽规划设计

本丛书编委会　总主编

许佑顶　高丰农　吴学全　李传勇　等编著

朱　颖　主　审

中国铁道出版社有限公司

2022年·北　京

内 容 简 介

本书为"高速铁路基础研究与技术创新丛书"之分册。

中国铁路枢纽规划设计始于新中国成立后，经历 70 多年的发展，形成了具有中国特色的铁路枢纽规划设计技术，代表了世界先进水平。作者基于 30 多年来铁路枢纽规划设计研究和实践，结合 2016—2019 年批复的全国各铁路枢纽总图规划，从宏观、中观、微观三个维度展开论述。宏观维度，从总体规划角度论述当前铁路枢纽分级及基本构型、前沿规划设计理念，客货运子系统构建的规划设计原则及方法、技术成果及运用前景；中观维度，从专业规划设计角度系统论述客运站、编组站、物流中心等各作业子(分)系统的技术特点、功能目标、设计原则和方法、设计内容等；微观维度，论述铁路枢纽的核心设施设备的选址、基本图型选择和设施规模确定等。最后附国内外工程案例加以分析说明。

本书可供铁路工程决策人员、技术人员、运营管理人员参考。

图书在版编目(CIP)数据

现代铁路枢纽规划设计/许佑顶等编著．—北京：中国铁道出版社有限公司，2022.10
(高速铁路基础研究与技术创新丛书．工程设计系列)
ISBN 978-7-113-27468-9

Ⅰ.①现…　Ⅱ.①许…　Ⅲ.①铁路-枢纽站-规划　Ⅳ.①U291.4

中国版本图书馆 CIP 数据核字(2020)第 245087 号

书　　名：现代铁路枢纽规划设计
作　　者：许佑顶　高丰农　吴学全　李传勇 等

策　　划：陈小刚
责任编辑：陈小刚　黎　琳　　**编辑部电话：**(010)51870265
封面制作：高博越　郑春鹏　　**封面摄影：**王明柱　　**丛书标识设计：**崔丽芳
责任校对：苗　丹
责任印制：高春晓

出版发行：中国铁道出版社有限公司(100054，北京市西城区右安门西街 8 号)
网　　址：http://www.tdpress.com
印　　刷：北京联兴盛业印刷股份有限公司
版　　次：2022 年 10 月第 1 版　2022 年 10 月第 1 次印刷
开　　本：787 mm×1 092 mm 1/16　**印张：**27.5　**插页：**2　**字数：**567 千
书　　号：ISBN 978-7-113-27468-9
定　　价：178.00 元

高速铁路基础研究与技术创新丛书

编　辑　组

组　长：王　滨

副组长：杨新阳

策　划：（以姓氏笔画为序）

王　健　王风雨　王明容　亢嘉豪　田　甜　朱敏洁　刘　霞
江新锡　李小军　李润华　李嘉懿　杨　哲　时　博　邱金帅
张　婕　陈小刚　金　锋　徐　艳　徐　清　黄　璐　曹艳芳
崔忠文　傅希刚　曾露平　熊安春　黎　琳　薛丽娜

编　辑：（第二期，以姓氏笔画为序）

王　健　朱敏洁　刘　霞　李小军　李润华　李嘉懿　时　博
邱金帅　张卫晓　陈小刚　赵雅敏　胡娟娟　徐　清　高　楠
黄　璐　黎　琳

统　筹：李小军　刘　霞

序

我国高速铁路起步晚、发展快、后劲足，经过几代人的不懈努力，通过原始创新、集成创新、引进消化吸收再创新，成功地走出了一条符合中国国情路情、具有中国特色的自主创新之路。我国已系统掌握各种复杂地质和气候条件下高速铁路建造成套技术；在工务工程、列车运行控制、牵引供电、动车组等高速铁路核心技术方面实现自主化；形成了复杂路网条件下处理跨线运行的运营管理成套技术，构建了人防、物防、技防三位一体的主动安全保障机制。我国已成为全球高速铁路运营里程最长、在建规模最大、运营速度最快、技术体系最全、运营和管理经验最丰富的国家。我国高速铁路技术已走在世界前列，成为推动世界高速铁路发展的重要力量。

为贯彻落实中共中央、国务院《交通强国建设纲要》，推进国铁集团《新时代交通强国铁路先行规划纲要》的落地，系统总结、梳理我国高速铁路各领域前沿理论和技术，向我国乃至世界高速铁路科研工作者和工程技术人员提供一套前沿性的参考书，中国国家铁路集团有限公司铁道出版社公司特组织编著出版“高速铁路基础研究与技术创新丛书”。

丛书以习近平新时代中国特色社会主义思想为指导，以国家自然科学基金课题、国家基金委-国铁集团高铁联合基金课题、国家“973”课题、国家重点研发计划课题等科研成果为支撑，从高速铁路前沿研究、补短板技术、核心技术、技术发展趋势等方向组织选题，涵盖动车组、供电、通信与信号、列控与检测、工程勘察与设计、智能建造、运营与管理、现代信息技术、安全和维护等领域，规模为100册，是全面系统论述我国高速铁路基础研究与技术创新成就的大型系列原创性科技著作。

丛书力求突出制高点、原创性、权威性、全覆盖特色。丛书各册内容以作者团队长期从事高速铁路科学研究的成果为依托，多数成果居于国内领先水平甚至世界先进水平，多种成果荣获国家科学技术奖一等奖、二等奖，国家技术发明奖一等奖、二等奖，茅以升科学技术奖，詹天佑铁道科学技术奖，铁道科技进步奖等奖项，丛书内容体现了我国当今最新、最前沿以及展现未来发展趋势的高速铁路相关研究成果和应用技术。丛书包括动车组、供电、工程施工与组织等十个系列，基本实现高速铁路各领域全覆盖。

丛书由编委会总负责。编委会阵容强大，认真负责。编委会各成员都是长期从事我国高速铁路科研、技术、生产和管理的一流专家学者，是所从事领域的翘楚，其中包括高速铁路及其相关领域的四位院士。编委会多次开会商讨丛书的体系、内容特色、作者条件及质量保障机制；分工负责，精心审订和修改各册编写提纲；多次遴选选题，先从 150 多个选题意向中遴选出 100 个选题，后又剔除了内容特色不太鲜明的 8 个选题，还对 10 多个选题提出了较大的改进意见，补充了 8 个关键技术和弥补技术空白的选题；最后邀请专人对各册内容进行审定，从而保证了各册内容的正确性和先进性。

2021 年年底，国家新闻出版署经过严格评审，“高速铁路基础研究与技术创新丛书”(100 册)成功入选“‘十四五’时期国家重点出版物出版专项规划——重大出版工程”。这是对本丛书项目的认可，也是对编委会、作者和编辑等人员前期工作的认可，更是一种鞭策。我们相信，本丛书的出版，将助力于《交通强国建设纲要》的贯彻落实，推动我国乃至世界高速铁路事业的发展，也将为铁路领域的科研工作者、工程技术人员、管理人员，以及高校相关专业师生提供一套高水平、原创性、权威性、全覆盖的大型高铁科技精品著作。

中国工程院院士

“高速铁路基础研究与技术创新丛书”编委会主任 卢春房

2022 年 2 月

助力我国铁路高质量发展

——为《现代铁路枢纽规划设计》序一

随着中国国民经济持续稳定发展，工业化、市场化、城镇化进程的加快和人民生活水平的不断提高，全社会对旅客运输和物流业快捷便利、经济安全、绿色环保、节能、可持续发展等方面的要求越来越高。铁路运输具有安全快捷、运能大、绿色环保、成本低、全天候、占地省、适应性强的显著比较优势，应该走在社会发展的前面，更好地满足全社会的强大需求，成为综合交通系统中的引领型、主导型运输模式。作为铁路运输基本设施的铁路枢纽，其规划设计和建设，是一个核心环节。

铁路运输是工业化的必然产物。自 1825 年英国在斯托克顿(Stockton)和达灵顿(Darlington)城市之间修建了世界第一条铁路后，世界各国相继大规模修建铁路，各铁路间自然产生了相互联轨、实现长距离跨线运输的需要，在这些铁路交会的地域，铁路枢纽应运而生，其范围内的客运站、技术作业站等成为铁路网运输的节点和“列车工厂”。20 世纪 30 年代前 100 年是世界铁路高速发展时期，铁路总里程达到 130 万公里，拥有枢纽 5 000 多个。20 世纪 60 年代末，随着航空、公路和管道等运输模式的高度发展，国外铁路运输一度丧失传统竞争力，丢失大量运输市场，特别是旅客运输方面，铁路运输陷于低谷，不得不大量拆除重复、亏损的铁路，取消低效的枢纽和中小编组站、货运站、客运站。20 世纪 70 年代以来，鉴于铁路运输的重要性，发达国家相继采取调整铁路生产力布局、优化整合等措施，广泛应用计算机、信息技术，升级改造或新建大型编组站、新型客运站，优化运输组织，货运作业实施集中化、专业化，重视中短途、市郊客运，从而大大提高了铁路运输效率，增强了市场竞争力，使一度被人们称为“夕阳产业”的铁路运输重新焕发了青春。特别是在旅客运输方面，20 世纪 60 年代诞生于日本的高速铁路，显现了强大的生命力。目前，世界许多国家在整合铁路的基础上，强化铁路枢纽，因地制宜，或强化货运，或强化客运，或客货并重，大力新建高速铁路。铁路运输及枢纽规划建设进入了新的发展时期。

铁路进入中国时间相对较晚，1876 年，上海怡和洋行英商修建了中国第一条铁路吴淞铁路，到 1949 年中华人民共和国成立前的 73 年间，中国共修建并留存下来的各类轨距铁路只有 2.6 万公里，勉强维持通车的铁路仅 2.18 万公里，而 1947 年印度建国时却有铁路 5.5 万公里，而且中国铁路绝大部分分布在东北、东中部、沿海地区。这些铁路标准低，设备简陋，留存的 30 多个铁路枢纽（地区）和站场设施非常薄弱，少数的几个方向干线的交会点虽形似枢纽，却衔接线路少，线网布局不合理，枢纽内通道行车不畅，核心车站多属于客货共站的布局，客货运输混杂，设备极其简陋，客货运作业能力低下。

中国真正意义上的铁路枢纽理论研究、规划设计及建设是在新中国成立之后，铁道事业一直得到党和国家的高度重视。新中国成立初期，随着国民经济的初步恢复和发展，铁路全面实行国有化，在旧中国留下的简陋铁路的基础上创建为新型的人民铁路，成为中国国民经济的运输大动脉。

中国铁路枢纽的规划建设是与中国铁路网的扩展、运能需求和运输方式及理念的改革相协调的，可以大致分为四个时期：

一是新中国成立后至 20 世纪 60 年代前。这一时期铁路建设以恢复国民经济、满足经济发展和国防战备发展为主，在修复、续建旧中国留下的简陋铁路的基础上，依据经济发展水平，新建部分铁路，填补国土空白，同时在学习、借鉴苏联建设运营经验的基础上进行枢纽规划建设。"一五"期间开工新建、改建了哈尔滨、沈阳、锦州、天津、北京、石家庄、太原、大同、包头、徐州、郑州、武汉、西安、成都 14 个铁路枢纽和重点场站。这些工程大都采取分期施工、逐步配套完善的办法，既照顾到长远的发展，又在短期内收到了实效。

二是 20 世纪 60 年代至改革开放以前。这期间中国经历了经济严重困难时期和十年"文化大革命"，但铁路仍在稳步发展，铁路网继续扩充。到 1980 年，中国铁路网拥有铁路 5.25 万公里，新增了兰州、乌鲁木齐、宝鸡、洛阳、襄樊、安康、怀化、柳州、湛江等枢纽。

三是改革开放至 20 世纪末期间。这一时期，中国铁路网继续扩大，繁忙干线复线化、电气化，部分重要的既有枢纽实行了客货分线，对其重点场站进行扩能改造，实施了两次大提速，新增了大量的枢纽，如深圳、拉萨、温州、阜阳、九江、六盘水、芜湖、宁波、格尔木等铁路枢纽，这些枢纽起点较高，从规划开始就贯彻了客货分站（分线）、设施配套、预留发展的理念。这一时期，中国铁路网拥有铁路 6.6 万公里，拥有铁路主要枢纽 46 个，主要铁路地区 30 余个，枢纽的规模越来越大，复杂程度越来越高。

四是 21 世纪以后。这个时期中国铁路枢纽规划建设以高速铁路建设为引擎。国务院分别于 2008 年、2016 年批准发布了《中长期铁路网规划》。高速铁路技术标准高，行车速度高、密度大，控制技术先进，跨线交路需要快速进出枢纽，传统的客货共线运输模式无法满足运营需要。在理论研究和试验的基础上，铁道部组织建设了中国第一条设计时速 250 公里的高速铁路——秦沈客运专线。其后，除继续对既有线实施了 4 次大提速外，中国铁路进入高速铁路建设发展阶段，在一大批重要的铁路枢纽规划建设中全面贯彻客货分线运输、强化客运、高速铁路独立成网并实现区域覆盖、整合提升货运、系统优化的规划理念，对枢纽既有设施进行整合、提升、强化、点线能力协调，新线引入贯彻安全、顺直快捷、绿色环保的建设理念，铁路枢纽的规划建设进入新的阶段，以北京、上海、广州、武汉、成都、重庆、郑州、沈阳、天津、西安、兰州、哈尔滨、大连、杭州、南京等铁路枢纽的改扩建为代表，这一过程持续至今并继续深化。

中国铁路已覆盖全国所有省份并构建成网，截至 2021 年底，营业里程达到了 15 万公里，其中高速铁路 4 万公里，稳居世界第一，复线率和电气化率分别达到 59.5%和 73.3%以上，覆盖了 20 万以上人口城市的 95%，其中高速铁路覆盖了 100 万以上人口城市的 80%。拥有铁路枢纽和主要地区 130 余个、铁路交会地区 200 余个，其内分布了大型、特大型客运站 150 余个，编组站 86 个、区段站 300 余个，铁路大型物流中心 200 余个，既有客运站、编组站均得到现代化改造。2019 年，国家铁路旅客发送量 36.60 亿人，国家铁路货物发送量 43.89 亿吨，长期保持了世界第一，这其中铁路枢纽和地区支撑了铁路运量的绝大部分。中国铁路网以较低的路网密度，取得了运输密度超越发达国家 4 倍以上的业绩，高效、完善的铁路枢纽发挥了决定性的作用。

总体看，中国铁路为国有铁路，经过多年的规划建设，相对于国外发达国家，有统一的国家归口管理部门，枢纽的规划建设有序、连续，避免了其他国家铁路发展史中早期无序扩张—中期运营衰落—因竞争劣势拆除—再度高成本发展的惨痛不良经历，具有技术路线合理、规模适中、布局较优化、作业高度集中、运输效率较高、装备较为现代化等显著比较优势，已经走进了世界先进行列。铁路枢纽是铁路运输的关键节点，其规划建设合理与否，是点线能力协调的关键，决定了铁路运输的能力和基本效率。铁路枢纽又是一个庞大、复杂的系统，其规划设计属于顶层设计范畴，影响因素多，制约环节多，建设周期长，是中国铁路网规划和所在城市总体规划的重要基础规划之一，涉及铁路工程领域的所有专业技术。中国铁路枢纽规划设计技术伴随着中国铁路发展，因地制宜、实事求是，取得了巨大进步。为了总结、提升中国现代铁路枢纽规划设计技术，中铁二院工程集团有限责任公司组织专家及工程技术人员，编著了《现代铁路枢纽规划设计》，从多专业角度论述当前铁路枢纽规划设计最新技术成果及前景，具有较高的理论和实用价值。为此，我将该书推荐给从事铁路规划设计、施工、科研、教学等工作人员和广大读者。

中国工程院院士 何华武

2022 年 8 月

总结经验，推进铁路高质量发展

——为《现代铁路枢纽规划设计》序二

中铁二院工程集团有限责任公司（以下简称“中铁二院”），原名铁道第二勘察设计院，成立于1952年，总部设在四川省成都市，现有员工约5 700人，是中国建筑行业集科研、勘察设计、咨询、工程总承包为一体的国有大型工程集团。

中铁二院自成立以来，长期奋战在中国西南复杂艰险山区，承担了西南及沿海地区大量铁路干支线的勘察设计，为中国西南铁路网的布局、完善，倾注了大量的心血，作出了巨大的贡献。

西南地区铁路的建设，始于20世纪初的滇越米轨铁路及黔桂铁路，但数十年中基本处于停滞状态，真正意义的铁路网建设起步于新中国成立之后，是随着国家战略布局、国民经济发展和国防建设逐步建设完善的。20世纪五六十年代，中铁二院全程参加了新中国第一条新建铁路成渝铁路建设，以及其后的宝成、川黔、贵昆、成昆、湘黔、襄渝等艰险复杂山区的铁路建设，西南铁路由此逐步成网，逐步构建起成都、重庆、昆明、贵阳、柳州等铁路枢纽，客运站、编组站及货场等枢纽的核心设备也按照“先通后备、分步配套、逐步完善”的建设理念，建成了成都、重庆、昆明、贵阳等大型客运站，成都东、重庆西、贵阳南、昆明东、柳州南等编组站及大量的客货运区段站，以及成都东、重庆东、昆明东等大型货场，支撑起西南铁路网的客货运输。

进入20世纪90年代后，随着南昆、广大、达成、渝怀、成遂渝、广西沿海等新建铁路的建设及成渝、宝成、成昆、襄渝、沪昆等既有铁路的现代化扩能改造，国家先后对昆明、成都、重庆、贵阳、柳州等枢纽进行了扩能改造，枢纽衔接线路复线化、牵引电气化，重点场站进一步扩能改造，如1997年昆明东编组站扩建为单向三级四场编组站并建成西南第一座自动化驼峰，2000年昆明大型客运站完成改扩建，2002年新建重庆北客运站等。这些建设进一步完善了枢纽格局，极大地提高了枢纽的综合作业能力。

进入21世纪后，随着国家西部大开发战略的实施，西南铁路网进一步扩展和完善，各铁路枢纽结合客运专线的引入需要及货运增长需求，均进行了全新的规划布局，分步开展客货分线的改造。例如：成都铁路枢纽完全实现“客货分线、客内货外”的运输格局，构建起“多重环线＋放射状引入线”的总体格局，客运为“两重环线＋

‘三主两辅’五客运站”的格局，货运为“外环十放射状引入线分布‘一编六货’”的格局，在2008年一次性建成中国第一个综合集成自动化的双向纵列式特大型编组站——成都北编组站，2010年建成西南第一座特大型高速客运站——成都东客运站，2012年全路18个集装箱中心站之一的城厢物流中心建成投产，标志着西南铁路枢纽规划及建设走在了全国前列，其规划设计理念、成套技术得以在全路推广。其后，重庆、昆明、贵阳、柳州、南宁等铁路枢纽均结合新建客货运线路引入，对枢纽的总图格局，新建引入线及核心客运站、编组站等均进行原址大规模现代化升级改造或新建，枢纽综合作业能力及装备水平极大提高。

在铁路枢纽规划设计技术的发展历程中，中铁二院的广大技术人员与路内同行共同探索、共同进步，充分吸纳先进的研究成果和规划设计理念，因地制宜、勇于创新，积累了丰富的规划设计经验，为中国铁路枢纽规划设计技术的进步呕心沥血，作出了巨大贡献。目前，中铁二院的广大技术人员正在开展世界铁路建筑史上自然条件最复杂、工程难度最大、投资最高、勘察设计代价最大的工作，将全方位接受大自然的考验，接受华夏历史、党和国家、人民的检阅。

铁路枢纽是一个庞大、复杂的系统，其规划、设计、建设涉及铁路工程领域的所有专业。为了总结中国现代化铁路枢纽勘察设计技术，中铁二院组织专家及工程技术人员，历时三年，编著了《现代铁路枢纽规划设计》。该书系统论述了铁路枢纽的构成、功能及其规划设计技术，从总体设计角度论述了当前铁路枢纽最新规划设计理念、技术成果及前景，力求系统论述铁路枢纽规划设计工作及程序、内容、方法等，并附有较翔实的实际工程案例，代表了中国乃至世界铁路枢纽规划设计技术的先进水平。

《现代铁路枢纽规划设计》的出版，是中国现代铁路站场设计技术及发展成果的总结和升华。在此，我愿把这本书推荐给大家，希望广大铁路科技工作者继续努力，为中国铁路枢纽的发展再作贡献。

中国中铁首席设计大师
全国工程勘察设计大师
朱颖

2022年8月

前　　言

本书为“高速铁路基础研究与技术创新丛书”之分册。按丛书规划要求，力图体现现代铁路枢纽规划设计技术研究与实践的前沿性、原创性等特点。

铁路枢纽是铁路运输的基本节点，是工业革命及铁路运输高度发展的产物，是国民经济的重要基础设施群，承担了各国铁路日常旅客及货物运输的组织作用，是一个庞大、复杂的系统，其规划建设涉及铁路工程领域的所有专业，科学、合理地规划铁路枢纽，对于发挥铁路运输效率、点线能力协调，以及城市的建设发展，具有极其重要的作用。

中国铁路枢纽规划设计及建设始于新中国成立后，经历数十年。自20世纪90年代以来，国家高度重视铁路规划建设，铁道部组织了多轮主要铁路枢纽的总图规划，先后优化了铁路枢纽总图布局，扩展了线网和规模，规划理念逐步科学合理，具前瞻性。基于总图规划的指导，在枢纽核心站场设施规划建设工作中，国内相关单位和科技人员开展协同技术攻关，主要枢纽新建了一大批特大型高速客运站、综合集成自动化编组站、铁路物流中心等，实现了客货分离、自成系统；开展了新型运输模式、列车调度控制技术的理论研究和实践，形成了适合中国国情、具有中国特色的铁路枢纽规划设计技术，代表了世界铁路枢纽规划设计、建设及运营管理的先进水平。

为了系统总结中国铁路枢纽规划设计技术，探索和完善新的规划理论和技术，结合中国铁路总公司于2016—2019年组织完成并陆续批复的全国各铁路枢纽总图规划，中铁二院工程集团有限责任公司组织多年从事铁路枢纽规划设计的专家及技术人员编著《现代铁路枢纽规划设计》。

本书系统论述铁路枢纽的基本概念、基本构成、基本功能、国内外发展历程、规划设计技术及其发展，针对不同的工作层次，着眼宏观、中观、微观三个维度，力求全面系统总结和论述我国现代铁路枢纽的功能特点、主要系统构成、规划设计工作的基本程序、规划内容、技术路线、设计方法以及评价办法、远景展望等。

本书由中铁二院工程集团有限责任公司许佑顶、高丰农、吴学全、李传勇等编著，中国中铁首席设计大师、全国工程勘察设计大师朱颖主审，敖云碧、魏永幸、张小强担任技术顾问。各章编著人员为：杨健、李伟冬、文东（第 1 章）；刘盛凯、熊玉春、杨健（第 2 章）；杜文华、刘枫、熊玉春（第 3 章）；崔衍渠、王贵平、杨成和、王进勇、仇智勇、周天星、岳辉、崔文静、申博（第 4 章）；李传勇、汪海龙、文东、景岑芳（第 5 章）；李传勇、文东、李五一、范文议、吴朝荣（第 6 章）；饶武、冯骥、胡健、刘枫、汪海龙、胡岩（第 7 章）；钟成、胡健、包维民、刘盛凯、刘枫、熊玉春（第 8 章）；冯骥、范文议、胡岩（第 9 章）；杜文华、熊玉春、胡华、李高丰、廖玉义、邓云川（第 10 章）；高丰农、罗孝平、吴学全、熊玉春、周天星、吴嘉杨（第 11 章）；崔衍渠、张屹、刘盛凯、刘枫（第 12 章）；沈犁、陈刚（第 13 章）；吴学全、杨健、罗孝平、刘盛凯、景岑芳、马竞、卢林斌（第 14 章）；杨健、吴朝荣（第 15 章）。高丰农、吴学全、杨健、李传勇、饶武、赵立红负责本书统稿工作。为提高本书的可读性和史料价值，本书引用了较多的参考文献和影像资料，在此向原作者单位和个人表示衷心感谢。

铁路枢纽规划设计技术的发展还在继续，相关理论研究还在深入，规划技术日新月异，从定性、检验到定量、仿真，是将来铁路枢纽规划设计技术进一步发展的主要方向。由于编写者视野和水平有限，书中难免存在疏漏和谬误，我们衷心感谢读者指正。

编著者

2022 年 8 月

目　　录

第1章 概　　论

铁路枢纽是铁路路网中由多条铁路线路构成骨架、众多车站及配套段所组成节点而构成的一个整体，是铁路成网后的必然集成产物，随铁路的修建而诞生、发展。铁路枢纽的主要作用是为所在城市提供客货运输服务，汇集并交换各衔接线路的车流，担负客货列车的组织、运转工作，在铁路网上是组织车流和调节列车运行秩序的主要据点，是铁路运输的中枢。

1.1　铁路枢纽的概念

铁路诞生于19世纪工业革命中的英国。1825年，英国在斯托克顿(Stockton)和达灵顿(Darlington)城市之间修建了世界第一条长43.5 km的铁路，由蒸汽机车牵引列车，由此开启了工业化的铁路客货运输。其后，世界各主要工业国相继大规模修建铁路，以发展物流、旅客运输以及军事运输。在铁路成网后，产生了线路间相互接轨、联轨以延长列车运行距离的迫切需求，由此在这些多条铁路接轨、交会的地区车站开始发生衍化，地区内铁路逐步由一个车站发展为相互联通的分布较为密集的车站群，并逐步分工为客运、编组、货运等专业车站，各自配属相关的动力设施(机务段)、车辆检修设施(车辆段)和其他检测、维修设施，这些猬集的车站、衔接的线网各司其职，协同运转，铁路枢纽由此形成。

在中国，铁路枢纽的学术定义为：在铁路网点或网端，由两条及以上干线、若干个车站(如客运站、编组站和其他专业车站)、各种为运输服务的设施(如机车、车辆、通信、信号、信息、电力、供水、房屋建筑、交叉疏解设施等)及其联络线(包括进出站线联络线、疏解线、环线以及直径线等)等所组成的整体。

铁路枢纽是铁路成网后的必然集成产物，其作用除主要为所在城市、港埠和工矿企业提供人员、货物的运输服务外，尚需汇集并交换各衔接线路的车流，担负跨本地的客货列车的组织、运转工作，在铁路网上是组织车流和调节列车运行秩序的主要据点，是铁路运输的中枢。

从大区域的铁路网络角度看，铁路枢纽位于路网上各条铁路交会、连接的节点，是客货流从一条铁路线转运到另一条铁路线的中转地区，同时也是所在城市、商品贸易区客货到、发和联运的地区，担负衔接线网上列车的日常运输组织，直接为衔接的铁路线路供给客货运营列车(图 1-1、图 1-2)。因此,铁路枢纽是路网上所有客货列车的“策源地”,是铁路网不可或缺的基础和“心脏”。没有铁路枢纽,就不可能构成铁路网和开展铁路运输。贵阳铁路枢纽总布置示意如图 1-3 所示。

图 1-1　铁路运输旅客列车

图 1-2　铁路运输货物列车

从枢纽内部微观细部角度看,铁路枢纽是由衔接的铁路线路、各类车站、各类段所建筑等固定设施和客货运机车、车辆、维修车辆等移动设施组成的相互间有机联系、协同运作的复杂庞大的系统,是直接为客货运输服务的广域场所,其功能体现在:

(1)在货物运转方面,办理衔接线路上及枢纽内货物列车的无改编中转和有改编中转作业,以及直接为城市服务的直达、直通及小运转列车的到发、取送作业。因此,枢纽需要设置负责货物列车的解体、编组、中转等技术作业的具有强大解编能力的编组站,如成都铁路枢纽成都北纵列式双向三级六场编组站(图 1-4)。

(2)在旅客运输方面,负责始发终到旅客列车的编组、整备、旅客乘降和开行,以及组织停站通过旅客列车的到发、技术作业和旅客乘降。设置办理旅客列车始发、终到、通过、运转、组织旅客乘降的客运站,如成都铁路枢纽成都东特大型高速客运站(图 1-5)。

(3)在本地货物运输(物流作业)方面,办理各种货物的受理、送达、承运、装卸、保管、发送、物流配送及加工等作业,如重庆铁路枢纽团结村一级综合物流中心(图 1-6)。

(4)此外,枢纽还要设置为客货列车供应动力的机务设施,为机车车辆提供整备、检修等作业的车辆设施,以及其他运营维护等设施设备。

因此,铁路枢纽,既承担铁路网的客货运输作业,又承担所在城市的客货运输作业的基本属性,决定了其对确保铁路网和本枢纽地区客货运输畅通有决定性的影响,是对所在区域国民经济正常运转影响深远的战略性设施。同时,铁路枢纽是全社会综合交通枢纽的重要组成部分,因而还可能要承办铁路与其他运输方式(包括公路、水路、航空以及城市交通运输等)的多式联运业务,以及国际间的联运业务。

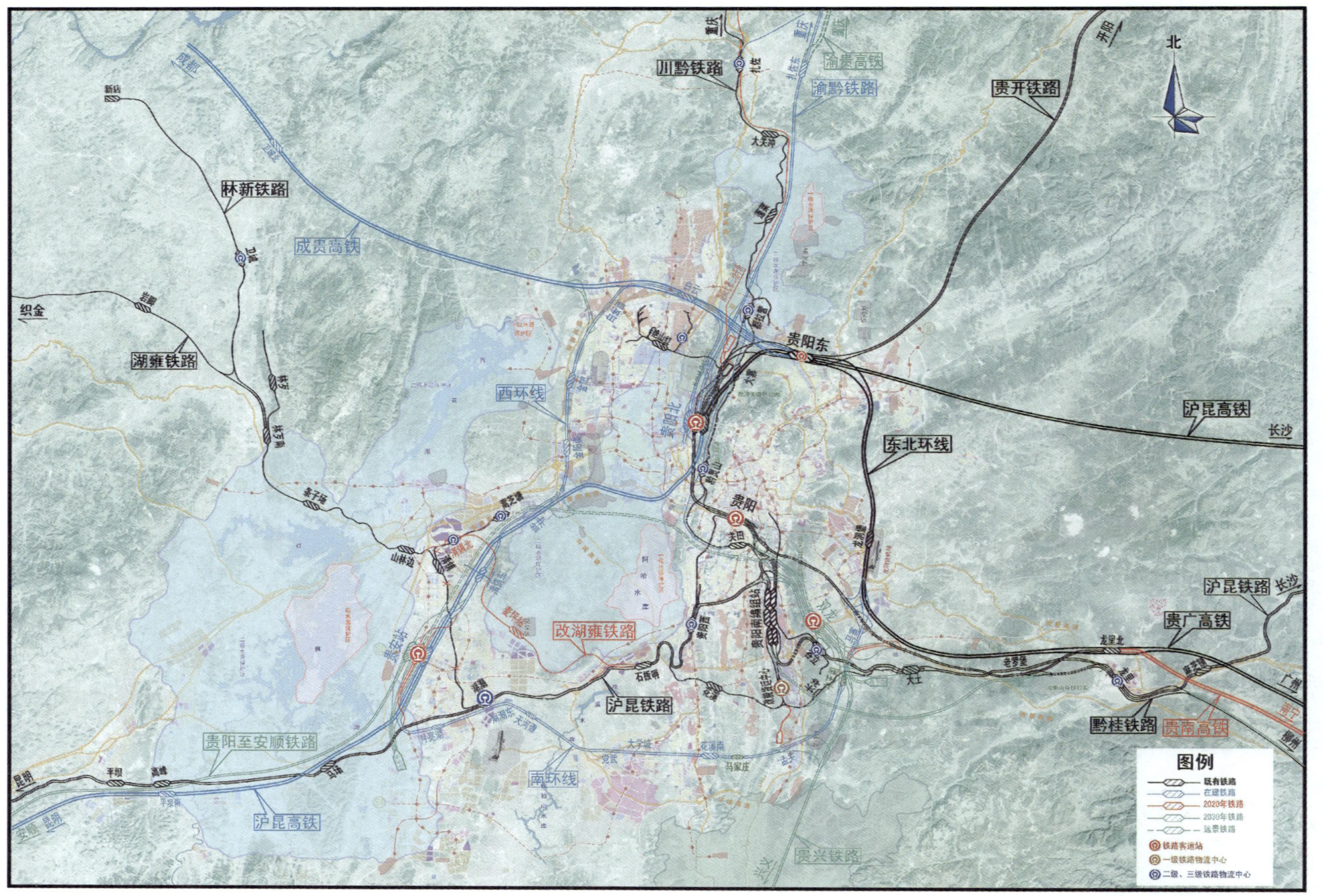

图 1-3 贵阳铁路枢纽总布置示意图

图 1-4　成都铁路枢纽成都北纵列式双向三级六场编组站

图 1-5　成都铁路枢纽成都东特大型高速客运站

图 1-6　重庆铁路枢纽团结村一级综合物流中心

铁路枢纽一般都是随着衔接相关路网的扩充以及城市的扩展，由小到大逐步发展起来的，其范围设有车站、线路、机车、车辆、通信、信号、信息、电力、供水等设施设备，具有设备数量大、规模大，设施设备密集、占地广，劳动力密集，建设费用高、周期长、运营支出大的显著特点。其规划、设计、建设是一个庞大的系统工程，建(构)筑物类别涵盖了铁路工程领域的所有工程类别。铁路枢纽的畅通和高效，对铁路运输的运营成本和经济效益，乃至国民经济都有重大影响。

1.2 铁路枢纽的作用及意义

1.2.1 铁路枢纽在铁路网上和国民经济中的地位、作用及意义

铁路枢纽位于铁路网的节点处，起到将单独的铁路线路联通成网、辐射四方的中枢作用，发挥着跨区域中、长途运输的联络、接续作用。其内设置的编组站或其他技术作业站，为铁路网供给运营的货物列车，担负衔接线网上的列车的日常运输组织；客运站则负责组织枢纽始发终到客运列车的开行、编组、整备和旅客的乘降，以及长交路通过客车的旅客中转、技术作业，并担负所在城市货物的送达、运输受理、收取，并为客货列车提供检修、整备、设施设备的维护等服务。可见，铁路枢纽是铁路网上所有客货列车的“诞生地”，是铁路网不可或缺的基础和“心脏”。没有铁路枢纽，就不可能构成铁路网和铁路的运输。

铁路枢纽的车站对保证铁路运输的效率、运输质量起着决定作用。据统计，中国铁路货车一次全周转时间中，车辆在枢纽内车站作业和停留时间约占60%。机车的大部分周转时间也在车站上停留，因此，合理地布置和有效地运用车站和枢纽的各项设备，是保证列车安全、正点，加速机车、车辆周转，降低运输成本、减少全社会物流成本的关键。

铁路枢纽在国民经济中的重要地位是铁路所具有的“大能力、全天候、环保经济”的基本特征决定的。在国民经济大视角下，铁路枢纽不仅仅是连接铁路网的中枢和纽带，为所在城市提供单纯的客货运输系统，它的运输功能完全可以涵盖和代替航空、公路、管道、水运等运输模式的基本功能，是一种全方位、全品类、全覆盖的“万能”运输模式；同时更是促进和强化国民经济各门类纵横向联系、沟通地域、物质文化交流、区域联通——城市群同城化的重要纽带和基础，在促进工业革命、国民经济发展中起到了无可替代的重大作用。在航空、公路、管道、水运等综合交通模式高度发展的今天，铁路及铁路枢纽在实现运输快速化的同时，仍然是综合交通运输枢纽的主要组成部分。

同时，铁路枢纽是所在国家抗灾救灾、应对战争等生死攸关的突发事件的战略性保障基础。铁路枢纽一旦阻滞、停运、瘫痪，对国民经济、社会生活将产生不可估量的灾难性影响。

因此，铁路枢纽在铁路网上和国民经济中具有举足轻重、无可替代的战略地位和作用，建设现代化的铁路枢纽对保障国民经济正常、持续发展和铁路自身发展具有重大战略意义。

1.2.2 铁路枢纽与城市发展的关系

从世界铁路发展历程看，铁路枢纽一般依附城市而设置，城市因铁路枢纽而发展，二者构成了不可分割的共生、共荣的依存关系。

城市的概念有两层含义，“群居为城，交易成市”。能生活居住、贸易流通、对外交通是城市最基本的功能。铁路是用来进行客货运输的，铁路因城市而生；城市也可因铁路而生、因铁路而发展壮大。一个城市没有完善、发达的对外交通手段是不可想象的。从世界范围看，在城市化的进程中，铁路曾经扮演了城市对外交通最主要甚至是唯一的角色。没有铁路枢纽覆盖的城市不能称为重要城市。先有铁路及枢纽的地方，进而发展为重要城市的实例国内外比比皆是。

1. 新建铁路带来城市

新建铁路带来城市在美国最为典型。美国在建国、领土扩张发展过程中，城市和工业基本聚集在大西洋沿岸的东部地区，中、西部和南部攫取的国土长期处于蛮荒状态。南北战争后，资本主义经济得到高速发展，资本需要新的投资、扩张、流动。为促进美国中、西部及美墨战争获取的领土开发，联邦政府明智地认识到铁路“开发先行官”的开拓作用，把巨量的联邦土地超低价售卖给各私营铁路公司，鼓励铁路向中、西部延伸；各铁路公司依托新建的铁路及车站和获得的周边巨量土地，逐步建设了大量的“火车带来的城市”，在铁路枢纽所在的先前蛮荒地域，达拉斯、盐湖城、旧金山、洛杉矶等现代工业城市由此诞生、发展壮大。同样，俄罗斯西伯利亚铁路上的伊尔库茨克、赤塔、哈巴罗夫斯克（伯力），加拿大的埃德蒙顿、温尼伯、卡尔加里等城市，都是依托铁路及枢纽而建设发展起来的。如图 1-7 所示，美国盐湖城铁路公司修建太平洋铁路及利用低价土地开发带来的网格状城市。

图 1-7　美国盐湖城铁路公司修建太平洋铁路及利用低价土地开发带来的网格状城市

中国同样存在诸多“火车带来的重要城市”。

河北省省会石家庄市原来不过是清政府直隶省获鹿县下辖的名为石家庄的小村庄，1897 年开工的京汉(卢汉)铁路修到正定县城时，车站设在石家庄小村庄以南的大镇振头。1907 年正太铁路为了避免在滹沱河上建桥，选择在振头站与京汉铁路连接，并改名为石家庄站，石家庄遂成为两条铁路干线的交会点，正定城市中心由此南移并逐渐成为交通要道和商品集散地。后来又有石德铁路在石家庄与京汉铁路接轨，石家庄逐步发展成为重要的铁路枢纽，城市也获得了较快发展，于 1968 年代替保定成为河北省的省会、行政中心。2021 年末，石家庄常住人口 1 120.5 万，2021 年 GDP 实现 6 490.3 亿元，石家庄铁路枢纽衔接了 14 条铁路，成为中国华北路网上重要的铁路枢纽，石家庄成为承接首都北京非首都功能的华北中心城市(图 1-8)。

图 1-8 铁路带来的城市——石家庄

河南省省会郑州也是“火车带来的城市”，原仅称为郑县的小县城，因京广、陇海铁路在此交会形成枢纽，城市才得以快速发展。1954 年 10 月 30 日河南省政府由开封迁往郑州，郑州市从此成为河南省省会(图 1-9)。

图 1-9 铁路带来的城市——郑州

在中国，类似的还有内蒙古的第一工业城市包头市、湖南省湘西地区中心城市怀化市等，也是典型的因铁路修建而发展壮大的新兴城市。

2. 城市及城市圈发展带动铁路枢纽发展

铁路枢纽形成后，一般都随着衔接相关路网的扩充，以及所在城市的国民经济发展，为满足社会运输需求，会进行一系列扩建改造，由小到大逐步发展起来。城市人口的增加、面积的扩展，会对社会物流提出强大的需求，这种需求主要由具有国民经济最大物流功能的铁路承担，这就需要铁路枢纽有强大的技术作业站（编组站）和物流中心；当既有设施不能满足运输需求时，这些设施需要紧密结合城市规划和发展另行择址新建，枢纽的范围和线网从而必然扩展。另外，城市及城市圈对外的巨大人员交流需求也主要由铁路客运站来满足，因此必然增加客运站的数量和规模，也带来了铁路枢纽的扩展。

世界城市发展的历程表明，在城市及城市群的发展过程中，所在的铁路枢纽以其通达、快速的铁路线网和众多的环绕城市、紧邻城市的车站，在人员流动、物资交流方面，相比传统的汽车公路运输，具有大能力、环保、安全、快速、经济的显著优势，既可以实现城市中心城区与卫星组团的连接，也能够消除城市间的时空间隔，实现一定距离内城市群的“同城化”效应。实践证明，众多的城市群、城市圈所在地，恰恰是铁路枢纽高度发达、高度现代化的地区。

中国西南地区的成都及成都铁路枢纽的发展，诠释了铁路枢纽与城市发展的相互依存的关系。

成都市为四川省省会，新中国成立时全市人口仅 75 万，市区建成面积为 22 km^2。1952 年7 月 1 日新中国第一条铁路成渝铁路引入成都市（图 1-10），在成都地区修建成都站以及在驷马桥东侧设置简陋的临时编组站（成都东），货场设在八里庄，铁路总体呈一线式布置。此时的成都还处于极度落后状态，规划定位为“省会，精密仪器、机械制造及轻工业城市”，成都站位于城市北部的远郊区。

1958 年 1 月 1 日，宝成铁路引入成都站（图 1-11），成都东建成一级二场编组站。至此，成都地区铁路开始形成客货顺列的一线式枢纽雏形（图 1-12）。此时的成都市建成面积和人口都还很小，据调查，全市人口仅 120 万，城区面积为 35 km^2。

图 1-10　1952 年成渝铁路通车

图 1-11　1958 年宝成铁路引入成都站

1970 年 7 月 1 日成昆铁路全线建成，引入成都铁路枢纽成都东站，新建成都南站及132 厂专用线等。至此，成都铁路枢纽总体格局由顺列伸长型演变为三角形枢纽(图 1-13)。成都城市建成区主要还分布在一环线以内。

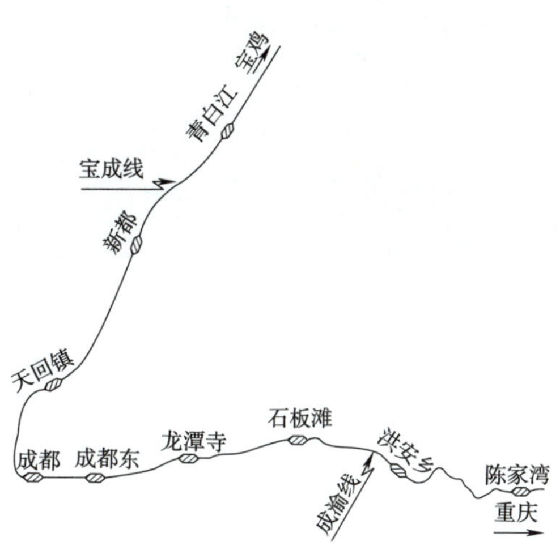

图 1-12 成都铁路枢纽 1958 年总布置示意简图

1978 年中国改革开放后，为适应成都市的规划发展目标和路网规模的扩大需要，成都铁路枢纽先后完成成渝线电气化、宝成线扩能、达成线引入及成昆线电气化改造工程，枢纽构建起货运北环线、中轴客货顺列的大型枢纽格局(图 1-14)，货运重心逐步向城市北郊的北环线转移，既有宝成-成渝-成昆通道主要为客运服务。2007 年，枢纽西环线、成都北编组站建成投入使用，枢纽形成南北双环，货运正式退出内环线，枢纽总图如图 1-15所示。成都城市建设已经突破二环路，主要分布于铁路环线内，部分向三环及绕城高速公路间发展。

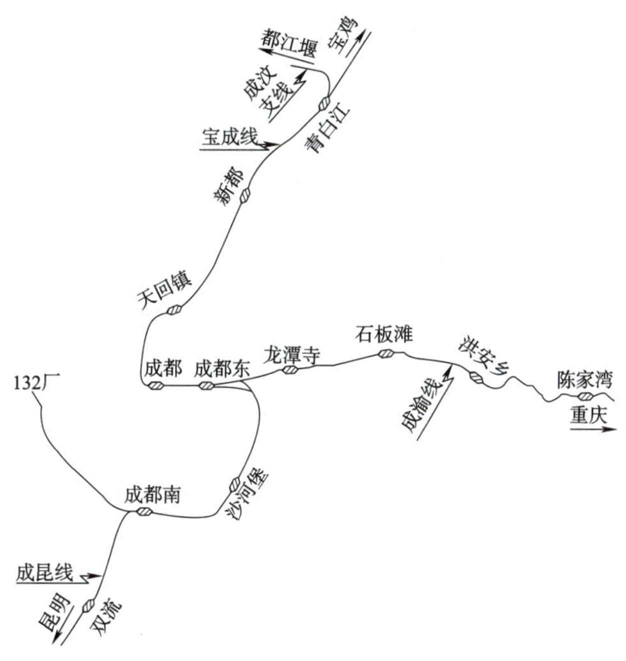

图 1-13 成都铁路枢纽 1970 年总布置示意简图

进入“十二五”后，成都市国民经济快速发展，城市建设进入高速发展期，城市面积和人口迅速增加，城市的建成区向三环、四环路扩展；成都铁路枢纽也结合社会运量的增长预测和西南铁路网的扩展需要，先后完成了新建成都北编组站及城厢物流中心、新建成昆货车外绕线、

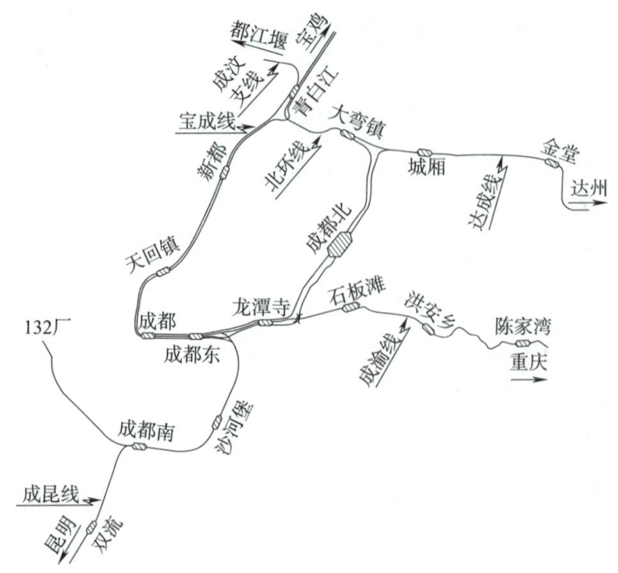

图 1-14　成都铁路枢纽 2000 年总布置示意简图

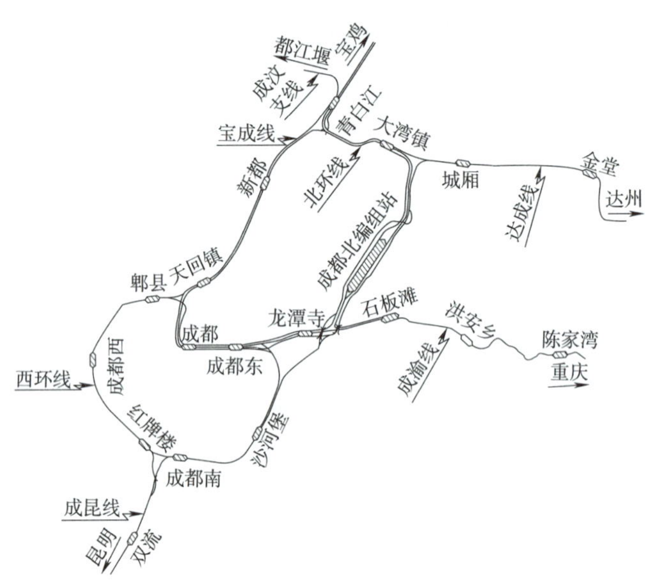

图 1-15　成都铁路枢纽 2007 年总布置示意简图

新建成灌市域铁路、达成线扩能等重大改扩建工程，特别是 2009 年后沪汉蓉(达成线)快速铁路、2014 年的成绵乐城际及 2015 年的成渝客专建成引入成都枢纽，以及面向城市郊区、卫星城的市域铁路的规划建设，成都铁路枢纽的覆盖和研究范围大大扩展，北至德阳，东至成渝高铁的资阳，南讫成绵乐城际的眉山，西到成蒲线大邑。这一切都有力地促成成都铁路枢纽实现北环货运、中环客运、货车外绕的“客货分线、客内货外”合理运输格局，枢纽发展为“双环＋放射状”的特大型枢纽(图 1-16)，成为中国西南路网的核心之一及全路六大客运中心之一。

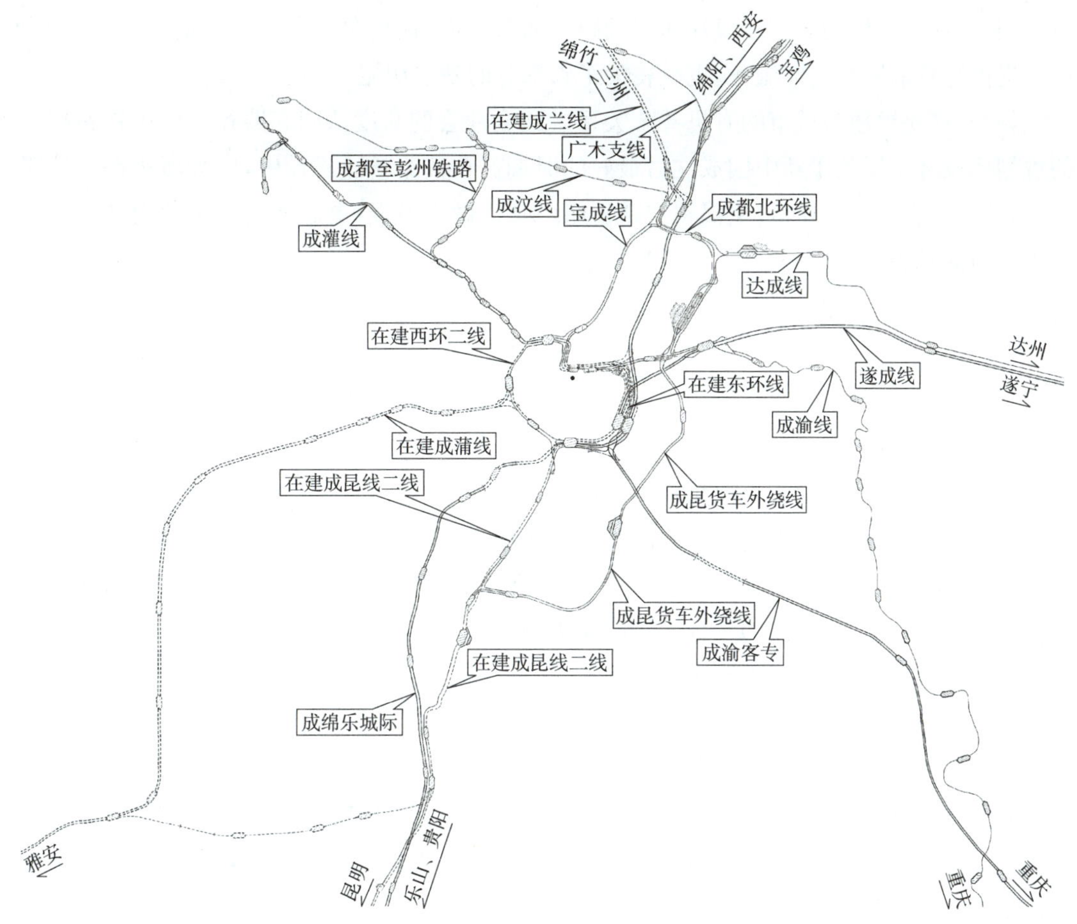

图 1-16 成都铁路枢纽 2015 年总布置示意简图

成都市已进入全国特大型城市行列，是我国西部地区毫无争议的中心城市。截至 2021 年底，下辖 20 个区(市)县和高新区、天府新区成都直管区，面积为 14 335 km^2，全市常住人口为 2 119.2 万，城镇常住人口为 1 684.3 万，常住人口城镇化率为 79.5%，户籍人口为 1 556.2 万，户籍人口城镇化率为 67.9%；实现生产总值(GDP)19 917 亿元；全市地铁运营线路有 12 条，长 518.96 km，车站有 373 座，机动车拥有量为 633.6 万辆，其中私人拥有汽车为 460.5 万辆。

目前，成都铁路枢纽衔接成绵乐城际、成渝高铁、成灌客专、宝成铁路、成昆铁路、成渝铁路、达成铁路、遂成铁路等铁路干线及成灌、成汶地方铁路，形成“客内货外、客货分线”运输格局的特大型“8”字环形枢纽。枢纽客运系统形成了以成都、成都东为主，成都南、成都西为辅“两主两辅”客运站布局；解编系统以成都北特大型编组站为主，青白江大弯镇等技术站为辅；物流系统形成以大弯镇、城厢镇、新兴镇、新津为主要物流中心，普兴、洪安乡等 10 余个物流站为辅的“四主多辅全域覆盖”的物流运输布局。

因此，铁路枢纽与城市是共生、共荣的关系，没有铁路及枢纽的城市不能称为现代化城市。同样，铁路枢纽的规划建设片面强调路网通过功能，偏离服务所在城市的目标，不能为城市提供完善的客货运输服务，也就丧失了大部分的基本功能。

如今，铁路枢纽与城市的有机共荣关系得到全社会的高度认同和践行。中国铁路枢纽的规划建设环境正处于新中国成立后最好的时期。在铁路新线建设中，广大城市渴望铁路覆盖；铁路交会地区的城市，更渴望铁路枢纽（地区）做大做强，更好地为城市建设和经济发展提供新的动力。

1.3 铁路及枢纽的发展历程

铁路自 1825 年诞生于工业化最早的英国以来，已经有近 200 年的历史。在大多数发达国家，铁路大体经历了早期工业化阶段的蓬勃发展、高度工业化后的停滞衰落两个较长的时期，目前处于持续复苏振兴、再度辉煌时期。在众多的发展中国家，特别是以中国为代表的后工业化发展中国家，铁路为多数所在国家国民经济发展、社会生产生活的支柱运输模式，一直处于快速、持续的建设发展中。

1.3.1 世界铁路及枢纽发展历程

铁路在发达国家的发展历程，以欧美俄日等这些占有世界铁路营业里程的绝大部分、最早开始工业化的发达国家体现得最为典型，主要有高速发展、停滞衰落、复苏振兴时期三个显著的建设、运营时期，铁路枢纽的发展也与这些国家综合交通的快速发展、铁路本身的兴衰和城市化建设紧密相关。

1. 高速发展时期（1825—1925 年）

1825—1925 年的 100 年间，世界开始进入近代工业化进程，社会物资和人员交流大大增加，对客货运输提出了巨大的需求。相比于传统的水运、畜力（牛、马车）和早期的汽车运输，铁路自诞生起就具有“运能大、速度快、安全性高、运价低、全天候”的显著比较优势。各个老牌资本主义国家政府为促进国家工业化、国土开发、国防战备、巩固和拓展海外殖民地，大力提倡、支持铁路建设，在土地、用工、贷款、税收等政策方面给予支持，国家、私人公司纷纷投入到铁路建设中，各个发达国家先后掀起了筑路高潮。特别是经过第一次世界大战后，各国更加认识到铁路的战略重要性，到 20 世纪 30 年代前后，各个发达国家相继建成本国四通八达的铁路网，铁路完全垄断了陆地交通运输市场。英国在 50 年间、面积仅 24 万 km^2 的本岛上建成铁路 4 万 km，铁路平均密度为世界之最。美国在1830—1916 年间即建成铁路 40.87 万 km，拥有了世界最庞大的铁路网。1869 年美国太平洋铁路建成通车，如图 1-17 所示。日本在 1872 年建成第一条铁路，到第二次世界大战前建成铁路 2.6 万 km。

图 1-17 1869 年美国太平洋铁路建成通车

据统计，这一时期世界铁路运营里程突破 130 万 km，构建了各类铁路枢纽(或铁路交会地区)5 000 多个，仅英、美、法、德、意、加、日、俄等国先后建成的铁路枢纽达 3 000 多个。其中主要铁路枢纽达 1 600 多个。欧洲分布最多，达 900 处，占比 55%；其次北美洲 500 处，占比 31.2%；亚洲约 160 处，占比 9.9%。就拥有铁路枢纽的国家而言，美国最多，达 330 处；其次是苏联，有 170 处；再次是英国，有 100 多处。

2. 停滞衰落时期(1925—1965 年)

20 世纪 20 年代中期—60 年代中期，期间发生了 20 年代末席卷世界的经济危机和第二次世界大战。各国为缓解危机和战争后果，开始加大基础设施建设，大力推进、发展公路运输和民用航空运输，导致铁路在陆地运输市场受到了猛烈冲击和激烈竞争，传统的“霸主”地位受到极大的挑战。1924 年，意大利建成世界第一条高速公路，其显现的快捷、方便、灵活、点到点的优势受到各发达国家政府、企业、精英人士的青睐。到 20 世纪四五十年代，各国相继建成高速公路和高等级公路网；同时，依托第二次世界大战发展起来的航空工业，战后迅速转向民用领域，社会发展开始进入汽车、航空时代。公路、航空运输的异军崛起，抢夺了铁路中短途客货物运输和长途旅客运输市场；同时，管道运输也快速发展，深深进入传统的铁路液体(石油、液化气、水等)运输市场。铁路一度处于岌岌可危的境地。

这一时期，铁路先前爆发期存在的缺乏统筹规划、恶性膨胀、无序竞争、服务模式僵化的弊端也开始凸显，经营不善、服务较差、产品单一的问题集中爆发，铁路持续在陆地运输市场的竞争中节节败退，承担的全社会客货运输份额急剧减少，大多数发达国家的铁路经营均出现了长期严重亏损，有的不得不靠政府补贴度日。因此，为节省开支、减少亏损，发达国家不得不大量封闭和拆除运量少、标准低、设备差、盈利无望的铁路线路和车站。美国在短短 20 年内就拆除了约 20 万 km 的营业铁路，占 50%；英国拆除了 60%的营业铁路，约

2.1万km;联邦德国、法国、意大利等也拆除了数千到近万公里铁路。据统计,这一时期全世界铁路运营里程已减少到约110万km(包括发展中国家新建的铁路),各类铁路枢纽(铁路交会地区)减少至3 000多个,其中主要铁路枢纽减少至1 000多个。其中美国减少至250处,苏联减少至100处,英国减少至30处,联邦德国和法国减少至约40处。铁路被戴上了"夕阳工业"的帽子,大有一蹶不振、逐步退出陆地运输市场的风险。

3. 复苏振兴时期(1965年至今,仍在继续发展中)

发达国家,在铁路经历了惨淡的持续40年衰落后,开始认真反思、探寻生存道路,认清传统的铁路运输存在运行速度低、服务质量差、经营管理差、技术设备陈旧、劳动生产率低、运营成本高、产品难以及时满足客户运输要求等问题,这些问题是铁路丧失陆地运输市场份额的主要原因。各国铁路依据本国的国情和路情,对症下药,在彻底改革铁路运输经营管理体制(如政企分开、网运分离、民营化、企业兼并、扩大经营范围)的基础上,依靠科技进步,逐步实现客运"快速化、高舒适、高密度、高安全",货运"重载化、集装箱化、快速化、联运化",行车指挥自动化、车站作业综合自动化、运营管理信息化,客货服务设施优质化等,对众多的铁路枢纽也进行了归并、整合、改造,竭力提高服务质量和运输效率,千方百计降低运营成本和运价,从而增强了铁路在陆地运输中的竞争力和吸引力,巩固了传统大宗运输阵地,逐步夺回失去的份额和领域,逐渐扭亏转盈。

这一时期,美国铁路实行兼并,将大小数百家铁路公司整合为六大铁路公司,网(线路)货(运输)一体、客运分离,定位为"货运为主",大力发展重载、集装箱、驮背运输、多式联运,依靠科技进步,大力整合技术作业站,关停低效车站,利用空闲场地开展物流贸易、物流加工、出租设备设施,提高运输效率,20世纪90年代以来年年实现盈利,并在稳步巩固、发展中。日本铁路针对航空、水运发达的现实,则实行"网客一体化,货运分离",铁路定位为"客运为主",大力发展高速铁路、城际铁路,利用铁路枢纽货运缩减后留存的大量既有铁路和车站改造为市郊客运铁路,客车开行实现高速度、高密度、"公交化",也在20世纪90年代扭转了长期亏损的局面。其他发达国家也在寻求各自铁路的振兴之路,大力发展快速客运、货运装车地直达化,与航空、公路、水运搞多式联运,也逐渐走出困境。日本新干线高速列车和重载铁路货运列车分别如图1-18和图1-19所示。

进入21世纪后,发达国家中,随着社会高度工业化,航空、公路等交通方式和城市化带来的环境污染、交通堵塞、能源危机等严重弊端的显现和严重恶化,铁路天然具备的"低能耗、少占地、高安全、大运能、全天候"的比较优势,又重新得到各国政府和社会公众的重视和关注,特别是中国大力发展现代化铁路运输带来的巨大社会、环境和经济效益的引领、示范作用,许多国家也纷纷调整交通政策,重新把铁路运输定位在全社会综合交通体系中重要的一环,积极扶植、发展现代铁路运输,作为保护生态环境、保证经济可持续发展的重大措施。

图 1-18 铁路客运快速化的典型日本新干线高速列车

图 1-19 日本重载铁路货运列车

走出低谷、重新振兴的铁路，将成为 21 世纪最具有发展前景的绿色现代化交通运输方式，是世界上广大发展中国家跨越传统的高能耗、高污染的汽车运输发展阶段，也是绿色环保、可持续发展的交通运输模式的首要选择。

1.3.2 中国铁路及枢纽发展历程

中国地域辽阔，人口众多，资源分布不均，地区经济发展不平衡。铁路长期以来在中国交通运输体系中一直起着骨干作用，而且由于铁路具有的优势技术经济特性，铁路的发展对中国国民经济可持续发展具有不可替代的重要作用。

中国铁路发展历程，可以清晰地分为晚清、民国和新中国三个发展时期。

1. 晚清时期的铁路建设

中国第一条铁路是1876年英商怡和洋行在上海至吴淞镇间修建的长14.5 km、轨距762 mm的蒸汽牵引铁路，较之世界上第一条正式营业的铁路滞后了51年，后因火车运行中伤人事故，被清政府重金购回拆除。1881年清政府准许修建一条自唐山矿区至胥各庄长10 km的铁路，才正式掀开了中国铁路建设的序幕。

1876年至1911年35年间，清政府通过向列强售卖路权、高息借贷和自行筹资、鼓励民间集资等方式修建铁路，在中国共建成铁路9 100 km，平均每年增加铁路260 km。其中，中国利用自己的资源和技术修建的第一条铁路干线是由“中国铁路之父”詹天佑先生主持修建的京张（北京至张家口）铁路，长约201 km，于1905年9月动工，1909年10月建成通车，如图1-20所示。

图1-20　1909年10月建成通车的中国第一条自主建成的京张铁路

2. 民国时期的铁路建设

从1912年至1949年38年间的民国时期，中国断断续续共建成铁路17 100 km，新增铁路运营里程13 500 km，平均每年增加355.3 km。

从1876年中国敷设第一条铁路算起，至1949年新中国成立前的73年间，中国共有铁路26 200 km，但由于战争破坏或其他原因被拆去3 600 km，到1949年时，勉强维持通车的铁路仅21 800 km，而1947年印度建国时却拥有铁路55 000 km。旧中国留下的铁路很多是由外国势力为掠夺中国资源而修建的，自己修建的不足40%，数量少、质量低、轨距繁杂、设备简陋；布局极不合理，大部分分布在东北和东中部、沿海地区和资源矿区，西南、西北地区几乎没有铁路；铁路枢纽和站场设施非常薄弱，全国铁路交会点形成的30余个枢纽并不具备现代意义的枢纽技术特征，部分几个方向的干线交会点虽形似枢纽，却极度缺乏相应的客运站、技术作业站和较强大的编解能力，承担解编作业的车站基本上属于简陋的区段站站型，客货共站。由于各条铁路在管理上各自为政，大大限制了铁路运输能力的发挥。

3. 新中国的铁路建设

中国真正意义上的铁路及枢纽规划设计、建设是在新中国成立之后。

中国铁道事业一直得到党和国家的高度重视。1949 年 10 月 1 日成立中央人民政府铁道部，统一管理全国铁路，全面实行国有化，创建为新型的人民铁路，并立即组织了铁路恢复工程，仅 1949 年就抢修 8 278 km。1954 年 9 月中央人民政府铁道部改为中华人民共和国铁道部，成为国务院组成部门。在铁道部的统一管理下，铁路成为国民经济、国防战备的名副其实的运输大动脉。

目前新中国铁路建设可以大致分为 1978 年改革开放前、改革开放后至 2000 年、21 世纪三个时期。

①1949—1978 年的铁路建设

新中国成立后在三年经济恢复时期(1949—1952 年)，相继完成了成渝、天兰铁路的铺轨通车任务。接着又动工新建兰新、宝成、丰沙铁路。至 1958 年，恢复旧有铁路 1 994 km，新建及修复第二线铁路共 1 337 km，改建了哈尔滨、沈阳、锦州、天津、北京、石家庄、太原、大同、包头、徐州、郑州、武汉、西安、成都 14 个枢纽和重点场站。由于武汉长江大桥的建成，京广铁路全线贯通，全国铁路营业里程(不含地方铁路及企业专用线)增加到 26 708 km。这些工程大都采取分期施工、逐步配套完善的办法，既照顾到长远的发展，又在短期内收到了实效。

1949—1958 年 9 年间，新增铁路运营里程 4 108 km，平均每年增加 456.4 km(不含地方铁路及企业专用线)。该时期主要是中国铁路建设的规划期。

从 1958 年至 1965 年，新建了包兰、兰新、兰青、干武、黔桂铁路都匀至贵阳段、京承、太焦、外福、萧甬铁路干线等，建成第一条宝成铁路宝鸡至凤州段 91 km 的电气化铁路区段。至 1976 年，建成贵昆、成昆、湘黔、京原、焦枝等铁路干线，还建成了南京长江大桥和枝城长江大桥。建成通车的宝成、成昆铁路分别如图 1-21 和图 1-22 所示。

中国铁路建设虽经历了 20 世纪六七十年代的曲折发展，但因其在国民经济和国防中的重要性，仍在稳步发展。1958—1976 年 18 年间，新增铁路运营里程 19 554 km，平均每年增加1 086.3 km(不含地方铁路、企业专用线及一批在建未通车铁路)。

1949—1976 年 27 年间，中国新增铁路运营里程 23 662 km，平均每年增加 876.4 km(不含地方铁路、企业专用线及一批在建未通车铁路)。到 1980 年底，全国铁路营业里程为 52 479 km，其中复线率为 15.7%；全国铁路网分布了铁路枢纽 40 余个，新增了成都、重庆、昆明、南宁、贵阳、怀化、安康、宝鸡、兰州、乌鲁木齐、包头、大同等铁路枢纽。

图 1-21　1958 年 1 月建成通车的宝成铁路

图 1-22　1970 年 7 月建成通车的成昆铁路

②改革开放后至 2000 年的铁路建设

这一时期，伴随着国家进行改革开放的脚步，中国铁路在继续填补路网空白、国土开发的基础上，大力新建客货共线铁路，新建了以京九、南昆、大秦、青藏铁路等为代表的一大批铁路干线，同时大力实施繁忙干线复线化、电气化，发展重载运输、集装箱运输，并开始探索以高速铁路、城际铁路为代表的客运专线，实现繁忙干线客货分线运输。1992 年 12 月建成中国第一条重载铁路大秦铁路，全长 653 km，目前牵引质量 2 万 t，试验最高达 3 万 t，具有世界先进水平。建成通车的京九、南昆铁路分别如图 1-23 和图 1-24 所示。

图 1-23　1996 年 9 月建成通车的京九铁路

图 1-24　1997 年 11 月建成通车的南昆铁路

1978—1996 年 18 年间，新增铁路运营里程 13 200 km，平均每年增加 733.3 km(包括合资铁路 3 043 km、地方铁路 5 210 km)。新中国成立后，中国铁路网快速扩充发展，已基本覆盖全国并构建成网，全国共有铁路枢纽 46 个，主要铁路地区 30 个，形成了深圳、温州、拉萨、淮南、宁波、九江、湛江、武威、通辽等新铁路枢纽。既有枢纽规模随着引入线的增加越来越大，复杂程度越来越高。1999 年铁路完成货运发送 16.755 亿 t，货运周转量为 12 910.3 亿吨公里；旅客发送量为 10.016 4 亿人，旅客周转量为 4 131 亿人公里。

③21 世纪的铁路建设

进入 21 世纪后，中国铁路在填补路网空白、国土开发的基础上继续新建客货共线铁路，同时大力建设以高速铁路、城际铁路为代表的客运专线，实现繁忙干线客货分线，构建客运专线网。中国于 1999 年开工、2003 年建成第一条设计时速 250 km 的秦沈客专，全长 404 km，如图 1-25 所示。其后，新建了武广、郑西、京沪、青太、哈大、兰新、成渝、贵广、沪昆、福厦、厦深、沪杭、沪宁等一大批高速铁路，各铁路枢纽进行了相应改扩建，初步形成高速铁路网。2021 年底，中国建成高速铁路 4 万 km，稳居世界第一。

图 1-25 2003 年 10 月建成的秦沈客专及"中华之星"动车组

同时，中国铁路规划设计、建造、运营管理成套技术以其技术先进适用、经济合理、安全高效的比较优势开始走出国门，推广应用于广大亟需铁路带动经济发展的发展中国家。发达国家也开始引进中国高铁技术和开展交流活动，中国铁路成套技术已经开启了让全世界受益的进程。

随着中国经济进一步发展和城市化建设加快，大城市、特大城市、超大城市不断涌现，高速铁路、城际铁路正向这些城市科学合理地扩展、延伸、覆盖，这些城市所在的铁路引入线大量增加，一大批新的铁路地区正在形成，并逐步具有铁路枢纽的雏形，如淮安、南通、钦州、内江、达州、宜宾、桂林、毕节、广元、南充等。中国铁路主要枢纽、地区及地域分布，主要编组站分布，主要客运站分布分别见表 1-1～表 1-3。

表 1-1 中国铁路主要枢纽、地区及地域分布

序号	分布地域	铁路枢纽名称	铁路地区名称	数量
1	东北地区	哈尔滨、沈阳、齐齐哈尔、牡丹江、吉林、长春、大连、本溪、通辽、秦皇岛—山海关	梅河口、伊春、四平、锦州、丹东、佳木斯、通化	17
2	华北地区	北京、天津、石家庄、太原、大同、包头、唐山、呼和浩特	张家口、集宁、衡水、邯郸、侯马、长治	14

续上表

序号	分布地域	铁路枢纽名称	铁路地区名称	数量
3	华东地区	济南、青岛、徐州、合肥、芜湖、阜阳、南京、上海、杭州、福州、厦门、南昌—向塘、鹰潭、蚌埠、宁波、淮南、温州、九江	淄博、聊城、兖州、菏泽、临沂、潍坊、日照、连云港、商丘、赣州、龙岩、金华、南平、衢州、黄山、南通、淮安、苏州	36
4	中南地区	郑州、株洲—长沙、武汉、襄阳、洛阳、衡阳、怀化、广州、深圳、柳州、南宁、湛江、海口	新乡、龙川、东莞、月山—焦作、信阳、永州、茂名、桂林、黎塘、钦州、岳阳、防城港、韶关、潮汕、娄底、梅州、惠州	30
5	西南地区	成都、重庆、贵阳、昆明、六盘水、拉萨	攀枝花、宜宾、西昌、广元、达州、兴义、大理、毕节、万州、南充、蒙自	17
6	西北地区	西安、宝鸡、安康、兰州、中卫、乌鲁木齐、西宁、银川	武威、迎水桥、中卫、哈密、格尔木、喀什	14
合　计		63	65	128

表 1-2　中国铁路主要编组站分布

序号	编组站名称	属　性	所在枢纽（地区）名称	序号	编组站名称	属　性	所在枢纽（地区）名称
1	哈尔滨南	路网性	哈尔滨枢纽	20	柳州南	区域性	柳州枢纽
2	沈阳西	路网性	沈阳枢纽	21	江村	区域性	广州枢纽
3	丰台西	路网性	北京枢纽	22	鹰潭	区域性	鹰潭枢纽
4	济南西	路网性	济南枢纽	23	淮南西	区域性	淮南枢纽
5	阜阳北	路网性	阜阳枢纽	24	徐州北	区域性	徐州枢纽
6	南京东	路网性	南京枢纽	25	石家庄南	区域性	石家庄枢纽
7	郑州北	路网性	郑州枢纽	26	南仓	区域性	天津枢纽
8	株洲北	路网性	株洲枢纽	27	牡丹江	地方性	牡丹江枢纽
9	武汉北	路网性	武汉枢纽	28	三间房	地方性	齐齐哈尔枢纽
10	新丰镇	路网性	西安枢纽	29	太原北	地方性	太原枢纽
11	成都北	路网性	成都枢纽	30	迎水桥	地方性	中卫枢纽
12	向塘西	路网性	南昌枢纽	31	宝鸡东	地方性	宝鸡枢纽
13	山海关	区域性	秦山枢纽	32	安康东	地方性	安康枢纽
14	大同西	区域性	大同枢纽	33	通辽南	地方性	通辽枢纽
15	兰州北	区域性	兰州枢纽	34	乔司	地方性	杭州枢纽
16	襄阳北	区域性	襄阳枢纽	35	怀化南	地方性	怀化枢纽
17	兴隆场	区域性	重庆枢纽	36	包头西	地方性	包头枢纽
18	昆明东	区域性	昆明枢纽	37	芜湖东	地方性	芜湖枢纽
19	贵阳南	区域性	贵阳枢纽	38	南翔	地方性	上海枢纽

续上表

序号	编组站名称	属 性	所在枢纽(地区)名称	序号	编组站名称	属 性	所在枢纽(地区)名称
39	苏家屯		沈阳枢纽	63	前阳		丹东地区
40	乌鲁木齐西		乌鲁木齐枢纽	64	东佳木斯		佳木斯地区
41	衡阳北		衡阳枢纽	65	梅河口		梅河口地区
42	棋盘		吉林枢纽	66	四平		四平地区
43	金州		大连枢纽	67	兖州北		兖州地区
44	唐山东		唐山枢纽	68	商丘北		商丘地区
45	长春北		长春枢纽	69	信阳北		信阳地区
46	青岛西		青岛枢纽	70	侯马北		侯马地区
47	榆次		太原枢纽	71	聊城		聊城地区
48	洛阳北		洛阳枢纽	72	月山		焦作地区
49	呼和浩特西		呼和浩特枢纽	73	铁山洋		龙岩地区
50	洪塘乡		宁波枢纽	74	龙川北		龙川地区
51	合肥东		合肥枢纽	75	金华东		金华地区
52	蚌埠东		蚌埠枢纽	76	九江西		九江枢纽
53	东孚		厦门枢纽	77	来舟		南平地区
54	瓯海		温州枢纽	78	西宁		西宁地区
55	樟林		福州枢纽	79	哈密东		哈密地区
56	塘口		湛江枢纽	80	武威南		武威地区
57	平湖南		深圳枢纽	81	格尔木		格尔木地区
58	南宁南		南宁枢纽	82	银川南		银川枢纽
59	六盘水南		六盘水枢纽	83	达州北		达州地区
60	海口		海口枢纽	84	宜宾南		宜宾地区
61	拉萨西		拉萨枢纽	85	攀枝花		攀枝花地区
62	南岔		伊春地区	86	西昌南		西昌地区

表 1-3 中国铁路办理高速客运的主要客运站分布及名称

分布地域	主 要 客 运 站	备 注
北京枢纽	北京、北京西、北京北、北京南、北京丰台、北京朝阳、通州	全国铁路客运中心
上海枢纽	上海、上海西、上海南、上海虹桥、上海东	全国铁路客运中心
广州枢纽	广州、广州东、新塘、广州南、佛山西、广州北	全国铁路客运中心
武汉枢纽	武昌、汉口、汉阳、武汉、流芳	全国铁路客运中心
成都枢纽	成都、成都南、成都西、成都东、成都天府	全国铁路客运中心
西安枢纽	西安、纺织城、西安北、西安南、阿房宫	全国铁路客运中心
天津枢纽	天津、天津北、塘沽、天津南、天津西、滨海、于家堡、滨海北	
重庆枢纽	重庆、重庆北、重庆西、重庆东	
沈阳枢纽	沈阳、沈阳北、沈阳南、新沈阳北	
哈尔滨枢纽	哈尔滨、哈尔滨东、哈尔滨西、哈尔滨北	

续上表

分布地域	主 要 客 运 站	备 注
长春枢纽	长春、长春西	
大连枢纽	大连、大连北	
吉林枢纽	吉林	
石家庄枢纽	石家庄、石家庄北、石家庄东	
济南枢纽	济南、济南东、济南西	
青岛枢纽	青岛、青岛北、青岛红岛	
太原枢纽	太原、太原南、晋中	
呼和浩特枢纽	呼和浩特、呼和浩特东	
包头枢纽	包头、包头东	
大同枢纽	大同、大同南	
杭州枢纽	杭州、杭州东、杭州南	
南京枢纽	南京、南京南、南京北、江浦	
宁波枢纽	宁波、宁波东	
合肥枢纽	合肥、合肥西、合肥南	
徐州枢纽	徐州、徐州东	
福州枢纽	福州、福州南、长乐东	
厦门枢纽	厦门、厦门北、厦门东	
南昌枢纽	南昌、向塘、南昌西	
温州枢纽	永嘉、温州南	
郑州枢纽	郑州、郑州东	
洛阳枢纽	洛阳、洛阳北、洛阳龙门	
长沙枢纽	长沙、长沙西、株洲、湘潭、长沙南、株洲西、湘潭北	
襄阳枢纽	襄阳、东津	
深圳枢纽	深圳、深圳北、福田	
湛江枢纽	湛江、湛江西、湛江东	
南宁枢纽	南宁、南宁东、五象	
桂林枢纽	桂林、桂林北	
海口枢纽	海口、海口东	
昆明枢纽	昆明、昆明南	
贵阳枢纽	贵阳、贵阳北、贵安、龙洞堡	
兰州枢纽	兰州、兰州西	
乌鲁木齐枢纽	乌鲁木齐、乌鲁木齐北	
柳州枢纽	柳州、香兰	
宝鸡枢纽	宝鸡、宝鸡南	

除干线高速铁路外，中国主要城市群间、城市内也开始建设时速 120～160～200 km 的城际、市域客运专线，以短编组、大密度、“公交化”运行为主，促进了城市群间的同城化、经济一体化进程。

目前，中国铁路逐步实现客运“快速化、高舒适、高密度、高安全”，货运“重载化、集装箱化、快速化、联运化”。中国铁路及枢纽的规划建设将继续迎来宏大的发展，必将显著促进城市的现代化建设。

1.4 铁路枢纽的主要设备

铁路枢纽一般设有铁路线路、专业车站、疏解设备、运营及辅助设备等全部或部分设备。

1.4.1 铁路线路

铁路线路是枢纽的基本设备和骨架。枢纽内设置了大量衔接线路接入枢纽的正线、联络线(疏解线)、支线、环形线、直径线、工业企业线等，这些线路相互贯通接轨、交叉跨越，将车站及站段设施连接为有机整体，构成铁路枢纽内各类列车运行的通路。郑州铁路枢纽郑州东客运站南端的京广、陇海高速铁路引入正线如图 1-26 所示。

图 1-26 郑州铁路枢纽京广、陇海高速铁路引入正线

1.4.2 专业车站

枢纽内车站是客货列车作业的场所，一切技术作业和客货运输业务均在车站办理。枢纽内车站按照作业性质，可分为编组站(区段站)、客运站、铁路物流中心或物流设施、工业站、港湾站、会让(越行)站、中间站，以及客车技术整备所、动车段(运用所)、维修段所等。其中，编组站(区段站)、客运站是枢纽的核心车站。

在衔接线路较少、规模较小的枢纽(地区),也可能各类线路接轨于一个车站、客货作业在一个车站(如车站客货横列、客货纵列布局)办理,其他各类设备集中于此,从而构成所谓的"一站式枢纽(地区)"。

1. 编组站

编组站是办理大量货物列车解体、编组作业,并为此设有较为完善的调车设备的车站,按照其所在路网中的位置、作用和所承担的作业量,分为路网性编组站、区域性编组站、地方性编组站以及一般编组站;按照调车系统数量,可分为单向编组站和双向编组站;按照到发场与调车场相互位置关系,总布置图型可分为横列式、纵列式和混合式三种。

编组站是货车集散和解编、为列车配置牵引动力的基地,其主要功能是解体并编组各种货物列车,并为货物列车提供牵引机车的换挂、整备、乘务组换班、列车的技术检查、车辆检修等作业服务,有货物列车的"制造工厂"之称,是铁路货物运输的核心设施,是铁路枢纽的"心脏"。郑州铁路枢纽郑州北纵列式双向三级六场特大型编组站如图 1-27 所示。

图 1-27　郑州铁路枢纽郑州北编组站

2. 客运站

客运站是专门办理旅客运输的车站,由接发旅客列车的车场、客运设施(旅客站房、站台、雨棚、跨线设施)以及站前广场、周边配套设置的集散旅客的站区综合交通系统组成的场所。

客运站是铁路旅客运输的基层生产单位,集中设置了与旅客运输有关的各项技术设备,对保证旅客列车安全、正点运行,加速列车周转,保证运输质量,降低运输成本起着决定性作用,也是枢纽的核心车站。

客运站按照办理旅客列车的性质,可分为高速客运站(专门办理动车组列车)、普速客运站(专门办理普速牵引客车);按照旅客最高聚集人数和高峰小时发送量大小,分为特大型、大型、中型、小型客运站。北京铁路枢纽北京南特大型高速客运站如图 1-28 所示。

图 1-28　北京铁路枢纽北京南高速客运站

3. 铁路物流中心

铁路物流中心是依托铁路，具有完整信息网络，为社会提供物流活动的场所。在中国铁路历史上，曾狭义称为货运站、货场。

铁路物流中心是为满足货物集装化、装卸机械化、运输快捷化、仓储自动化、仓配一体化、信息集成化、安全检测监控智能化、服务便捷化和管理现代化的要求而设置的，一般包括运转车场、物流功能区和其他物流配套服务设施。按照办理货物品类和性质，可分为综合型和专业型铁路物流中心。综合型铁路物流中心按承担吞吐量、服务功能、建设规模和路网中的作用分为三级，根据作业需要可由集装箱功能区、长大笨重货物功能区、包装成件货物功能区、商品汽车功能区、散堆装货物功能区、仓储配送功能区、危险货物功能区、冷藏功能区、自轮装卸功能区、流通加工功能区、交易展示区等功能区全部或部分组成。

铁路物流中心是现代化枢纽的重要组成部分，是承接所在城市货物运输的主要场所，直接为所在城市的经济发展与城市日常运转提供物流服务，站内配套完善的机械化装卸、运输机具，以及周边便捷的道路、公路运输网络，是现代化铁路枢纽的重要标志之一。位于成都铁路枢纽北环线上的城厢一级铁路物流中心如图 1-29 所示。

4. 工业站、港湾站

枢纽所在地区工矿企业发达时，除编组站以外，可设置主要为工业企业外部运输服务的技术作业车站，称为工业站。

枢纽位于江、海地区时，为衔接水上运输和铁路运输，另行设置专业办理相互转运货物、水铁多式联运的铁路技术作业车站，称为港湾站。按所在地区，港湾站可分为海港站（图 1-30）和河港站。

图 1-29 成都铁路枢纽城厢一级铁路物流中心

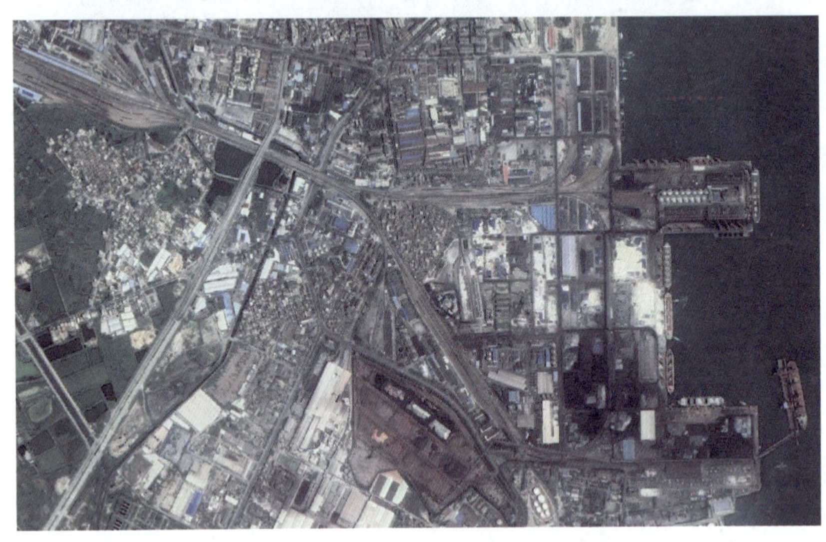

图 1-30 湛江铁路枢纽港湾站及港区

工业站、港湾站属于特殊地区、特殊环境设置的一类非铁路所有的技术作业站，辅助铁路编组站作业，一般由企业自备、自建，但需纳入枢纽所在地区的铁路总体规划。

5. 会让(越行)站、中间站

在铁路区间线路上或枢纽内，分布了众多办理列车的通过、交会(越行)作业的基层车站，在单线铁路上称为会让站，双线铁路上称为越行站，兼办客运或客货运业务时称为中间站。

在铁路干线上和枢纽(地区)内，会让(越行)站、中间站分布最广、数量最多。

1.4.3 疏解设备

铁路枢纽内有大量线路密集布设，相互间需要交叉、跨越、接轨。为减少或消除线路上列车或机车的进路运行交叉，允许不同线路上的列车同时运行，铁路枢纽内需设有疏解设备。

疏解设备包括铁路线路间平面疏解(时间差待避行车)的线路所、闸站和实行立交疏解的跨线桥、涵，铁路线路穿越城市公路的跨线桥、平交道口以及线路所等。

完备、密集的立体疏解设备是现代化铁路枢纽高效、高密度行车的重要保证和显著标志之一。郑州铁路枢纽郑州东站北侧京广-陇海高速铁路疏解区和重庆铁路枢纽井口铁路疏解区分别如图 1-31 和图 1-32 所示。

图 1-31 郑州东站北侧京广-陇海高速铁路疏解区

图 1-32 重庆铁路枢纽井口铁路疏解区

1.4.4 运营及辅助设备

为保证列车正常运转，枢纽内尚需根据车站性质和作业量，在客运站、编组站等核心车站周边设置负责提供客货列车牵引动力的机务设备，负责列车整备、存放、检修的车辆段、客车技术整备所和动车段(所)，负责维护维修的维修基地(段、车间或工区)、检测中心，以及牵引变电所、变配电所、通信站等配套设施。这些间接为运输服务的设施依托铁路车站，共同组成系统协调、统一联动、占地广大的运输系统，在中国铁路工程设计领域称为铁路站场设施。

1. 机务设备

机务设备是指对牵引机车进行各项整备和维修作业的线路和工装设备，是客货列车的动力基地。机务设备按照牵引类型分为电力、内燃和混合(电力、内燃并存)三种，按照功能及作业量分为机车运用维修段、机务段、机务折返段三种。机务设备一般设于客运站、编组站上。位于重庆铁路枢纽兴隆场编组站上行到达场和下行出发场间的重庆北货运机务段如图 1-33 所示。

图 1-33　兴隆场编组站机务段

2. 车辆设备

车辆设备是车辆定期检修和运用维修设施及装备的统称，指供到发的车辆进行检查和修理的设备，包括车辆段、客车技术整备所、列车检修所、站修所、红外线轴温探测设备检修所、车轮厂等。

车辆段是承担铁路车辆短修及管辖范围内的车辆运用维修任务的场所，分为客车车辆段、货车车辆段、客货车混合车辆段等，一般设于客运站、编组站等有大量车辆检修作业的车站。

客车技术整备所是承担始发、终到普通旅客列车的技术检查、存放、出发前整备作业，以及对本属客车和车电机具等实施定期检修的运用维修单位，通俗讲，是普速牵引客车的“宿营地”。在普速客车的客运站，一般与客车车辆合设于开行始发终到普速客车的客运站的某一咽喉外侧。昆明铁路枢纽昆明客运站贵州端的客车车辆段及客车技术整备所如图 1-34 所示。

图 1-34　昆明客运站贵州端客车车辆段及客车技术整备所

用于日常检修的列车检修所一般紧邻客运站的到达场和编组站的到达场、出发场或直通场的适当地点设置；站修所、车辆段占地较大，一般在编组站调车场尾部附近设置，并与调车场、牵出线、整车换装站台方便联系。

3. 动车组运用维修设施

在有高速铁路和城际铁路引入的枢纽，需要开行大量始发终到、立折动车组列车时，为满足动车组的日常运营维修、整备作业需要，在开行动车组的客运站，应设置动车组运用维修设施，俗称“动车之家”。

动车组运用维修设施根据其功能分为动车段、动车运用所和动车存车场三大类，一般由动车整备存车场和检修库两大功能区组成。

动车段配属动车组，承担动车组的一、二、三级及以上修程和临修作业以及整备和存放作业，设于全路的六大客运中心所在枢纽的北京、上海、广州、武汉、成都、西安、沈阳枢纽。武汉铁路枢纽内设置于武汉站南端的全路七大动车基地之一的武汉动车段如图 1-35 所示。

图 1-35 武汉铁路枢纽武汉动车段

动车运用所配属动车组，承担所在客运站始发、终到动车组的一、二级修和整备、临修作业以及存放作业，一般设于特大型、大型客运站及全路区域性客运中心所在枢纽。设置于郑州东高速客运站北端的郑州东站动车运用所如图 1-36 所示。

动车存车场承担动车组存放，根据需要可设置整备设备，一般设于大、中型客运站及客运交路断点的客运站。

动车组设备占地广大，设备设施高度密集。

4. 其他运营辅助设备

枢纽除上述占地巨大的基础站段设施外，为满足枢纽日常运转，尚设置诸多其他运营、维护配套设备，如通信及信息系统、通信站，电气化牵引的接触网、牵引变电所或分区所、供电段(车间)，维修工区，机械维修所、派出所、消防站等。

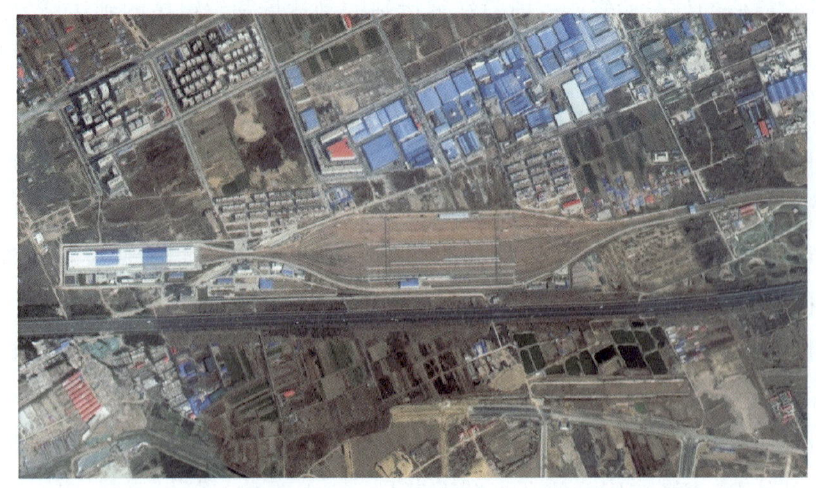

图 1-36　郑州东站动车运用所

(1)电气化设备

电气化设备设置于各类车站上,包括供电段(车间)、牵引变电所、接触网工区等,以及维修工区、生产用房,如图 1-37、图 1-38 所示。

图 1-37　铁路电气化牵引接触网

图 1-38　铁路电气化牵引变电所

(2)综合维修设备

综合维修设备设置于各类车站上,包括大型机械段、综合维修段及维修工区等,如图 1-39 所示。

(3)综合集成自动化系统(CIPS)

综合集成自动化系统由综合管理系统和集成控制系统两部分组成,为现代化编组站所运用,以信号安全控制设备为基础,对信号控制和运输作业密切相关的信息进行整合。

集成控制系统分为若干子系统,各个子系统均采用成熟可靠的设备,并根据综合集成自动化系统的要求进行相应改造,与综合管理系统有机结合,完成编组站内各到达场、出发场、编尾和驼峰场的自动控制与信息交换,实现编组站作业自动化。集成控制系统包括编组站

图 1-39 铁路综合维修工区

管理信息系统 YIS、过程控制系统 PCS(驼峰自动化控制、推峰机车遥控、峰尾平面溜放联锁、电气集中联锁系统)、编组站调度监督系统 DSS、车辆实时跟踪系统、车辆车号自动识别系统、机车车号自动识别系统、车辆超偏载检测系统、车辆限界检测系统、红外轴温探测系统、无线车次号校核系统等不同用途的子系统。CIPS 系统接口组成图如图 1-40 所示。

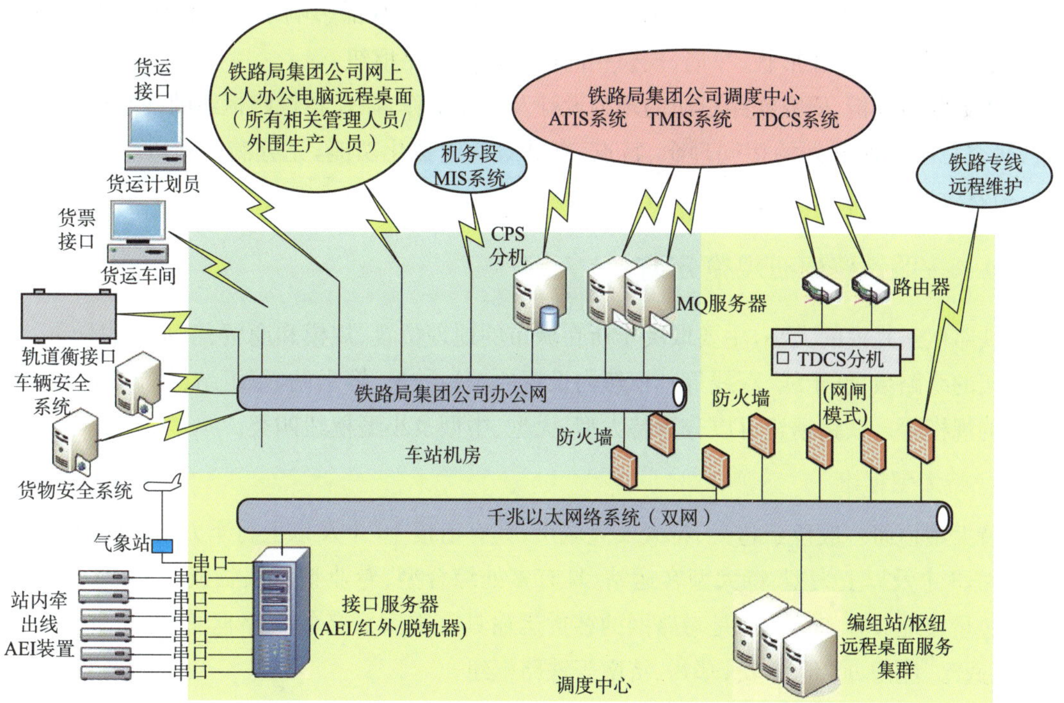

图 1-40 CIPS 系统接口组成图

(4)自动化设备维护中心

自动化设备维护中心为编组站所运用,主要由调度楼综合信息工区、到达场信号工区、驼峰信号工区、峰尾信号工区、出发场信号工区、驼峰机械工区、减速顶工区、电气综合检修工区等组成。

(5)电力及照明设备

电力及照明设备主要设置于客运站、编组站、物流中心等大型场站上,包括变配电所、电力管网及杆柱、车场照明灯桥、投光灯塔等。

(6)给排水设施

给排水设施包括给水所、设置于特定段所内的污水处理所以及各类给排水、消防管网。

枢纽上述部分或全部设备,应在分析枢纽内客货流的基础上,密切配合城市规划、经济建设、地形条件、工程条件以及既有铁路设备的现状,因地制宜进行总体规划,分期建设,预留发展。

1.5 中国铁路枢纽的分类

在中国,铁路枢纽所在城市的地形地貌各不相同,各铁路枢纽在铁路网上的地位及作用、主要服务对象和任务等千差万别,各有特点和侧重,这些都影响了铁路枢纽总体布局和研究范围,全路不存在形状、布局、规模相同或相似的铁路枢纽。

为更好地分析、研究铁路枢纽的规划设计及建设工作,抓住各铁路枢纽的基本特点和侧重,研究总结枢纽规划的相同理念、特点,有针对性地强化功能,充分满足和适应客货运需求,最有效地利用各项资源和建设资金,对枢纽进行归纳、分类是很有必要的。

1.5.1 按照铁路枢纽规模分类

铁路枢纽规模的大小,主要取决于所在城市的地理位置、规模和商贸、工业区的分布,以及衔接的线路数量(干线、双线等),枢纽内设置的车站数量(客运站、编组站、物流中心等)及车站的规模等。铁路枢纽可以分为特大型、大型、中型及小型枢纽四类。

1. 特大型枢纽

特大型枢纽一般位于超大、特大及大城市,具有衔接 10 个及以上行车方向,设置有大型编组站,3 个及以上大型、特大型客运站,具有多处综合型、专业型铁路物流中心,承担巨大的通过量及地方客、货运量,是对路网的客货运输具有重大意义的铁路枢纽,如北京、上海、广州、武汉、沈阳、成都、西安、郑州、济南等铁路枢纽。

2. 大型枢纽

大型枢纽一般位于特大及大城市,具有衔接 6 个及以上行车方向,设置有大型编组站,

2个及以上大型客运站，具有综合型或专业型铁路物流中心，承担较大的客货运量，是对区域路网的客货运输具有较大意义的铁路枢纽，如昆明、南宁、福州、厦门、太原等铁路枢纽。

3. 中型枢纽

中型枢纽一般位于大城市或中等城市，具有衔接3个及以上行车方向，设置有1个大型编组站，1个及以上大、中型客运站，以及中小型铁路物流中心的铁路枢纽，如宝鸡、洛阳、襄阳、安康、温州等铁路枢纽。

4. 小型枢纽

小型枢纽，即除上述以外的铁路枢纽。这类枢纽一般位于中等城市，衔接线路较少，具有1个客运站或客运车场、1个小型技术作业站（编组站或区段站），以及中小型铁路物流中心，如通辽、牡丹江、金华、义乌等铁路枢纽。

1.5.2 按照铁路枢纽功能和在铁路网上的地位与作用分类

铁路枢纽按其功能和在铁路网上的地位及作用，可以分为路网性枢纽、区域性枢纽、地方性枢纽（铁路地区）三大类，见表1-4。

表1-4 中国铁路主要枢纽（地区）分类表

序号	枢纽性质	枢 纽 名 称	合计数量
1	路网性枢纽	北京、哈尔滨、沈阳、郑州、武汉、南京、成都、株洲—长沙、西安、南昌、济南、阜阳	12
2	区域性枢纽	天津、广州、重庆、石家庄、兰州、昆明、贵阳、秦皇岛—山海关、大同、襄阳、柳州、鹰潭、淮南、徐州	14
3	地方性枢纽	上海、杭州、牡丹江、太原、齐齐哈尔、包头、宝鸡、中卫、安康、通辽、怀化、芜湖	12
4	其他枢纽	乌鲁木齐、衡阳、本溪、吉林、大连、青岛、长春、深圳、南宁、六盘水、宁波、厦门、呼和浩特、洛阳、福州、合肥、蚌埠、温州、湛江、海口、唐山、拉萨、九江、西宁、银川	25
5	铁路地区	梅河口、伊春、四平、锦州、丹东、佳木斯、通化；张家口、集宁、衡水、邯郸、侯马、长治；淄博、聊城、兖州、菏泽、临沂、潍坊、日照、连云港、商丘、赣州、龙岩、金华、南平、衢州、黄山、南通、淮安、苏州；新乡、龙川、东莞、月山—焦作、信阳、永州、茂名、桂林、黎塘、钦州、岳阳、防城港、韶关、潮汕、娄底、梅州、惠州；攀枝花、宜宾、西昌、广元、达州、兴义、大理、毕节、万州、南充、蒙自；武威、迎水桥、中卫、哈密、格尔木、喀什	65

1. 路网性铁路枢纽

凡承担的客货运量和车流组织任务涉及整个铁路网，承担跨越一个及以上相邻铁路枢纽吸引范围的客货运业务和运输任务，对保障铁路网较大范围内的客货运输畅通有重大意义的枢纽属于路网性铁路枢纽。

路网性枢纽是全国路网中最重要的列车运行支点和运输基地之一，一般都位于几条铁路干线交叉或衔接的首都、省会、大经济区和特大城市，一般配设有路网性编组站和全国枢纽性客运中心，承担大量的跨局通过车流和地方车流，其设备规模和能力都很强大，如北京、沈阳、郑州、武汉、南京、西安、成都等铁路枢纽。

2. 区域性铁路枢纽

一般位于大、中城市，主要为一定的区域范围服务，承担枢纽吸引范围内的铁路客货运作业和运输任务，对确保铁路网一定区域范围的客货运输畅通有较大作用的枢纽属于区域性铁路枢纽。

区域性枢纽以服务区域内中短程的客货运输为主，服务范围为数个路局和省区，一般都位于干线和支线的交叉或衔接的省、市经济区所在地的大、中型城市，一般配设有区域性编组站或区域枢纽性客运中心，设备规模较大，如天津、广州、重庆、兰州、昆明、贵阳、徐州等铁路枢纽。

3. 地方性铁路枢纽

凡承担的运量和车流组织主要为本枢纽地区内或某一工业区或港湾等地方作业服务的枢纽都属于地方性铁路枢纽，如上海、杭州、太原、齐齐哈尔、包头、怀化、芜湖等铁路枢纽。

这种枢纽一般以地方或地区内中短程的客货运输为主，服务范围主要为本局和本省区，都位于大工业企业和水陆联运地区，一般配设有地方性编组站和一般客运站，办理大量的货物装卸和小运转作业，如杭州、太原、大同等铁路枢纽。

需要说明的是，铁路枢纽的分类不是固定不变的，随着铁路网的加密和扩展，其衔接线路数量增加，枢纽客货运量增加，枢纽在路网上的分工和担当的任务、作业量将发生变化，枢纽在铁路网上的地位和作用也将发生变化，届时其分类属性也将会有新的调整，重新进行综合界定。

在规划设计中，应针对枢纽的上述分类和地位、作用，视具体情况分别对待，各有侧重，突出重点。

1.5.3 按照铁路枢纽所在地区的性质和主要服务对象分类

铁路枢纽按照其所在地区的性质和作业特点（主要服务对象），可分为城市铁路枢纽、工矿地区铁路枢纽、港湾地区铁路枢纽三大类。

1. 城市铁路枢纽

凡位于超大、特大、大城市，除担当铁路网上的客货运作业和运输任务外，主要为所在城市的客货运作业和运输服务的铁路枢纽，称为城市铁路枢纽。这类枢纽除按照其在路网上的分工承担路网客货运作业和运输任务外，还要根据所在城市的经济和社会发展需求，重点配合城市发展综合型轨道交通，使铁路和城市交通系统紧密连接、互联互通，自然成为城市群或城市圈综合交通运输枢纽的重要组成部分。如北京、上海、广州、沈阳、哈尔滨、武汉、成都、西安、重庆等铁路枢纽，都属于城市铁路枢纽，开行了大量环线列车、市域列车。

2. 工矿地区铁路枢纽

凡位于大中型工业、矿山等资源地区，除担当铁路网上分工的客货运作业和运输任务外，主要为所在地区的工业、商贸、矿山、原材料和产品运输服务的枢纽，称为工矿地区铁路枢纽，如大同、包头、本溪、六盘水铁路枢纽等。

这类工矿地区铁路枢纽规划设计与建设时，必须紧密根据所在地区工业、商贸、矿山资源分布和运输需要，按照路厂、路矿、路企紧密协作，运输组织相互配合，路内路外铁路运输设备相互协调的原则，做好枢纽总图和重要环节的设计建设，加速铁路与企业内外部货物运送和机车、车辆的周转。

3. 港湾地区铁路枢纽

位于滨海、江河沿岸、河汊水网等重要港湾地区，除担当铁路网上分工的客货运作业和运输任务外，主要为所在地区大量海铁、水铁联运的客货运作业和运输服务的枢纽，称为港湾地区铁路枢纽，如青岛、大连、湛江、连云港、厦门等铁路枢纽。

这类港湾地区铁路枢纽规划设计与建设时，必须根据所在地区港湾配置的特点、港口客货运吞吐量，特别是进出港口的国内外集装箱运量，规划设计、建设好进出港口的铁路通道、港湾编组站的配置与规模，以及港前站、港内站、码头铁路和站场设施的设置，为高效完成港口内外铁路客货运作业和运输任务创造有利的运营条件。

1.5.4 按照铁路枢纽所在地区地形、城市形态和总布置图型分类

中国国土辽阔，地形复杂，枢纽所在城市形态各异，这就造成所在城市周边的铁路枢纽只能实事求是、因地制宜进行总图规划，选择科学合理、可实施性强的总布置图。

总结中国铁路枢纽现状总布置图，可以将枢纽按照其总布置图型特点大致分为以下九种布置类型：

1. 一站式枢纽

一站式枢纽具有一个客货共用车站，是枢纽最基本的图型。其特点是设备集中、管理方便、运营效率高，但客货运作业互有干扰，能力较小。这种布置一般适用于改编作业量较小、城市规模不大的枢纽，如牡丹江、锦州枢纽(地区)。

2. 三角形枢纽

三角形枢纽一般有三个线路方向引入，引入线路汇合于三处，各方向间有较大客货运量交流，一般在改编作业量大的线路上设置一个客货共用车站。在有折角车流的两个引入线路间增设联络线，其他方向的通过列车可经由联络线通行，以缩短列车行程，避免折角列车在车站变更方向运行。三角形枢纽布置示意如图 1-41 所示，此类枢纽如济南、合肥、芜湖、福州铁路枢纽以及东莞、龙川地区等。

3. “十”字形枢纽

两条铁路线交叉，各自具有大量的通过车流而相互间车流交流甚少，车站设在各自的引入线上，即构成了“十”字形枢纽。在路网较密和交叉点多的地区，如有大量通过车流的新线

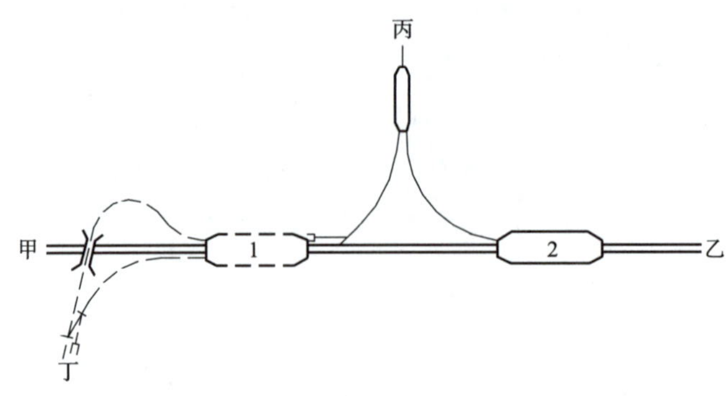

图 1-41　三角形枢纽布置示意图

1—客货共用站；　2—中间站

与既有线成近似正交，新线上不需另建编组站时，可修建必要的车站、联络线和立交线路，使新线与既有线上的编组站、专业站相衔接，构成“十”字形枢纽，以减少路网上的编组点。“十”字形枢纽布置示意如图 1-42 所示。

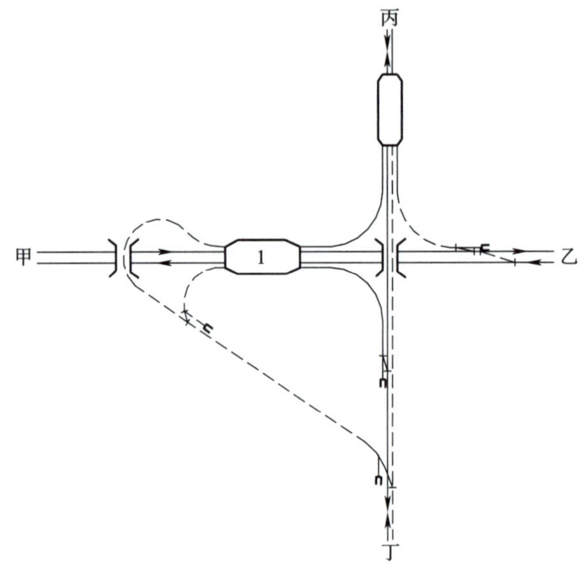

图 1-42　“十”字形枢纽布置示意图

1—客货共用站

4. 顺列式(伸长型)枢纽

三个及以上方向的线路分别在枢纽的两端引入，枢纽主要行车线路沿某一个或多个主要方位延展、拉伸，在这些主轴线上设置枢纽的主要车站，如客运站与编组站顺列布置，即构成客货列车运行于同一径路的顺列式或伸长型枢纽，如图 1-43 所示。

伸长型枢纽在中国铁路网上分布较多，如大连、秦皇岛、山海关、青岛、太原、南京、杭州、厦门、衡阳、深圳、湛江、南宁、六盘水、乌鲁木齐、西安、兰州、宝鸡、安康铁路枢纽等。

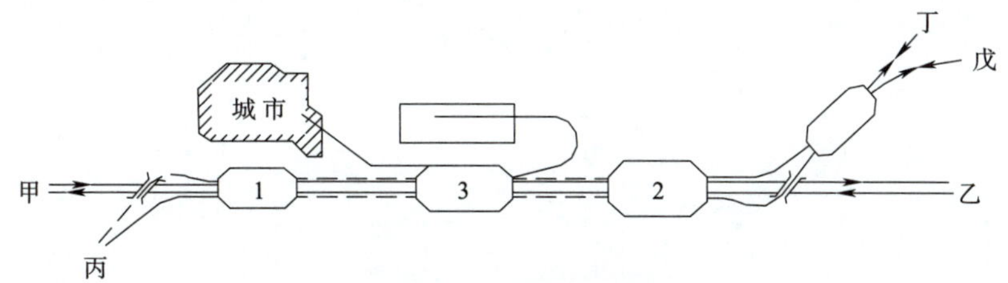

图 1-43 客运站与编组站顺列的枢纽布置示意图

1—客运站;2—编组站;3—货运站

5. 并列式枢纽

当几个方向的线路分别在枢纽的两端引入,枢纽的线网沿某一主要方向延伸,客运站与编组站分别布置在两条并列式客货列车分别运行的路径上,构成并列式枢纽。并列式枢纽布置示意如图 1-44 所示。郑州、株洲、柳州、厦门铁路枢纽等可归为并列式枢纽。

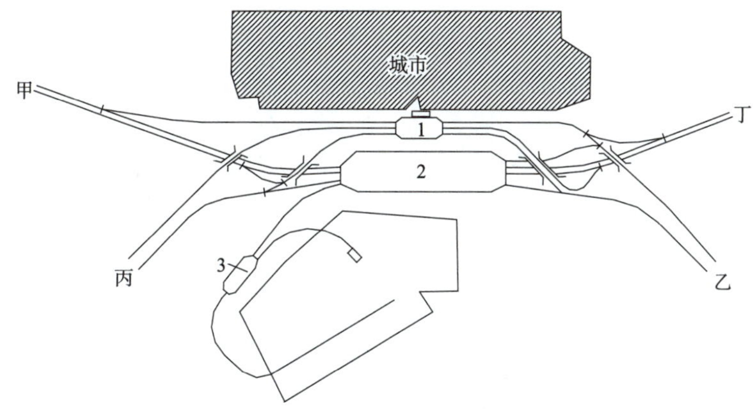

图 1-44 并列式枢纽布置示意图

1—客运站;2—编组站;3—货运站

6. 环形枢纽

引入线路方向多时,为便于各方向间的客货运输交流,避免各引入线路集中于少数汇合点,并为地区客货运业务提供较好的服务条件,采用环线、半环线和联络线连接各方向引入线,从而形成环形枢纽。环形枢纽布置示意如图 1-45 所示。

环形枢纽在运营上通路灵活,环线对运行通路能起平衡和调节作用,缺点主要是部分方向径路迂回。中国铁路网上环形枢纽有北京、哈尔滨、沈阳、成都、重庆、武汉、西安、昆明、吉林、包头、大同铁路枢纽等。克服其缺点的主要措施是主要方向修建直径线。

7. 尽端式枢纽

尽端式枢纽一般位于港埠城市、矿区等处路网的末端,是路网上线路的起讫点或衔接各方向线路集中于枢纽一端,编组站设在其引线出入口处能有效地控制车流,如图 1-46、图 1-47 所示。

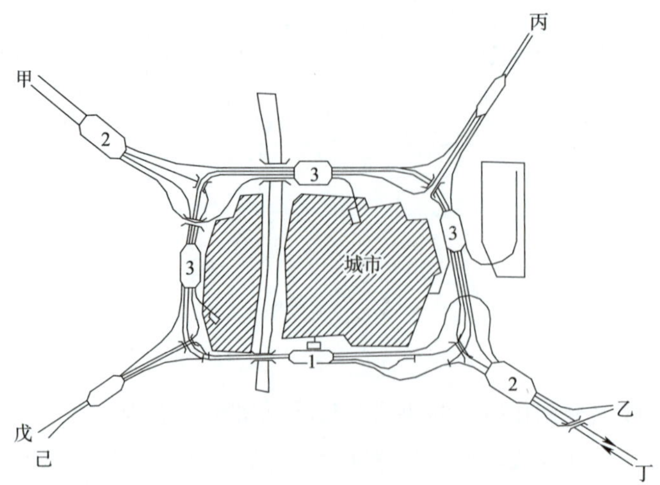

图 1-45 环形枢纽布置示意图

1—客运站;2—编组站;3—货运站

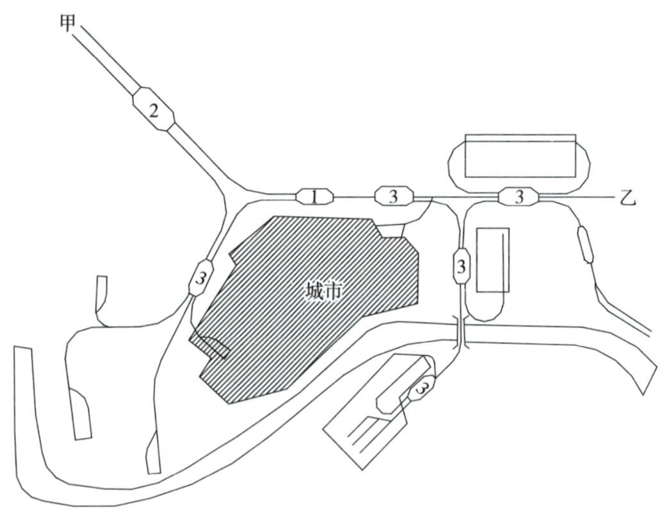

图 1-46 尽端式港埠城市枢纽布置示意图

1—客运站;2—编组站;3—货运站

3 2 1 乙

城市

甲

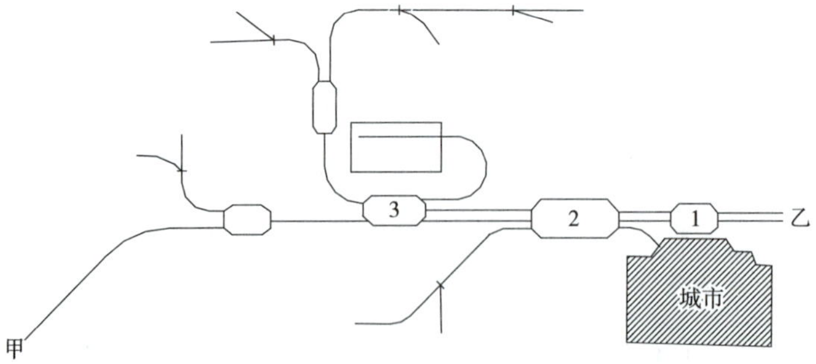

图 1-47 尽端式矿区枢纽布置示意图

1—客运站;2—编组站;3—货运站

这种枢纽除办理各引入线路的列车接发和向枢纽地区装卸点取送车外，还有枢纽地区之间的车辆交流，如大连、青岛、湛江铁路枢纽等。

8. 混合型(组合型)枢纽

某些大城市、特大城市铁路枢纽的特点是城市组成庞大，人口众多，工业企业布局分散，客货运量大，引入线路多，地方和中转运输繁重，往往需要设置一处及以上的客运站、编组站和众多的工业站、货运站和货场，设计成与枢纽所担负的作业量和作业性质相适应的几种类型(如顺列式、三角形、环形)枢纽组合而成的组合型枢纽。组合型枢纽可能表现为 H 形、Ⅱ形、环形放射状等。天津、上海铁路枢纽等可划为组合型枢纽。图 1-48 所示枢纽由顺列式、三角形和环形等图型所组成。

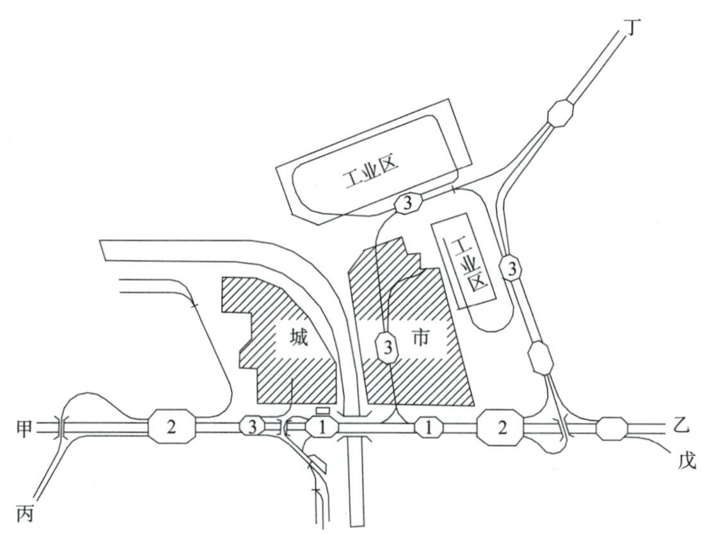

图 1-48　组合型枢纽布置示意图

1—客运站；2—编组站；3—货运站

9. 叠合式枢纽

随着高速铁路、城际铁路等客运专线的引入，需要在客货共线普速铁路总布置图型上，另行形成相对独立的客运专线总布置图，这时枢纽的总布置图已经极为复杂、庞大，已难以用传统的图形分类界定，这种情况下枢纽所构成的总图形状即成为叠合式枢纽。

本质上，叠合式枢纽属于组合型枢纽的衍变。北京、上海、杭州、成都、西安、武汉等客运专线已经成网的枢纽，可以解读成相对独立的客运系统总图、货运系统总图，也可称为叠合式枢纽。

1.6 现代铁路枢纽的主要特征

铁路枢纽是铁路网中由多条铁路线路构成骨架、众多车站及配套段所组成节点而构成的一个整体，是传统工业化的产物。传统的铁路枢纽一经建成，必须紧跟人类科学技术的进步步伐，进行不断地更新改造，满足社会不断提高的运输需求，决不能幻想一劳永逸、故步自封，否则只能自丢市场，运营状况江河日下、难以为继，如美国铁路客运市场的萧条。

今天，现代化的铁路枢纽已经蕴含了比传统铁路枢纽更全面、更高效安全、更舒适便捷、设备综合集成得更具时代科技进步的全新内涵，其应具有以下全部或部分时代技术特征：

1. 具有畅达的客货运通道

铁路枢纽是庞大、复杂的铁路网的节点和客货列车运行交路的起讫点，除直接服务所在城市而在枢纽内终止、重新产生的客货列车外，路网上运行的其他中、长交路的客货运列车均需要在枢纽内的编组站、客运站经停、作业后，跨越枢纽继续前行。因此，现代化的铁路枢纽应具有科学、合理的总体布局和构架，构建枢纽内顺畅、短直、大能力、技术标准高的主要客、货列车运行通道，设置完善的立体疏解设施和相关联络线、直径线，以保证各方向间或主要方向间客货列车跨线运行不迂回、不折角、不交叉、不等线，主要运行线路通行速度快。客货运输需求均强大时，尚应实现客货分线运输，保证长交路列车高效、快速进出本枢纽。图 1-49 所示为运行在枢纽直径线上经过北京前门的高速列车。

图 1-49　高速列车运行在北京前门

2. 具有完善的现代化客运站

铁路的客运功能是直接为城市居民提供出行、到达服务，也是广大民众对铁路旅客运输“快速、环保、安全、经济、全天候、大能力”优势的最直接的体验。现代化的城市和铁路枢纽，应具有一个或多个邻近或深入城市内部的现代化铁路客运站，能够开行大量不同速度等级的始发、终到及停站通过的客运列车，高密度、“公交化”运行，站区设施配套齐全，能够依托铁路客运站构成铁路、城市轨道交通、城市公交、航空等部分或全部的一体化的综合交通枢纽，实现旅客在各种交通方式间“零距离”换乘。上海铁路枢纽虹桥高速客运站综合体如图 1-50 所示。

图 1-50 上海铁路枢纽虹桥高速客运站综合体

3. 具有高效的解编系统

铁路枢纽具有联通路网、辐射各方的基本功能，应具有高效、强大的技术作业站(编组站或区段站)。一般来讲，铁路枢纽内，所有的货物列车均需在枢纽的技术作业站停站进行技术作业。据中国铁路历年统计资料，铁路货物车辆一次全周转时间中车辆在车站作业和停留的时间约占 65%，而其中在技术作业站(主要是在编组站)的作业和停留时间即占 40%以上，平均每辆车通过编组站作业的支出运营费用占总运营费用的 25%以上。铁路枢纽吸纳的所有货物列车中，需跨越枢纽续行的直达、直通、区段、摘挂货物列车需通过编组站进行解编、中转等技术作业后继续运行，同时，终到枢纽、为所在城市服务的货物列车亦需通过编组站解编后送往货运站或物流中心，这就需要在枢纽内设置有解编能力足够、作业高效的技术作业站(编组站)，这对保证货物列车安全、快速送达目的地，加速机车车辆周转，降低运输成本具有重要意义。成都北纵列式双向三级六场编组站如图 1-51 所示。

4. 具有高效、符合城市总体规划和布局的铁路物流设施

铁路促进城市发展的重要意义主要体现在设置符合城市总体规划和产业布局，能合理、高效、环保、便捷地提供为地方物流服务的各种铁路设施，直接为城市对外物资流通

图 1-51　成都北纵列式双向三级六场编组站

服务，也是铁路货物运输的货源集散地、供给点。现代化的铁路枢纽不仅应为城市提供传统的大宗货物（粮食、燃料、矿产品、大件、建材等）运输服务、建设必要的专支线和企业专业货场等，还应能对社会大量的附加值高、时效性强、运量小而散、随机性强的社会零散货物提供快捷安全的集装箱、行包快运、快递等物流运输服务，因此应具有高效便捷的大、中型专业型或综合型铁路物流中心。铁路物流中心及其分拨仓库分别如图 1-52 和图 1-53 所示。

图 1-52　铁路物流中心

图 1-53　铁路物流中心分拨仓库

5. 铁路装备实现现代化、调度指挥自动化、运营管理信息化

铁路装备的现代化含义广泛。铁路装备现代化，不仅要求车站、段所、建筑等设施具有

足够的规模和能力，设备设施配套齐全、维护运营良好，尚应具有线网技术条件好，广泛采用新技术、新设备、新工艺、新材料，客运列车动车化，货运车辆大型化、重载化，配设现代化的驼峰调车设备；同时，为保障铁路运营的安全高效，尚需具备实现行车指挥综合调度集中(CTC)、车站作业综合自动化(CIPS)、日常运营管理信息化等时代科技特征，广泛运用信息技术，旅客出行和货物承运、受理、送达实现一票通、信息化，从而减少人力物力成本，确保铁路日常运营的绝对安全、高效。铁路调度集中指挥大厅如图 1-54 所示。

图 1-54 铁路调度集中指挥大厅

6. 枢纽内不同性质铁路相对独立、相辅相成，有机成网

位于人口、经济体量巨大的城市所在地的大型、特大型枢纽，尚应具有以下特征：

(1)具有由货运干(支)线、编组站、物流中心、工矿企业专支线等组成的相对独立的货运铁路网，枢纽基本实现全部或主要方向客货列车分线运输。

(2)有连接其他众多中心城市的高速铁路(时速 250 km 及以上的客运专线)引入，构成依托枢纽内大型、特大型客运站的相对独立的高速铁路网。

(3)具有连接其他次级城市和城市群的中、短距离的城际铁路(时速 200 km 及以下的客运专线)引入，并与高速铁路网、客运站互联互通。

(4)具有连接城市郊区、卫星城市、周边功能组团的“公交化”市域快速铁路(时速 120 km 及以下的客运专线或客货共线)。

7. 城市内各类轨道交通互联互通、站城融合，铁路枢纽融入城市综合交通体系

超大、特大或大城市的内部公共交通，一般具有多种城市轨道交通(地铁、轻轨、磁悬浮、现代有轨电车、空中轨道等)共存，组成城市的综合交通系统，共同为城市内部交通服务。上海虹桥国际机场高速公路、磁悬浮、地铁构成的综合交通系统如图 1-55 所示。

位于其中的城市型铁路枢纽，一般具有多个伸入或邻近城市、卫星城镇的客运车站，是城市建设及交通方面与城市实现“站城融合”的完美契合点。这就要求铁路枢纽客运车站除

图 1-55　上海虹桥国际机场高速公路、磁悬浮、地铁构成的综合交通系统

承担城市主要的对外旅客运输外，有条件时尚应承担城市内部的公共交通，并配合城市综合轨道交通规划和建设，构建国铁干线铁路、市域铁路、轨道交通相互有机衔接、融于一体的"三网合一"综合交通格局(图 1-56)，使城市内各类轨道交通并存、功能相辅相成、分工明确、协调联动，快捷高效地为城市服务，铁路枢纽成为其自然的重要组成部分，如同国外东京、巴黎、莫斯科、纽约大都市圈。

"三网合一、站城融合"不仅仅是物理意义的轨道线路的简单构通、车站近接，更是贯彻了"综合换乘、综合交通"理念的建设模式。具体讲，就是依托国家铁路的诸多客运车站(特别是主要客运站)统筹规划建设，使干线铁路车站、城市轨道交通及市域铁路的车站等组成或平面相互近接或立体交叉跨越的建筑综合体，在站区实现人员的"零距离共站换乘"，实现旅客出行"点到点"运输；同时利用国家铁路、市域铁路线网，开行或环或射的短途市郊列车，最大限度资源共享，减少社会资源消耗，方便居民出行。德国柏林火车站内铁路-地铁多层立体布局的综合体如图 1-57 所示。

实施"三铁融合、站城融合"工程，是实现城市二、三圈层的轨道交通全覆盖，换乘枢纽互联互通，三铁(市域铁路、国铁干线和轨道交通)全面融合、功能互补、资源共享、便捷换乘的综合轨道交通运输体系的有效模式，最利于运力资源配置优化、提供"公交化"运营服务，实现方便居民出行、轨道交通资源共享、三铁互利共赢的交通发展目标。重庆铁路枢纽沙坪坝客运站集高速铁路-轻轨-公交一体的城市综合体如图 1-58 所示。

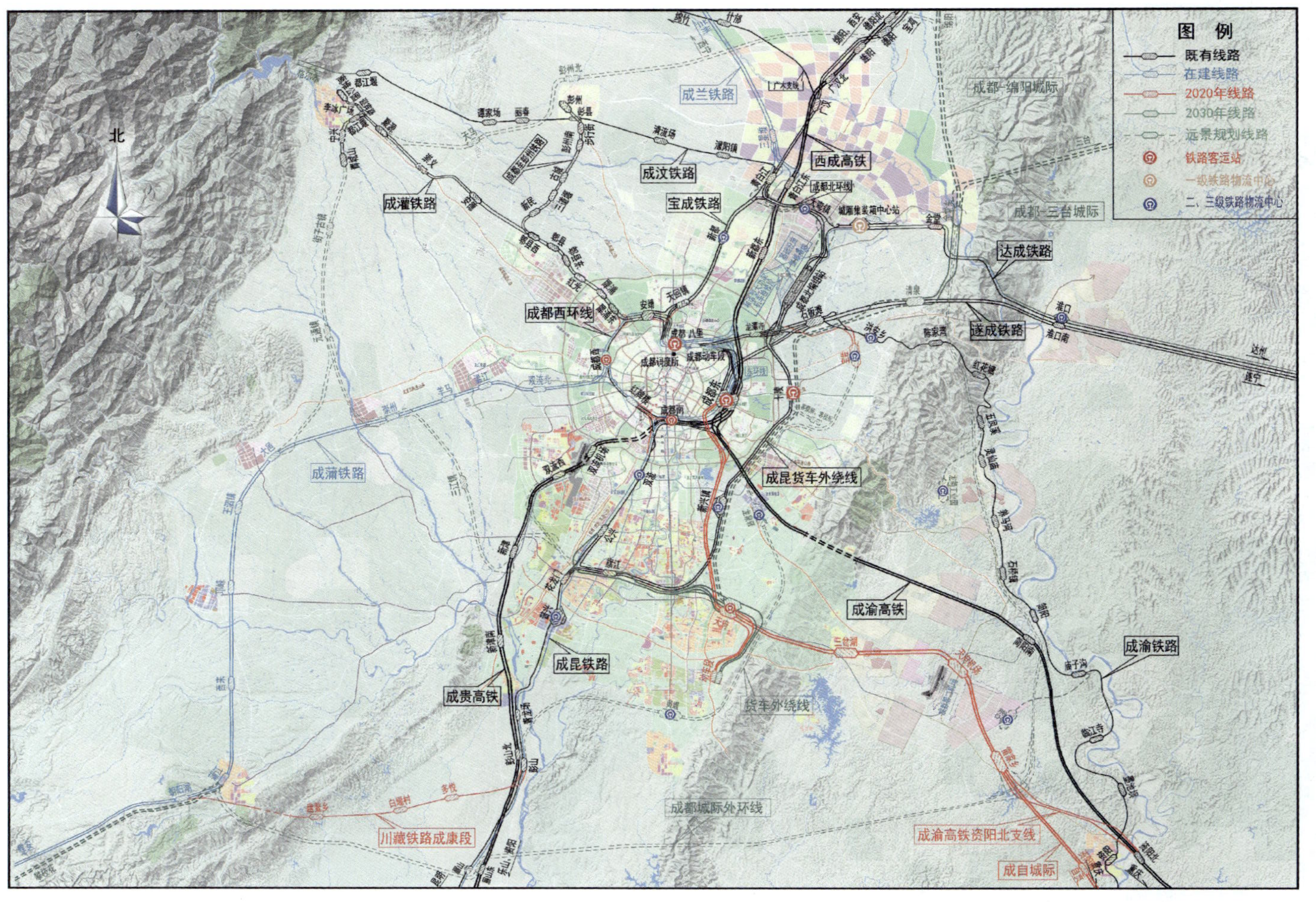

图 1-56　成都铁路枢纽“国铁干线 - 市域铁路 - 轨道交通”融合总体方案示意图

图 1-57　德国柏林火车站内铁路-地铁多层立体布局的综合体

图 1-58　重庆铁路枢纽沙坪坝客运站集高速铁路-轻轨-公交一体的城市综合体

现代化的大型、特大型铁路枢纽，将是一个具有干线高速网、城际网、干线货运网的铁路“三网”，并有机衔接地铁、轻轨、快轨等城市轨道交通网，构成有机衔接、相互联通或换乘的“多网合一”的庞大、复杂、高效的综合交通枢纽。这些不同类型的交通网络依附城市，环抱城市，为城市的运转和发展服务。

第2章 铁路枢纽规划设计的主要内容及流程

铁路枢纽的建设，工程大、投资巨、周期长，如不慎重对待，会给国家和社会造成巨大浪费。因此，铁路枢纽的建设应遵循“规划(设计)先行、一次规划、分步实施”的原则，满足前瞻性、功能性、系统性、经济性和可操作性的综合平衡和协调的基本要求，适应社会运输和经济发展的需求。

2.1 铁路枢纽规划设计的概念、基本特点和要求

2.1.1 铁路枢纽规划与设计的概念

“规划”作为名词时，是指个人或组织制定的比较全面长远的发展计划，是对未来整体性、长期性、基本性问题的思考和考量，设计未来整套行动的方案，是融合多要素、多人士看法的某一特定领域的发展愿景。“规划”作为动词时，指获得上述成果的动态技术活动过程。

“设计”，指把规划设想通过各种感觉形式传达出来，有目标、有计划、有物力投入的技术性的创作与创意活动过程，也可理解为任何造物活动前的计划技术和计划过程，成果能展示所造物的信息。

中国铁路及铁路枢纽的建设，可以划分为规划、设计、施工、运营四个阶段。铁路网的规划，一般有国家层面的中长期铁路网规划；作为其细部分支的铁路枢纽，需开展总布置图规划(简称“总图规划”)。

1. 铁路枢纽总图规划

铁路枢纽总图规划，是专指在相当长的时期内铁路枢纽的总体格局(总布置图，亦简称“总图”)、主要站段等设施的选址、设施设备规模确定等最为核心的规划成果，以及确定规划成果的顶层技术活动，简称“总体规划”。其目标和要求是，通过技术手段和科学方法，确定枢纽在规划年度的客货运总量和需求，以及线路、站、段、所等设施与设备的各功能与规模，并将枢纽内所有的线路、站、段、所等设施与设备和城市规划紧密结合起来，选址“落地”，从而将其构建成一个有机的铁路运输综合体，以完成所承担的客运、货运、解编作业和运输任务，使投入最少和产出最大，提出分期建设意见。

可见，铁路枢纽总图规划是一项战略性的前期工作和总体设计。

2. 铁路枢纽勘察设计

铁路枢纽的勘察设计，是指铁路枢纽总图规划完成、稳定后，按照建设程序，依据总图规划确定的建设时序、客货运需求和分期建设意见（范围、工程内容、功能等）、更精细的基础资料等，对规划的枢纽工程（线路、站段、设施设备等）开展进一步逐步精细化的具体单体专业设计，并确定工程投资的技术活动。

在中国，铁路的勘察设计一般划分为预可行性研究、初测-可行性研究、定测-初步设计和施工图设计四个阶段，每一阶段更趋精准化。其中，预可行性研究、可行性研究统称为前期研究，初步设计和施工图设计也统称为后期设计。

3. 铁路枢纽总图规划和勘察设计的关系

铁路枢纽的总图规划属于前瞻的总体设计，是对枢纽功能定位、运量与运能、布局与规模、建设时序等宏观顶层问题的总体规划，是一项前瞻性的顶层设计和关键工作，其展望未来 50 年，并由远及近规划枢纽未来 10、20 年的工程内容及建设时序，体现的是一种建设可能性和建设目标。

铁路枢纽的总图规划位于“规划—设计—施工—运营”完整建设链条的最前端。很显然，总图规划合理与否，决定了铁路枢纽的后续设计、建设及今后相当时期铁路运营基础条件的优劣，是铁路枢纽后续建设、运营的基础，极其重要和关键。

铁路枢纽的勘察设计则属于总图规划的执行性活动，是对规划内容的进一步细化研究验证、具体落实，让规划“落地”。在设计过程中，必须坚持系统设计、逐步深化，以总体设计统筹专业设计，科学合理地实现建设意图。

铁路枢纽的勘察设计工作涉及工程、设备领域的数十个具体专业及内容，各阶段的要求和深细度也不同。为突出铁路枢纽的总体性规划设计技术，本书主要从总体设计的角度论述铁路枢纽总图规划及枢纽工程前期阶段（预可研、可研阶段）总体性专业设计的主要内容和方法。

2.1.2 现代铁路枢纽规划设计的基本特点和要求

1. 中国铁路枢纽规划设计的基本规定

中国铁路枢纽开展总图规划始于 20 世纪 90 年代初。为进一步做好铁路枢纽总图规划工作，规范总图规划的内容、要求和深细度，满足国民经济建设对铁路规划建设的需要，铁道部在 1994 年发布了《铁路枢纽（地区）总图规划文件组成内容》（铁计函〔1994〕17 号），之后在 1999 年重新发布了《铁路枢纽（地区）总图规划文件编制规定》（铁计函〔1999〕398 号）。2016 年，中国铁路总公司发布了《中国铁路总公司关于铁路枢纽（地区）总图规划文件编制的指导意见》（铁总计统〔2016〕9 号）。

为贯彻国民经济各个时期建设理念，规范铁路建设项目勘察设计阶段（预可研—可研—

初步设计—施工图)所需的深细度和统一成果文件的组成与内容,铁道部陆续发布了多版《铁路建设项目预可行性研究、可行性研究和设计文件编制办法》,铁路枢纽的勘察设计规定纳入其中。2019 年,国家铁路局发布《铁路建设项目预可行性研究、可行性研究和设计文件编制办法》(TB 10504—2018)。

上述管理文件就是中国铁路枢纽总图规划及勘察设计的基本规范性规定,是咨询、评审的基本依据。

2. 铁路枢纽规划设计的基本特点和要求

铁路枢纽规划设计,在 21 世纪前一个基本前提就是引入枢纽的铁路无例外地为客货共线铁路,枢纽规划建设也以"经济适用、规模适中、适当预留发展"为基本理念。

进入 21 世纪后,中国铁路的种类大大丰富,转换规划理念,是现代铁路枢纽总图规划不同于以往的重大区别,是铁路运输和城市规划发展的需要,是贯彻"以人为本、站城融合、综合交通、预留发展"的规划及设计理念,"人便其行、货畅其流、以人为本",高效、舒适地满足社会客货运输的需要。

转换规划理念应体现在以下几个方面:

一是,有条件的枢纽,应按照"实现客货分线运输、运营设备相对集中、点线能力协调"的总体思路,科学确定枢纽建设发展方向、枢纽功能定位、运量与运能需求、生产力布局与规模,并按照"一次规划,分步实施"的原则,确定枢纽工程的建设时序及其内容,既满足规划时期运输需要、点线能力协调,又避免提前投资,造成投资的浪费及设施能力虚靡。

二是,现代铁路枢纽总图规划更注重城市规划和客流、物流综合一体化研究,需要做好铁路枢纽规划和城市总体规划的有机结合,尽量做到同步规划、协调一致,生产力布局既要适应铁路客货运输需要,满足铁路物流转型发展要求,又要满足城市综合交通构建、促进城市功能板块实现及新型城镇化建设等新要求。

三是,现代铁路枢纽加入了新的内涵,就是要以科学发展观为指导,以可持续发展为理论基础,从资源系统优化的角度,综合统筹枢纽内各种运输方式(国家铁路、城际铁路、城市轨道交通、市域铁路、公路交通等)规划建设和运营管理,划清工程分期实施界面和运营界面,实现各种运输方式的无缝衔接和资源的优化配置。

四是,枢纽总图规划必须与城市规划相协调。枢纽总图规划对铁路而言是一项战略性的前期工作、顶层设计。根据铁路建设理念,结合铁路网发展规划和城市发展规划,对运输生产力布局进行调整,在做好点线能力协调和枢纽总体布局的前提下,重要客货运站址的选择与改造,必须充分考虑城市形态、用地资源及未来发展的需要,做到站城有机融合,互利互惠。做好铁路枢纽规划和城市总体规划的有机结合,才能使规划具有可实施性。

五是,大力发展综合交通,即实现铁路网、城市轨道交通网、市域郊铁路网"三网融合",充分发挥综合枢纽的网络组合优势和整体功能,全面满足多样化的客流、物流的运输需求,适应铁路规划建设、客货运输需要、铁路物流转型发展以及新型城镇化建设等新要求,以引导城市规划和综合交通一体化发展。

六是，继续遵循“规划先行，一次规划，分步实施”的建设程序开展规划、设计和实施，统筹前瞻性和经济性的有机结合。

2.2 铁路枢纽规划的工作流程

2.2.1 规划工作步骤

对承担铁路枢纽规划设计工作的咨询单位而言，如图 2-1 所示，铁路枢纽规划设计工作一般遵循以下步骤：

1. 规划工作发起

根据国家或国铁集团等的指示，下达规划设计任务书。

2. 组织工作

根据设计任务书要求，组建设计（评审）队伍和保障队伍，组织安排人力、物力投入计划和目标节点等。

3. 基础资料的搜集和调查

基础资料的搜集和调查包括枢纽内既有设备现状调查、国家铁路网规划资料搜集、经济运量及运输组织资料搜集、城市总体规划及专项规划资料搜集、环境保护及自然资源资料搜集。

4. 枢纽总图现状分析

枢纽现状分析主要包括枢纽既有衔接线路及枢纽内线路概况，主要站段布局、分工、设备规模能力及运营特征（包括客运系统、货运系统、解编系统、机车、车辆（含动车）、工务、电务、供电等配套设施），枢纽在建项目概况以及枢纽存在问题。

5. 路网构成及预测

①中长期铁路网规划和对外通道预测。

②城际网规划批复情况和预测。

③市郊铁路规划批复情况和预测。

6. 运输需求预测

运输需求预测包括枢纽城市的经济结构预测，枢纽地区地理、资源特点对经济产业发展的影响，客货运量发展趋势分析，以及客货运量预测。

(1)客运量预测

铁路客运量预测是指用科学方法对未来铁路旅客运量发展作出的描述和推测；是编制客运计划和制定客运发展政策的依据；有近期、中期、长期之分，也有全路预测和地区预测之分。主要方法有：旅行系数法，根据居民的平均旅行次数（或里程）推断以一次旅行条件为目

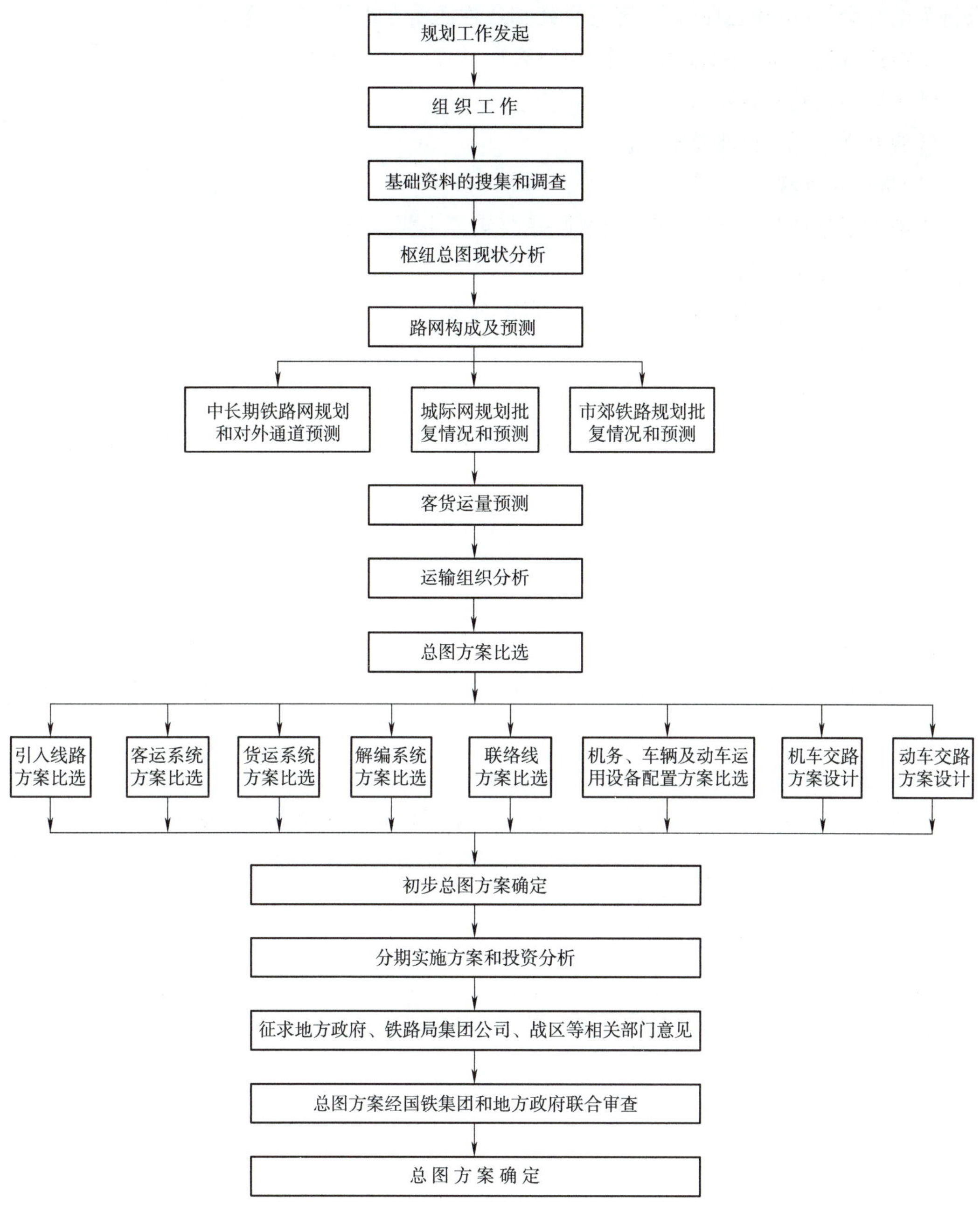

图 2-1　总图规划工作步骤框图

标的客运需求；时间趋势法，常用的有移动平均数、指数平滑法、时间回归法等；因果相关法，根据影响铁路客运量的主要因素与客运量建立相关分析方程，如可用居民消费水平与铁路客运量建立相关方程。预测未来一定消费水平下的客运量，有单因素相关法、多因素相关法等。此外，还有经济计量预测方法和系统动力学预测方法。旅行需求分析应包括对旅行需求行为的社会、经济和心理研究，客流研究和各种运输方式分担等内容。

①枢纽客运总量(并细分中长途、城际客运量)。

②主要客运站旅客发送量。

③旅客列车开行方案及汇总。

(2)货运量预测

①地方运量预测(并细分大宗、快捷、集装箱等主要品类)。

②枢纽总运量预测。

(3)枢纽内主要线路区段货流密度及客车对数

7. 运输组织分析

①客流特点及旅客列车开行方案。

②货物运输组织发展趋势及应变对策(重点研究集装箱、快运班列等车流情况及列车开行方案)。

③枢纽技术作业站路网分工和工作量变化分析。

8. 机车(动车组)交路

9. 总图方案比选

①引入线路方案比选。

②客运系统方案比选。重点研究客运站布局方案、作业分工、规划规模及与城市规划、交通的衔接。

③货运系统方案比选。根据既有货运设施存在问题分析、物流发展趋势，结合国铁集团物流规划，研究物流布局方案、场站作业分工、规划规模及与城市物流的衔接。

④解编系统方案比选。结合解编系统存在问题、运输组织和作业量变化趋势，研究技术作业站布局方案、作业分工、规划规模。

⑤联络线方案比选。

⑥机务、车辆及动车运用设备配置方案比选。结合生产力布局要求，研究机、车、工、电、供等设施布局及规模。

⑦机车交路方案设计。

⑧动车交路方案设计。

10. 初步总图方案确定

11. 分期实施方案和投资分析

12. 征求地方政府、铁路局集团公司、战区等相关部门意见

13. 总图方案经国铁集团和地方政府联合审查

14. 总图方案确定

2.2.2 规划成果的审批及执行

规划成果经国铁集团和地方政府审查后，由国铁集团和地方政府联合批复。批复后

的成果作为各阶段线路引入枢纽和枢纽改扩建的基础依据，也作为城市生产力和产业结构布局调整、城市综合交通网布局调整的依据，具有法律效力。若需调整，需重复上述程序。

2.3　铁路枢纽规划设计的主要内容及流程

2.3.1　铁路枢纽规划设计的主要内容

铁路枢纽总图规划是从服务运输经营、提升枢纽和运输效能、发展枢纽经济的角度，结合新一轮中长期铁路网规划，以及客运增长、现代物流发展、城市规划等，重点研究枢纽总体布局、线路引入、客运系统、货运系统、动车和机辆等配套设施、综合开发等。因此，铁路枢纽总布置图研究的主要内容包括概述、枢纽概况、运输需求预测、枢纽总图规划方案、规划环境影响分析、土地综合开发利用、近期工程和其他等。

(1)概述：包括枢纽规划依据、枢纽范围、规划年度、总图规划编制经过概况、枢纽总图规划概要等。

(2)枢纽概况：包括研究枢纽定位、枢纽地区经济社会特征、枢纽地区自然特征、枢纽现状概况、枢纽在建项目概况、存在的主要问题。

(3)运输需求预测：包括路网构成、枢纽城市的经济结构预测、枢纽地区地理和资源特点对经济产业发展的影响、客货运量发展趋势分析、客货运量预测。

(4)枢纽总图规划方案：包括研究枢纽客货运输组织、枢纽总图方案(其中包括枢纽总图布置、客运系统、货运系统、解编系统、配套设施，疏解线、联络线及其工程方案比选，总图规划的线路方案、主要站段位置、性质及规模)、综合开发。

(5)规划环境影响分析：包括研究枢纽地区环境现状、主要污染源和污染物、工程实施对生态环境及水土保持的影响分析。

(6)土地综合开发利用：盘活存量铁路用地，综合开发新老站场用地，填补铁路运营亏损，为铁路可持续、健康发展提供保障。

(7)近期工程：指近期急需解决的问题及主要工程。

(8)其他：指省、市、自治区、战区及相关城市规划部门、铁路局集团公司的意见。

2.3.2　铁路枢纽规划设计的流程

铁路枢纽规划设计流程框图如图 2-2 所示。

2.3.3　铁路枢纽规划设计的基础资料

铁路枢纽规划设计的基础资料见表 2-1。

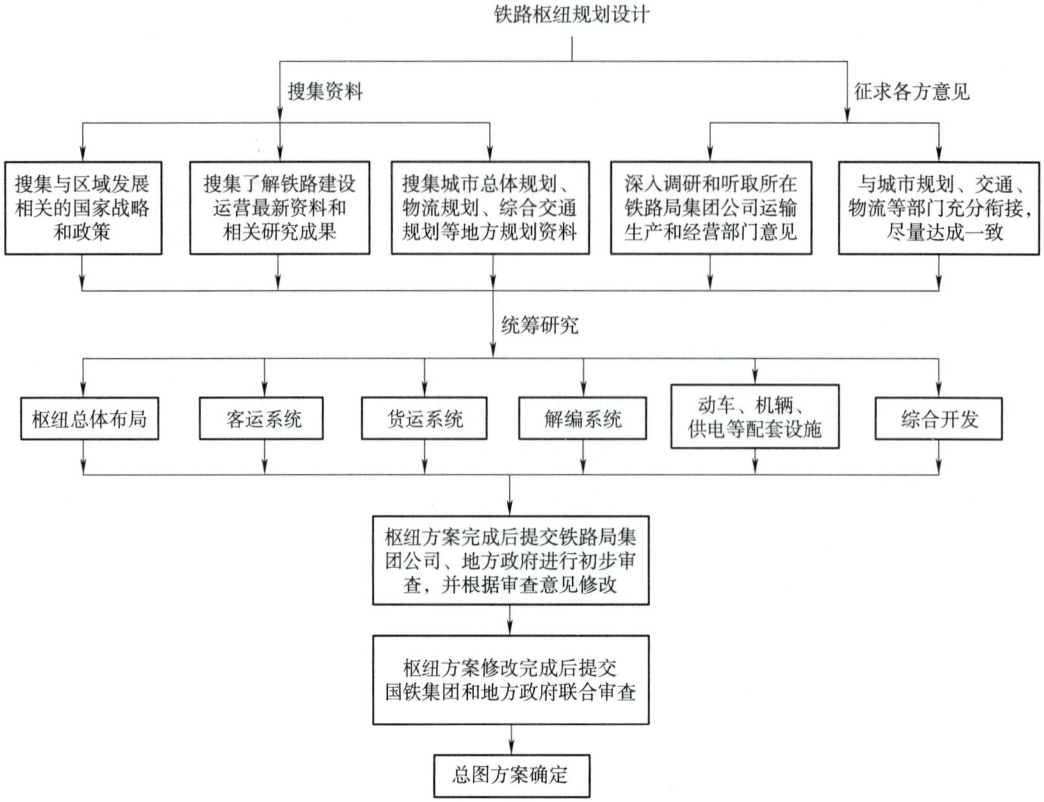

图 2-2 铁路枢纽规划设计流程框图

表 2-1 铁路枢纽规划设计的基础资料表

序号	项 目	主 要 内 容
1	枢纽内既有设备现状	现状衔接线路和联络线的方位、性质、运量及流向、线路技术标准
1	枢纽内既有设备现状	客运站、客运配套设备(客车技术整备所、动车运用所、动车存车场)、货运站和货场、物流中心、专用线、编组站、机务、车辆以及动车设备、枢纽内其余站段所现状配置情况
1	枢纽内既有设备现状	各车站作业量、设备布置关系和数量、作业分工
2	国家铁路网规划资料	中长期铁路网规划,包括高速铁路网规划、普速铁路网规划和综合交通枢纽规划
2	国家铁路网规划资料	“十四五”现代综合交通运输体系发展规划
2	国家铁路网规划资料	“十四五”铁路集装箱多式联运发展规划
2	国家铁路网规划资料	铁路物流基地布局规划
3	经济运量及运输组织	收集枢纽范围内的经济运量
3	经济运量及运输组织	铁路运输统计汇编、铁路局集团公司主要区段客货列车对数、铁路局集团公司最新列车运行图、最新列车运行时刻表、区间通过能力计算表、客运站能力和设备情况、车站定员、机车交路图,以及乘务制度等

续上表

序号	项　目	主　要　内　容
4	城市总体规划及专项规划资料	城市总体规划、城镇体系规划、战略规划，交通发展规划，旅游发展总体规划，物流专项规划，五年规划发展思路、发展目标，境内公路现状及路网规划，城市轨道交通规划，统计年鉴，国民经济与社会发展统计公报，土地利用现状、土地利用总体规划等
		境内工业点及规划
		规划的市郊、城际铁路及支、专线等情况
5	环境保护及自然资源资料	环境质量公报，饮用水源保护区划分文件及批复，各市水、气、声、生态环境功能区划，各市水、气、声现状监测资料，森林公园名录、森林公园总体规划等
		湿地公园名录、湿地公园总体规划、自然保护区名录、自然保护区总体规划，枢纽范围内植物资源、动物资源、珍稀濒危动植物概况及分布，珍稀濒危动植物分布图、沿线森林植被现状资料及图件等
		风景名胜区名录、风景名胜区总体规划，历史文化名城、名镇、名村概况及分布图，自然遗产、文化遗产目录及分布图，文物名录、文物总体规划等
		水产种质资源保护区总体规划、基本农田重点保护区概况及分布图等
		矿产分布及规划、地灾区划等
		市域水文地质图、地质公园名录(国家级、省级、市级、县级)、地质公园总体规划、水利风景区名录、水利风景区规划、水土保持规划等

2.4　铁路枢纽规划设计的成果资料

铁路枢纽总图规划报告和枢纽总平面布置示意图是枢纽总图规划的成果反映。

2.4.1　铁路枢纽总图规划报告编制内容

铁路枢纽总图规划报告包括概述(规划依据、枢纽范围、规划年度、总图规划编制经过概况、枢纽规划概要)、枢纽概况(包含枢纽定位、枢纽地区经济社会特征、枢纽地区自然特征、枢纽现状概况、枢纽在建项目概况、存在的主要问题)、运输需求预测(包含路网构成、运输需求预测)、枢纽总图规划方案(包含客货运输组织、枢纽总图方案、综合开发)、规划环境影响分析、近期工程、其他等内容。

2.4.2　铁路枢纽总平面布置图的主要内容

铁路枢纽总平面布置图包括基本地形地貌、城市总体规划、城市综合交通现状及规划、既有枢纽铁路线路平面布置及设备布局、在建和规划的铁路线路平面布置及设备布局、枢纽总图方案等。

在信息技术及遥感技术的支持下，枢纽总图已经可以利用卫星影像图作为底板，更直观显示规划成果及设想。

2.4.3 铁路枢纽运输布局及能力分析图的主要内容

铁路枢纽运输布局及能力分析图主要反映枢纽内线路通过能力和站段作业能力，包括规划能力和现状能力利用率等。该图能够直观显示枢纽生产力设施布局、运输模式布局及区间、站段作业能力等，弱化其他杂乱信息，重点突出，深受规划设计及决策人员的喜爱，可以推广运用。

运输布局及能力分析图包含线路布局规划及能力分析、线路与国家规划主通道的关系、客运站布局规划及能力分析、动车设施布局规划、编组站布局及能力分析、物流基地布局规划及能力分析。深圳铁路枢纽运输布局及能力分析示意见附录1。

第3章 铁路枢纽总图规划主要影响因素分析

铁路枢纽是组成铁路网的基本单元和节点，是联系铁路网和城市之间的重要纽带。铁路枢纽是随铁路网与城市建设发展而逐步形成和发展的，涉及范围广并各具有其历史特点。为满足铁路运营和城市建设的基本要求，铁路枢纽总图规划时应从全局出发，对其主要影响因素进行全面分析研究。

3.1 枢纽在铁路网上的地位和作用

枢纽在铁路网上的地位和作用，对其发展规模和设备能力的要求，有决定性的影响，一般应从以下几方面进行分析：

1. 枢纽所处地理位置及其政治经济特征

首先，须分析枢纽所处地理位置是路网的起讫点、铁路干线汇集处还是一般的交叉节点，例如路网性枢纽多位于路网中心的特大城市或大城市，衔接多条长大干线，担负地方大量的客货运输，也是快速路网的重要节点，其总布置图必然十分复杂。

其次，分析枢纽所处地在国家或地区中所发挥的政治、经济和文化作用以及城市特点，如是海岸还是内陆，是大都市还是中小城市，是资源型还是中转型等；分析社会经济主要指标、旅游资源分布及开发情况、工农业现状及发展。枢纽所在地政治经济特征、城市总体规划、综合交通概况反映了城市的个性和特点。

2. 枢纽所承担任务的性质

根据枢纽所承担的客货流性质及运量，分析枢纽是路网性枢纽、区域性枢纽还是地方性枢纽。

3. 与相邻枢纽的协作和分工

枢纽总图规划不能孤立地研究单个枢纽的规划布局，必须考虑与相邻枢纽之间的协作和分工，枢纽内各种生产力布局应考虑在与相邻枢纽甚至全国路网设备布局合理分工的前提下进行，防止因设备重复或设备不足而影响运输。故应根据相邻枢纽列车编组计划及机车交路、车辆检修任务及动车运用的合理分工，分析确定枢纽编组站、机务段、车辆段及动车段(所)(存车场)等主要设备的设置及规模。

4. 与国防建设密切配合

国防交通网是国防的重要组成部分,是国防的重要物质技术基础。铁路自诞生起就是国防交通网的基石。

现代国防交通是一种"大交通",涵盖了水、陆、空域,涉及军队和地方、平时和战时、前方和后方等诸多要素,需要从战略和全局的高度进行总体筹划和设计。国防交通建设与发展的基本原则是平战结合、军民兼顾、长期准备、持续发展。铁路永远是国防战备交通的基础方式,铁路枢纽的规划布局应符合国防战备要求,与国防建设密切配合。

总之,铁路枢纽上述的诸多地理位置和定位,决定了其主要设备设施的性质和基本规模框架,是铁路枢纽极为重要的指标之一。如路网性枢纽,必然多位于路网中心的特大城市、大城市或中转核心,衔接多条长大繁忙干线,需要配置路网性编组站、大型客运站群,以及负责地方货物运输的物流中心等,其总布置图必然十分复杂。

3.2 城市形态及发展规划

城市形态是指一个城市的全面实体组成,或实体环境以及各类活动的空间结构和形成。它可分为有形形态和无形形态两部分。有形形态主要包括城市地理特点、城市区域布点形式、城市用地等空间几何形态、城市内各种功能地域分布格局,以及城市建筑空间组织和面貌等。无形形态指城市的社会、文化等各无形要素的空间分布形式。

城市形态不仅指城市各物质组成部分的有形的表现及城市在空间上用地所呈现出来的几何形状,还是一种复杂的经济、文化现象和社会过程,是人们通过各种方式去认识、感知和反映城市整体意象的总体。因此,城市形态是在某一特定的自然和社会环境下,城市经济与社会活动所经由的复杂历史过程,并且按照区位的利益要求而形成的在空间上有相互密切联系的一个集合体。

城市形态构成的元素可分为道路网、街区、节点、城市用地和城市发展轴。城市的交通路网可以作为划分不同城市形态的标准,一般有星形城市、格网城市、带状城市等。而城市路网又与城市发展规划有密切的关系,从而体现出城市交通、城市规划与城市形态间的密切联系。

不同的城市形态类型及城市发展规划,对铁路枢纽的布局及需求都有独特的适应性要求,线网行径、设施设备布局必须与城市形态及规划相适应。例如,河流分割的港汉型城市,一般引入线呈放射状布局或尽头布局,辅以大量联络线加强站点联系。河谷地形的枢纽,一般呈伸长型布局。

3.3 运输需求

运输需求是指一定时期内国民经济和社会发展对运输业运送货物和旅客的要求。其主要特点是：

(1)需求内容的多样性。各运输对象对数量、质量及安全、迅速、方便、经济、舒适等方面有多种需要。

(2)需求增长的波动性。它受工农业发展水平、经济结构和产业结构变动、生产力布局调整、人口增长及其消费水平提高和消费结构变化、运输条件变化等因素的影响，波动频繁。

(3)需求在时间上和空间上分布不均衡性。

铁路枢纽的运输需求体现在客货运流向、流量和性质上，分析运输需求状况及其变化是进行运量预测和枢纽总图规划的重要依据。

客货运流向是铁路枢纽选择客运站、编组站和引入线方案的主要决定因素之一；流量大小则直接影响引入线正线数目、客货运车站分布及其他设备的规模；客货运性质即分析运量是通过(中转)型还是地方型，长途流还是短途流等。通过分析掌握上述信息、预测客运量及客车对数，分析确定客运站布置形式及规模；根据预测的车流表和列流图，分析主要车流、折角车流、地方车流以及有调、无调车流的流向和流量来确定编组站布置形式及规模等。

3.4 衔接线路的功能定位及技术特征

枢纽衔接线路是构成枢纽网络结构的基本元素之一，其功能定位决定了对沿线地方经济的潜在影响，其技术标准的选择应当配合功能定位，使二者相互匹配达到对地方经济的促进作用。

枢纽衔接线路的引入方向根据客货运量的流向以最短径路连接相邻经济控制点或其他要求而定，具体位置需根据枢纽所处的地形、地质、客货运设备设置要求及城市规划等确定，基本原则是使行经枢纽的主要客货运流量能以最短径路出入，并能使各引入线间有互相调节及转接车流的条件。

多条干线引入的枢纽，应首先考虑各干线通过枢纽的合理走向，结合主要车流方向和城市布局考虑编组站和客运站的分布，协调线、站综合优势的方案。引入线数量越多，汇集的车流量就大，客货运量的流向也相对复杂，需要的设备数量多，将各引入线连接的联络线、环线就越多，枢纽的线路疏解布置越复杂。

若引入枢纽各线路的限制坡度不同导致牵引质量不同，必然要产生换重作业，增加枢纽的作业量。可采取调整机型、加力牵引等措施以求牵引质量的统一，使直通列车无需在枢纽内换重通过。

3.5 枢纽既有现状及存在问题

进行枢纽总图规划及改扩建时，必须掌握既有现状，分析其存在的问题，才便于采取技术措施，对症下药。总图规划合理与否，很大程度依赖对存在问题的认识深度、透彻与否。

3.5.1 枢纽地区自然特征

枢纽地区自然特征包括枢纽地区的地形、地貌、工程地质条件、水文地质特征、气象特征、地震动参数、环境敏感点（生态环境敏感区、水源保护区、文物古迹分布等）。

3.5.2 枢纽既有铁路设备、运营现状及存在问题

枢纽既有铁路设备状况、分布、规模、运营现状及存在问题是总图规划要考虑的基础因素，应研究其加强、改扩建利用方案，以及新增设施与总图发展规划的结合问题。枢纽总图规划时，应深入分析枢纽内既有设备如客运系统、货运系统、解编系统，机车、车辆（含动车）、工务、电务、供电等配套设施能力利用及存在问题，使既有设备得到充分利用。

对既有设备的利用一般有以下方式：

（1）原站扩建，不改变原有车站（段所）性质，仅扩大其规模，这需要原有设备不受周围条件限制以及对城市干扰较小，并且能满足使用要求。

（2）改建或部分改建原有车站，变为各种不同性质的专业站加以利用。对枢纽内的客货运站，通常利用其伸入市区的有利条件，迁出货运部分（另新建编组站或货运中心），保留客运站。

（3）将位于工业区、仓储区的原有车站，改建为货运中心或工业站。

（4）配合枢纽布局的要求，改建为其他各种专用车场，如将老客运站或其他车站改建为动车段（所）、客车技术整备所或货场等；保留原有设备办理枢纽内一部分作业。

（5）对于站段、设施设备废弃和搬迁后留下的场所，可以因地制宜开展土地综合开发或土地置换，为铁路主营业务输血。

3.6 环 境 保 护

铁路环境保护是国家环境保护事业的重要组成部分，要贯彻执行国家有关环境保护的

方针、政策、法规和标准。

现代铁路环境保护工作涉及工程建设的各个专业，综合性强，与各专业的设计工作紧密相关，在铁路枢纽规划建设中，环境保护主要体现在：

(1)减少拆迁(特别是杜绝拆迁民生工程)和减少线路对城市的分割，交叉处修建立交桥，杜绝平面交叉。

(2)货物列车不穿行通过城市，通过环线、联络线外绕行经。

(3)永久工程不占或少占农田。

(4)铁路建成后，裸露的路堤路堑、段所非硬化场地均应绿化，有条件时贯彻海绵城市理念。

(5)铁路办理易燃、有毒、有害等货物运输车站远离城市分布，生产、生活污水必须处理达标后排放。

(6)列车行经的路段应采取有效的降噪、防震、防电磁干扰措施等。

铁路环境保护工作应贯彻到规划设计的全过程，树立“全面、系统、协调、可持续发展”的理念，以“保护沿线自然资源及人文环境、维护生态平衡、防治水土流失、降低环境污染”为目标，在规划过程中严格遵守国家及地方环境保护相关法律、法规，贯彻“保护优先、预防为主、全面规划、合理布局、综合治理、因地制宜、突出重点、科学管理、注重效益”的环境保护方针，科学合理进行枢纽铁路环保选线、选址、生态保护和水土保持、环境污染治理设计等工作，以实现铁路建设与自然资源、人文环境的和谐与统一，促进铁路建设与环境保护协调可持续发展。

3.7　城市综合交通规划

3.7.1　城市客运交通规划

城市客运交通规划是城市规划的重点之一，尤其是以高铁车站和轨道交通车站为核心的枢纽设计与建设更成为近年来各城市竞相打造综合交通枢纽的首要目标，是实现铁路与城市“站城融合”的重要技术手段。

城市客运交通枢纽不同于交通生产所需的传统场站(如停车、保养、检修等)，是交通系统中各种功能、层级和不同特征的交通方式聚集的地方，是城市中交通可达性最高的地方。客运交通枢纽的选址与城市的公共服务布局(如城市各类中心区、公共活动聚集区等)结合起来，使高可达性的交通服务转化为城市公共服务的组成部分。

综合交通枢纽与城市相互影响，关系密切，在发展上相互促进。铁路枢纽应充分满足城市发展的运输需求，主要体现在：

一是为城市服务的客运设备(客运站、乘降所)应与城市功能区紧密结合，各种设施的总体部署既应保证铁路运营上的便捷，又不能干扰城市市内交通。

二是铁路引入线走向、走廊及敷设方式（高架、地下）应服从或协调于城市交通网的规划，充分保证各种运输方式之间的相互协调与便捷。

三是有条件的铁路枢纽，应充分利用既有资源或规划建设市域铁路，开展“公交化”的市郊客运，为城市短途通勤提供运输服务。

3.7.2 城市产业规划及物流规划

城市产业规划是指从当地实际状况出发，充分考虑国际国内及区域经济发展态势，对当地产业发展的定位、产业体系、产业结构、产业链、空间布局、经济社会环境影响、实施方案等做出一年以上的科学计划。

产业规划是对产业发展布局、三大产业结构的整体布置规划，主要包括现状分析、发展战略、产业定位与布局、重点建设项目、政策体系等内容。产业规划，首先，进行经济发展阶段和产业结构分析，以明确当前产业问题和预测未来发展方向；其次，根据全球、区域或周边城市产业转移、区域政策和本地产业特征等，分析产业发展面临的机遇、挑战及优劣势；再次，针对现状和发展条件，提出产业发展的总体战略，如结构升级、集群化、高技术化、区域协调分工等，并按一定标准确定优势（或主导）产业及其战略；最后，根据现状产业分布和“发展连片、企业进园”等原则，确定“点、轴、带、圈、片、区”的总体布局，或提出优势产业布局意向、明确各区产业类型及规模。产业规划具体包括区域产业功能定位、产业发展战略和实施策略等方面的内容。

区域功能定位主要指对规划区的实际条件以及以前所做的相关规划或者政府工作计划进行深入的分析研究，确定规划区的区域功能定位和区域功能布局，并以此作为产业规划方案制定的最直接依据。产业发展定位主要基于区域功能分析的总体结论性意见，从产业细分门类出发，根据自身具有的综合优势和独特优势以及各行业运行特点，合理地进行产业发展布局，确定规划区域发展的产业门类、产业结构、产业组织、产业布局及产业目标，描绘产业蓝图。重点产业是对一个地区发展具有战略性影响的产业，是能带动整个区域产业发展的产业或产业群体，包括制约经济发展的瓶颈产业、推动区域产业升级的主导产业和支撑区域经济增长的支柱产业。产业发展战略设计指依据产业门类选择的结果，对规划区内产业发展的策略进行重新调整、规划，主要包括对规划区主要产业发展策略的设计以及政策保障体系的设计，为各职能部门提供最直接的工作方向和思路。

城市物流规划确定了未来一段时间内该城市物流的发展方向，是符合城市经济和社会发展需要的社会化、专业化的物流服务体系，是根据城市的外部环境、城市的经济发展状况和功能定位，建立起一个适合城市发展需要的有效率的城市物流系统建设方案的过程，是一个既适合并促进该城市经济发展，又适合并促进大范围经济发展的物流系统。

城市物流规划主要有以下三个基本内容：

一是布点规划。布点规划主要是指城市物流系统的网点布局规划，是确定整个城市中各种功能片区如物流园区、工业园区、商业园区、生活区等，并在此基础上确定物流园区、物流中心、配送中心、仓储基地、大物流量企业等的位置。

二是布线规划。布线规划是在已经确定的物流园区、物流中心、配送中心、仓储基地、大物流量企业的布点规划基础上，再结合宏观经济区域的生产力布局网点和交通道路规划确定城市物流道路网的规划，能够把物流网点最有效地连接成一个畅通、高效的交通运输系统。

三是布置规划。布置规划是指城市物流网点内部的布置规划，包括具体网点的规划面积有多大、分为哪些功能模块、建哪些设施、规模多大、硬软件设施如何配套等。

城市物流规划着重于以物流基础设施和物流基础网络为内容的物流基础平台规划。因此，铁路枢纽总图规划应当从建立现代化物流系统角度，对物流节点进行统一规划。

3.8　城市土地利用及综合开发

3.8.1　城市土地利用及综合开发的含义

铁路是关系国计民生、社会经济发展的重要运输体系，是国家重要的基础设施和民生工程。对铁路站场及毗邻地区特定范围内土地实施综合开发，是市场经济的总体要求和中国铁路投融资体制改革要求，将加快铁路投融资体制改革和铁路建设，促进新型城镇化发展和节约集约用地。

根据全面开放铁路建设市场、鼓励土地综合开发利用等相关政策要求，从加强市场配置和充分运用好土地资源资产的角度，创新土地开发利用新模式。

利用土地进行综合开发，分享土地增值收益，是促进铁路建设持续发展的关键环节之一。美国铁路 100 多年前即进行过实践，一大批私营铁路公司通过低价购买联邦土地进行二次开发，作为铁路建设资金的有力补充，带来了一大批中西部新兴城市。

如今，以铁路站场为依托开展土地综合开发，与毗邻地区土地进行整体规划、一体设计、统一联建、立体开发，实施包括铁路、公交、轻轨地铁、商服、办公、居住等多用途、多功能、一体化的高密度综合开发，形成用地布局协调、交通设施无缝对接、地上地下空间充分利用的城镇综合体。

政府在推动实施土地综合开发中，作用主要体现在：

(1)按照“多式衔接、立体开发、功能融合、节约集约”的原则，协调、编制与土地综合开发相关的各类规划，实现多规合一。

(2)促进铁路投资主管部门、机构与沿线地方政府加强合作，协调铁路建设与土地综合开发事宜。

(3)在严格控制综合开发用地规模的前提下,采用市场化方式供应土地。

(4)充分发挥市场机制的作用,营造良好的土地市场环境,允许不同的市场主体参与土地综合开发、投资铁路建设。

(5)市场主体依法取得国有建设用地,进行铁路建设投资和土地综合开发,合理分享铁路投资产生的土地增值收益,用于铁路发展。

3.8.2 城市土地利用及综合开发研究

枢纽总图规划首先应结合铁路场站规划、城市总体规划、交通规划和人口产业布局规划等,研究新建铁路土地综合开发机会,以及既有铁路用地、既有线路和设备在新的社会经济环境下的综合利用;再深入分析枢纽内相关线路规划年度能力适应性和城市交通运输需求,研究通过适当改造开行市郊列车可行性及前提条件,即利用既有铁路资源服务公共交通方案。

枢纽总图规划研究要广泛征求各方意见,深入调研和听取所在铁路局集团公司运输生产和经营部门意见,与城市规划、交通、物流等部门充分衔接,尽量达成一致。路地联合审定后的枢纽总图方案争取协调纳入城市总体规划,保障规划可实施性。

第4章 铁路枢纽经济运量及运输组织

枢纽客货运量及其流向预测结果，是运输组织、站场、机车车辆等现代枢纽后续专业设计的重要输入资料；是确定枢纽规模、枢纽布局以及主要客货运站分布、分工、性质的重要依据，对发挥现代铁路枢纽功能有着重要的推动作用。

枢纽运输组织工作，依据枢纽的配线图，各车站和衔接铁路线的性质、技术装备、通过能力及改编能力，枢纽的工作性质与工作量，枢纽内各站的列车编组计划等，编制枢纽内的列流图、车流图和机车交路图，研究枢纽内各联络线、咽喉、迂回线的负荷，合理解决枢纽内各站间的作业分工、枢纽内的车流组织及列车运行组织等问题。

4.1 铁路枢纽运量预测

4.1.1 运量预测的主要内容

运量各阶段设计主要内容见表4-1、表4-2。

表4-1 枢纽总图研究

序号	名　称	内　容	用　途
1	枢纽货物交流量	根据需要确定交流单元	车流、列流组织设计
2	大宗货流	年运量在30万t及以上	组织直达列车
3	旅客列车对数及编组	分列车种类、起讫点、编挂辆数	计算需要能力、到发线数量、客技站设置规模、有关客运设备数量
4	主要客货运站设置、分工及运量	设置意见、规模及分工设计运量	枢纽总布置及能力计算

表4-2 枢纽可行性研究和初步设计

序号	名　称	内　容	用　途
1	车站到发货运量	货运站及主要中间站	计算车站作业量及股道数量
2	车站仓库、站台、散堆场及专用线运量	按品种、性质以及适宜装、卸保管的方式分出仓库、站台、散堆场及专用线运量	计算仓库、站台、散堆场面积，货物线长度，装卸机械、特种设备数量等
3	货物交流表	根据需要确定交流单元	车流、列流组织设计
4	大宗货流表	运量在30万t以上	组织直达列车
5	旅客列车对数及编组	分列车种类、起讫点、编挂辆数	计算需要能力、到发线数量、客技站设置规模、有关客运设备数量
6	车站旅客发送量及最高聚集人数	主要客运站及辅助客运站	确定站房规模及客运设备数量

4.1.2 运量预测的思路、方法和计算

1. 运量预测的思路和方法

(1)基本思路

运量预测是融合社会经济、自然科学多学科的复杂综合技术，若在基本概念基础上，将运量预测工作完善，则遵循全过程四阶段法，是较好选择。所谓四阶段法，即：首先，确定项目吸引范围，依据一定规划划分若干OD小区，作为四阶段法基础；其次，根据项目需求做好社会经济、工程技术、交通运输、财政价税等现状及规划多方面充分调查，准备足够基础资料；然后，依照区域(小区和大区域)完成发到运量、运量分布、运输方式划分、路网运量分配四步工作；最后，检验评价。

(2)预测方法

客货运量预测采用四阶段法，根据不同运量不同阶段和对象，采用不同预测方法。总量分析或运量生成预测，采用多种数理统计方法及预测模型，主要有线性回归法、非线性回归法、弹性系数法、灰色模型法、三次指数平滑法等；大宗货物运量分析预测，采用产销平衡法等。运量分布预测采用重力模型、Frator 模型等。运输方式划分采用 Logit 模型、AHP 模型和 Delphi 模型等。客货运量预测如图 4-1 所示。

2. 枢纽客运量预测

(1)地方客运量

①枢纽客运站旅客发送总量

枢纽旅客发送量一般采用平均增长率法和乘车率法两种方法计算。平均增长率法适用于既有线，根据历年统计资料的平均增长速度直接推算近期的旅客发送量；乘车率法一般用于远期和新线设计。乘车率法计算公式为

$$S=A\cdot F$$

式中 S——车站旅客发送量；

A——吸引范围内人口数；

F——旅客乘车率，次/(人·年)。

枢纽总的旅客发送量计算完成后，需根据枢纽各客运站承担客运作业的分工，结合枢纽内旅客流向分布情况，确定各客运站分年度旅客发送量。

②枢纽始发客车对数

枢纽各衔接方向始发客车需开行对数计算公式为

$$N_{始发}=\frac{K_{始发}}{K_{输}}$$

式中 $N_{始发}$——枢纽某衔接方向始发客车总数，列/d；

$K_{始发}$——枢纽某衔接方向始发客运量，单向万人/年；

$K_{输}$——平均每列客车年输送旅客人数，单向万人/年。

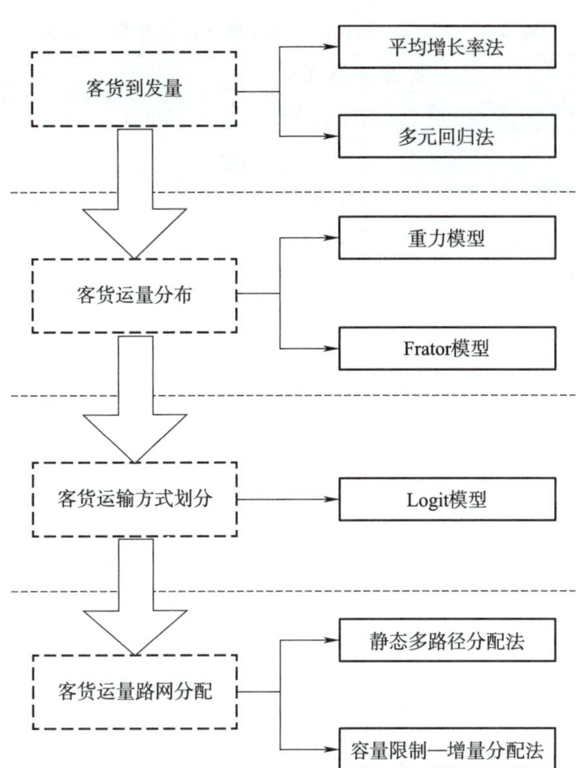

图 4-1　客货运量预测图

(2)通过客运量

①枢纽通过客流量

枢纽通过客运量的流量流向采用平均增长率和区域路网客流预测资料相结合的方法进行预测。通常采用四阶段法，结合相关路网功能定位及分工，对区域客流进行路网分配，确定枢纽衔接各线路承担的通过客运量密度。

②枢纽通过客车对数

枢纽各衔接方向通过客车需开行对数计算公式为

$$N_{通过}=\frac{K_{通过}}{K_{输}}$$

式中　$N_{通过}$——枢纽某衔接方向通过客车总数，列/d；

$K_{通过}$——枢纽某衔接方向通过客运量，单向万人/年；

$K_{输}$——平均每列客车年输送旅客人数，单向万人/年。

(3)枢纽客运量主要资料

①车站旅客发送量及最高聚集人数

车站旅客发送量及最高聚集人数用于确定枢纽内各站站房规模。枢纽客运站客运量及最高聚集人数表示例见表 4-3。

表 4-3 ××枢纽客运站客运量及最高聚集人数表

序号	车站名称	旅客发送量		最高聚集人数/人	附注
		近期	远期		

②旅客列车对数及径路

枢纽开行旅客列车数量除了依据预测客流量进行计算外，还要结合开行方案进行调整，通常考虑长途客车带短途客车，有时还要根据政治经济和旅游等特殊需要适当增加或减少一些列车，从而综合确定旅客列车开行总量，并提出枢纽旅客列车对数表。枢纽旅客列车对数表示例见表 4-4。

表 4-4 ××枢纽旅客列车对数表

起讫	种类	经由	对数			附注
			××年	××年	××年	

3. 枢纽货运量预测

货运量分地方运量及通过运量两类。

地方运量指枢纽内的车站发出和到达的货运量，它包括车站地方吸引范围内产生的运量和通过其他运输工具与铁路项目产生的联运量两部分；通过运量指从枢纽衔接的某一方向线路接入至另一方向交出而无装卸作业的运量。

(1)地方运量流向分析

枢纽(地区)地方运量是枢纽范围各站发送和到达量，绝大部分发往或来自枢纽以外。大型枢纽的内部小运转车流量也是很大的，枢纽内部交往的流向流量是很清楚的。与枢纽外交流的运量其发到量依据地方运量设计资料，其流向按照区段交流的历史流向和发展预测确定。计算方法有归纳法、平衡法和类比法。由于货物品类繁多，资料的齐全和精确程度差异等，采用哪一种应当视具体情况而定。

铁路枢纽地方货运量作为吸引范围内地方物流的构成部分，预测时应充分考虑全社会物流量的品类及其流向构成，分析铁路车站适合承担品类及比例，确定车站分担量。

(2)通过运量分析预测

枢纽通过货运量的流量流向采用平均增长率和区域路网货流预测资料相结合的方法进行预测。大宗货流在通过运量中占较大比重，应进行详细的产销平衡和市场分析。

(3)枢纽货运量主要资料

①货物交流表

货物交流表是地方运量和通过运量流量流向的综合，反映了枢纽运输数量和运输特性；因此货物交流表是枢纽运量设计的主要内容和设计成果，是枢纽车列流设计的依据。枢纽运量设计必须提交分年度分主要品类的货物交流表。交流单元包括枢纽内各个车站和衔接的各个方向。为了满足枢纽车列流组织的需要，衔接各方向应分出邻近编组站以内和以远两个单元。枢纽内以货运量较大的货运站、工业站和有用来接轨的中间站为交流单元，运量小的各站可以合并作为单元。货物交流表示例见表 4-5。

表 4-5　××××枢纽××××年货物交流表

货物品类：　　　　　　　　　　　　　　　　　　　　　　单位：万 t

发送＼到达			枢纽内各站						枢纽各衔接线路方向										合计
									D方向			E方向			J方向			各方向计	
			a站	b站	c站	d站	e站	各站小计	DF间	F及以远	小计	EH间	H及以远	小计	JG间	G及以远	小计		
枢纽内各站		a站																	
		b站																	
		c站																	
		d站																	
		e站																	
		各站小计						(站间往来)										(输出)	(发送)
枢纽各衔接线路方向	D方向	DF间																	
		F及以远																	
		小计																	
	E方向	EH间																	
		H及以远																	
		小计																	
	J方向	JG间																	
		G及以远																	
		小计																	
		各方向计						(输入)										(通过)	(接入)
合　计								(到达)										(交出)	(总运量)

②车站发到运量表

车站发到运量表内分别列出近、远期运量及其 14 个品类。车站货物运量表示例见表 4-6。

表 4-6　××车站货物运量表

××线××设计××期　　　　单位:万 t

<table>
<tr><th rowspan="3">品　名</th><th rowspan="3">总计</th><th colspan="7">发　　送</th><th colspan="7">到　　达</th></tr>
<tr><th rowspan="2">合计</th><th colspan="4">车站货场</th><th rowspan="2">专用线</th><th rowspan="2"></th><th rowspan="2">合计</th><th colspan="4">车站货场</th><th rowspan="2">专用线</th><th rowspan="2"></th></tr>
<tr><th>小计</th><th>仓库</th><th>站台</th><th>散堆场</th><th>小计</th><th>仓库</th><th>站台</th><th>散堆场</th></tr>
<tr><td>总　计</td><td></td><td></td><td></td><td></td><td></td><td></td><td></td><td></td><td></td><td></td><td></td><td></td><td></td><td></td><td></td></tr>
<tr><td>××货物品类</td><td></td><td></td><td></td><td></td><td></td><td></td><td></td><td></td><td></td><td></td><td></td><td></td><td></td><td></td><td></td></tr>
<tr><td></td><td></td><td></td><td></td><td></td><td></td><td></td><td></td><td></td><td></td><td></td><td></td><td></td><td></td><td></td><td></td></tr>
<tr><td colspan="2">波动系数</td><td colspan="7"></td><td colspan="7"></td></tr>
<tr><td colspan="16">备注:</td></tr>
</table>

③大宗货物始发终到表

大宗货流资料主要用于设计编组直达列车。大宗货流的数量标准,一般是以每天能组织半列直达列车的运量,若本线一列车的年输送量为 70 万 t,那么该线具有明确始发点或终到点的一个品类货物的运量,应达到 35 万 t。大宗货物流向表示例见表 4-7。

表 4-7　××××线(枢纽)大宗货物流向表

单位:万 t

<table>
<tr><th rowspan="2">货物品类</th><th rowspan="2">始发地</th><th rowspan="2">终到地</th><th rowspan="2">经　由</th><th colspan="2">运　　量</th></tr>
<tr><th>年</th><th>年</th></tr>
<tr><td></td><td></td><td></td><td></td><td></td><td></td></tr>
<tr><td></td><td></td><td></td><td></td><td></td><td></td></tr>
<tr><td></td><td></td><td></td><td></td><td></td><td></td></tr>
</table>

4.2　铁路枢纽运输组织

4.2.1　枢纽运输组织的概念

铁路枢纽是一个包含大量运输生产设备的大系统,是一个有机的整体,枢纽内各站都是其子系统,枢纽内各基层车站点多面广,在完成运输任务时应彼此密切关联,协同动作,必须围绕枢纽运输组织的总目标统筹协调、整体配合。

在运输组织工作方面,铁路枢纽具有衔接方向多、作业车流集中而波动性大、装卸地点分散而作业性质复杂、行车量大而列车运行径路灵活、小运转列车运行距离短而作业干扰大等工作特点。

1. 枢纽运输组织工作的特征

主要内容为枢纽的配线图、各车站和衔接铁路线的性质、技术装备、通过能力及改编能力，列车机车及小运转机车的类型、列车重量及长度，枢纽的工作性质与工作量，枢纽内各站的列车编组计划等。

2. 枢纽内技术设备的利用

主要内容为枢纽内的列流图、车流图和机车交路图，枢纽内各联络线、咽喉、迂回线的负荷，枢纽内机车整备设备和列检所的配置及有关的技术作业过程图。

3. 各站间相互协作的组织

主要内容为各技术站的作业分工办法及各站相互间与邻接区段间在工作上协调配合的措施。

4. 枢纽内货运工作组织

主要内容为枢纽内货运站的作业分工，始发和阶梯直达列车及按日历、按到站集中装车的组织办法，枢纽内到达重车的输送及空车的配送办法，零担发送及中转作业的组织，集装箱办理站的指定及车站与专用线的协作组织等。

5. 枢纽工作的日常计划与指挥

主要内容为列车及车辆到达预确报组织，日班计划及阶段计划的编制办法，枢纽工作调度指挥系统及作业分工，各工作调度使用的图表等。

6. 枢纽列车运行图及机车周转图

主要内容为各线的运行速度、区间运转时分、车站间隔时间和列车追踪间隔时间、列车和机车的技术需要停站时间等技术标准，以及编制枢纽工作日计划图和据以查定的整个枢纽和其每一组成单元的工作指标。

对枢纽综合技术作业过程进行深入分析研究是进行枢纽运输组织设计的基础，有利于解决好枢纽内各站间的作业分工、枢纽内的车流组织及列车运行组织等问题。

4.2.2　客运站作业分工

铁路枢纽内客运站的分工亦应视作业性质、作业量以及设备情况而定。布局分工应遵循方便旅客乘降，配合城市规划，与各铁路线路引入方向有便捷的通路，并与市区主要干道以及办理客运业务的车站间有便利的交通联系的原则。一般情况下，在中小城市的交通运输枢纽中，设置一个客运站，即可满足要求，其位置尽可能地设在靠近城市居民区，并与城市交通运输系统有方便联系，且有利于客运站今后发展的地带。在大城市或特大城市的交通运输枢纽中，当客流量大，客流性质复杂，城区分散，既有客运站无发展余地时，可考虑设置两个或两个以上的客运站。当枢纽内设置两个或两个以上的客运站时，客运站的分工可根据具体情况采取方案：按衔接铁路方向分工，按旅客快慢车分工，按办理列车始发、终到和列车通过业务分工，按长短途、市郊旅客列车分工。

1. 按衔接铁路方向分工

指定一个客运站办理某一个或几个方向旅客列车的始发、终到业务，另一个客运站办理另外铁路方向的旅客列车始发、终到业务。例如，北京枢纽指定北京西站办理京广、京九方向旅客快车的始发、终到业务，北京站办理其他方向旅客快车的始发、终到业务。又如，天津枢纽的天津站和天津西站，其客运分工也属于这种类型。

2. 按旅客快慢车分工

例如，北京枢纽内，北京站和北京西站主要办理旅客快车的始发、终到作业，而北京南站则主要办理京山、京广、京秦、京原、京包、丰沙等线旅客慢车的始发、终到作业。

3. 按办理列车始发、终到和列车通过业务分工

指定列车始发、终到业务在设有客车技术整备所的车站办理，在另一客运站主要办理通过旅客列车的业务。例如，哈尔滨东站与哈尔滨站之间即按此方式进行作业分工，南京西站和南京站间的业务分工也属这种类型。

4. 按长短途、市郊旅客列车分工

当然，根据城市范围、枢纽结构、客流性质及客流量等具体情况，也可将上述几种分工方法结合起来采用，尽量做到为旅客提供方便，使旅客列车能以最短径路通过或进出枢纽，减少铁路对城市的干扰，提高旅客列车运行速度，以增强铁路在整个运输市场中的竞争能力。

铁路枢纽的规划和分工应与城市交通枢纽统一规划，密切联系，以形成综合交通枢纽系统。

4.2.3 物流中心作业分工

1. 物流中心作业分工要求

在市场经济中，资源按市场需求配置。铁路物流中心的设计，要服务于国民经济发展，充分发挥自身优势，减小社会成本，提高运输效率，增强运输竞争力。因此，按照物流业调整和振兴规划、国家宏观政策及产业发展阶段，结合时代特征和未来发展趋势，提出铁路物流中心需根据货物集装化、装卸机械化、信息集成化、安全检测监控智能化、服务便捷化和管理现代化的原则设计，同时要积极拓展物流服务功能，根据不同市场需求，开展相应的物流服务，满足社会需求，增强自身竞争力。

铁路物流中心是铁路组织货物运输的基层单位，其主要任务是办理货物的承运、保管、装车、卸车、交付和延伸服务等作业，应根据货物作业量、品类和作业性质设计为不同性质和规模的铁路物流中心。

《物流中心分类与规划基本要求》(GB/T 24358—2019)规定了物流中心的分类标准。按照货属性划分为专业型物流中心、通用型物流中心。

专业型物流中心为需配置专用设施设备以满足特定货物专业化运作要求的物流中心，如低温类物流中心、散装类物流中心等。

通用型物流中心为满足一般货物运输要求的物流中心。根据不同的服务功能侧重点，通用型物流中心可分为仓储类物流中心、集散类物流中心和其他类物流中心。

结合铁路运输特点，《铁路物流中心设计规范》(Q/CR 9133—2016)将铁路物流中心按照办理货物品类和性质分为综合型和专业型。

综合型铁路物流中心按照承担吞吐量、服务功能、建设规模和在路网中的作用分为三个等级。

(1)一级铁路物流中心

一级铁路物流中心主要担任全国性铁路物流节点城市的货物集散与分拨任务，设置于全国综合交通枢纽和市场需求旺盛地区，满足特快货物班列、跨局货物快运列车、跨局大宗货物直达货物班列、国际班列和多式联运需求，年吞吐量在 300 万 t 以上，具备 20 项以上物流服务功能及相关配套服务功能。

一级铁路物流中心在铁路物流节点空间结构体系中处于最高层，是实现物流设施集约化和物流运作一体化的骨干节点。辐射全国大部分地区，在全国范围内发挥着货物中转集散功能，一般规模较大，具有强大的物流管理与组织能力，完善的综合物流服务能力，包括仓储、运输、多式联运、包装、流通加工、信息服务、分拨配送、快速分拣、金融物流等国家级流通节点城市物流服务内容。

一级铁路物流中心设置于一级物流园区布局城市、全国性铁路物流中心节点城市，这些城市一般为全国重要的货物集散城市和交通枢纽城市、国际性大都市、区域经济中心城市、港口城市以及口岸城市等，以其作为空间载体在全国范围内建立起铁路物流中心的骨干体系，并具备整列装卸和开行快运直达班列等条件。

(2)二级铁路物流中心

二级铁路物流中心主要担任区域性铁路物流节点城市的货物集散与分拨任务，设置于区域交通枢纽和市场需求充足地区，满足快速货物班列、管内货物快运列车、管内直达货物班列和多式联运需求，年吞吐量在 100 万 t 以上，具备 10 项以上物流服务功能及若干配套服务功能。

二级铁路物流中心在铁路物流节点空间结构体系中处于中间层,是铁路物流中心骨干体系在一定区域范围内的重要支撑和有益补充,弥补一级铁路物流中心在区域内辐射范围的空缺。

二级铁路物流中心的建设规模需根据其辐射腹地范围内物流需求的不同进行合理设置,是区域范围内重要的货物集散中心,具有适度规模的仓储、运输、多式联运、信息服务等物流服务功能。一般设于一定经济区域内重要中心城市,要求具有较好的交通、土地区位条件和物流需求规模,起到衔接上下层铁路物流中心的作用。条件允许的情况下,具备整列装卸和开行普通快运班列的条件。

(3)三级铁路物流中心

三级铁路物流中心主要担任地区性铁路物流节点城市的货物集散与分拨任务,设置于一般地级市或生产制造企业附近,满足普快货物班列、管内循环货物快运列车、普通货物列车和多式联运需求,年吞吐量在 50 万 t 以上,具备 7 项以上物流服务功能。

三级铁路物流中心在铁路物流节点空间结构体系中处于基层,主要发挥铁路物流中心衔接终端物流市场的作用,延长铁路物流服务链条,一般接近于消费集中地或生产集中地,同样具有仓储、运输、配送、信息服务和流通加工等物流服务功能,其建设规模一般较小,通常位于城乡接合部或者大型生产制造企业附近,是一种补充性质的铁路物流节点,也可为城市内铁路物流中心改造的配送中心。

在上述三级铁路物流节点网络基础上,根据需要建设物流作业站、受理站、受理点及无轨站,加强物流网络覆盖。

通过各级、各类物流中心共同配合、相互补充,初步构建覆盖广泛、层次分明、布局合理、设施设备配套的铁路物流中心空间结构体系,进而形成物畅其流、快捷准时、经济合理、功能完善、用户满意的社会化、专业化现代铁路物流中心服务体系。

2. 案　　例

根据《中国铁路总公司、四川省人民政府关于成都铁路枢纽规划(2016—2030 年)的批复》,成都铁路枢纽货运系统规划形成“1+1+17”三级物流节点网络。其中,城厢为一级物流基地,新兴镇为二级物流基地。三级物流基地规划 17 个,分别为大弯镇、普兴、宝胜、龙潭寺、新都、龙泉驿、黄堰、金堂、青白江、天回镇、双流、公兴、青龙场、洪安乡、淮口、龙简工业园、空港。规划新兴镇、天府、天府机场站配套建设动车快运设施。

4.2.4 技术作业站作业分工

当铁路枢纽内有几个编组站时,通过合理分工,能减少车辆的重复改编与作业延误,均衡主要技术设备的负荷,减少调车及小运转机车运用台数,合理配备定员、改进劳动组织,节省运营支出和提高枢纽工作的可靠性与机动性。

1. 车流改编作业分工

枢纽内各站间的车流改编作业分工，一般可由以下三种方式：

(1)集中作业方案

车流的改编作业集中在枢纽内技术装备最好、能力最大的一个主要编组站上办理，可以充分发挥先进的机械化、自动化设备的优势，加速车流的改编作业进程，扩大同一到站的车流强度而缩短车辆集结停留时间，以及减少站间车流交换和单机走行，从而可以收到降低运营支出和提高劳动生产率的效果。因此，一般情况下应尽可能地采取编解作业集中的方案。

但是，将车流改编作业集中于一站办理的方案，并不是任何情况下都能实现的。例如，有的枢纽有几个编组站而每个编组站仅适合于对某一方向的车流进行改编作业；有的枢纽其主要编组站作业能力不足，站线数较少，无力承担编组计划规定的全部编组去向的编组任务；有的枢纽主要编组站对其衔接方向没有便捷的发车通路，以及当某些铁路方向不是直接引入枢纽主要编组站时，由于有多余的列车走行公里和折角车流可能会导致枢纽内某些技术设备或通道负荷过重而丧失机动性等，这时就应考虑采用分散作业的方案。

(2)一主多辅方案

当枢纽既承担大量路网性中转车流又担当大量地方性车流的改编任务时，为减轻主要编组站的作业负荷，可采取将路网性中转车流的改编作业集中在新建的主要编组站上办理，而将摘挂列车和小运转列车的解编作业分散在其他有必要装备的各辅助编组站上办理。这种一主多辅的分工方案，一方面可以提高枢纽工作的机动性和为增开技术直达列车编组去向创造条件；另一方面又可充分发挥现有站场调车设备的作用，有利于地方车流和空车流的输送。例如：北京铁路枢纽，丰台西站为其主要编组站，承担京山、京九、京广、丰沙、京秦、京原、京承、京通各线路网中转车流的改编作业任务；丰台辅助编组站承担京山、京广、丰沙线的摘挂列车与枢纽西区小运转列车和空直达列车的编组工作；双桥辅助编组站承担京承、京秦线的摘挂列车和枢纽东区小运转列车的编组工作；为减少车流的迂回、折角运行和重复改编，要求后方编组站和各周边站按枢纽内各站的改编作业分工，分别编组开行摘挂列车和小运转列车，以保证枢纽的畅通。

(3)由主要编组站分别把口方案

对于改编作业量很大的枢纽，当集中作业方案及一主多辅方案不能满足运输需要时，一般可以考虑采用由装备大致相同的主要编组站分别把口的方案，可有以下四种形式：

①编组站按运行方向把进口，分别承担所衔接铁路线进入枢纽方向所有改编车流的解体作业，并集中编组该运行方向的大小运转列车。

这一方案的缺点是折角车流和枢纽内货运站的自装交出车流将产生折返行程和交换车

重复改编作业，如枢纽对各衔接方向都是机车折返交路时，还将产生大量单机走行公里、加重枢纽中轴线通过能力负担。因此，只有在顺向改编中转车流和枢纽到卸车流占绝对优势、折角和自装交出车流量不大、枢纽内设有机务本段并采用循环运转制时，才可能是有利的改编作业分工方案。

②编组站按运行方向把出口，分别承担各衔接方向发出车流的改编作业。

这一方案的缺点是折角车流和枢纽到卸地方车流将产生折返行程和重复改编作业，如枢纽对各衔接方向均为折返交路时，亦将产生大量的单机走行公里并加重中轴线通过能力的负担。因此，只有在顺向改编中转车流和枢纽自装交出车流占绝对优势、折角车流量不大、枢纽内设有机务本段并采用循环运转制时，才可能是有利的车流改编作业分工方案。

③编组站按衔接铁路线分工，分别担任所衔接铁路线上下行方向全部车流的改编作业。

这一方案的缺点是通过枢纽的顺向改编中转车流在入口站解体之后，都必须编入小运转列车到出口站再次改编、尔后发出，增加了一次重复改编作业。因此，这种编组站分工方案只有在枢纽管内到发车流占绝对优势、各衔接铁路线的机车牵引类型不同、列车重量标准不统一时，才有采用价值。

④各编组站间综合分工，即根据枢纽结构特点、各衔接方向以及枢纽内地方车流的性质和集散规律、机车交路配置等因素，综合采用上述各种分工方式。

2. 中转列车作业分工

在枢纽内选择的无改编中转列车及部分改编中转列车的技术作业地点应考虑以下要求：

(1)车辆在枢纽内的停留时间最小，并最好是只办理一次技术作业；

(2)列车在枢纽内的走行公里最少，并最好能消除折角运输和重复走行；

(3)各技术站的通过能力负荷适当，并力求减轻主要编组站的负担；

(4)合理利用枢纽内现有机务段和机车整备设备，机务设备与中转列车作业车场间要有便捷的机车出入段通路；

(5)中转列车技术作业的分工应与改编车流的解编作业分工相配合，力求减少枢纽内的单机走行和增减轴作业困难。

枢纽内中转列车技术作业的分工也可有多种方式，即：

(1)规定某些直通中转列车经由联络线、迂回线或外包正线绕过枢纽主要编组站，在枢纽前方站或迂回线上设有直通场的车站办理技术作业。例如，北京铁路枢纽对部分京山—京广间无改编中转列车指定经由联络线在南信号站办理技术作业，绕过丰台西编组站；沈阳铁路枢纽指定辽南方向到发的以部分无改编中转列车在苏家屯南站办理技术作业而沿外包线通过苏家屯编组站。这样，可以大大减轻主要编组站的作业负担。

(2)变更重量及成组甩挂等部分改编中转列车最好接入担任该列车各相关方向车流改编任务的编组站进行作业,这样可以保证连挂车组及时准备和摘下车组能及时编入相应的继送列车,从而减少车辆在枢纽内的停留时间,加速直通车流运行。

(3)当主要编组站设有机务段时,对牵引中转列车的机车最好采用循环或半循环运转制,并在枢纽担任同方向自编列车编发任务的车站进行机车乘务组换班和中转列车技术作业,以求少放单机并为列车运行调整提供有利条件。

(4)当枢纽对某些方向采用折返交路,由于改编列车和中转列车的机车一般是套跑的,为减少单机走行,应组织中转列车尽可能在机车折返段所在站进行作业。

3. 车流组织及编组计划

(1)车流组织原则

铁路枢纽车流来源于路网干线,又回归于路网干线,即通过枢纽所衔接的路网干线的大运转列车输送至枢纽的编组站,再以小运转列车的方式分送到枢纽各货运站进行装卸作业,然后产生的车流又返回编组站,组成路网干线的大运转列车。这表明,路网干线的车流组织具有全局性、主导性,而枢纽内部车流组织具有局部性、从属性。所以后者应当服从前者的需要,并使之相互衔接、配合。

一般来说,枢纽车流组织必须遵循下列原则:

①枢纽车流组织服从和服务于干线车流及干线列车的要求。

②枢纽运转方案应最大限度地减少车辆在枢纽内的重复走行与改编,提高运输设备的工作效率。

③合理分配各站的解、编工作量,充分利用现有设备,保证整个枢纽工作的灵活性与畅通性,最大限度地缓解日常运输波动带来的影响。

④因地制宜地确定各项设备的运营方案,有效地形成和发挥枢纽运输系统的综合能力,适应运输增长的要求。

(2)枢纽内车流径路的确定

路网上的车流应按最短径路或铁道部制定的《全国铁路特定车流径路》(铁运〔2007〕65号)文件指定的径路运行,特定径路所依据的全国铁路环状车流径路图,一般都把枢纽简化成个别的支点。事实上铁路枢纽乃是由若干条铁路干线、支线、迂回线、联络线、环线以及众多车站组成的网络。这样,在制定枢纽内车流的运行径路时,尚应充分利用枢纽联络线和环线在沟通干线、疏解咽喉、分流行车量、均衡主要站负担、增进枢纽运输组织工作机动性诸方面的作用及其所构成的众多通路,进一步根据具体条件,因地制宜地规定枢纽内车流输送的具体办法,使之有利于确保枢纽畅通和建立稳定的工作秩序。为了便于掌握,应进一步根据枢纽内各编组站和辅助站的作业分工制定枢纽内各编组站和辅助站中转车流的范围,指定担当分流任务的周边站段及其发往各线车流的特定径路,以此作为枢纽内车流组织的主要依据。

枢纽内的车流特定径路是对枢纽内或邻接区段一定范围内各站发往某线或某地区一定范围内各站的车流应经由的中转站、联络线或环线所作的具体规定，其目的在于：或是为解决主要编组站和干线通过能力不足及消除折角作业、重复走行等问题而指定凡是能走联络线、环线不进入编组站作业的直通货物列车尽量组织经由迂回线、联络线、环线放行；或是为减轻主要编组站改编作业负担问题而分地区设置一些辅助站使之分担一定的解编作业任务，作为某些指定车流去向的中转站而产生车流迂回输送；或是为加速区段小运转列车运行径路内到发的远程零星车流的输送而准许某些车流反向运行回挂到指定站中转；或是为减少环形枢纽双向编组站的场间交换车数量而对进入该站上、下行系统的列车规定不同的车流运行径路。枢纽内车流径路的指定随车流性质、数量、结构及各站、各线的作业负荷等因素而异。

(3)枢纽内的车流组织方案

枢纽内的车流组织具体办法体现在全路和铁路局集团公司的列车编组计划及枢纽内各站间作业分工方案之中。枢纽内的车流大致可分为通过枢纽的无改编中转重空车流、到达枢纽管内各站卸车的重车流、枢纽管内自装交出及自装自卸车流，以及枢纽管内卸后交出和接入装车的空车流几种。根据车流的不同性质应采用不同的组织方法。

①枢纽通过重空车流的组织。无调中转车流应尽可能编入直通中转列车利用迂回线、联络线、环线放行。为此，应相应地调整机车交路和列检布局，为实现这一方案创造条件；有调中转车流应按编组站分工方案直接接入指定站作业，并根据设备及车流条件，必要时采取分散集结和分别到达列车的办法，来减少枢纽地区站间及场间交换车流作业量，以增大主要编组站的实际改编作业能力。

②枢纽接入自卸车流组织。为减少主要编组站的改编作业量，对到达枢纽内冶炼、热电、石化、建材、粮库等大型企业的煤炭、矿石、粮谷等大宗货物应尽可能组织始发、阶梯直达列车到达枢纽后不进编组站而经由联络线、迂回线、环线直接送往工业站或货物站有关专用线卸车。对到达枢纽内各货物站卸车的零星车辆，一般应与通过车流混编为开到指定编组站进行解体的列车，尔后编成小运转列车分别送往各卸车地点；但对其中在枢纽内列车运行途中某站中转或途中到个别配备调机车站卸车的大组车辆，则可组织周边站以指定车次输送，并单独选编成组挂于列车尾部，使之能在列车到达解体站前的途中站实行提钩甩车作业，以避免产生编组站的车流折角作业和车辆的额外走行。

③枢纽自装车流组织。大枢纽内一般分布着许多装车数量大、流向比较集中的工矿企业、基地仓库、大型货运站，具有组织装车地直达运输的巨大潜力。为了缓解编组站作业困难，应通过广泛采用编制日历装车计划的方法最大限度地把枢纽地区产生的车流组织起来，以减轻编组站改编作业的负担。为此，对主要厂矿产生的大宗稳定输出车流，可采用循环集结方法全部组织为始发或阶梯直达列车，有条件时并可使之不进编组站而经由迂回线、联络线、环线直接交出；对枢纽内大宗货物(如沙石、民用煤等)的自装自卸车流，则可采用专用车

体整列拉运的小运转列车经环线、联络线由装车站直接送往卸车站；对未编入始发或阶梯直达列车的零星车流，则应按枢纽内各技术站的中转车流范围及列车编组去向组织成组装车，并按各站间及主要编组站的场间改编作业分工办法，实行分站分流或分场分流，以小运转列车输送到指定站中转。对符合编组站列车编组计划规定的大组车流也可采用编组站留轴途中加挂的方法运送，以便将枢纽内的站间及场间交换车作业和车辆的额外走行减少到最低限度。

(4)枢纽内空车流组织

到达枢纽进行装车的始发、阶梯直达列车的整列空车，一般应经由联络线、环线直接送到装车站而不在编组站进行作业；接入枢纽装车的其他空车则须在编组站改编，依所需车种、车数选编成组由小运转列车转送至装车站或装车地点。卸大于装的大型枢纽内所产生的空车流，应根据空车调整任务及排空方向进行输送。对于同一车种所装的整列到达的始发、阶梯直达列车，原则上应组织卸后整列回空，并指定大量空敞车产生的主要卸车站及分区设置的空敞车集中站负责按固定排空车次编组空敞直达列车；对于其他类型空车也应利用小运转列车向装车站输送或向分区设置的固定基地集中，组织卸后利用或组织按指定排空方向排出，以消除枢纽内空车对流和散流现象，提高空车运用效率。

某铁路枢纽总车流表见附录2。

(5)编组计划的编制

列车编组计划的编制过程分为准备资料阶段、编制计划阶段和实行前的准备阶段三个阶段。

列车编组计划的编制程序概括起来就是：

①审定编组计划实行期间的计划运量，确定计划重、空车流。

②检查各方向的运输负荷，确定车流径路或制定分流办法。

③审定点、线能力的有关资料，包括各主要站的通过能力、改编能力、装卸能力和各项技术标准，各条线路的列车重量和换长标准，研究提高能力的可能性及补、减轴办法。

④编制快运货物列车编组计划，包括五定班列、集装箱快运货物列车及其他快运货物列车编组计划。

⑤编制装车地直达列车编组计划，包括一站始发直达、阶梯直达和基地直达列车编组计划。

⑥编制空车直达列车编组计划。

⑦编制技术直达列车和相邻编组站间的列车编组计划。

⑧检查并最后确定列车编组计划，计算有关指标，拟定保证措施。

以下以柳州铁路枢纽总图规划为例，说明总图规划阶段研究拟订的主要编组计划，详见表4-8。

表 4-8 柳州铁路枢纽主要编组计划表(到达枢纽方向)

方　向	始发车站	终到车站	列车种类	备　注
永州	永州及以远	西鹅	集装箱直达	衡阳北组织
	永州及以远	黎塘及以远	集装箱直达	衡阳北组织
	永州及以远	黎塘及以远	技直、直通	衡阳北组织
	衡阳北	柳州南	快货	
	衡阳北	柳州南	区段、重摘	
	衡阳北	柳州南	摘挂	
黎塘	防城港	鹧鸪江	直达	
	湛江	鹧鸪江	直达	
	黎塘及以远	永州及以远	集装箱直达	
	黎塘及以远	永州及以远	直达	
	黎塘及以远	贵阳及以远	集装箱直达	
	黎塘及以远	贵阳及以远	直达	
	黎塘及以远	怀化及以远	集装箱直达	
	黎塘及以远	怀化及以远	直达	
	南宁南	柳州南	快货	
	南宁南、玉林	柳州南	区段	
	南宁南	柳州南	摘挂	
贵阳	贵阳及以远	鹧鸪江	直达	贵阳南组织
	贵阳及以远	黎塘及以远	集装箱直达	贵阳南组织
	贵阳及以远	黎塘及以远	直达	贵阳南组织
	贵阳及以远	广州及以远	集装箱直达	贵阳南组织
	贵阳及以远	广州及以远	直达	贵阳南组织
	贵阳南	柳州南	快货	
	贵阳南	柳州南	区段	
	贵阳南	柳州南	摘挂	
怀化	怀化及以远	黎塘及以远	集装箱直达	
	怀化及以远	黎塘及以远	直达	
	怀化	柳州南	快货	
	怀化	柳州南	区段	
	怀化	柳州南	摘挂	
广州	广州及以远	黎塘及以远	直达	江村组织
	广州及以远	贵阳及以远	集装箱直达	江村组织
	广州及以远	贵阳及以远	直达	江村组织
	江村	柳州南	快货	

续上表

方　向	始发车站	终到车站	列车种类	备　注
广州	江村	柳州南	区段	
	江村	柳州南	摘挂	
枢纽内	鹧鸪江	黎塘及以远	空直达	
	鹧鸪江	贵阳及以远	空直达	
	进德	黎塘及以远	装车地直达	
	西鹅	永州及以远	集装箱直达	
枢纽内	西鹅	黎塘及以远	集装箱直达	
	西鹅	广州及以远	集装箱直达	
	西鹅	柳州南	小运转	
	鹧鸪江	柳州南	小运转	

4.2.5 列车运行组织及开行方案

1. 旅客列车运行组织及开行方案

一般枢纽内旅客列车主要有动车组、普速旅客列车两种类型。旅客列车的运行组织包括旅客列车的开行种类(动车组、普速旅客列车)及开行数量(对数)、运行区段及沿途停站等。

(1)开行种类及开行数量

旅客列车的开行种类及开行数量，要在全路旅客出行OD调查的基础上，根据枢纽现状客运站办理能力、枢纽内区间能力适应情况综合考虑。目前，有条件的省会城市之间，各区域中心城市之间，优先组织开行长途动车组列车；区域内各城市间，有足够城际客流出行需求的前提下，组织开行城际列车；枢纽内各办理客运作业的车站间，有客流支撑时，可开行"公交化"列车。开行数量根据预测客流量，考虑列车编组条件及客座率等参数，综合研究后确定。

(2)运行区段及沿途停站

根据枢纽客运站分工及枢纽内区段能力适应情况，旅客列车在枢纽内有多个走行径路可以选择时，一般应以最短径路或枢纽内运行最短时间为约束条件进行考虑。动车组列车应尽量选择铁路主要技术标准高、走行时间短的径路，普速旅客列车优先选择最短走行径路，兼顾枢纽内客运办理站旅客乘降需求考虑。

2. 货物列车运行组织及开行方案

枢纽内运行的货物列车有直通中转列车、到达改编列车、自编发出列车及小运转列车等。直通中转列车的运行组织前面已作论述，到达改编列车通常以列车机车牵引到指定的编组站进行解体，由编组站自编发出的列车则以列车机车牵引发往各个区段。枢纽内各站间运行的小运转列车通常以固定配属于各分区的小运转机车牵引；到达货运站卸车的始发直达列车及送往货运站装车的整列空车则既可由小运转机车转送，也可由列车机车直送。

列车在枢纽内应按运行图运行。枢纽运行图的主要任务除迅速放行直通中转列车外，应在枢纽小运转列车服从干线大运转列车的原则下组织小运转列车运行与到达枢纽改编和枢纽自编发出列车的作业过程相协调配合。编制枢纽列车运行图除遵循干线列车运行图的各项编制原则外，还必须考虑枢纽结构、作业站分布、车流性质及小运转机车运用效率等因素，规定每台小运转机车的运行区域及固定交路。因而，对小运转列车运行线就不宜采用"插空铺线"的方法去处理，而应结合枢纽工作特点进行统筹安排。

枢纽运行图应该统一安排所辖区域内干线、联络线、环线上各种客货列车及小运转列车的接发和运行，保证大小运转列车运行线在时间上相互协调，在车流输送上有良好的接续，列车运行与机车周转有良好的配合，为各车站和各货物作业地点的均衡而有节奏的工作创造条件。为此，在运行图中铺画自邻接区段到达及向邻接区段发出的列车运行线时，不应简单地将各区段到发的列车运行线汇总，而是应通过对枢纽管内到发的重空车流加以分析，找出其客观规律并组织大小运转列车相互间的合理衔接，做到"以大套小，以小保大"。即：小运转列车运行和挂线安排，一般应服从大运转列车到发和车流疏运与集结需要，保证大运转列车挂到编组站的枢纽管内车流能及时以小运转列车输送到各货物作业地点，而编组大运转列车所需的重空车流能由小运转列车根据集结规律按时送达编组站，以求压缩车辆在编组站和货运站的停留时间，促进枢纽内各车站、各货物作业地点作业的均衡性和节奏性，提高各区段列车工作的稳定性。但当枢纽工作及小运转列车安排难以满足与各干线区段大运转列车紧密衔接配合的要求时，也可考虑对各线大运转列车的挂线方案进行适当调整，以求各种大小运转列车到发时刻之间能有较好的衔接和配合。

枢纽列车工作的特点主要表现在：

(1)车流绝大部分由各邻接区段和邻局接入，波动性大。

(2)远途车流运行时间长，可以较早获得列车确报信息，但各线列车往往不能均衡到达；近途车流运行时间短，确报不及时，车流动态较难确切掌握。

(3)小运转列车与大运转列车间要求紧密衔接，远比区段站上的列车接续复杂。

(4)大型枢纽内分布着业务量大小不等的众多货运站和工矿企业专用线，装卸量大的站一般配备驻站调车机车，而业务量小的车站和专用线的车辆取送工作，或由邻站的调机担任，或由运行于该区域的小运转机车及调度机车担任，构成十分复杂的枢纽内车流集疏运系统。

(5)小运转列车工作方案须有小运转机车运用方案来保证。

第5章 铁路枢纽总图规划的理念、基本原则和方法

中国铁路枢纽基本上都是新中国成立后建设和长期持续改造形成的。总体上看，中国铁路建设取得了历史性的进步和发展，但中国铁路特别是铁路枢纽的规划建设受当时经济发展水平、客货需求、视野及观念的制约，铁路枢纽的规划仍有许多的遗憾和不足。

因此，要做好枢纽总图规划工作，必须树立科学发展的规划设计理念，遵循规划设计的基本原则，应用科学合理的规划设计方法，在空间布局中合理分布客、货运站及技术作业站，配置维护维修设施，设置必要灵活的联络线，保障枢纽内客流、货流、干线列车、大小运转列车的通畅运行，点线能力协调、匹配。

5.1 中国铁路枢纽规划历程及回顾

新中国成立后的40多年间，全国推行计划经济，铁路建设服从各个时期发展计划经济的各项方针政策，带有浓厚的计划经济色彩，铁路建设量力而行，铁路规划的及时性、系统性及前瞻性存在不足，铁路枢纽规划相对更加滞后。在20世纪，其他交通方式也不够发达，铁路运输无可替代，遂长期成为制约国民经济发展的瓶颈，在20世纪80年代后逐步显现。枢纽规划建设存在的遗憾和不足主要有：

1. 铁路规划建设重线不重点

新中国成立后40多年，铁路规划建设以促进国土开发、加强国防战备、扩展铁路网、增加覆盖面为基本建设方针，重视新线建设(特别是中西部经济欠发达地区)，铁路枢纽建设则相对滞后，既有铁路枢纽规划设计时序短、改扩建投入少，新建枢纽的各项设施设备“先通后备”，逐步配套；在建设时序安排上，点线建设不同步和点线能力不协调，铁路枢纽成为线路运输能力发挥和进一步提高的重大限制因素。

2. 枢纽规划普遍滞后，长远考虑不足

铁路枢纽建设遵循“规划先行、分期建设”的基本程序。一个完整的枢纽从规划到建设投产，需要经历总图规划—预可行性研究—可行性研究—初步设计—施工图这一基本的规划设计流程，而这一流程往往持续十几年甚至数十年。在铁道部时期，枢纽总图规划相当长

时期仅向前研究 20 年，近、远期工程间隔仅 5 年，这就造成了枢纽远期规划及远景考虑不足，同时近、远期工程建设间隔过近，而建设工期又偏长，造成诸多枢纽始终处于改扩建中，难以及时形成综合运输能力。

3. 枢纽规划设计和建设普遍忽视与城市建设的协调

设置在大中城市的铁路枢纽，本是城市综合交通运输网的重要组成部分，既应承担客运到、发和通过城市地区的“外部”运输，又应承担城市地区居民“内部”运输。但铁路枢纽的设计与建设长期受计划经济体制条块分割的影响，长期“重货轻客”“重外轻内”，在概念上形成“城市旅客轨道交通运输属于市政当局的事，不在国家铁路部门管辖、考虑范围”，在长期存在运能不足的情况下，也没有能力、财力去承担城市轨道交通客运，甚至一度停办市郊客运。在枢纽规划建设上，未设置完善的办理城市客运的线路和站场设施，也使铁路运输企业自身丢失城市旅客运输份额，造成铁路和城市两败俱伤。

在规划层面，铁路枢纽总图规划和城市总体规划归口不同部门管辖，相互协调不够，枢纽总图规划的线、站，往往被快速发展的城市建设所挤占、挪用，造成枢纽建设项目落不了地，处于不断的修改、调整中，也加剧了枢纽建设的难度，拖长了建设周期。

4. 运输模式单一，运输产品少

铁路枢纽既是路网旅客和货物运输的中转地，也是所在城市的运输集散地。长期以来，中国铁路普遍推行“客货共线”的运输模式。这种模式在线路通过能力一定的情况下，客货运输争抢能力的情况长期存在。旅客列车运行速度低、车次少、密度小、服务质量差，特别在中国独具运输特点的暑期和春节期间，众多繁忙干线和枢纽为满足客运需要，不得不大量加开客运列车，货运基本停止，这必然对经济发展造成制约。同时，铁路受理客户货物运输，仅能提供整车、零担服务，较少组织行包快运、集装箱、基地直达等，货物在途时间长，时效性差，造成大量货源向公路转移。

归根到底，中国铁路枢纽建设受制于国民经济发展水平，长期存在投入少、线路少、线网密度小、设备高负荷超强度使用的情况，难以满足全社会的物流运输需要，加大了社会物流成本，长期成为国民经济发展的瓶颈，在快速旅客运输方面，中长途、中短途客流分别被航空、公路运输分流了大量市场份额。

进入 21 世纪以来，中国国民经济发展呈井喷式发展势头。“经济发展，铁路先行”成为全社会的共识。铁路发展的一个显著特点是建设以高速铁路为代表的客运专线，繁忙干线推行客货分线运输，加大对铁路枢纽的改造和规划设计。

目前，中国铁路及枢纽建设已经基本适应了国民经济对铁路运输的要求，取得了举世瞩目的成就，对促进经济持续、健康发展发挥了重要作用，作出了重大贡献。

未来，铁路仍将继续发挥领头羊的作用。

5.2　铁路枢纽总图规划的理念

任何人类活动都有目的性，在理念指导下进行。在建设领域，理念是理论，观念是高度思维活动的理性结果。

铁路枢纽规划活动中，理念是规划人员对枢纽在路网中的作用和意义、功能和定位、格局和发展等方面的看法与思考，是枢纽总图规划的最重要的顶层思想和原则，是影响枢纽总图规划优劣的关键因素之一，是保障体现枢纽总图规划"系统性、科学性及前瞻性"的基础。要做好铁路枢纽总图规划工作，须因地制宜，遵循以下全部或部分具体的规划理念。

1. 立足长远、适度超前

铁路枢纽引入的干、支线及联络线，重要站点及配套设施是长久性的基础设施建设，一旦建成很难改变。若其总图规划滞后于铁路及经济社会发展，则会制约铁路发展和人民生活水平的提高，阻碍社会可持续发展；反之过于超前，则会出现设备设施的闲置，降低投资效益，造成各种资源的浪费。因此，铁路枢纽总图规划应立足长远，适度超前运输需求，满足当前和未来一定时期的经济和社会的需求，满足铁路各个时期发展需要，满足城市未来发展的需要；留有铁路与地方持续发展的空间、长远开发的各种需求。

适度超前主要包括发展理念、建设标准、建设规模、技术应用及科技创新应用等方面，以充分发挥枢纽总图规划的作用，实现对后续铁路及城市建设的指导作用，不走过去"打补丁"式的建设老路。

2. 近远结合、分期实施

铁路枢纽总图规划包含近期规划、远期规划及远景展望三个设计年度，时间跨度长。枢纽衔接线路多，土建工程与设备不同步，项目建设时序不同且多有重合；设施设备有的易改扩建，有的不能。因此，在系统规划的前提下，本着"急难项目优先""不可分割与未来不易改扩建的一并实施""未来引入线路或新建车站会花费巨大代价的、做好城市规划控制、用地预留或工程预留"等原则，根据铁路及地方不同时期的发展需求，近远结合、分期实施，以保证近期投入少，未来有条件实施的科学、合理实施步骤。

3. 以人为本、服务运输

铁路客货运的服务与社会联系最为紧密，人民群众感受最为真切，是检验铁路服务水平高低的最直观的环节。铁路枢纽总图规划中的客货运站站址的选择及规模，联络线、疏解线的设置，车站与区间能力的协调配合，市政配套的集疏运设施设备的规划等，均应贯彻"以人为本、服务运输"的理念，以方便旅客的出行、货物运输与集散，提高人民群众的满意度，同时满足铁路各部门生产、生活的各种需求，为铁路运输服务，以促进铁路"又好又快"的发展。

4. 布局优化、提质增效

目前很多铁路枢纽的普速客运站、货运站或编组站等都位于城市中心，地理位置优越，道路、公交、轨道交通等集疏运设施完善，吸引客流优势明显。铁路枢纽总图规划将这些普速客运站、货运站或编组站改为办理动车的高速或城际站，而将普速客运站、货运站或编组站外迁，以体现“优质资源服务优质客户”的原则，达到“布局优化、提质增效”的目的。

南宁铁路枢纽将位于主城区的南宁站改为办理动车的高铁站，而将其办理的普速业务外迁至枢纽南环线的五象新城。重庆铁路枢纽利用重庆西编组站外迁至兴隆场新建编组站，原重庆西编组的位置改建为枢纽的第三客运站和动车所。

5. 客货分线、客内货外

在 21 世纪以前，铁路枢纽衔接线路少且以单线居多，引入线路及各线汇合处的轴线也是客货共线，客运站、编组站也以顺列居多，客运站也有专用线接轨或设有小货场，旅客列车穿越编组站。由于客货列车速差大，区间通过能力低，客运站办理货运作业、编组站也有部分客运业务，客货交叉干扰严重且存在一定的安全隐患，车站运输效率低，客货运服务水平低，难以适应铁路及国民经济的快速发展。

随着高速铁路及城际铁路大力发展，铁路枢纽引入高标准的线路越来越多，运量增大，各线汇合处的轴线有可能为三线或以上，高速客运站须另选址新建，编组站也须改扩建，城市也在不断扩展。因此，从铁路本身的需求或城市的客货运需求，都需要实行客货分线运行，以提高区间的通过能力，适应高速动车与普速货场不见面的运营需求。

客运站是城市的窗口和“名片”，为方便旅客出行和与其他交通方式的衔接与配套，都需要靠近城区。铁路货运站（含物流中心）应靠近城市外围的工业园区、工矿企业，靠近货源，以方便货主办理货运运输，并需配套向外的专门货运通道，快速集散货物；编组站占地长而宽，除了职工上下班和运送一些生活物资外，与城市的联系少，从有利于车流组织角度，其选址也多位于货运环线上。因此，根据客运站、货运站及编组站功能与服务对象，铁路与城市的发展需求都需要客货分离，客运站位于城市内侧、货运站及编组站位于城市外侧，从而自然形成了“客货分线、客内货外”的现代铁路枢纽的格局。

综上所述，铁路枢纽总图规划要贯彻“客货分线、客内货外”的理念。

6. 点线协调、立体疏解

铁路枢纽总图就是由客运站、货运站、编组站等重点车站（简称“点”）与各衔接干、支线和连接各车站间的轴线、环线、直径线、疏解线与联络线等线路（简称“线”）构成，枢纽能力包含各线的“线”的能力和各重点车站的“点”的能力。只有“点”与“线”的能力相匹配，才是枢纽最大化能力，也才能充分发挥枢纽的功能与作用。

铁路枢纽中各线汇合处往往存在对向交叉，为了行车安全、提高运营效率必须按方向别的立交疏解（以下简称“立交疏解”）；即使是同向交叉在车流量大的时候，同样需要立交疏解。客运站、货运站、编组站一般为多个车场布置，干线引入车站的联络线或为开行跨线车而修的场间线路，为消除对向交叉，提高咽喉的通行能力，保证运营安全，都必须立交疏解。

7. 充分利旧、功能完善

铁路枢纽总图规划一般都是在既有的枢纽基础上，根据规划年度内拟建和规划的干、支线的引入以及客货运需求，对铁路枢纽轴线、联络线、疏解线进行补强及重点客货运站、技术作业站进行扩建或新建等方面进行统筹规划。

铁路枢纽内各种既有线路、既有重点车站和配套段所的位置、功能及能力匹配等都是总图规划重点考虑的因素。这些设施设备在枢纽总图的地位与作用都非常重要，或是枢纽进出的重要通道或轴线，或是位置非常优越、配套设施完备、便于吸引客货流的重要车站，或是卡口车流的主要技术作业站，曾经在枢纽中都发挥了重要的作用；只是随着高标准线路的数量不断增多，枢纽在路网中的作用不断提高，枢纽所在城市的经济飞速发展，这些既有的设施设备不能适应枢纽及城市的发展需求，需进行相应的调整与补强。

中国国民经济已经进入可持续发展、转型升级、加强供给侧的阶段，铁路货运绝对量不太可能大规模增长。因此，对于货运系统而言，通过调查分析既有设施设备现状，梳理出哪些功能完备、能力匹配是可以继续使用，哪些功能与能力匹配不尽完善、需通过改扩建进行补强，做到“充分利旧”，哪些是完全不适应枢纽及城市发展的需求、必须进行选择新建(如生产力布局调整)，择址新建与利旧改扩建有机结合。

相反，铁路枢纽客运绝对量大规模增长、客运性质转变(快速客运、城际及市域客运的占比越来越大，普速客运占比急剧缩小)的趋势在中心城市所在的枢纽则将长期存在。因此，充分利用既有客运站进行功能转换、“普速客运外迁”，以更好吸引客流，将更多的优质客流进入到城市中心，充分利用既有客运站的客运配套资源和站位优势，“优质资源服务优质品种”，办理更多的高速、城际、市域客运将成为必然。这种“功能置换”式的“利旧”，效益、能力最大化，也是铁路枢纽必须研究的重大问题。

贯彻“充分利旧、功能完善”的规划理念，既能充分发挥各种既有设施设备的优势和作用，又能使投资效益最大化；既照顾历史又面向未来，做到和谐统一。

8. 四网融合、互联互通

铁路需与其他交通相互协调、相互配合形成综合交通体系，才能更好充分发挥其作用与功能。客运系统中四网“高铁-普客-城际-轨道交通”需在主要客运站做到旅客不出站的“无缝”对接，以方便旅客出行和吸引客流。货运系统中也要与公路、水运、航空在有条件情况下实现多式联运，重要物流中心站需规划专门的货运大道融入市政道路、干道体系中，修建专用线或专用铁道与水运码头、港口及航空港物流沟通。

因此铁路枢纽规划应贯彻“四网融合、互联互通”的规划理念。

9. 站城融合、综合交通

“站城融合”旨在通过枢纽的主要客货运站与城市功能及空间、重要建筑群等的物理意义进近及融合，以及软环境功能的协调。接近、搭建区域发展平台，带动区域经济的提质增效，摒弃过去相互远离、分隔独自发展的模式。在总图规划中将车站功能、布局、配套设施与城市相应的功能、需求及发展相结合，做到相互协调、互相促进，形成有机的整体。

大型客运站的新建可带动新城的形成与发展，新城配套设施的不断完善可提高大型客运站的服务水平，吸引客流；大型物流中心的建设和发展可带动产业的转型升级，促进产业的集聚发展。

在枢纽总图规划中贯彻“站城融合、综合交通”可实现车站与城市功能的融合、空间的整合，“以站促城、以站兴产”；形成车站周边的综合交通体系，打造快速、便捷的客货集疏运体系；最终形成车站与城市协同发展的良好格局。

10. 环境友好、资源节约

对工程建设而言，土地是最核心、最不可或缺的资源。枢纽规划建设必须贯彻“节约土地资源”的理念，必要时经技术经济比选，建设项目可采取立体布置、交错布置等特殊技术手段，并“多用劣地，少占好地”，最大限度节约土地、减少城市拆迁等。

此外，铁路建设需消耗沙、石、水、水泥、钢材等大量资源，在施工及运输时都有噪声污染，取、弃对自然边坡及环水保都有一定影响；在运营中也需消耗电力资源，会形成一定光污染。在枢纽总图规划中尽量因地制宜、就地取材，减少对环境的破坏程度，采取符合环水保和节约资源的工程措施、选取节能建筑及设备，使铁路枢纽规划及建设都需走资源节约型、环境友好型的良性发展之路，以实现“绿色发展、循环发展、低碳发展”的规划目标。

11. 综合开发、路地双赢

铁路枢纽一般都在大型或特大型城市，其建设过程中涉及的城市用地征用、各种拆迁的补偿、上跨或下穿城市干道、大型车站的修建等都耗资巨大，几十亿乃至上百亿元不等，而铁路作为公共基础设施项目财务效益并不好。为了铁路建设及运营能持续进行，需将枢纽线路及重点车站周边的优质土地资源利用起来，按其服务的对象不同、按全过程的服务业态进行全方位的综合开发，提升其周边土地的价值，通过引进专门投资机构进行相应开发，以实现持续盈利来弥补一些项目的财务效益差的缺陷。

新建的大型客货运站一般位于规划新区或新老城区的接合部，是发展相对滞后的区域，一般是优先发展地产，市政配套设施急需完善。只有通过重点车站周边用地的综合开发，才能完善城市新区的基本功能，才能吸引资金及人才入驻，从而盘活周边的各种资源，实现其长期的协调发展。

通过对枢纽范围内线路及重点车站的综合开发，既可以促进铁路的持续健康发展，又能带动城市新区的快速发展，真正实现“路地双赢”。

5.3 铁路枢纽总图规划的基本原则

铁路枢纽总图规划是一项浩繁的工作,涉及范围广、考虑因素多,其规划的基本理念及思路为:统筹规划、近远结合、分期实施;充分利用既有设施、统筹新线引入与既有线改造、高速与普速、场站布局与城市规划衔接、配套设施和综合开发等,按系统性、前瞻性、经济性的规划原则,以实现点线协调、多网融合,最终达到枢纽布局优化和功能完善的目的。

铁路枢纽总图规划除遵循以上基本理念及思路,结合铁路规划的各子系统,还应遵循以下的基本原则。

5.3.1 客运系统

枢纽的客运系统由办理大量始发终到作业与通过作业的主要客运站、办理通过和少量始发终到或立折作业的辅助客运站,串联各客运站之间主轴线路、联络线、疏解线、直径线、环线等客运线路,配套的普速客车的机务、车辆段(所)及动车段(所)、动货基地等组成。具体规划原则有以下几个方面:

(1)要深入分析现有客运系统能力利用率、分析其薄弱环节和存在的主要问题。综合分析规划年度的客运增长需求、城市发展方向及空间布局形态,确定枢纽客运设施设备的总规模,提出新建客运站的数量与规模、既有客运站改扩建的方案与规模;在保证路网主要通道顺直和通过车流顺畅的情况下确定枢纽客运的主轴线路、环线、直径线等。

(2)设有多个客运站的枢纽应进行合理分工,各客运站通过主轴线路、环线、直径线、疏解线及联络线实现互联互通,方便跨线车组织,实现"多点发车",以满足旅客的便利出行及运输组织灵活性。

(3)不同线路引入同一客运站时统筹考虑区间及车站点线能力匹配,尽量"共廊"引入,尽量减少对城市切割。

(4)新建客运站选址尽量深入或靠近客流中心,做到"近而不进""以站促城""以城促站",与城市协调发展。

(5)按照"零距离"换乘要求,统筹考虑与其他交通方式驳接,形成"立体多层"综合交通枢纽,以实现多种交通方式换乘便利、衔接顺畅的目的,满足旅客快速集散。

(6)客运站规划建设应充分利用土地资源,注重土地综合开发,促进车站与城市、产业、经济深度融合,培育发展临站经济。

5.3.2 货运系统

(1)按全路货运系统布局及当地城市工业、物流规划,结合规划年度的货运需求,统筹研究枢纽内货运站的总规模，明确专业货运站（危化、集装箱、特货）及综合型货运站的个数、规模及分布格局，研究与之配套的货运环线或轴线、联络线的布局。

（2）按照现代物流的要求，结合区域路网、运输生产和经营开发、城市物流发展规划，统筹研究枢纽的物流布局方案，按便捷高效、优质、安全、有序的原则布局现代物流节点。

（3）按照“两整合（整合运量较小的货运站及专用线、整合零担业务）一建设（战略装、卸车点）”的要求，优化完善枢纽货运站点布局。

（4）货运站的选址尽量靠近货源点，各货运站之间或货运站与技术作业站应有便捷的联系通路。

（5）通往货运站的道路系统与城市货运大道、进出城干道及国道、高速公路相连，以完善铁路枢纽货运系统集散运设施和一体化服务功能。

（6）应强化铁路与公路、水运、航空等不同交通方式之间的衔接，实现多式联运。

5.3.3 解编系统

（1）编组站一般应设在大宗车流的交换地（比如多条铁路干线交会的交叉点）或便于大宗车流产生或消失的地点（比如大型工矿企业或港口）。

（2）枢纽内编组站宜集中设置，尽量减少车辆在枢纽内的重复解编、缩短车辆停留时间，原则上一个枢纽最多设一个编组站；在特殊条件下需设两个或两个以上技术作业站应根据车流量、车流性质及方向、引入线路情况和路网编组站分工、城市结构形态等，经充分经济比较后确定，并进行合理分工。

（3）编组站选址尽量在城市外围、有利于车流卡口、有多条线路汇合的主要车流方向线路上设置。

主要为中转改编车流服务的技术作业站，其位置应保证主要线路车流以最短径路通过枢纽；兼顾中转与地方车流作业的技术作业站，其位置应考虑中转车流顺直和折角车流的方便，并尽量缩短与所服务地区小运转列车的走行距离；为地方车流改编作业服务的技术作业站，应设于线路交会处，并靠近主要工业区或港埠区。

（4）编组站与主要的综合型货场、集装箱中心站、物流中心、大型工矿企业有便捷的联系，以满足地方车流快速取送，减少车辆走行距离，提高运输效率。

（5）编组站的位置应地势平坦开阔、地质条件好、拆迁少、用地条件好。

编组站规模大、占地广，要求拆迁少、用地条件好的开阔带状地块并有进一步发展余地；拟选的站区地质、水文条件好，避免运营期间的地质隐患；编组站土石方量巨大，尽量做到填挖平衡，减少取弃土，以利环水保和减少对城市影响。

5.3.4 动车、机辆、供电等配套设施

（1）动车、机辆等设施应根据全路和区域（铁路局集团公司）规划合理配置，按照检修集

中、运用分散的总体要求，尽量靠近主要客运站、编组站布设，建设规模要系统匹配并留有发展余地。

(2)结合高速铁路、城际铁路规划引入，系统研究动车段(所、存车场)、牵引变电所、电力配电所等布局和规模。

(3)普速机务段、车辆段尽量设置在车站同一端，两者并列或纵列布置，实现机辆一体化进出车站，提高车站咽喉接发车能力。

5.3.5　线路引入及疏解线、联络线

(1)干、支线路引入应满足远期能力需要，新线引入应充分利用既有通道资源，采用平行或立交方式引入枢纽，有条件时可与既有线路共通道引入枢纽，尽量避免对城市形成新的切割。

(2)枢纽内应根据功能需要和运输灵活性要求设置必要的疏解线、联络线。

5.3.6　综合开发

(1)结合铁路场站规划、城市总体规划、交通规划以及人口产业布局规划等，研究新建土地综合开发机会以及既有铁路用地综合利用。

(2)深入分析枢纽内相关线路规划年度能力适应性以及城市交通运输需求，研究通过适当改造开行市郊列车可行性及前提条件。

5.4　铁路枢纽总图规划的一般方法

铁路枢纽总图规划属于前期的方案研究阶段，成果一经审查批复将维持相当长的时间，是枢纽建设的蓝图，也是城市规划的一部分，涉及地方政府、铁路局集团公司、部队、环水保单位等的众多部门，时间跨度长、工作量巨大，除实地调查、表格调查、公函征求意见、会议研讨等，在具体的工作中还应从以下方面入手。

5.4.1　枢纽总图格局及定位的重新论证

在既有现状的基础上，结合铁路的中长期路网规划及省、市地方铁路，城际及市域铁路规划，分析既有枢纽客货运及解编系统适应情况，分析客运中的高速与城际是独立成网还是融入改扩建之后的客运系统中，根据规划年度客运量及城市发展规划，确定客运站总数及布局，分析货运系统是局部补强还是需新建物流场站及另辟通路，从而选择枢纽总布置图的初步图型，明确研究的主要思路、研究的主要内容及重难点。

5.4.2 枢纽总图基本骨架的搭建

1. 梳理出枢纽的客货运主要通路及交换车流向

根据规划引入的干、支线，枢纽内客货运量情况，梳理出枢纽的衔接线路的客货运主要直通流向及交换车流向。

2. 研究主要车站的布局及新建车站的选址

结合枢纽既有设施设备现状以及城市发展方向、空间布局形态、产业发展方向与布局，梳理客运站与物流中心站的布局及新建车站的选址、编组站的改扩建或选址新建。

3. 研究枢纽的客货运通道

根据客运站点布局形态及可行客运站站址方案、各客运站的分工及运输组织方案，结合枢纽及城市现状，勾勒出枢纽客运系统的主要轴线，并根据交换车流修建必要客车联络线。

根据编组站站址、物流中心站点布局及站址，勾勒出枢纽货运的主要轴线，并根据功能及交换车流修建相应货车联络线。

5.4.3 枢纽总布置图型的构建及初步比选

引入线路，客货运站（即物流中心站）站址、编组站站址以及客货运通路、相应疏解线和联络线一并构成了枢纽总布置的雏形，根据不同客运站站址、物流中心站站址、编组站站址对应着不同客货运通道，从而形成不同的总布置图型。

结合地形及地质、水文条件，拆迁及工程的可实施性，运营单位及当地相关部门的反馈意见，对多个枢纽的总图方案进行初步比选。

5.5 铁路枢纽总图方案比选

铁路枢纽总图方案比选是枢纽总图规划工作的重点和难点，是耗时长、反复多的阶段，需结合城市的总体规划、铁路中长期规划、地形与地质、水文与环水保以及铁路与机场、港口、公路、城市轨道交通等构成城市客货运输综合交通体系的要求等方面进行系统的综合比选。

5.5.1 铁路枢纽总图总体布局的概念

铁路枢纽总图总体布局是主要由枢纽的点（重点车站及配套段所）、线（引入干、支线和枢纽内共用轴线、环线、直径线、疏解线、联络线及进出段所线路等）相互连接，并投射至地形平面图与城市规划图上的一个总体构架。

它反映了城市的空间布局及规划发展方向，居民、商业及工业分布，山川、河流、道路、轨道交通，地质、水文、环保等信息，以及铁路重点车站站址与线路的分布、走向、相互几何关系，站段性质，主要技术标准等内容。

5.5.2 铁路枢纽总图的方案比选

铁路枢纽总图主要由客运系统、货运系统、解编系统以及配套的机务、车辆、电气化等设施构成。枢纽总图方案比选就是根据枢纽现状、引入线路总数及规划年度的客货运量，结合城市总体规划、城市空间形态及发展方向，对客货站个数及规模、解编系统、客货运通道、疏解线、联络线及配套设施的适应性进行分析，对枢纽总图各构成因素新建或改扩建方案进行各自比选或组合比选。下面通过具体案例分析加以诠释。

案例:江西至福建快速铁路引入福州铁路枢纽总图方案比选

2005年，福州铁路枢纽既有铁路为外福线贯穿枢纽，设有福州客运站、福州东货运站、樟林区段站以及杜坞、魁歧、马尾中间站；在建或拟建的温福及福厦铁路，其配套工程：客运系统扩建福州站至4座站台7条客车到发线规模，承担枢纽内所有普速客车和温州方向始发、终到动车组客车，近期兼办理部分厦门方向始发、终到动车组客车(新建福州南第二客运站，按5站台9条客车到发线规划设计并预留进一步发展条件，承担厦门方向始发、终到动车组客车和沿海通道通过客车的到发作业)。货运系统将樟林区段站由一级二场扩建为一级三场，负责枢纽各方向的解编作业；杜坞站规划为枢纽的散堆场及危化品货场；魁歧站规划为枢纽内集装箱办理点。

因以前的总图规划均未考虑江西至福建快速铁路的引入，研究年度内本线将建成高标准的快速铁路通道引入枢纽，对枢纽客货运量及流向产生极大影响，因此对枢纽总图方案进行了进一步的补充研究，其方案比选构成如图5-1所示。

案例:襄石线电化扩能引入襄樊铁路枢纽总图方案比选

2000年的襄石电化的襄樊铁路枢纽没有其他新线引入，年度规划主要是南北向焦柳线及东西向汉丹线、襄渝线的扩能，枢纽客运站(襄樊站)及编组站(襄樊北站)均位于焦柳线上，针对东西客车折角运行及编组站扩建方案等问题，对襄樊铁路枢纽的总图方案做了进一步研究，其方案构成如图5-2所示。

1. 客运系统方案比选

根据规划年度的客车对数及种类，计算枢纽范围内客车到发线的总数量。结合既有客运站情况，研究多种新建客运站的个数及规模的初步方案，并明确其对应的客运站分工方案，据此梳理出枢纽的客运通道并配置相应的联络线与疏解线方案，从而构成枢纽的客运系统格局；不同客运站个数及分工，形成了不同的客运系统方案。

客运系统方案比选的重点是新建客运站站址的比选，根据城市发展规划及城市空间形态、站址的地形及地质条件、水文及环水保、拆迁及土建工程难易程度、综合开发用地及配套设施适应性等方面进行系统比选，初步筛选出较为合理的新建客运站站址方案。

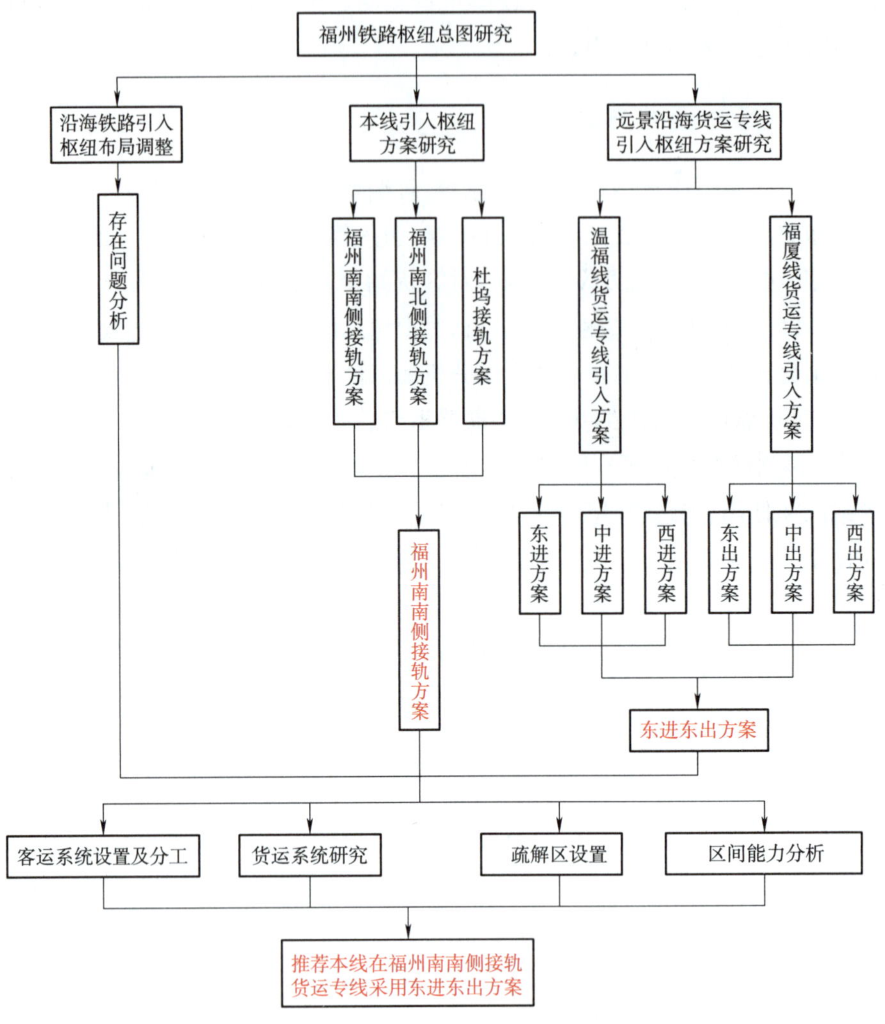

图 5-1　福州铁路枢纽总图研究方案比选构成图

客运系统比选应考虑以下因素：

（1）客运通道是否顺畅，通过车流是否顺直。

（2）是否符合城市规划用地，客运站分布是否与城市空间形态相符。

（3）与既有客运设施衔接的紧密程度，是否充分利用了既有线路和既有站、段等。

（4）在考虑节约用地、高效集约用地情况下，是否有条件进行综合开发。

（5）方案是否具有可实施性，铁路工程可靠性如何，方案的经济性如何等。

（6）客运站的集散条件如何，是否与城市公交、长途汽车、轨道交通等形成客运站的综合交通体系。

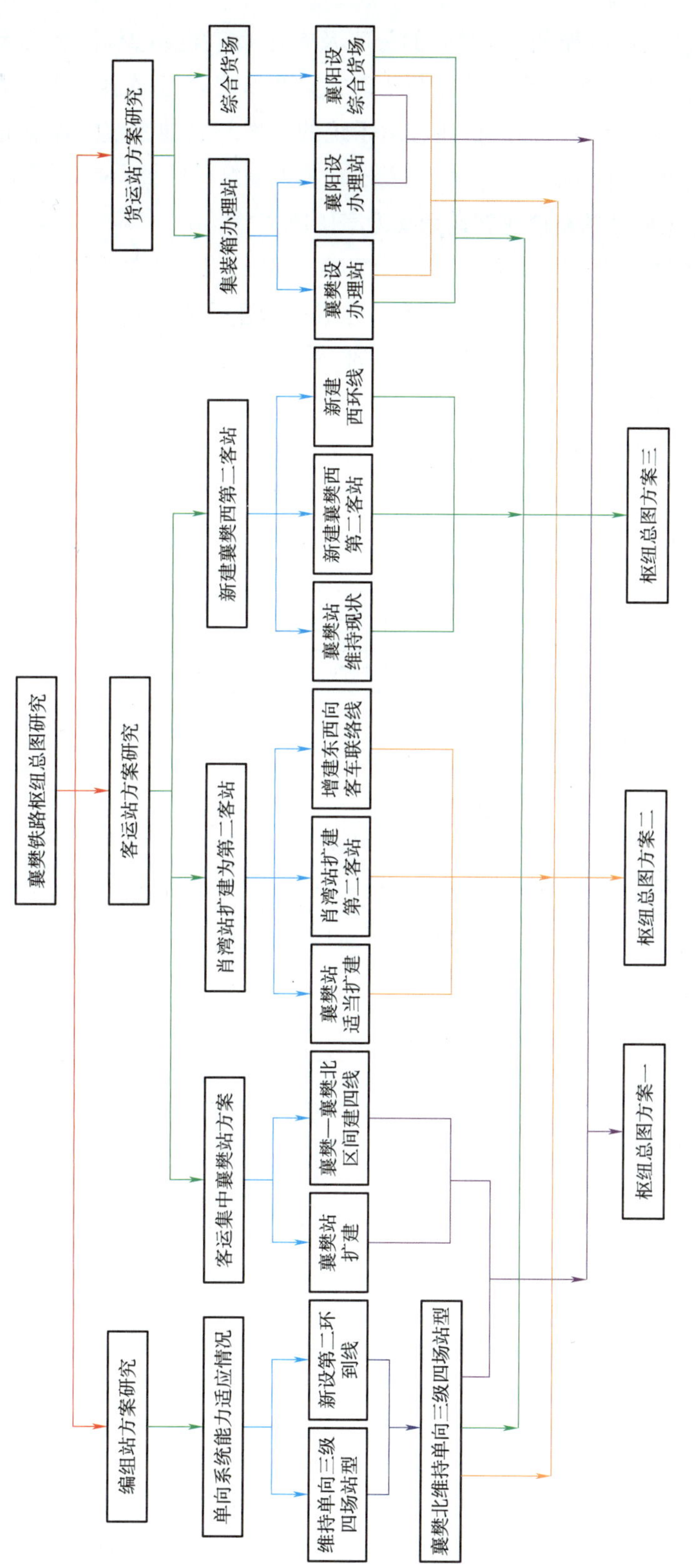

图 5-2　襄樊铁路枢纽总图研究方案比选构成图

由于新建客运站站址可能较多，对应的分工及客运通道也不少，按客运系统比选应考虑的因素进行初步比选，将有价值的几个站址方案及新建客运通道与既有客运站点及既有客运通道进行相应的组合，构成枢纽客运系统的方案与其他系统方案做进一步的综合比选。

案例：成兰线引入成都铁路枢纽客运系统方案比选

2008 年成都铁路枢纽的货运系统已经较为完善，成兰线引入成都铁路枢纽重点研究客运系统布局方案。既有成都、扩建的成都南和拟建成都东客运站分布于由成昆、成渝、宝成、西环线构成的总长 54.431 km 的内环北、南、东部，相互衔接。拟建工程完成后，三客运站规模满足近期客运需求。

根据枢纽的功能定位和远期后客运需求，与城市规划部门协作，紧密结合城市总体规划，遵循"充分利用、合理分工、客货分线、填补空白"的原则，对远景枢纽客运站布局进行了三客运站、四客运站和两客运站布局三大系列方案研究比选。方案构成如图 5-3 所示。

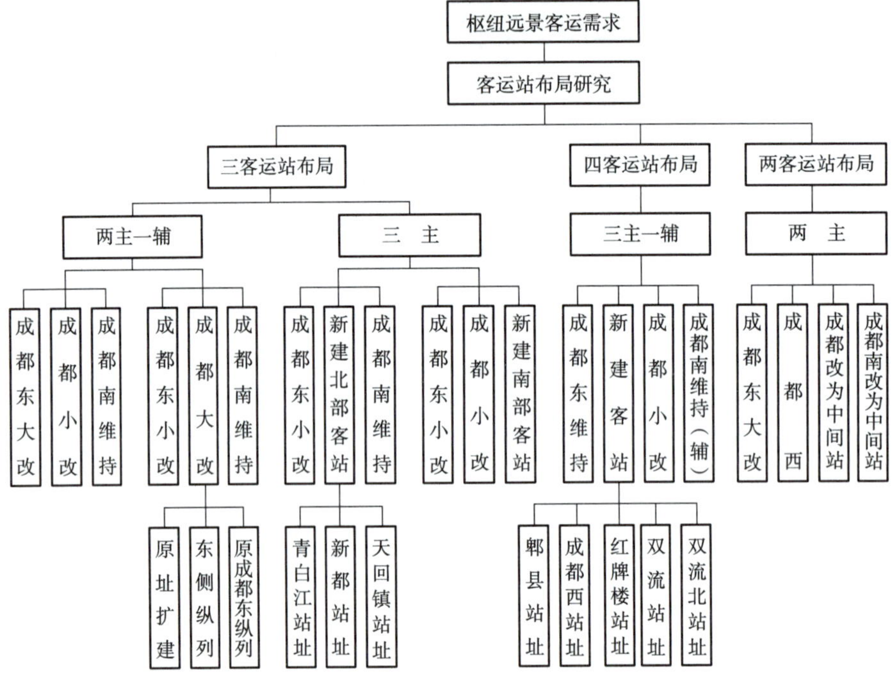

图 5-3 成兰线引入成都铁路枢纽客运系统方案比选构成图

经过综合分析论证，当时推荐成都铁路枢纽客运系统布局为四客运站的"三主一辅"布局方案。

2. 货运系统方案比选

枢纽的货运系统主要由为地方工矿企业及城市物流需求服务的各种综合型货场与专业型货场（也称物流中心），与之相连的货运线路及相应疏解线、联络线组成。

根据规划年度的地方运量及运输货物的品名，结合既有货运场站及城市产业布局研究，研究新建货运场站个数及规模，明确综合型物流点及专业型物流点的个数与布局。不同站址方案与货运线路构成不同的货运系统的比选方案。

货运系统方案比选重中之重是货运场站的站址选择。根据既有货运设施和既有货运线路，结合城市的物流规划、产业布局，以及地形和地质、水文和环水保、拆迁和土建工程难易程度、地方物流配套用地和对外联系通道等方面初步筛选出较为合理的新建货运场站站址方案，与既有货运场站和既有货运通道构成货运系统的比选方案纳入下一步比选。

3. 解编系统方案比选

根据规划年度的解编作业总量及车流特点，首先比选编组站的设置方案，是集中设置还是分散设置；若集中设置是既有编组站的原位扩建，或是新建编组站，场型及驼峰类型都需比选论证；若是分散设置，其分工及场型、驼峰类型等也需做论证分析。

若是原位扩建编组站，则对原货运通道能力进行检算，对原通道进行补强或新建货运通道，并根据需求对配置的疏解线、联络线进行组合比选。

若是新建编组站，则编组站的站址选择是解编系统方案比选的重中之重。站址的比选需从运输顺畅、车流组织合理、运输效率高效、满足城市规划、地形地质条件、工程投资、衔接的货运通道，以及从货场通路顺畅、减少折角车流等方面进行综合比选。

在编组站的站位及货运通道确立后，根据车流情况及运输组织方案对疏解线、联络线的设置方案也需进行相应的比选。

最后将编组站的站位及扩建方案与货运通道、疏解线、联络线进行综合分析比选，比选出几个有价值的方案，与其他系统一并纳入下一步比选。

4. 配套设施系统方案比选

配套系统的方案比选主要是指高速客运系统动车段、所的位置比选，普速系统客货机务段(所)、车辆段(所)的位置比选。

枢纽的高速客运站一般有几个，根据高速客运站的分工及办理始发车对数的多少，比选动车段(所)或停车场的个数及位置，然后对每个段、所的位置结合运输组织、车站布置、用地、拆迁、工程投资等方面从车站四个象限进行系统比选，比选出有价值的方案纳入枢纽总图方案。

现代铁路枢纽随着高铁及城际铁路的不断引入，普速铁路发展呈下降趋势，因此在总图规划中普速客运一般集中在一个站办理，机务车辆点相对集中，车站布置一般也是合场设置，比选方案相对简单。首先比选集中在一端引入的“机辆一体化”和分散在车站两端咽喉的“分散式”的设置方案，然后结合拆迁及工程情况分别在车站的各象限进行比选，比选出有价值的方案，纳入总图方案中。

大型综合物流中心及专业物流中心一般距编组站不远或有便捷的通路，因此枢纽货运机务与车辆设备一般集中设于编组站，机务、车辆段的位置主要根据机车、车辆进出顺畅的原则设置，比选方案相对简单。

5. 疏解线、联络线方案比选

高速铁路一般直接引入枢纽的主要客运站，高速客运站按线路别分场设置，为满足跨线车的开行在主要客运站的两端、其他车站或区间设置疏解线与联络线。为增加运输组织的灵活性、实现多点发车，有时高速铁路引入两个或两个以上客运站，也需要设置相应的疏解线与联络线。这些疏解线与联络线一般按全疏解方向别设置。

枢纽的客货运系统一般都有客货运通道，按客货分线运行，普速铁路一般通过相应的疏解线与联络线引入枢纽的客货运通道。

疏解线、联络线方案比选的重点主要结合相应区域内的线路、建筑物、桥涵工程、对运营线路的干扰程度等方面进行系统比选，按照高标准的线路上跨低标准的线路、减少夹心地、减少对城市的分割、减少立交层数、尽量大角度跨越等原则对疏解线和联络线的设置位置、平面线形、立交位置及立交关系、纵断面等进行综合比选，比选出投资省、线形好、立交关系简单、对既有运营线路干扰小的疏解线和联络线方案纳入枢纽总图的下一阶段比选。

6. 铁路枢纽总图方案综合比选

初步筛选出的客运系统，货运系统，解编系统，配套的机务、车辆、电气化等设施以及疏解线、联络线的方案进行相应的组合，形成多个总图方案。

若将所有的总图方案进行同精度经济的技术比选，工作量大也没必要。总图方案技术比选方法为：首先，应对各种方案进行筛选，选择一个相对合理的方案作为基准方案，比如以枢纽的客运系统或货运系统之中相对稳定或方案相对简单的那个系统作为基准；然后，对其他方案进行甄别，比如以客运系统方案作为基准，将枢纽的货运系统方案与之搭配，对其中相近的方案进行组合归并，选取货运系统之中最优方案与客运系统方案进行搭配，形成枢纽方案的较优组合，即完成了枢纽总图方案的筛选工作。

将筛选出的枢纽总图方案进行内业定线，将引入干线、枢纽内的客货运线路及车站设计开放给各专业，计算统计各专业工程数量并进行投资匡算，纳入运营费作同精度技术经济比选。根据前述的考虑因素经系统定性权衡、定量综合比选确定枢纽总布置图的推荐方案。

案例：兰渝线引入重庆铁路枢纽总图方案的比选

2010 年底，重庆铁路枢纽已形成衔接成渝、川黔、襄渝、渝怀和遂渝等铁路干线的大型环形铁路枢纽，枢纽内设有车站 33 个，机辆设施 7 处，主要支线、环线、联络线 6 条。主要客运站为重庆站、重庆北站，主要编组站为重庆西站，辅助编组站为重庆南站。

随着枢纽同期兰渝、渝利、渝黔线以及成渝、渝万高铁的引入，枢纽内重庆西编组站的解编能力，客运站的布局和能力、枢纽内相关通道能力均已不能满足运输需要。针对加强相关区间和客运站、编组站的能力等问题，对枢纽总图方案进行以下综合比选：

(1)枢纽的客货通道比选

根据枢纽在路网中的地位和衔接线路的客货运输交流,梳理出枢纽衔接的主要客货运输通道:

包柳通道,经襄渝线至渝黔线;

沪汉蓉通道,经成遂渝线至渝利线;

川渝至华东华南通道,经成遂渝线至渝怀线。

此外,主要的客运通道还包括成遂渝线至渝黔线,货运通道还包括成遂渝、兰渝至川黔线、渝黔线、成渝线至川黔线。

根据上述客货运输通道,结合既有编组站站位和新建编组站的可能站位方案,货运通道在枢纽内经长江以北,大致延襄渝线、川黔线铁路走廊是较为合理的。

(2)客运站布局及第三客运站选址方案比选

根据规划年度的客运总量分析,目前重庆、重庆北两客运站不能满足需求,需新设第三客运站。第三客运站站址选择除考虑城市发展空间形态外,客运通道顺直也是考虑的重要因素。

客运通道东西方向经重庆北站是合理的。南北向客运通道设枢纽第三客运站站位有两个方案:一是经中梁山东侧既有铁路襄渝线至川黔线走廊,该通道第三客运站站位选址困难;二是在长江南岸茶园片区新设第三客运站。客运站布局及第三客运站选址如图5-4所示。

(3)编组站方案比选

货运通道对于编组站是利用原既有重庆西编组站改扩建,还是新建编组站也存在方案比选。若新建编组站,根据枢纽衔接的货运通道,从货车通路顺畅、减少折角车流的角度出发,宜在渝怀线接轨站团结村站以北的既有襄渝线上择址新建,这样货车通道也存在两个方案:一是沿中梁山西侧经白市驿站后穿中梁山接上既有川黔线;二是利用既有襄渝线经西永站后连通川黔线。编组站方案比选如图5-5所示。

(4)枢纽总图方案组合及综合比选

根据南北向客货运输通道的方案,可以组合出四个枢纽总布置图方案,经技术经济比选,即可推荐出最佳的总图方案。

重庆铁路枢纽本次客货运输通道方案,相对独立,可各自比选,推荐出客货通道各自的最佳方案即可组合成为枢纽总布置图的推荐方案。

根据第三客运站站位优劣、与城市规划的协调性、居民出行的便利性、既有铁路设施和用地的综合利用等方面统筹考虑,客运通道推荐沿中梁山西侧既有线走廊方案,第三客运站利用原重庆东站站位新建。

客运通道确定后,对货运通道的比选分为两个层次。一是,编组站是利用重庆西改扩建,还是新建编组站。经综合研究,从枢纽远景运输需要、与城市产业布局规划的衔接、对城区的影响等方面综合考虑推荐新设兴隆场编组站。二是,确定新建兴隆场编组站后,对货车通道经中梁山东、西侧方案,从客货运输干扰、对城区影响、工程投资等角度推荐经中梁山西侧方案。

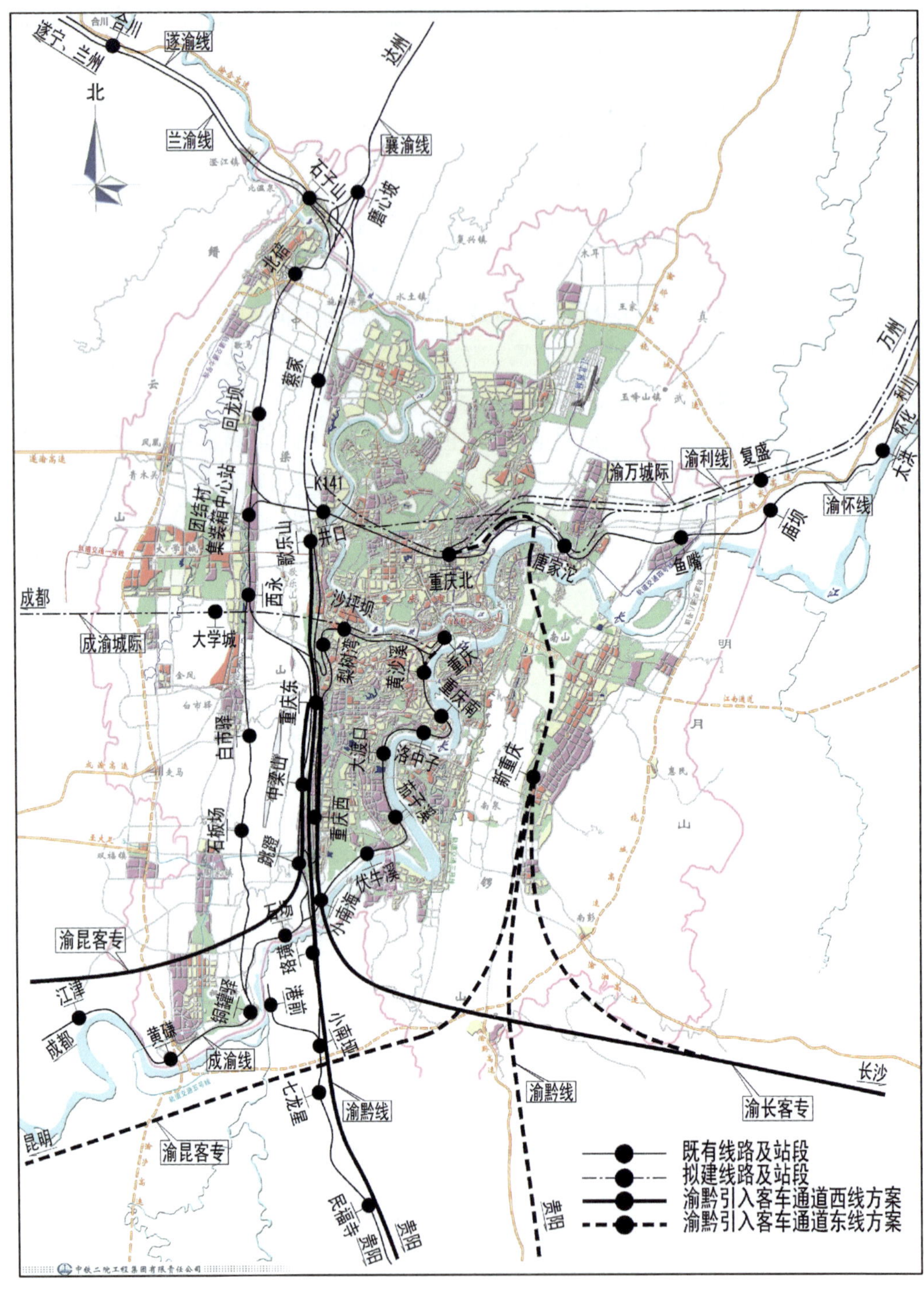

图 5-4　客运站布局及第三客运站选址

既有线路及站段
拟建线路及站段
渝黔引入货车通道西线方案
渝黔引入货车通道东线方案
遂渝线
兰渝线
襄渝线
达州
北
北碚
蔡家
回龙坝
团结村
集装箱中心站
K141
井口
歌乐山
西永
成都
成渝城际
大学城
沙坪坝
重庆北
唐家沱
鱼嘴
渝万城际
渝利线
复盛
万州
利川
渝怀线
重庆
重庆南
黄沙溪
重庆东
白市驿
中梁山
大渡口
石板场
重庆西
跳蹬
伏牛溪
小南海
江津
黄磏
铜罐驿
成渝线
小南垭
民福寺
贵阳

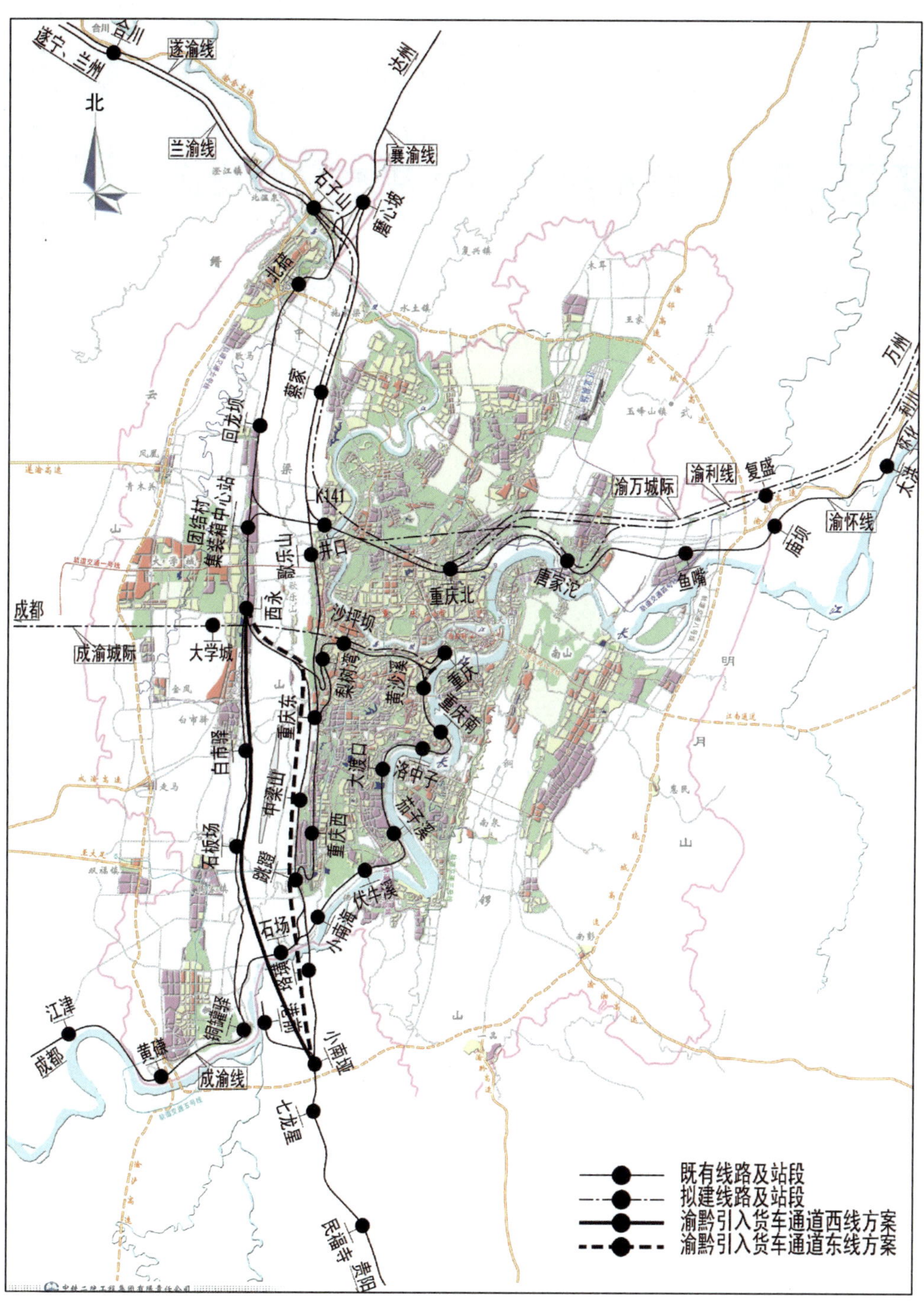

图 5-5　编组站方案比选

第6章 铁路枢纽总图的基本图型及适应性分析

铁路枢纽与城市的生产、居民的生活密切相关，因此必须充分发挥铁路枢纽为城市服务的作用。中国铁路枢纽长期受城市环境、地形、地貌的影响，形成了铁路枢纽总图图型的多样化。每个图型都有其与城市布局的融合度、铁路运输需求的适应性。铁路枢纽总图规划是城市规划的有机组成部分，除应与城市建设总体规划相互配合和协调外，还须进行远景展望。

6.1 铁路枢纽总图与城市形态布局的配合

6.1.1 枢纽类型与城市建设的关系

位于中小城市的一站枢纽，由于枢纽结构和设备比较简单，城市范围不大，因而在相互配合发展上的影响比较小。这种车站一般位于城市范围以内，地点适中，办理客货运业务比较方便，对城市服务也有许多优点。

位于中型城市以上的枢纽，可能采用枢纽的总布置图是多种多样的，而城市的性质、规模及发展，差别也较大。因而枢纽的总布置图与城市建设的关系，则有各种不同的情况。例如，三角形或“十”字形枢纽，城市主要部分可以位于三角形或“十”字形枢纽的某一象限内或在其两边，亦可被三角形或“十”字形所分割。顺列式枢纽，城市可在它的一侧或两侧。组合型枢纽，城市与枢纽的关系则有多种情况。

进行枢纽总图规划时，应尽可能使枢纽的布局，在充分考虑枢纽本身作业需要和发展的条件下，能适应城市建设的要求，力求避免分割城市，减少对城市的干扰。但这也是相对的，由于铁路的修建，促进了城市的发展，使一些本来不与城市干扰的铁路设备，逐渐又被城市包围而产生新的干扰，在枢纽重新规划和扩建时，宜设法予以改善。

6.1.2 铁路设备与城市建设的配合

(1)对直接与城市生产和居民生活有密切关系的车站与设备(如客运站及其站房、货运站、铁路专用线及工业站)应根据其性质，布置在市区或工业区、仓库区的范围以内，亦可布置在城市中心区的边缘。但对于那些装卸灰末易扬的散堆装和有恶毒气味的货物，以及危险品的货运设备，则应符合环保、消防及安全要求，设在城市下风向、河道下游及市郊。对于客运站、货运站(或货场)等设备还应与道路及其他交通运输系统相配合。

(2)与城市无关的铁路技术设备,如编组站,客车技术整备所,机车车辆修理工厂,铁路材料厂,供通过列车运行的迂回线、环线、联络线以及其他的线路和设备,可以在不影响枢纽合理布局的情况下,布置在距城市有一定距离的地方。

6.1.3　穿越城市铁路的改造和利用

(1)保留铁路线路于原处,改建城市道路,将其与铁路的平面交叉改为立体交叉,这是解决既有铁路穿越城市产生干扰矛盾的最常用的一种方法。

(2)改成环线、联络线、迂回线以分流主要货流,使其经由外围通过;保留市区内的线路只行驶部分旅客列车及少量小运转列车。

(3)当位于城市中心的客运站,对城市的干扰较大,且被建筑物包围改建困难和货运站(或货场)装卸货物对市区的污染较为严重时,可结合迂回线的修建,将该客运站或货运站(或货场)外迁或部分外迁。

6.2　铁路枢纽总图图型及适应性分析

6.2.1　一站式枢纽

一站式枢纽图型,一般由一个综合型车站(兼办客货运及列车改编作业)和三四条引入线路组成,是铁路枢纽布置图型中最简单的一种结构形式,通常位于中小城市附近,如图 6-1 所示。

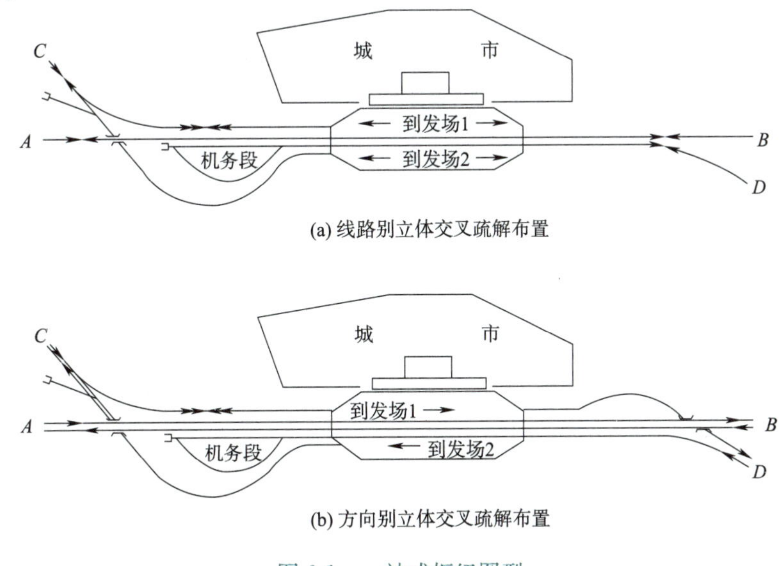

图 6-1　一站式枢纽图型

这种枢纽布置结构，不存在设置各车站之间的运输联系通道和作业量分配等复杂的设计问题。这种枢纽的运营特点是，所有的客货运及列车改编作业，完全集中在一个综合型车站上进行，设备、作业集中，管理方便，运输效率提高。但由于枢纽内全部作业均集中在一处，必然产生大量的作业进路交叉干扰，通过能力和改编能力一般均较小。为了减少引入线路之间的交叉干扰，可采用线路别立体交叉疏解布置[图 6-1(a)]，或采用方向别立体交叉疏解布置[图 6-1(b)]。前者一般适用于相交线路之间折角车流量不大时，或其中有一条线路为单线时。后者可保证有较大的作业灵活性和通过能力。

一站式枢纽分布于伊春、牡丹江地区。

6.2.2 三角形枢纽

三角形枢纽一般有三个线路方向引入，与一站枢纽的主要不同点是各引入线路间有较大的客货运量交流，一般在作业量大的线路上设置一个客货共用车站。在有折角车流的两个引入线路间增设联络线，并在作业量小的引入线路上车站增设直通线，其他方向的通过列车可经由联络线通行，以缩短列车行程，避免折角列车在车站变更方向运行，从而形成三角形枢纽，如图 1-41 所示。三角形枢纽在中国铁路网上有济南、合肥、芜湖、福州铁路枢纽以及东莞、龙川地区的普速系统等。

在有新线引入时，应结合引线位置并根据车流的发展变化，将原有的客货共用车站改建为客运站，并结合新增线路方向在车流集中的线路上新建编组站。

6.2.3 顺列式枢纽

在有三个及以上的线路方向分别在枢纽的两端引入，各专业站以顺序排列的形式布置在共用的干轴上，即构成客货列车运行于同一径路的顺列式或伸长型枢纽，如图 1-43 所示。

较小的枢纽可以仅有客运站与编组站；较大的枢纽，除客运站、编组站外，还有货运站、工业站及其他专业站。

顺列式枢纽其优点是进出站线路疏解布置简易，客货运站和编组站布置方便，灵活性大，便于发展；与城市有较长的接触线，因而对解决专业站在城市范围内的分布和为城市服务等问题提供了方便的条件。其缺点是客货列车运行于同一主轴线上，在接轨方向比较多的情况下，随着行车量的增长，出现枢纽主轴线上行车密度过分集中，成为枢纽通过能力紧张的地段，需采取加强措施。这些措施包括优化行车组织方案、采用先进信号设备、在繁忙的干线上预留修建第三线或第四线等，有条件时还可以修建绕过市区的迂回线(图 1-43 中虚线)，以分流部分货物列车，减少对城市的干扰。

被江河分隔造成市区分散的城市，由于城市建设对枢纽布局的要求，枢纽的主要客运站通常设在主要市区一端，编组站可就近引入线路汇合处设置或配合大型企业的运输需要而设置。由于山河地形所限，枢纽的客货运设备布局分散，往往需要修建大桥和隧道以沟通各区之间的联系。这些大桥、隧道和某些区间线路除了负担通过列车的运行外，还有枢纽内的地区交流任务，由此形成了枢纽通过能力的咽喉。因此，应结合当地具体条件分区设置适当的客货运设备，使各区有独立的作业条件，以减轻铁路枢纽和市区公共交通的负荷。

伸长型枢纽在中国铁路网上分布较多，如大连、秦皇岛、山海关、青岛、太原、南京、杭州、厦门、衡阳、深圳、湛江、南宁、六盘水、乌鲁木齐、西安、兰州、宝鸡、安康铁路枢纽等。

6.2.4　“十”字形枢纽

两条铁路线交叉，各自具有大量的通过车流，相互间车流交换甚少，且受地形、城市规划等因素的制约时，可采用一线直接跨越另一线的立体交叉布置，形成“十”字形枢纽，使无作业列车能顺直地通过本枢纽，以取得缩短运程、减少干扰和节省投资的经济效果。

在路网较密和交叉点多的地区，如有大量通过车流的新线与既有线成近似正交，新线上不需另建编组站的，可修建必要的车站、联络线和立交线路，使新线与既有线上的编组站、专业站相衔接，构成如图 1-42 所示的“十”字形枢纽，以减少路网上的编组点。新建枢纽的运营初期，一般常在主要车流的运行线上先建一个客货共用车站，以后再修建立交联络线和其他车站而形成“十”字形枢纽布局，如图 6-2 所示。当运量增大时客货共用车站可改建为客运站，在靠近“十”字交叉点的另一端新建编组站。

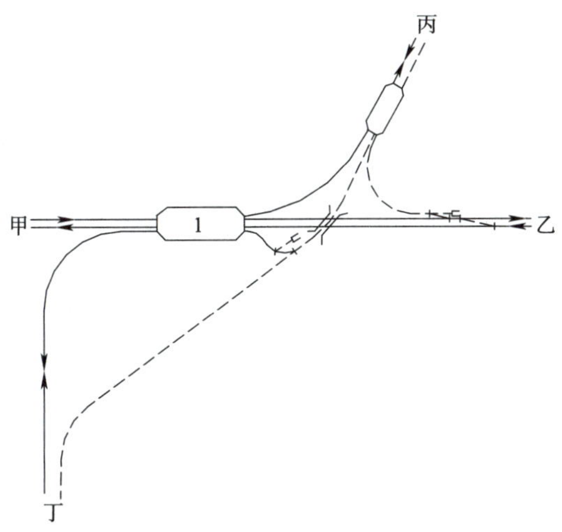

图 6-2　远期形成的“十”字形枢纽布置示意图

1—客货共用站

“十”字形枢纽总布置图型，虽有缩短相互交叉线路上列车运行里程的优点，但在运营中的机动灵活性较差，对车流变化的适应性较弱。因此，应密切结合折角客货流的情况，慎重选择客运站和编组站的位置，并修建相应的联络线。

郑州、怀化、石家庄、徐州铁路枢纽的普速系统属于“十”字形枢纽格局。

6.2.5 并列式枢纽

当几个线路方向分别在枢纽的两端引入,且各方向的客货流量均较大或因城市规划要求和受地形限制时,可将客运站与编组站并列设在客货列车分别运行的路径上,形成并列式枢纽,如图 1-44 所示。

并列式枢纽的优点是客货两个系统完全分开,作业互不干扰,因而具有较大的通过能力,在当地条件受限制时,客运站与编组站位置的选择有较多的活动余地。其缺点是进出站线路疏解布置较为复杂,引线工程较大,分期过渡困难,要发展成其他图型的枢纽有一定的局限性。这种布置形式通常用于客货运量均大和当地条件合适的枢纽。

郑州、株洲、柳州、厦门铁路枢纽等可归为客货并列式枢纽。

6.2.6 环形枢纽

在引入线路方向较多时,为避免各进出站线路集中在少数汇合点,便于各方向间的客货运输交流,为地区客货运业务提供较好的服务条件和更好地为城市服务,修建绕过市区范围的迂回线时,可采用环形和联络线连接各方向引入线形成环形枢纽,如图 1-45 所示。在运营上环形枢纽通路灵活,环线对运行通路能起平衡和调节作用,缺点主要是径路迂回。

位于大城市和特大城市的枢纽,由于市区范围大,工业区多而分散,服务于城市和工业区的铁路线、联络线较多,改建既有枢纽时,也可结合上述线路的分布,考虑发展成为环形枢纽的可能性。

在改建特大城市的环形枢纽中,鉴于枢纽环线外绕市区运行径路过于迂回,不利于铁路车站和设备深入市区为城市服务,必要时可修建地面(包括高架)或地下直径线或半径线,使长(短)途客车、市郊客车以及为市内货运站开行的枢纽小运转列车能进入市区,以改善铁路对城市客货运输的服务条件,减少部分客货列车的迂回绕行,相应增大枢纽环线的通过能力。

环线上有关专业站的设置,在结合近郊城镇和工业布点的同时,还应考虑合理分配各方向列车公里,能比较均衡地利用环线各段的区间通过能力,以充分发挥枢纽的效能。环形枢纽的编组站宜设在与环线汇合处的引入线上,如设在环线上,应保证环线通畅和必要的通过能力。环形枢纽的客运站可设在环线上,也可采用尽端式客运站或在直径线上设置客运站使之伸入市区。新建环线应设在市区范围以外。如客运站设在环线上,则该段环线应尽量靠近市区。为近郊市镇和工业企业服务的环线,应结合其布点选线并注意与农田水利方面的要求配合。

当特大城市的环形枢纽各线路间有强大车流交流时,为减轻枢纽负担,缩短运输行程,可在市区远郊修建枢纽外环线,使通过列车能在枢纽外围运行。

环形枢纽在运营上通路灵活，环线对运行通路能起平衡和调节作用，其缺点主要是部分方向径路迂回。克服其缺点的主要措施是主要方向修建直径线。中国铁路网上环形枢纽有北京、哈尔滨、沈阳、成都、重庆、武汉、西安、昆明、吉林、包头、大同铁路枢纽等。

6.2.7　尽端式枢纽

位于路网上线路的起讫点或衔接各方向线路集中于枢纽一端引入，并地处大工业城市、埠港、矿区等处的枢纽称为尽端式枢纽，如图 1-46 和图 1-47 所示。

这种枢纽除办理各引入线路的列车接发和向枢纽地区装卸点取送车外，还有枢纽地区之间的车辆交流，因此除了配备两个以上协同作业的专业站外，尚应设置必要的联络线和其他铁路设备，共同完成枢纽运输任务。尽端式枢纽的编组站设在其引线出入口处能有效地控制车流。当枢纽作业繁忙，为了减轻出、入口咽喉的负荷，使各区之间的车辆交流避免干扰编组站作业时，应设置必要的联络线和为直达运输服务绕越编组站的通过线。

这种枢纽除办理各引入线路的列车接发和向枢纽地区装卸点取送车外，还有枢纽地区之间的车辆交流，如大连、青岛、湛江铁路枢纽等。

6.2.8　组合型枢纽

组合型枢纽(城市群组合枢纽)是由几种类型的枢纽组合而成的一种枢纽总布置图型。组合型枢纽是随路网、城市、地方工业和工程条件等因素逐渐发展演变而成。当某一类型枢纽的各项设备不能满足运输需要时，可以从枢纽现状出发，扩建成与枢纽所负担的作业量和作业性质相适应的组合型枢纽。图 1-48 所示枢纽系由顺列式、三角形和环形等图型所组成。

特大城市铁路枢纽的特点是城市组成庞大，人口众多，工业企业布局分散，客货运量大，引入线路多，地方和中转运输繁重，往往需要设置一处及以上的客运站、编组站和众多的工业站、货运站和货场。由于影响枢纽布局的因素和条件多种多样，如按前述某一类型枢纽布置修建枢纽各项设备，不能满足运营需要时，可设计成与枢纽所担负的作业量和作业性质相适应的几种类型枢纽组合而成的组合型枢纽。

组合型枢纽可能表现为 H 形、Π形、环形放射状等。中国铁路网上的天津、上海枢纽等可划为组合型枢纽。

第7章 铁路枢纽主要设备配置

铁路枢纽的主要设备包括衔接线路、联络线、疏解线，客运系统、解编系统、物流系统，以及配置运转所需要的机车、车辆、动车组等设备。合理配置枢纽的主要设备，既能保障枢纽内铁路正常运转的需要，避免铺张浪费，又满足建设和谐、节约型社会的要求。

7.1 衔接线路、联络线及疏解线

7.1.1 枢纽线网的构成

铁路枢纽的线网系由引入枢纽的各种干线及其间的相关联络线、疏解线，以及衔接的港口、工矿企业等专支线构成，按其分类有客运专线、高速铁路、城际铁路、市域铁路、客货共用铁路、货运专线、港口支线、工矿企业专用线、联络线、疏解线等。

枢纽的总布置图上，需图示出枢纽过去（既有）、现在（在建）及未来（分近期、远期、远景）的构成信息，其基本依据是中长期铁路网规划、区域铁路网规划、省（市、自治区）铁路网规划、以及枢纽总布置图批复意见等国家、省（市、自治区）的批复方案。

7.1.2 衔接线路正线数目的确定

引入线路正线数目，必须满足预测的客货运量的需要。

在枢纽客货运量预测的基础上，根据前述运输组织方案、客货列车开行方案，分析客货列车在枢纽内合理走行径路，根据枢纽列流图，即可进行线路正线数目的分析工作。

1. 客货共线铁路或货运专线

客货共线铁路或货运专线铁路的正线数目由规划年度本线所需的区间通过能力大小决定。

铁路区间通过能力采用非平行运行图扣除系数计算方法计算时，通常需要先计算平行运行图的通过能力，然后在此基础上分析确定扣除系数，再确定非平行运行图的通过能力。

客货共线铁路或货运专线以直通（直达）货车平图能力为基础，客车、快运货物列车、摘挂列车及其他列车（如行包、路用专门列车等）在运行图铺画的基础上，分析其对直通（直达）货车的能力扣除，得到各自的扣除系数，据此计算需要通过能力，从而得到所需正线数目。

中国铁路规定，单线铁路平行运行图最大通过能力为48对/日，双线铁路追踪运行，通过能力由最小间隔时分控制。国内外的运营经验表明，单线铁路能完成客货列车 30 对/日左右，双线电气化铁路则能完成 120 对/日左右(内燃牵引为 100 对/日)，具体能够完成的数量需要根据具体客货列车种类及列车开行方案进行列车运行图铺画、仿真模拟研究，不能一概而论。

2. 客运专线

枢纽内只有客运列车开行的线路，其能力计算参考《高速铁路设计规范》(TB 10621—2014)客运专线能力的计算方法，辅以铺画列车运行图的方法来计算本线运输能力。具体计算公式为

$$N_{平}=\frac{1\,440-T_w}{I}-\frac{60\times S}{v\times I}$$

式中　$N_{平}$——平行运行图通过能力；

T_w——综合维修天窗时间，min；

v——列车运行速度，km/h；

I——列车追踪间隔时间，min；

S——客运区段长度，km。

$$N_{全}=\frac{N_{平}}{\varepsilon_{高}}$$

$$N_{全}^{时}=\frac{60}{I\cdot\varepsilon_{高}'}$$

式中　$N_{全}$——全高速列车的区段最大通过能力；

$\varepsilon_{高}$——高速列车扣除系数；

$N_{全}^{时}$——全高速列车小时区间最大通过能力；

$\varepsilon_{高}'$——全高速列车扣除系数。

$$N_{混}=N_{高1}+N_{高2}=N_{全}-N_{高2}\varepsilon_{高2}+N_{高2}$$

式中　$N_{混}$——不同速度等级列车共线运行条件下区段最大通过能力；

$N_{高2}$——指定铺画的高 2 列车数；

$\varepsilon_{高2}$——高 2 列车扣除系数；

$N_{高1}$——在铺画指定数量的高 2 列车的条件下，最多能铺画的高 1 列车数。

中国铁路规定，客运专线铁路的正线数目为双线，按上下行方向别运行。

7.1.3　联络线、疏解线设置

1. 联 络 线

联络线是把枢纽内的车站与车站、车站与线路以及线路与线路衔接起来的线路。其主要功能是分散枢纽内主要干线及专业车站的列流，以增加枢纽的通过能力；缩短列车运行距离，使列车以最短路径通过枢纽；消除折角列车运行，尽可能地不变更列车运行方向；减轻车

站的作业负荷和交叉干扰，增强枢纽运营作业的灵活性和机动性等。

根据联络线与干线的相对位置及其在枢纽内的主要功能不同，联络线可以分为以下三种：

(1)消除折角运行的联络线

当枢纽内相邻干线间有一定数量的折角直通列车时，为保证列车不变更运行方向并以最短路径通过枢纽，可修建消除列车折角运行的联络线。如图 7-1 所示，A、C 间的联络线供折角直通列车运行。这样，折角列车可不进入枢纽内编组站 1，不仅可消除折角运行，还可减轻编组站的负荷，增加枢纽运营作业的灵活性。

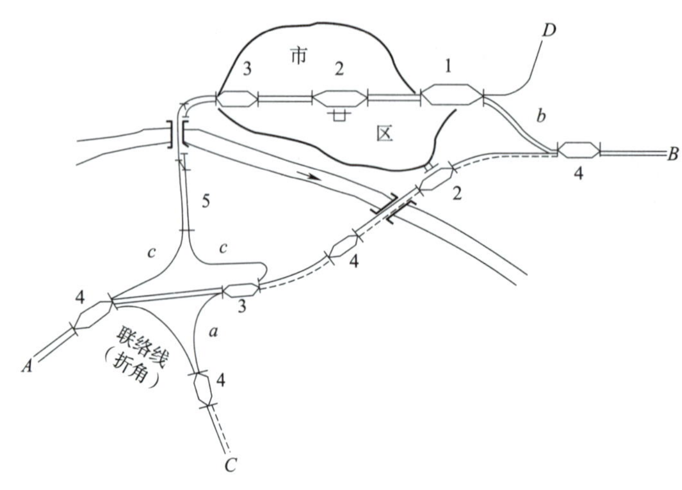

图 7-1　枢纽联络线示意图

1—编组站；2—客运站；3—货运站；4—中间站；5—线路所

折角联络线有设在干、支线间的联络线(图 7-1 中的 a)，车站间的联络线(图 7-1 中的 b)以及车站与线路所间的联络线(图 7-1 中的 c)等多种。

(2)增强枢纽能力的联络线

当枢纽内某一线路区间或某些车站通过能力紧张时，为了减轻其负荷，可修建绕过这些线路区间或车站的联络线(或称迂回线、直通外绕线)，使中转车流由此通过，以增强枢纽的通过能力。其实质是通过局部单插或双插来增加区段的正线数目。

图 7-2 中的 E 为在枢纽市区外面修建的联络线。自编组站 1 编组往 B 去的列车，不经由枢纽市区内的繁忙区段而经由该联络线 E 运行，从而减轻对城市的干扰，加强繁忙区段的通过能力。当然，也可在联络线上修建直通场，直达直通火车绕过编组站进行中转作业。

(3)编组站内便于列车顺接的联络线

当枢纽内某干线的列车须从编组站到达场端接入，以利驼峰的改编作业时，须修建便于列车顺向接入枢纽的联络线。

图 7-2 中，为了由 C 方向进入枢纽内编组站 1(该编组站驼峰朝向市区)，修建了联络线

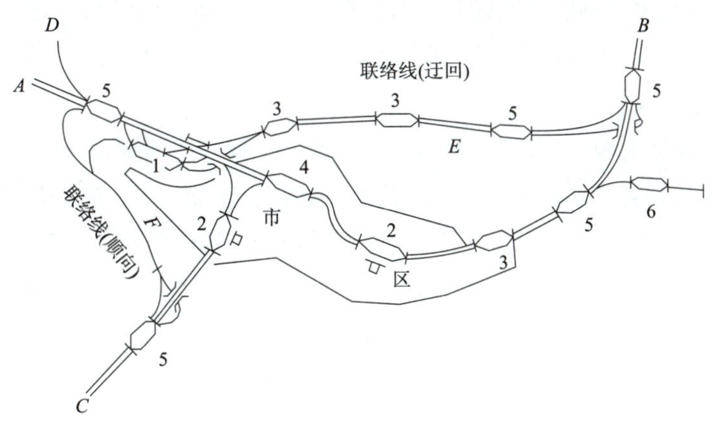

图 7-2　枢纽联络线示意图

1—编组站；2—客运站；3—货运站；4—客货运站；5—中间站；6—港湾站

F，以便 C 方向的中转车流自 A 端进入编组站的到达场，顺驼峰方向进行改编作业，避免接车与推峰作业交叉干扰。

2. 疏 解 线

铁路枢纽一般都衔接两条以上铁路干线，并设有各种引入线和联络线。为了使各衔接方向的客货列车都能便捷地接入有关专业车站，各车站又能顺畅地向有关方向发出列车，并且尽量减少这些列车运行进路的交叉干扰，确保行车安全和必要的通过能力，就必须对衔接枢纽的进出站线路进行合理布置，采取有效措施，消除或减少进路的交叉干扰，即称为枢纽的进出站线路疏解。

枢纽进出站线路疏解的布置与所采用的枢纽布置图类型、各专业车站的相互位置、衔接干线的数目以及当地条件等都密切相关。设计时，应兼顾行车安全、通过能力以及节约工程和运营费等各方面的要求，经过比选确定采用平面疏解或立体疏解，详见第 9 章有关内容。

7.2　铁路枢纽客运系统配置

客运站在枢纽内的配置，应方便旅客乘降，配合城市规划，与各引入线路方向有便捷的通路，并与市区主要干道及办理客运业务的车站间有便利的交通联系。作为城市综合交通枢纽的客运站，尚应与城市其他交通方式建立综合换乘的关系。

7.2.1　枢纽内客运站的数量确定

枢纽内客运站的设置数量必须结合客流性质（长途和短途、中转和地方）、数量和方向、城市规模、当地地形条件、枢纽结构等情况确定。

一般情况下，在中、小城市的铁路枢纽，设置一个客运站即可满足要求。从国内外城市建设发展历程、经验看，当城市人口达到 150 万以上时，宜设置两个及以上铁路客运站，满足不同层次旅客出行的需要。

对于大城市或特大城市，设置一个客运站将产生下列一些问题：不便于城市旅客就近乘车，增加了部分旅客出行时间；客运组织工作复杂，人流、车流、行包流交叉干扰严重，车站秩序不易维持；旅客集中在一个车站上、下车，会加重城市交通的负担，引起高峰期城市交通拥堵；枢纽引线较多时，进站线路疏解复杂，会引起进路交叉干扰，车站通过能力紧张；节假日客流波动很大时，机动性差，无调节余地。因此，在下列条件下，大城市或特大城市的枢纽可考虑设置两个及以上的客运站。

(1)枢纽所在城市现状人口、城市面积巨大或发展潜力巨大，旅客出行方向多、发送量巨大者，宜考虑设置多个客运站，如省会城市、次中心城市等。

(2)枢纽位于相互邻近的城市群所在地，宜在各城市分别设置客运站，在核心城市设置主要客运站。

(3)枢纽衔接铁路方向较多、各方向宏观走向差异较大，单一客运站站址难以兼顾者。

(4)枢纽所在城市受地理限制呈分割、组团布局，单一客运站站址难以兼顾者。

(5)枢纽高速、普速客运并存，而高速铁路无法引入普速客运站共站或引入工程代价巨大者。

(6)城市既有城区与规划新建城区方位难以兼顾者等。

根据对全国主要铁路枢纽的调查、分析，按城市空间布局及人口分布、引入线路及枢纽总图布局，中国主要铁路枢纽(地区)内客运站的数量统计见表 7-1。

表 7-1　中国主要铁路枢纽(地区)内客运站数量统计简表

序号	枢纽名称	城市人口/万	城市面积/km²	城市空间布局	枢纽总图布局	衔接高铁(城际铁路)数量/条	高铁车站
1	北京	1 800	1 650	两轴两带多中心	三环放射状环形枢纽	8	六主(北京、北京西、北京南、北京北、丰台、星火)一辅(通州)
2	上海	1 600	1 500	多核多轴	扇形辐射环形枢纽	4	四主(上海、上海南、虹桥、上海东)一辅(上海西)
3	广州	1 020	1 060	多中心网络型	多环放射状环形枢纽	10	四主(广州、广州东、广州南、佛山西)两辅(广州北、新塘)
4	武汉	1 180	908	主城为核多轴多心	双环放射状环形枢纽	9	三主(武汉、汉口、武昌)两辅(流芳、汉阳)
5	成都	1 150	1 100	点(中心城)轴放射状	双环放射状环线枢纽	75	五主(成都、成都东、天府、十陵)两辅(成都南、成都西)
6	西安	524	490	一城一轴一环多中心	双环放射状环形枢纽	10	三主(西安北、西安、新西安南)两辅(阿房宫、纺织城)

续上表

序号	枢纽名称	城市人口/万	城市面积/km²	城市空间布局	枢纽总图布局	衔接高铁(城际铁路)数量/条	高铁车站
7	沈阳	735	730	一城六轴	放射状环形枢纽	6	三主(沈阳、沈阳北、沈阳南)一辅(新沈阳北)
8	天津	1 350	1 450	一轴两带三区	放射状环形枢纽	4	四主(天津、天津西、滨海、于家堡)四辅(天津南、滨海北、天津北、塘沽)
9	重庆	980	865	一城五片多中心组团	伸长型环形枢纽	5	三主(重庆北、重庆西、重庆)
10	南京	950	920	一核多轴	放射状环形枢纽	7	三主(南京、南京南、南京北)一辅(江浦)

注:表格内容来源于2016年至2019年总图规划修编文件。

7.2.2 客运站的设置位置及分工方式

1. 枢纽内客运站的设置位置

中、小城市的枢纽设置一个客运站时,车站应尽可能地设在靠近城市居民区,并与城市交通运输系统有方便联系,且有利于客运站今后发展的地方。

在大城市或特大城市设置两个及以上的客运站时,可设置一个为各衔接方向共用的客运站,其位置应考虑在距市中心3~4 km,市内交通方便,又有发展余地的适当地区。第二客运站距市中心的距离可比上述距离稍大,但应考虑各自客流的吸引范围,把客运站布置在有利于客运分流、旅客就近乘降、疏解城市交通的适当地区,避免将客运站集中在城市一隅。

在枢纽内需设置第二客运站时,也可以选择在枢纽内具有一定数量旅客列车通过的中间站上,加强其客运设备,分散办理一定的客运业务。

为了减少旅客在城市的来往行程,在有地下铁道的城市,应将客运站布置在地铁附近,使铁路和地铁互相衔接,以便开行市郊列车。在有水陆联运的城市,有条件时也可将客运站设在码头附近。

随着卫星城镇的出现,为了加强其与大城市之间的交通联系,还要考虑为市郊旅客服务的市郊客运站。

2. 枢纽内客运站分工方式

(1)分工方式

枢纽有两个以上客运站时,为发挥运输效率和社会效益,各车站间应进行必要的作业分工。

枢纽(地区)内客运站分工考虑的主要因素有引入线路宏观走向及形态、客运站的数量及分布、办理的列车类别、城市规划及人口分布格局、运输组织管理等因素。枢纽内客运站一般有以下分工方式:

①集中式

集中式，即：主要客运站衔接所有引入枢纽的客运铁路，车站集中办理全部或大部分始发、终到及通过客运作业；而枢纽其余辅助客运站仅办理停站通过、少量始发终到或立折列车。

集中式客运站按照衔接线路性质，可以采用共站分场布置，划分为高速、城际和普速客运功能区，分别办理不同性质客车的始发、终到及通过作业。不能完全分场时，也可合场布置。

这种分工一般适用于衔接线路较少、客运站主辅功能分工明确的大、中型枢纽，车站规模主要受建设环境和城市交通限制，在中国运用较为普遍。

②方位别式

方位别式，即：根据枢纽各衔接线路走向和各客运站在城市中的位置，各客运站分别办理衔接最顺直、径路最短的几条线路的始发、终到旅客列车，有条件时尚宜相互办理通过本客运站的旅客列车。该分工方式枢纽内无直接联系的各客运站间旅客换乘需通过城市轨道交通、公交等方式解决。

这种作业分工在国外较为普遍，各铁路公司负责某一条或几条高速铁路运营，相对独立运营。如德国柏林枢纽，其 5 个主要客运站中两个站在东西线上，两个站在南北线上，柏林主客运站位于东西线和南北线的交会处。柏林主客运站主要负责旅客尤其是高速铁路旅客在市中心的集散，并联系东西线和南北线使得两条主线部分列车在柏林主客运站可以实现换乘。其余车站负责所在方位连接线的客运作业。

③混合式

混合式，即以方位别分工为主，辅以开行其他多方向列车。其核心是实现“多点发车”，在中国特大、大型枢纽最为常见。这种分工需要各客运站间有联络线（直径线）相互连接。

在中国高速铁路建设初期，曾采取过多客运站方位别分工方式，运营表明，由于辐射地域广、列车交路长、城市配套交通滞后，方位别分工方式的“限制型”发车模式不完全适应旅客换乘需求大、城市规模巨大、旅客出行方向多的基本国情，增大了城市交通压力，效果并不理想。目前，一般有条件时均采用混合式分工，以实现“多点发车”功能。对某一高速铁路而言，通过发车的频次和对数来调剂主要车站、次要车站分工，尽量为城市不同区域提供全方位服务，避免旅客为出行而在城市各区域间无谓的流动，增加城市交通负担。实践证明是合理、有效的。例如：北京铁路枢纽内，北京西、北京南、北京站分别主要担负西向、南向、东北方向列车始发和终到，同时利用北京西—北京直径线、北京—北京南环线，各站均可开行部分其他方向始发和终到列车。成都铁路枢纽成都、成都东分别主要开行北向、东南向始发和终到列车，但利用客运内环线，两站均可开行一定数量的其他方向列车，有效增大了各自的服务范围。

(2)成都铁路枢纽客运系统规划及主要客运站选址解析

成都铁路枢纽位于四川省成都市，为中国特大型环形枢纽，位于中国仅次于环渤海、长江三角洲、珠江三角洲的经济最发达、人口密度最大的第四经济区——成渝经济区北翼，是国家综合交通网中"兰昆""沪汉蓉"通道的交会点极具重要战略意义的川藏、川青铁路后方基地，是全国六大客运中心之一和七大动车基地之一，是中国铁路典型的多环-放射状的特大型枢纽。西南地区铁路快速客运网大都以成都、重庆为核心构建，其规划、建设发展历程特别是客运网建设，是中国现代化铁路枢纽建设的典型缩影。成都铁路枢纽总布置示意如图 1-56 所示。

成都为中国特大型城市，城市形态基本为圆形，预测远景年铁路发送人数将达 1.5 亿人次/年，客车日均开行量达 1 352 对。如此强大的需求是任何一个客运站难以承担的，需要设置多个客运站。

从成渝经济圈宏观布局看，成都主要对外联系通道(铁路、公路)引入的走向以北、东、南为重点，西部受龙门山山脉阻隔，纵深较浅，因此客运站布局以北、东、南为重心，兼顾西部。而从既有铁路环线地理位置看，城市基本在绕城高速公路内圈发展，枢纽既有内环线基本沿城市二、三环路附近行经，新客运站依托内环线选址布局，能最好地覆盖老城、辐射新城。

既有成都、成都南站均位于内环线上，地理位置优越。快速客运站若能利用成都站扩建，可就近利用原成都东编组站作为动车基地，并辐射北部新城。但将成都站大规模扩建将引起巨量拆迁；成都南站则受城市标志性的人民南路南延立交桥等大型建筑制约，扩建规模极有限，"难担重任"，动车基地尚需另行选址。因此，结合成渝高铁、沪汉蓉快速铁路、成绵乐城际铁路走向，经反复协调、权衡，快速客运站最终选址于环线东段上的原沙河堡站区，亦能方便利用原成都东编组站作为动车基地，城市可借新客运站带动东部工业区的功能转变、城市改造。成都站作为普速客运主要始发站兼北部快速客运始发站，进行规模适中的改扩建。新建的成都东站和改扩建的成都站构成枢纽的两个主要客运站。环线上的成都南站、成蒲铁路接轨的成都西站作为两主客运站的重要补充，辐射所在城市区域。

随着国家级成都天府新区的建设及成都第二国际机场建设的引领作用，以高新科技、生态建设为重点的成都天府新区 2035 年规划常住人口为 500 万，规划总面积为 1 578 km^2。在市区西南部、新机场西侧规划设置成都天府特大型铁路客运站。

总之，成都铁路枢纽的客运系统为依托内环客运环线，其上规划串接以成都、成都东站为主，成都南、成都西站为辅的"两主两辅"四客运站，全域覆盖城市。根据 2017 年批复的总图规划，客运站规划总规模为 33 台 60 线(其中，成都东站 14 台 26 线，成都站 10 台 18 线，成都南站5 台10 线，成都西站 4 台 6 线)，成都天府站 10 台 19 线，远期规划普速客运站外迁至东部十陵。

7.2.3 客运站站型及规模确定

1. 客运站站型

车站总布置应根据车站性质和运营要求，结合引入线路数量、线路输送能力、客车站作业量、客车开行方案等因素确定，是站场总布置的基础和核心，一般应遵循以下基本原则：

(1)合理确定车站立面总体布置。车站的立面设计是否合理，关系到车站运输质量和工程造价。因此，应根据车站的性质、客运需求和城市规划，结合车站地形、水文条件，合理确定车站立面总体布置，为车站平面设计和客运设施、站区综合交通布局奠定基础。

(2)正线应顺直贯通经由车站。当有多条正线引入车站、有正线终止时，应以主要方向干线和重要线路贯通，其他线路终止。正线贯通方式可采用中穿贯通、外包贯通或两者结合的混合贯通方式。

(3)车站宜采用横列式布置图型。一般采用通过式布置图型；仅位于交路终端、正线在站内终止时，可采用尽端式布置。

(4)高速铁路严格按照上下行方向别运行，故不论正线中穿还是外包，到发线一般应上下行均衡对称布置于正线侧，尽量避免到发线分布不均衡导致接发车切割正线和其他到发进路而对运营构成安全隐患。

(5)为保证高密度、高速度条件下的行车安全，除少量立即折返列车外，主要进路间不应有相互交叉的敌对进路，咽喉区的到发进路亦应尽量避免顺向交叉，无法避免时应进行平面疏解或立体疏解。

(6)衔接多个方向或到发线规模较大时，应保证多项作业可平行进行，一般应满足平行作业：应满足同方向“发-接”“到-通”作业平行需要；多个方向引入时，尚应满足不同方向列车同时“发-接”“到-通”作业平行需要；当有动车组走行线引入时，其引入端咽喉区布置应满足列车到(发)、动车组出(入)段(所、存车场)作业平行需要。

(7)线路接轨应符合的规定：疏解线、联络线、动车组走行线应在站内与正线或到发线接轨，当必须在区间内与正线接轨时，应在接轨处设置线路所。其他段管线应在站内与到发线或其他站线接轨。

(8)车站咽喉区应紧凑布置，并应减少正线上道岔数量。

(9)有始发作业的车站发车作业端咽喉的两正线间应各设两条单渡线，其他车站两端咽喉的两正线间宜各设一条单渡线组成“八”字渡线，无维修车间(工区)的车站与相邻车站较近时可不设渡线。

(10)有立即折返作业的车站，应因地制宜设置“顺接-反发”“反接-顺发”折返进路。正线通过列车、折返列车均较多时，宜在接车方向末端设置或预留与正线立体疏解的折返线。

(11)旅客站台应与车站到发线布置相协调，尽量增加站台面。

2. 客运站的布置图型

按线路配置的不同，客运站的布置图型分为通过式、尽头式、混合式和双层式四种。

(1)通过式客运站布置图

通过式客运站如图 7-3 所示，其全部旅客列车到发线为贯通式，设有两个咽喉区，站房在正线一侧，高架候车室为跨线式，基本站台与中间站台用地道相连，客运站与整备所、机务段纵列布置。

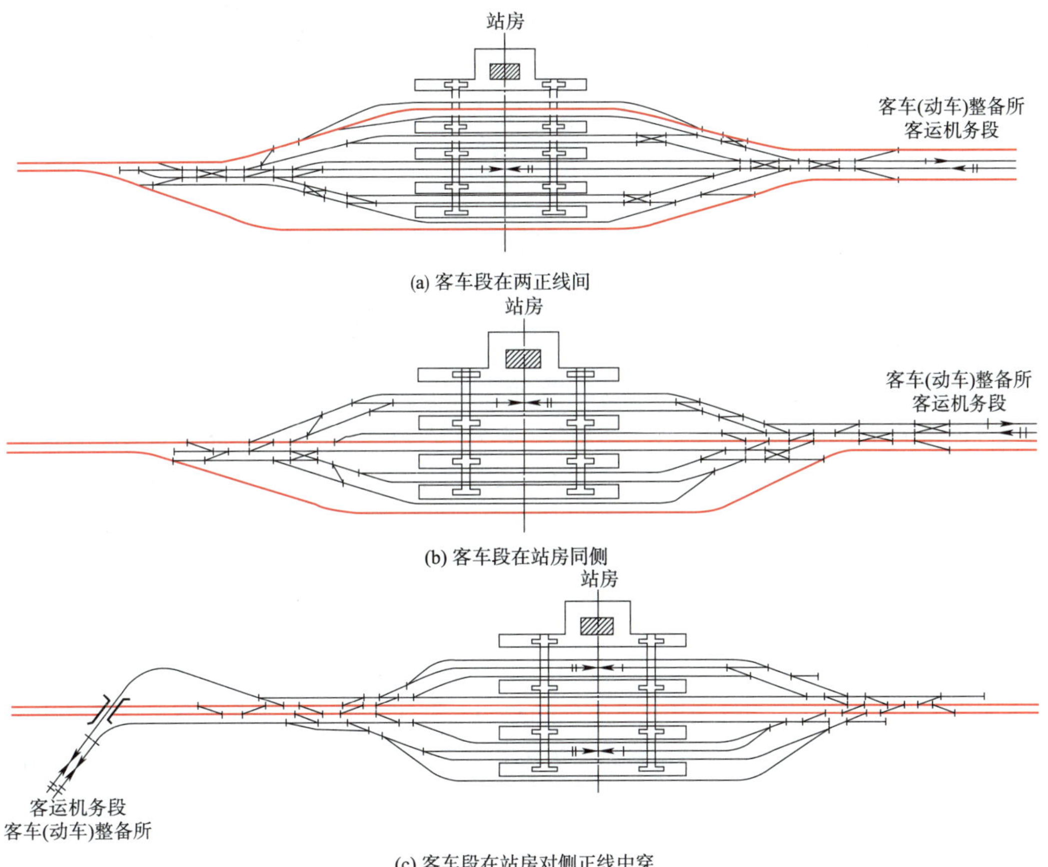

(a) 客车段在两正线间

(b) 客车段在站房同侧

(c) 客车段在站房对侧正线中穿

图 7-3　通过式客运站布置示意图

通过式客运站的优点是车站有两个咽喉区，能分别办理接发车作业，减少旅客列车到发与车底取送和机车出入段之间的交叉干扰，通过能力较大，运营条件较好；通过式旅客列车到发线能接入和通过较多方向的列车，除折角列车外，不必变更列车运行方向，到发线使用机动灵活，互换性大；便于设计跨线式高架候车室以及组织旅客进出站，缩短旅客进出站走行距离；旅客进出站与行包搬运流线交叉干扰少。通过式客运站的缺点是对城市干扰较大，由于有两个咽喉区，站坪较尽头式长，占用城市用地要多。由于通过式客运站的优点较多，因此新建客运站应按通过式图型设计。

(2)尽头式客运站布置图

尽头式客运站布置示意如图 7-4 所示，其全部旅客列车到发线为尽头式，站房设在到发线一端或一侧，中间站台用分配站台相连接，动车所、综合维修工区、机务段和整备所与客运站纵列布置。

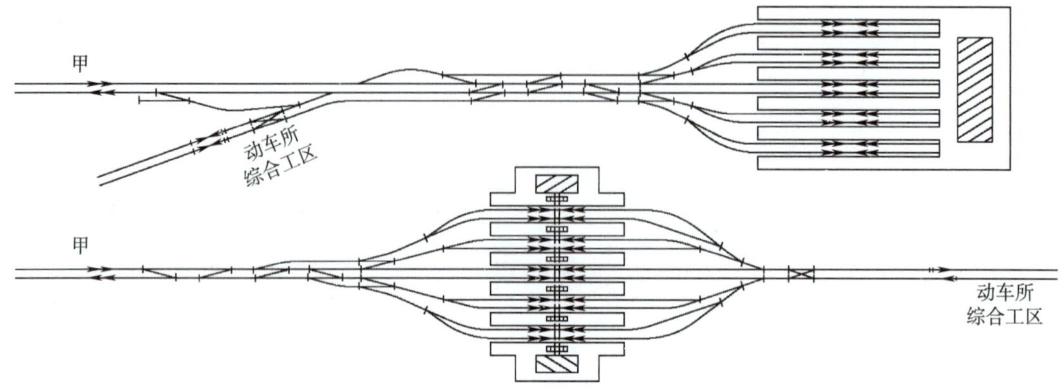

图 7-4　尽头式客运站布置示意图

尽头式客运站的优点是车站容易伸入市区中心，旅客出行乘车方便，可缩短出行时间；与城市道路交叉干扰较少；站坪较短，占地少；旅客出入站可不必跨越线路。它的缺点较多，主要有：车站作业集中在一端咽喉区进行，进路交叉干扰大，车站通过能力小；对通过列车的换挂机车和变更运行方向等作业均不方便；列车进站速度低，占用咽喉时间长；旅客进、出站和行包搬运都要经过靠近站房一端的分配站台，人流与行包互相交叉；旅客进、出站走行距离长。

由于尽头式客运站存在的缺点较多，故新建客运站一般不予采用。只有在以始发、终到旅客列车为主的客运站，当采用通过式客运站将引起巨大工程或当地条件不允许时，方可使用。国外这类车站较多，如瑞士苏黎世站、德国法兰克福站等；中国这类车站有青岛站、重庆站等。

(3)混合式客运站布置图

混合式客运站布置图的特点是一部分线路为贯通式，另一部分线路为尽头式，如图 7-5 所示。贯通式线路供接发长途旅客列车用，尽头式线路供接发市郊旅客列车用。混合式客运站布置图的优点是当车站衔接的某一方向市郊列车较多时，设置部分有效长较短的尽头式线路，可节省投资和用地；市郊旅客与长途旅客进、出站流线互不干扰。其缺点是到发线互换性差，使用不灵活；在市郊旅客列车进、出站咽喉区时，市郊与长途旅客列车产生到、发交叉；当二者共用整备所时，又产生市郊车底取送与长途旅客列车的到达交叉。因此，仅在改、扩建既有客运站且有充分依据时，方可采用混合式客运站布置图。

在混合式客运站上，为了方便地接发市郊列车，尽头式线路应设在市郊列车到、发较多

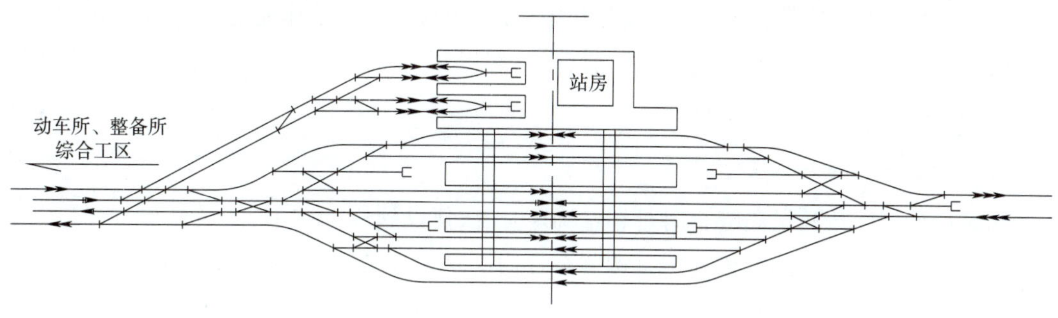

图7-5　混合式客运站布置示意图

的一端，并与客车技术整备所有便捷的通路。

（4）双层式客运站布置图

在部分土地资源稀缺的城市，为最大限度利用土地资源，做到多种交通方式无缝衔接、减少旅客换乘走行距离，主要客运站可采用双层或多层式布置，如改建后的北京丰台客运站，如图7-6所示，主要承担京广、丰沙、京原、京九、京沪普速线，京广高铁、京石城际动车组旅客列车始发终到作业。丰台站采用车场分层高架布置的模式，地面层为普速车场（11台20线）、二层为旅客集散厅、三层为高速车场（6台12线），这种站型布置在世界铁路车站设计中尚属首次。车站配套设置动车运用所、机务折返段、普速客车技术整备所各一座。

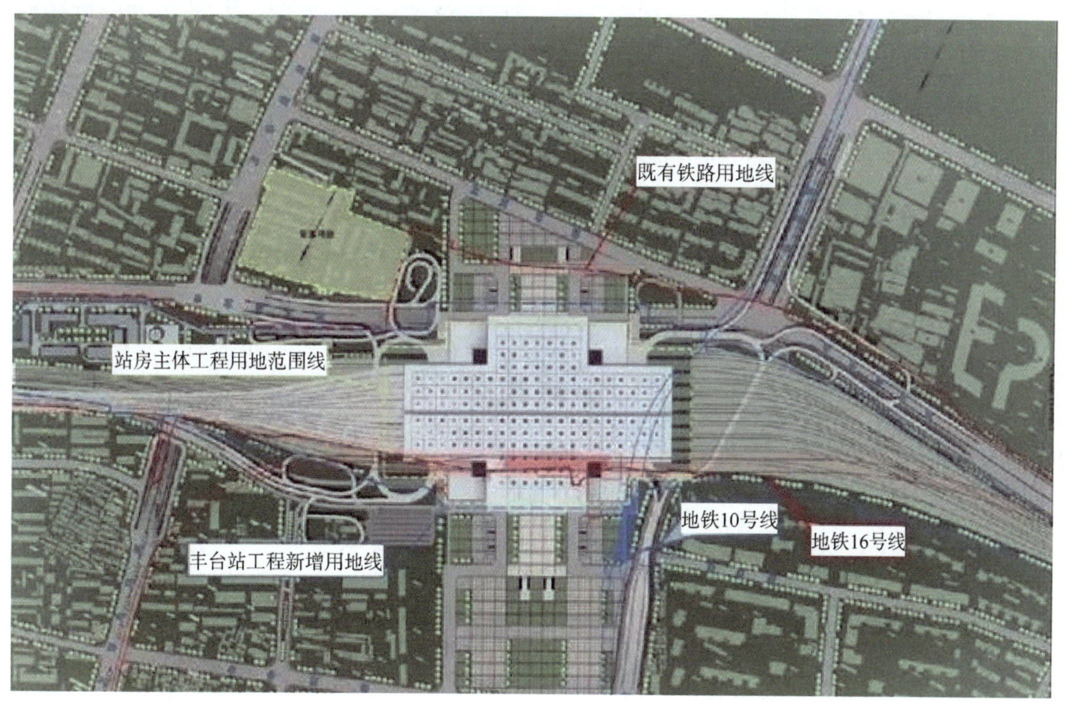

图7-6　北京丰台客运站

丰台站分层高架布置的方案,可充分利用土地资源,提高车站作业能力。丰台站可以为完善铁路枢纽西南部客运站功能、疏解北京西站客运压力、保障雄安新区建设、促进北京市郊铁路的开行提供强有力的支撑。

3. 车站规模

车站设计规模按满足高峰小时行车量确定,一次建设到位。

传统的普速客运车站规模确定是按照全日均衡发车方式计算确定。由于高速铁路建成后的难以更改性和动车交路的时效性,车站规模只与线路设计最小追踪间隔时分及高峰小时行车量相关,与全日行车量无关,因此在规模上近远期差别小,这就避免了车站再次改扩建的弊端。

旅客列车到发线数量应根据车站最终承担的旅客列车对数、客流量和运输性质确定。运输性质系指列车越行、立即折返、始发、终到、有无动车段(所)等。考虑越行站办理四交会,即上下行都具备速度高的旅客列车越行速度低的旅客列车条件,应设两条到发线;考虑中间站除办理速度高的旅客列车越行速度低的旅客列车外,还要办理客运业务,故设到发线2~4 条,有少量折返作业时其停站时间较长,到发线数量可适当增加。

始发站到发线数量应根据列车种类、作业性质、停站时分和列车对数确定。列车均需停站的站内正线,可全部按到发线计算。

(1)始发站列车换算对数(对)和到发线数量(条)的关系

①非高峰时段各种旅客列车占用到发线的时分:始发、终到列车均为 20.5 min,停站通过列车为 14 min,立即折返列车(到、发)为 41 min。

②到发线利用率一股道为 0.55~0.65,平均为 0.6,即每天利用 10.8 h。

③始发、终到列车占用到发线时分平均为(20.5+20.5)/2 min=20.5 min,以该种列车占用到发线时分为基准时分,即系数为 1.0。

列车换算对数与到发线数量的对应关系计算,见表 7-2。

表 7-2 到发线数量计算表

列车换算对数/对	到发线条数计算	采用值/条
70	2×(70 列×20.5 min/列÷60 min/h)÷10.8 h=2×2.21	5
110	2×(110 列 ×20.5 min/列÷60 min/h)÷10.8 h=2×3.48	8
150	2×(150 列 ×20.5 min/列÷60 min/h)÷10.8 h=2×4.75	10
190	2×(190 列×20.5 min/列÷60 min/h)÷10.8 h=2×6.01	12

(2)换算系数 α 值计算

始发、终到(立即折返)列车:扣除动车组出入段平均时分为 3.5 min,α=(20.5-3.5)/

20.5=0.83,取 0.9;

停站通过列车:α=14/20.5=0.68,取 0.7。

始发站到发线数量可按表 7-3 确定。到发线数量除满足表 7-3 的要求外,尚应满足在高峰时段列车密集到发的需要。由于高峰时段客流量相对集中,为避免车站规模过大,高峰时段列车密集到发时,列车占用到发线的时分按较小时分考虑。

表 7-3　始发站到发线数量

列车换算对数/对	到发线数量(正线除外)/条
70 及以下	5
71～110	6～8
111～150	8～10
151～190	10～12

注:1. 表中到发线数量的幅度,可按换算列车对数的多少对应取值。
2. 列车对数的换算系数:
始发终到列车(出入段)为 1.0;
始发终到立即折返列车为 0.9;
停站通过列车为 0.7。

高峰时段列车占用到发线的时分:始发、终到列车均为 12 min,停站通过列车为 11 min,立即折返列车(到、发)24 min。按上述列车占用到发线的时间标准,可确定高峰小时每条到发线办理的列车对数为 2.5 对,同时到发线数量尚应满足运行图铺画的要求。

7.2.4　案例分析

1. 杭州铁路枢纽(2017 年批复的枢纽总图规划)

杭州铁路枢纽客运系统规划:结合杭黄、商合杭、沪乍杭铁路及杭温铁路引入和城市发展规划,在枢纽现有客运站基础上,规划新建杭州西站和江东站,形成以杭州站、杭州东站和杭州西站为主要客运站,杭州南站和江东站为辅助客运站的“三主两辅”客运站布局,将杭州站普速客车始发终到作业外迁至杭州南站办理,杭州站主要办理沪杭、宁杭间城际动车作业。

各客运站分工为:

(1)杭州站:主要办理沪杭、宁杭间城际动车及部分沪乍杭铁路城际动车始发终到作业,以及宣城—金华、宁波方向普速客车通过作业。

(2)杭州东站:主要办理杭长、杭甬高铁全部动车,沪杭、宁杭高铁中长途动车,杭黄铁路部分动车始发终到作业;南京、上海方向—金华、宁波、台州方向动车通过作业;兼办少量杭绍台、杭温铁路立折动车作业;同时办理上海—金华、宁波方向普速客车通过作业。

(3)杭州西站:主要办理商合杭、沪乍杭、杭黄、杭温铁路动车始发终到及通过作业,远景规划增加办理武汉(黄山)方向动车作业。

(4)杭州南站:主要办理枢纽各方向普速客车始发终到作业,南京、上海方向—金华、宁波、黄山方向动车通过作业,宁波—建德、金华方向折角动车作业。

(5)江东站:主要办理部分上海、台州方向城际动车始发终到作业,以及上海—台州方向动车通过作业、枢纽环线市域客车作业。

研究年度各站办理客车杭州站近期 98 对、远期 109 对,主要为普速客车及短途城际动车;杭州东站近期 391 对、远期 392 对;杭州西站近期 131 对、远期 257 对;江东站近期 73 对、远期 121 对;杭州南站近远期均为 46 对。各站能力均可以满足运输需求。

2. 广州铁路枢纽(2017 年批复的枢纽总图规划)

广州铁路枢纽客运系统规划:形成以广州、广州东、广州南、佛山西、棠溪站为主客运站,广州北、南沙、新塘站为辅助站的"五主三辅"客运站布局。预留增城站、机场站发展为枢纽重要客运节点的条件。

各客运站分工为:

(1)广州站:枢纽主要客运站,伸入广州中心城区的综合交通枢纽。以承担北向动车始发终到作业为主,主要办理京广高铁动车及枢纽高等级普速客车始发终到作业,适量办理西向贵广高铁、南广高铁、深茂铁路少量动车与东向广汕、广深Ⅰ线和Ⅱ线少量动车始发终到作业,以及京广、南广、贵广高铁—广汕、赣深高铁动车通过作业,兼顾办理部分广清、广佛肇城际动车作业;远期增加办理广湛高铁动车始发终到作业。2030/2040 年始发客车总计 251/341 对,其中国铁动车 116/176 对,普速客车 5/5 对,珠三角城际动车 130/160 对。车场现有 4 台 7 线加客车短线 2 条,规划扩建国铁场为 8 台 15 线,预留广清城际车场 2 台 4 线。

(2)广州东站:枢纽主要客运站,以承担东向动车始发终到作业为主。主要办理广汕高铁、赣深高铁、广深铁路动车和广九直通车始发终到作业,以及京广、南广、贵广高铁—广汕、赣深高铁动车通过作业,兼顾办理部分穗莞深城际动车作业。2030/2040 年始发客车总计 207/204 对,其中国铁动车 163/160 对,广九直通普速客车 4/4 对,穗莞深城际动车 40/40 对,另通过客车 41/47 对。车场规划为 8 台 13 线。

(3)广州南站:枢纽主要客运站,枢纽内高铁核心客运站。以承担南、西向动车始发终到作业为主,兼办部分北向动车始发终到作业。主要办理贵广、南广、广深港高铁,深茂铁路、广珠城际铁路以及部分京广高铁动车始发终到作业;京广、南广、贵广高铁—广深港高铁、广珠城际铁路等动车通过作业。2030/2040 年始发动车 441/562 对,其中国铁动车 223/293 对,广珠城际动车 120/135 对,佛莞城际及广佛环线城际动车 98/134 对;另通过国铁动车

68/92 对。京广客专场站台 10 台 19 线，广珠城际场 5 台 9 线。另在建地下城际场 3 台 4 线。

(4)佛山西站：佛山市主要客运站，承担部分西向动车作业。主要办理佛山市动车始发终到作业，以及南广、贵广高铁—广深港、广汕、赣深高铁和广珠城际动车通过作业，兼顾办理部分广佛环线、广佛肇城际动车作业。2030/2040 年始发动车 160/245 对，其中国铁动车 45/79 对，珠三角城际动车 115/166 对；另通过国铁客车 61/66 对、珠三角城际动车 70/90 对。客专场 6 台 11 线，城际场 4 台 8 线。

(5)棠溪站：枢纽普速客车主要客运站。主要办理枢纽各方向普速客车始发终到及通过作业，兼顾办理广清城际动车通过作业。2030/2040 年始发普速客车 48/39 对，通过动车 5/15 对、普速客车 10/9 对、城际动车 90/120 对。规划国铁车场和广清城际场，预留广从城际利用广清城际引入，国铁场规模按 8 台 15 线规划，广清城际场为 2 台 2 线，城际场尾部与国铁场接通，并预留延伸条件。

(6)广州北站：枢纽辅助客运站，主要辅助广州站、棠溪站办理京广高铁动车、京广铁路普速客车通过作业，兼顾部分广清、广佛环线、穗莞深城际动车作业，远期增加办理广从城际始发作业。2030/2040 年通过普速客车 11/10 对，城际动车始发 36/41 对、通过 90/120 对。规划既有普速场扩至 3 台 5 线(含正线 2 条)，京广客专场 2 台 2 线，在建广清城际场 4 台 6 线，预留广从城际场及进一步发展条件。

(7)南沙站：南沙新区客运站，广州衔接珠江湾区的重要综合交通枢纽。主要办理深茂铁路动车通过作业，兼顾办理部分肇南、虎龙城际动车作业。2030/2040 年通过国铁动车 48/100 对。客专场 6 台 10 线，肇南城际场和广中珠澳城际场分别为 2 台 4 线。

(8)新塘站：枢纽辅助客运站，城市东部地区重要的综合交通枢纽，辅助广州东站办理东向动车作业，主要办理部分广汕、赣深高铁和广深铁路动车始发终到作业，以及京广、南广、贵广高铁—广汕高铁动车通过作业，预留办理部分东向普速客车始发终到条件。2030/2040 年始发动车 17/44 对。车站规模为 6 台 11 线(另正线 6 条)，拟按Ⅰ、Ⅱ线场，Ⅲ、Ⅳ线场和广汕场三场规划，其中Ⅰ、Ⅱ线场和Ⅲ、Ⅳ线场各 2 台 2 线，广汕场 4 台 7 线。穗莞深城际场维持在建 2 台 4 线规模。

(9)增城站：近期在广汕高铁工程中建设客专场 2 台 6 线(含正线 2 条)，预留发展至 4 台10 线(含正线 2 条)条件。

(10)机场站：在建为广佛环线城际车站，预留引入广从城际和发展为枢纽重要客运节点条件，并预留机场联运专用线接轨条件。

7.3 铁路枢纽编解系统

编组站是铁路枢纽的重要组成部分和核心设施，不仅占地多，且工程量庞大，在枢纽建设的投资中占较大的比重。因此在枢纽内合理配置编组站，对减少工程，节约投资，迅速地集散和改编进出枢纽的大量车流，加快机车、车辆周转和节省日常运营支出都有重要意义。

7.3.1 枢纽解编系统配置的一般原则和要求

(1)枢纽解编系统的性质以及所承担的任务应符合全路生产力总体布局与货物列车编组计划。

(2)枢纽解编系统的选址应符合所在铁路枢纽总图规划与城市总体规划。

(3)枢纽解编系统的站型应根据承担的改编作业量、地形地质条件、进出站线路布置等因素，经过技术经济比较后确定。

(4)枢纽解编系统应在一次规划的基础上依据运量增长的需要进行分期建设，以令解编系统的规模始终与其所承担的作业量相适应。同时，近期工程的设计，一方面应便于运营，节约投资；另一方面应尽量减少远期扩建时的拆改工程与运营干扰。

(5)枢纽解编系统的车场、调车设备以及各项设备的配置，应符合下列项要求：

①运转、机车、工务、电力、信号、车辆等各项设备应以运转为中心，进行总体规划与协同设计，令各项设备密切配合、协调作业，并确保人员与作业安全。

②各项设备必须保证枢纽内编组站具备必需的通过能力、解编能力及储备，且各车场的通过与解编能力应相互协调，并与衔接线路通过能力相适应。

③减少进路交叉与作业交叉干扰，尽量缩短站内列车、机车、车辆的走行距离及在站停留时间，以便于车站实现高效、灵活的作业指挥及运营管理。

④采用新技术、工艺、设备，贯彻经济性原则，因地制宜，尽量减少占地并避免重大工程工点。

7.3.2 枢纽技术作业站的数量确定

枢纽内编组站配置和数量，应根据车流量、车流性质及方向、引入线路情况和路网中编组站的分工等主要因素进行全面比选。

一般情况下，集中作业效率高、成本低，可以消除分散作业时产生的交换车重复作业和集结时间，消除机车交路配置带来的两编组站单机往返走行和在设备配置上造成的浪费。因此，新形成的枢纽或以路网中转为主的枢纽，均应集中设置一个编组站。

如果枢纽内线路汇合位置在两处及以上，结合折角车流和地方车流量的条件，编组站就有分散设置的可能。此时，中转车流在枢纽内的作业是集中还是分散，要从有利于车流组织来考虑。

枢纽内的编组站分散或集中设置，也可能是近、远期的不同形式。一般近期设一个编组站，可以集中作业。远期新线引入，枢纽结构变化，作业量加大，则需增设新的编组站。

在大、中型枢纽内，一般具有以下条件可考虑编组站分散设置：

(1)有大量路网中转改编车流，又有大量在工业区和港埠区集中到发的地方车流。

将大量的地方车流和一些作业复杂的短途车流的改编由一个编组站担当，另一个编组站担当路网中转车流的改编，这样可以充分发挥编组站的作业效率。为大量地方车流到发的工业区或港埠区单独设置的编组站——工业编组站或港湾编组站，有利于地方车流的组织，可以减轻主要编组站的作业。枢纽内按这种方式分散设置编组站已有不少实例。

(2)引入线汇合在两处及以上，相距较远，汇合处又有一定数量的折角车流和地方车流。

有特大桥渡的枢纽或受地形限制狭长布置的枢纽，线路汇合往往分散在桥渡的两岸或狭长地带的两端。当两岸或两端有工业布点产生地方车流，汇合点上又有一定数量折角车流时，为减少车流迂回，也可考虑分散设置编组站。

(3)范围大、引入线路多、工业企业布局分散和地方作业量大的枢纽。

在这类枢纽中，中转车流的流向比较复杂，地方车流也大而分散，都不易做到集中作业。因此，编组站必然要分散设置才能适应需要。

对于有大量装卸作业的车站，可适当加强相关设备，包括增加到发线和调车线数量、设置牵出线以及配备调车机车等，必要时还可配备车辆列检人员。此时车站可承担一定的解编作业量，甚至可以组织成组直达运输，这对分散编组站作业可以起到较好的作用，满足作业需要和加速车辆周转。

7.3.3 枢纽技术作业站的分工

枢纽内设置 2 个及以上编组站时，由于作业分散，进出枢纽的车流组织比较复杂，故应根据路网中编组站的分工、车流性质、枢纽总布置图和机车交路配置等因素通盘研究比较，选用合理的分工方案，以确定每个编组站的作业量和作业性质。

枢纽内编组站的分工主要在于使重复作业车减为最少。为达到这个目的，有时还须依靠前方编组站的分工配合，按枢纽内各编组站所承担的任务编开列车，分别到有关编组站作业，使枢纽内各站间的交换车尽量减少。

枢纽内编组站的分工应与车流性质相适应。在研究枢纽布局和编组站的合理分工时，必须兼顾中转车流和地方车流的作业，一般情况下，最先修建的编组站都衔接着货场或不少铁路专用线。因此,往往后建的编组站担当中转车流的作业,而原先的编组站主要担当地方车流的作业。此外,在确定枢纽内编组站的分工时,一般使编组站就近担当所在地区的地方车流作业和汇合于编组站附近的中转车流作业,这样可减少车流在枢纽内的往返交流和折角迂回走行。

确定枢纽内编组站的分工还要有利于机车交路的配置。当然交路配置有从属于编组站分工的情况,要防止枢纽内编组站间单机往返走行频繁,要方便乘务员的上下班。

枢纽内编组站的分工有下列主要方式:

(1)大型铁路枢纽的衔接线路多,工业企业布点分散,地方和中转改编车流量均大,往往要设置 2 个及以上的编组站才能完成运输任务。在扩建的枢纽中,一般新建的编组站地位比较适中,技术装备先进,能承担大的改编作业量,有条件集中作业。枢纽的大部分作业应尽量集中在这样的主要编组站上办理。

在全部中转改编作业(不包括部分折角车流的中转改编)集中在一个主要编组站办理的方案中,为了使其他编组站衔接方向间的中转车流避免到主要编组站改编,还必须依靠前方编组站的分工配合,将这部分中转折角车流单独成组或成列开到其他就近的编组站进行改编,以消除折角迂回运行;同时,使各编组站间减少车流交换和重复作业。至于其他编组站衔接方向的地方车流的改编,同样也可在相应的编组站就近办理。

(2)编组站按运行方向分工。该方式不要求衔接线路的前方编组站按本枢纽内各编组站的作业分工分别编开列车。凡进入枢纽的中转和地方车流,均在线路接入的编组站进行改编作业。在个别情况下,可考虑该编组站担任衔接线路方向发出车流的部分改编作业,这样可减少某些车流的折角迂回运行。

(3)编组站按衔接的线路分工。与枢纽内各编组站衔接各线路进出枢纽的改编作业均在各编组站办理。这一分工方案,方便折角车流和地方车流作业,适用于枢纽内编组站间有强大的地方车流时采用。如某一车流强大方向的前方编组站能按本枢纽内各编组站承担的编解任务分别编开列车,则可减少一部分小运转列车的开行。

(4)枢纽内各编组站按担负的任务采用综合分工。各引入线路的大部分中转改编车流集中在一个主要编组站作业;而另一部分中转、地方和折角车流的改编作业则按衔接线路或运行方向分工,分别由其余的编组站承担。这种作业分工方案,一般在扩建枢纽时,可为充分利用既有编组站设备提供有利条件。

7.3.4 枢纽技术作业站的站型及规模确定

1. 枢纽技术作业站的类型

编组站应根据在路网上的位置和作用,结合线路引入数量、车流特点、作业量、工程条件以及符合规划、交通便捷、地质适宜、少占农田、节省投资等要求,通过全面比较选择合理图型,并根据近远期需要预留发展余地。路网性编组站一般设计为大型编组站,区域性编组站宜设计为大、中型编组站，地方性编组站宜设计为中、小型编组站。

2. 影响编组站布置图的因素

影响编组站布置图的诸多因素中，主要有四方面因素在具体图型的选择中起着重要作用：

首先为体现前瞻性的车场配置与远景规划之间的一致性，即编组站应按照远景进行规划，以便于预留建设条件。

其次为反映功能性的作业流程流畅性，主要考虑作业量大小与车流作业性质等，以满足运输需求。编组站作业追求流水作业，尽量避免车辆在站内折角。

再次为体现系统性的设施设备协调性，主要要求功能齐备、能力协调，如解体、编组能力的协调，咽喉通过能力与出入段能力的协调等。

最后为反映经济性的工程投资节约性，要求工程代价小，占用土地少，以确定合理的工程投资。其中功能性与经济性是最为关键的影响因素。

3. 编组站的规模及平面布置形式

编组站各项设备的相互位置具有其多样性，依据驼峰的调车方向与数量可以将编组站分为单向编组站与双向编组站；而根据编组站各个车场与驼峰调车场的相互位置关系，又可分为横列式、纵列式与混合式。其主要的布置图型为：

(1)单向横列式一级二场图型

单向横列式一级二场图型具有布置紧凑、作业灵活、占地少、投资省等优点，同时存在作业交叉干扰多、站内车列走行距离长等问题，一般适用于衔接线路较少、无改编通过列车比重大且解编作业量小的小型编组站，其解编作业量的适应范围在 2 300～2 700 辆。单向横列式一级二场编组站布置如图 7-7 所示。

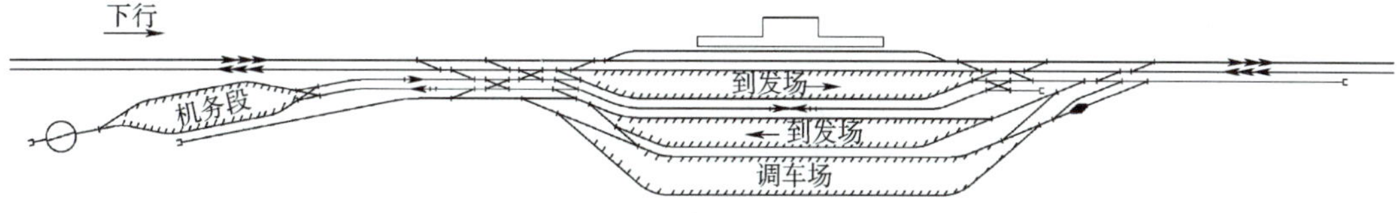

图 7-7 单向横列式一级二场编组站布置图

(2)单向横列式一级三场图型

单向横列式一级三场图型具有场坪短、车场少、投资省、作业便利等特点，但也存在横列式走行距离长、作业时间长的基本缺点，一般适用于双方向改编车流量较均衡、解编作业量不大的编组站或地形困难、远期无大发展的中、小型编组站，其解编作业量的适应范围在 3 200～4 700 辆。按方向别使用并具有反方向到发进路的单向横列式一级三场编组站布置如图 7-8 所示。

(3)单向混合式二级四场图型

单向混合式二级四场图型作为单向一级三场图型的改进图型，提高了驼峰利用率和

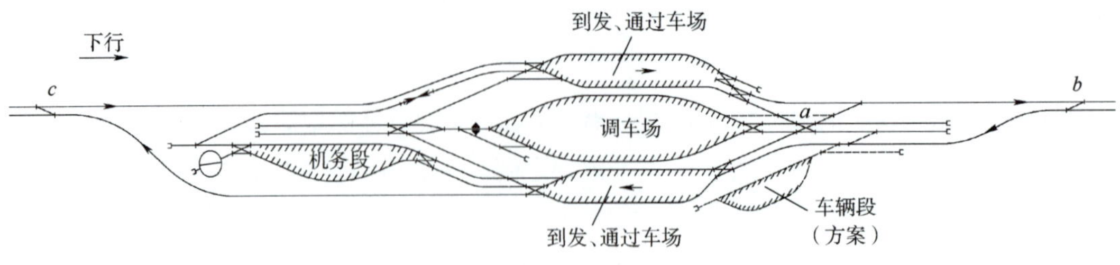

图 7-8　单向横列式一级三场编组站布置图

解体效率，缩短了部分作业行程与时间，且对地形适应性较强，其主要缺点为调车场尾部编组能力较低以及反向改编列车到发进路交叉，通常适用于解编作业量较大或解编作业量大而地形困难的中型编组站。一般情况下，当调车场设置中能力驼峰，如头部采用单推单溜、尾部设 2 条牵出线时，解编作业量的适应范围在 3 500～4 500 辆；如头部采用双推单溜、尾部设 2 条牵出线时，解编作业量的适应范围在 4 200～5 200 辆。单向混合式二级四场编组站布置如图 7-9 所示。

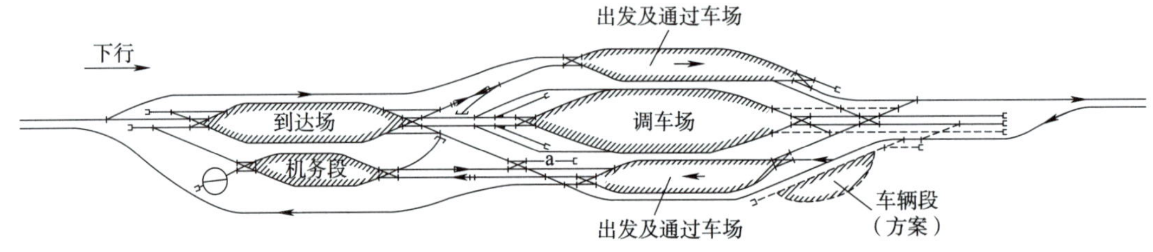

图 7-9　单向混合式二级四场编组站布置图

当单向混合式二级四场编组站顺驼峰方向改编列车全部在编发线出发，相应的顺向出发场就不存在，成为单向混合式二级三场图型。单向二级三场图型除具有二级四场图型的主要优点外，由于省去顺驼峰方向车列转场作业，相应地提高了尾部能力，故还克服了二级四场图型调车场头部和尾部解编能力不协调的缺陷。其主要缺点是编发线上进行列检作业不方便。单向二级三场编组站布置如图 7-10 所示。

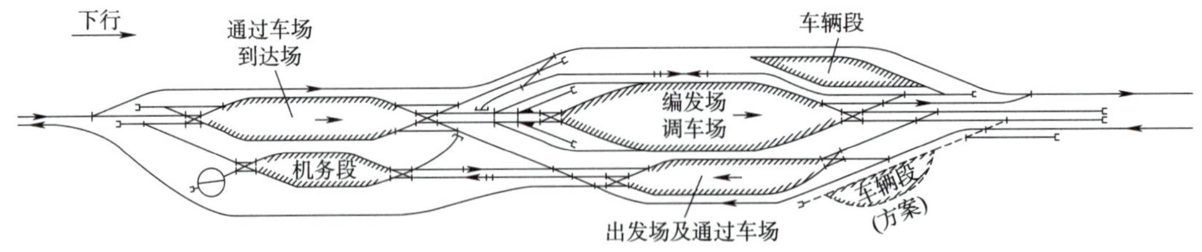

图 7-10　单向二级三场编组站布置图

(4)单向纵列式三级三场图型

单向纵列式三级三场图型主要特性为列车解编作业条件好，解编效率高、能力大，且站内顺向列车走行时间短,同类作业性质车场设置集中,线路使用灵活,同时其存在反向改编列车走行里程长、机车出入段与列车出发交叉干扰、占地多、工程投资大等一些问题,一般适用于解编作业量大、衔接方向较多的大型编组站。这一站型可担任的解编作业量,当调车场设置大能力驼峰,头部采用 2～3 台调机双推单溜、尾部设 2～3 条牵出线时,适应范围在 6 500～8 000 辆。单向纵列式三级三场编组站布置如图 7-11 所示。

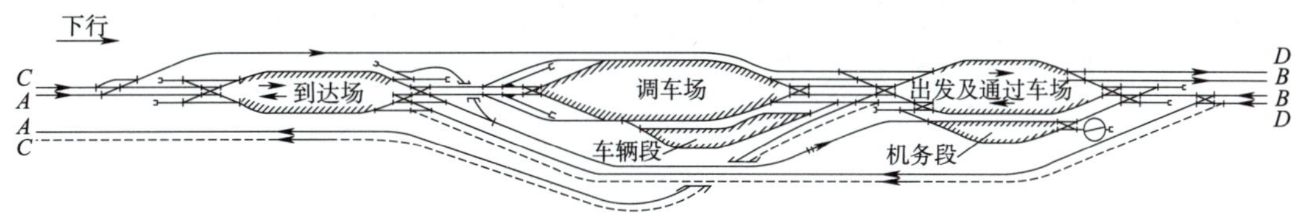

图 7-11　单向纵列式三级三场编组站布置图

(5)单向三级四场编组站图型

单向三级四场编组站图型主要优点为顺驼峰方向作业流程顺畅、中转作业能力强、出发列车机车连挂与发车作业交叉干扰小,缺点则为反驼峰方向部分列车到发与机车出段存在交叉干扰。一般适用于二级四场编组站扩建为单向三级编组站,能充分利用既有机务设备与反方向出发和通过车场;双向三级编组站分期建设中,采用单向三级四场图型作为过渡,最终发展为双向三级站型,则能延缓和节省一定的工程投资。如昆明东编组站即为单向三级四场图型改扩建为双向三级六场图型。这种图型的编组站,解编作业量的适应范围在 6 500～8 000 辆。单向纵列式三级四场编组站布置如图 7-12 所示。

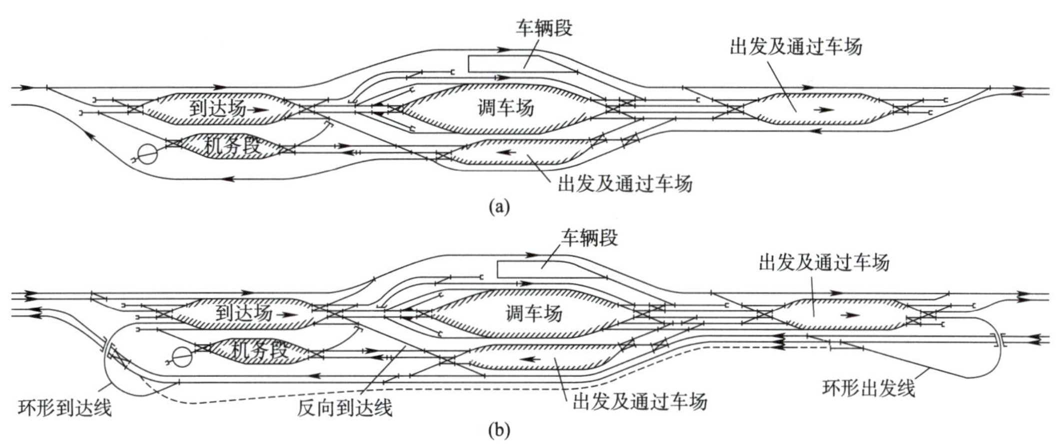

图 7-12　单向纵列式三级四场编组站布置图

(6)双向混合式二级六场图型

在单向混合式二级四场编组站上,若总解编作业量大幅度地迅速增加、上下行改编车流的比例接近、折角车流比例较小时,经过相应的技术经济比较,认为向单向三级三场图型发展并不有利,且场地横向扩展不受限制时,可向双向二级六场图型发展过渡。这种图型一般情况下可担当的解编作业量(包括折角车流重复的解编作业量)的适应范围在 9 000～10 400 辆。双向混合式二级六场编组站布置如图 7-13 所示。

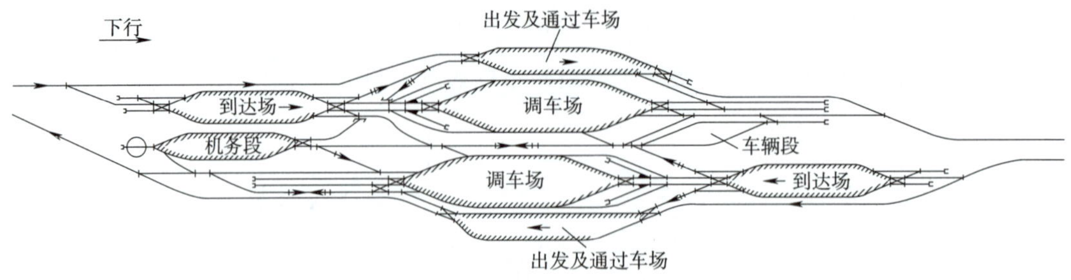

图 7-13 双向混合式二级六场编组站布置图

(7)双向混合式二级五场图型

当解编作业量超过单向混合式二级四场站型所能负担的限度且折角改编车流量很小，上下行改编车流不平衡时，经过技术经济比较认为有利时，可采用双向混合式二级五场编组站图型。该图型总解编作业量的适应范围在 6 500～7 500 辆，可作为单向混合式二级四场往双向混合式二级六场过渡的一个发展阶段。

(8)双向纵列式三级六场图型

当路网性编组站按合理的编组分工需担负很大的解编作业量且上下行改编车流量比较均衡，折角改编车流在总改编车流中所占比重较小，场地条件又不受限制时，可考虑采用双向纵列式三级六场大型编组站。这种站型如配备强大的调车设备，即两个系统分别设置大能力驼峰，采用 2～3 台调机双推单溜，调车场尾部设 3 条牵出线，解编作业量的适应范围可达 14 000～16 000 辆。双向纵列式三级六场编组站布置如图 7-14 所示。

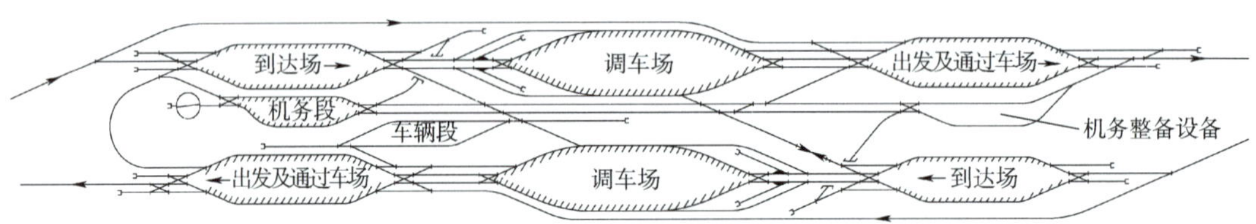

图 7-14 双向纵列式三级六场编组站布置图

中国铁路主要编组站及现状站型见表 7-4。

表 7-4 中国铁路主要编组站及现状站型简表

序号	编组站名称	属 性	站 型	序号	编组站名称	属 性	站 型
1	哈尔滨南	路网性	双向纵列式三级六场	5	阜阳北	路网性	单向纵列式三级四场
2	沈阳西	路网性	双向混合式二级六场	6	南京东	路网性	单向纵列式三级五场
3	丰台西	路网性	双向纵列式三级六场	7	郑州北	路网性	双向纵列式三级六场
4	济南西	路网性	双向混合式二级六场	8	株洲北	路网性	双向纵列式三级六场

续上表

序号	编组站名称	属　性	站　型	序号	编组站名称	属　性	站　型
9	武汉北	路网性	双向纵列式三级六场	48	榆次		单向混合式二级四场
10	新丰镇	路网性	双向纵列式三级六场	49	长春北		单向混合式二级四场
11	成都北	路网性	双向纵列式三级六场	50	武威南		单向混合式二级四场
12	向塘西	路网性	双向混合式三级六场	51	来舟		单向混合式二级三场
13	山海关	区域性	双向混合式二级七场	52	平湖南		单向混合式二级四场
14	大同西	区域性	单向混合式二级四场	53	南宁南		单向混合式二级四场
15	兰州北	区域性	双向纵列式三级六场	54	六盘水南		单向混合式二级三场
16	襄阳北	区域性	双向纵列式三级六场	55	洪塘乡		单向混合式二级三场
17	兴隆场	区域性	双向纵列式三级六场	56	东孚		单向混合式二级四场
18	昆明东	区域性	双向纵列式三级六场	57	合肥东		单向混合式二级四场
19	贵阳南	区域性	双向纵列式三级六场	58	侯马北		单向混合式二级四场
20	柳州南	区域性	双向纵列式三级六场	59	南岔		单向混合式二级三场
21	江村	区域性	双向纵列式三级六场	60	呼和浩特西		单向横列式一级三场
22	鹰潭	区域性	单向纵列式三级三场	61	洛阳北		单向横列式一级三场
23	淮南西	区域性	单向混合式二级四场	62	樟林		单向横列式一级三场
24	徐州北	区域性	双向纵列式三级六场	63	唐山东		单向横列式一级三场
25	石家庄南	区域性	单向混合式二级四场	64	哈密东		单向横列式一级三场
26	南仓	区域性	双向混合式三级六场	65	商丘北		单向横列式一级三场
27	牡丹江	地方性	双向混合式二级四场	66	前阳		单向横列式一级三场
28	三间房	地方性	单向混合式二级四场	67	九江西		单向横列式一级三场
29	太原北	地方性	单向混合式二级四场	68	达州北		单向横列式一级三场
30	迎水桥	地方性	单向混合式二级四场	69	龙川北		单向横列式一级三场
31	宝鸡东	地方性	单向混合式二级四场	70	金华东		单向横列式一级三场
32	安康东	地方性	单向纵列式三级五场	71	聊城		单向横列式一级三场
33	通辽南	地方性	单向纵列式三级四场	72	西昌		单向横列式一级三场
34	乔司	地方性	单向纵列式三级五场	73	格尔木		单向横列式一级二场
35	怀化南	地方性	单向混合式二级四场	74	蚌埠东		单向横列式一级二场
36	包头西	地方性	双向混合式三级七场	75	瓯海		单向横列式一级二场
37	芜湖东	地方性	单向混合式二级四场	76	东佳木斯		单向横列式一级二场
38	南翔	地方性	双向纵列式三级五场	77	银川南		单向横列式一级二场
39	苏家屯		双向纵列式三级六场	78	西宁		单向横列式一级二场
40	乌鲁木齐西		单向纵列式三级五场	79	海口		单向横列式一级二场
41	衡阳北		单向纵列式三级三场	80	塘口		单向横列式一级二场
42	梅河口		单向混合式二级四场	81	拉萨		单向横列式一级二场
43	四平		双向混合式二级六场	82	信阳北		单向横列式一级二场
44	棋盘		单向混合式二级三场	83	宜宾南		单向横列式一级二场
45	金州		双向混合式二级五场	84	铁山洋		单向横列式一级二场
46	青岛西		双向混合式二级五场	85	攀枝花		单向横列式一级二场
47	兖州北		双向混合式二级五场	86	月山		单向横列式一级二场

7.3.5 案例分析

1. 成都铁路枢纽

成都铁路枢纽现衔接宝成、达成、遂成、成渝、成昆、成绵乐、成渝客专等铁路干线及成灌铁路、成蒲铁路、成汶地方铁路，以及在建的川藏、成兰、成自、成达万等铁路干线。通过成昆货车外绕线，实现枢纽“客内货外”运输组织。成都铁路枢纽总布置示意如图 1-56 所示。

枢纽解编系统主要由成都北编组站构成。

成都北编组站位于成都市东北角，枢纽北环线与达成线的交会处，承担枢纽内所有货物列车的解编作业。成都北编组站于 2007 年 4 月开通投入使用，是当时中国一次性新建规模最大的编组站，也是国内首座采用综合集成自动化系统的编组站。

成都北站为双向三级六场路网性编组站，担负枢纽内全部货物列车的到发和解编作业，为综合集成自动化编组站。上下行系统股道规模均为到达场 12 条，调车场 32 条，出发场 14 条。机务段设在下行到达场与上行出发场之间，并在下行出发场与上行到达场之间预留第二套机车整备设备。站修所放在下行调车场尾的内侧，车辆段位于上行调车场尾部的内侧。成都和谐大功率机车检修段及客运专线基础设施维修基地岔线在成都北编组站上行系统峰下机车走行线上接轨。成都北编组站示意如图 7-15 所示。

2. 昆明铁路枢纽

昆明铁路枢纽现衔接长昆、沪昆、成昆、广昆、昆玉、云桂、南昆 7 条铁路干线，是中国铁路网中最靠西南方向的地区性枢纽，北邻接成都和重庆铁路枢纽，东接贵阳和南宁铁路枢纽，往西和往南直接面对东南亚。枢纽环滇池已形成了环形铁路枢纽，形成客运昆明站和昆明南站“两站并重”的布局。枢纽解编系统由昆明东编组站和读书铺工业站构成“一主一辅”格局。昆明铁路枢纽总布置示意如图 7-16 所示。

(1)昆明东编组站

昆明东编组站位于枢纽主轴通道东侧，为枢纽主要编组站，承担成昆线和昆玉线与沪昆线和南昆线之间交换车的改编作业，以及沪昆线与南昆线之间有调折角车流的改编作业。在 2017 年底投入使用的昆明铁路枢纽扩能改造工程中，昆明东编组站由单向三级四场站型扩建为双向三级六场站型，上行到达场、出发场分别设 11 条、12 条到发线，上行调车场设 24 条调车线，下行到达场、出发场分别设 10 条、11 条到发线，下行调车场设 24 条调车线。另设交换场 1 个，到发线 4 条。下行到达场和上行出发场之间设机务本段，下行出发场和上行到达场之间设机务折返段。下行出发场进场咽喉外侧连接货车车辆段，上行到达场尾部咽喉内侧设站修所。小石坝机车检修车间岔线在昆明东编组站上行系统峰下机走线上接轨。昆明东编组站三级六场示意如图 7-17 所示。

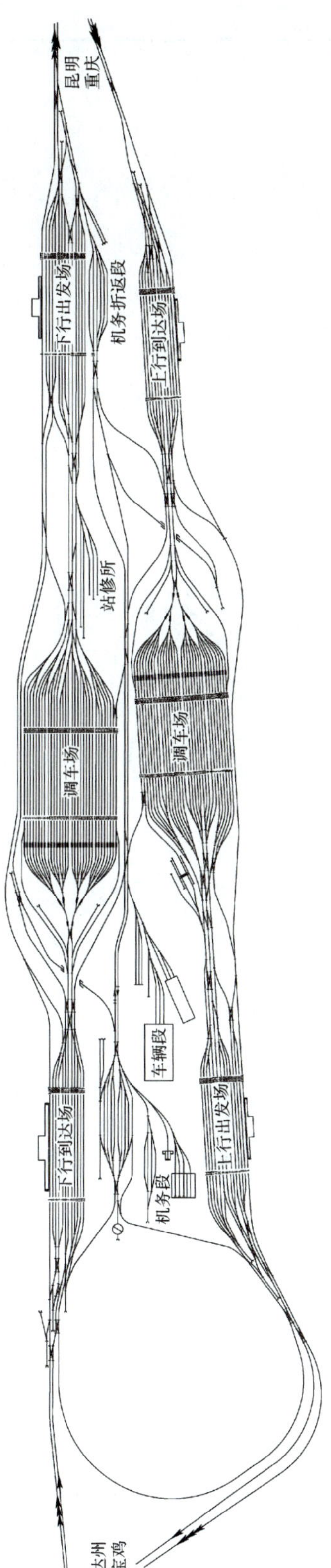

图 7-15　成都北编组站示意图

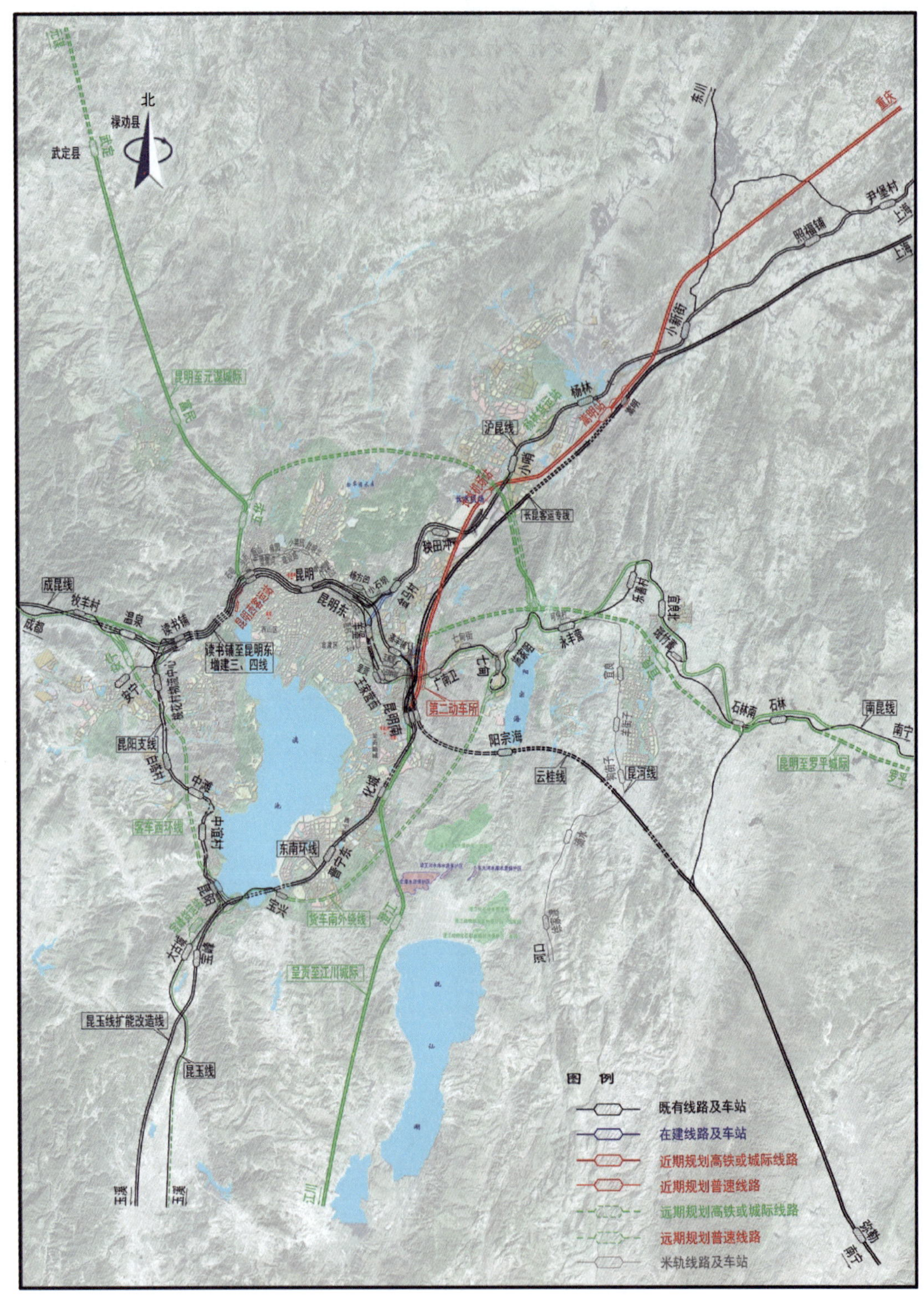

图 7-16 昆明铁路枢纽总布置示意图

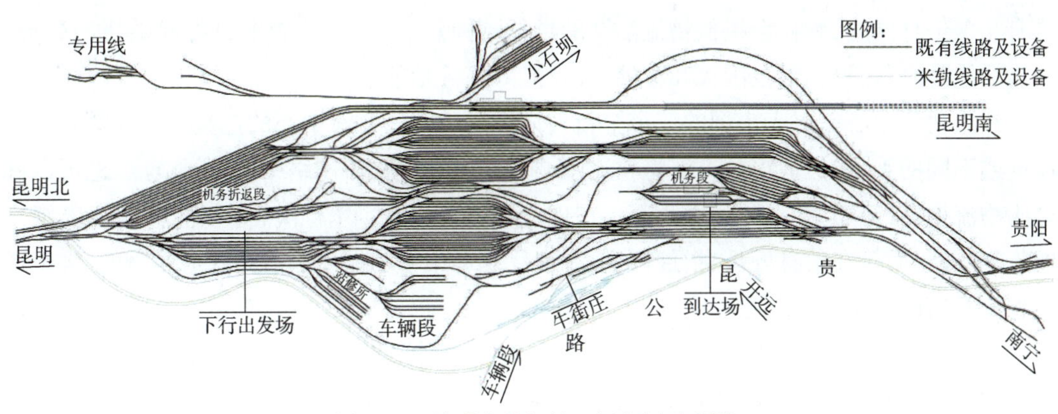

图 7-17　昆明东编组站三级六场示意图

(2)读书铺工业编组站

读书铺工业编组站位于枢纽主轴通道西侧,为一级二场站型,作为辅助编组站担负本地区改编列车的解编作业及成昆线与昆阳支线、昆玉线间交换车的改编作业,并组织枢纽内小运转列车。货车场设到发线 10 条(含正线 2 条)、调车线 7 条。昆明端设小能力驼峰,采用微机可控减速顶调速制式。成都端设有货车机车整备所。车站成都端衔接昆阳支线及至安宁工业区的昆钢专用线、昆钢销售站专用线;昆明端设有小型货场,并有石油专用线在牵出线上接轨。读书铺辅助编组站示意如图 7-18 所示。

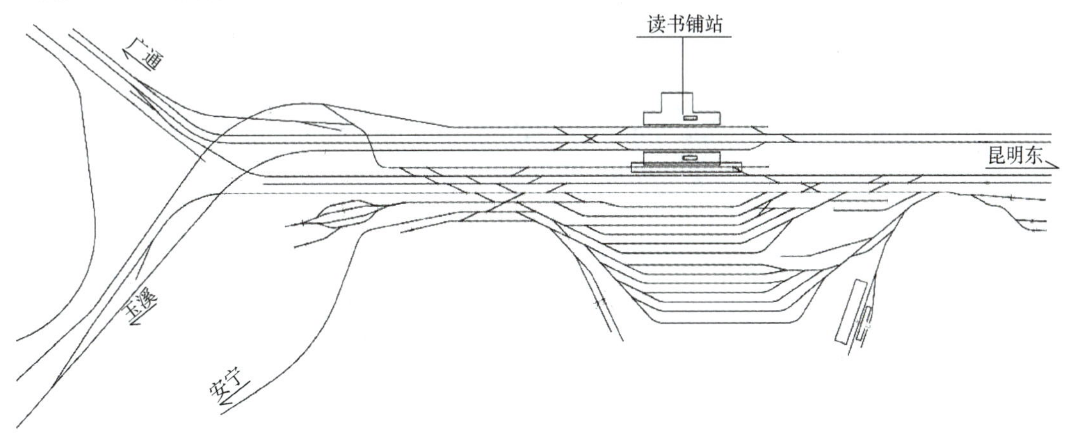

图 7-18　读书铺辅助编组站示意图

7.4　铁路枢纽物流系统

7.4.1　铁路物流中心的概念

1. 铁路物流中心的概念

按照《铁路物流中心设计规范》(Q/CR 9133—2016)定义,铁路物流中心是指依托铁路、具有完善信息网络、为社会提供物流活动的场所，并具有为社会或企业自身提供物流服务、物流功能健全、集聚辐射范围大和存储、吞吐能力强等功能。

铁路物流中心是引入中国的一个全新名词。当前对于物流中心的定义国内外学者都有相同或不同的观点，但大多数人都将物流中心看作是现代物流网络中的重要节点，也可以称之为物流据点、流通中心、集配中心等。在现代物流体系中，物流节点不仅能够发挥出常用的集配功能，而且在信息处理、指挥调度、流程优化等中枢功能上也扮演着重要角色，属于现代物流网络的中坚力量。

从概念上来判断，铁路物流中心的实质是物流中心。根据《物流术语》(GB/T 18354—2021)“物流中心”的定义，物流中心为具有完善的物流设施及信息网络，可便捷地连接外部交通运输网络，物流功能健全，集聚辐射范围大，存储、吞吐能力强，为客户提供专业化公共物流服务的场所。

铁路作为全国性的网络物流企业，辐射范围遍及全国，其服务对象应该是众多品类的商品。因此铁路物流中心是物流活动集聚的空间场所，其经营需要由多家从事物流的企业共同参与，且规模一般较大。

铁路物流中心属于物流中心的一种，是指在铁路现代物流的发展需求推动、国内外现代物流发展环境促进的条件下，作为铁路发展现代物流的重要突破口而产生的。它是指铁路以货运场站等铁路资源为基础，融合现代物流管理理念和服务理念，在全路重要运输枢纽、各种运输方式集结和交会、经济发展迅速的地区建立起来的为广大客户提供全方位、一体化以铁路运输为主体的现代物流服务的空间场所。它是铁路变车流集结为货流集结的重要载体，既可作为铁路自身提供物流服务的场所，也可作为公共物流基地，吸引相关物流企业入驻共同开展以铁路运输为主的物流服务。

2. 与传统货运站、货场的区别

铁路货运站是在铁路货物运输过程中进行货物的集结、暂存、装卸搬运、信息处理以及车辆检修等活动的场所，主要具有运输组织、中转换装以及装卸储存等功能。铁路货运站是铁路运输系统的基础节点设施。传统铁路货运站的规划和建设着重于为干线运输提供中转服务和协调铁路内部系统的有效组织和运作，保障干线运输的畅通，而对现代物流服务理念没有充足的认识和准备。

铁路货场是指铁路货运站为办理货物承运、保管、装卸和交付作业的一个生产车间，也是铁路货物运输与其他货物运输工具衔接的场所。货场是铁路货物运输生产过程的起始、中转和终止的地点，与国民经济各部门直接发生联系，是铁路货物运输的主要环节。

铁路物流中心就是在物流业快速发展、铁路运输能力不断释放、铁路生产力布局不断调整的背景下产生的，它是以铁路货运场站等资源为基础，将铁路运输与现代物流和供应链管理理念相融合，为客户提供以铁路运输为主的一体化、全方位现代物流服务的场所。铁路物流中心与传统铁路货运站的区别见表 7-5。

表 7-5　铁路物流中心与传统铁路货运站的区别

比较项目	铁路货运站	铁路物流中心
场地设施	场地规模较小，仓库种类及功能单一，主要用于暂时保管货物	各服务功能区域较为完善，场地规模较大，仓库种类多，用途广泛
机械装备	以装卸搬运作业为主，种类单一、数量少、自动化和机械化程度较低	机械装备种类众多，除装卸搬运设备外，还包括拣选设备、包装设备、流通加工设备等，且自动化和机械化程度高
信息系统	主要为铁路运输生产服务，信息资源共享程度低	为客户提供跟踪信息服务，信息共享程度高
服务对象	服务范围较窄，主要服务对象为大宗物资和长大笨重货物，重点发展大客户	不仅为大宗货物提供服务，也为日用品、食品、服装、家电、高附加值货物提供物流服务，服务对象较为广泛
服务功能	以运输作业为主，货物保管和装卸等活动为辅，主要提供干线整车运输、集装箱运输，负责货物的承揽、运输和交付，功能单一	为客户提供全程化、一体化物流服务，包括运输、装卸搬运、仓储、配送、包装和流通加工、信息跟踪以及其他增值和延伸性服务，功能较为全面
服务意识	坐等客户上门，不以客户需求为导向，以完成运输任务为目标，服务意识较差	以客户为中心，积极主动联系客户，主动为客户提供快速、安全、准时的物流服务或物流解决方案，与客户形成长期协作的战略伙伴关系，谋求共同发展
市场适应性	主要面向铁路内部运输的生产组织与管理，市场适应性差	以市场和客户需求为导向，具有较强的市场适应性

与传统铁路货运站相比，铁路枢纽物流中心除具有功能齐全、装备先进、服务范围广、能力强大等特点外，还具有以下特点：

①铁路物流中心采用多种运输方式进行货物集疏运。

多式联运是铁路物流中心的主要功能之一，为满足客户全程化物流服务的需要，铁路物流中心采用了短途配送与长途运输相结合的多式联运方式，有效联结其他运输方式，能够更好地实现货物的“门到门”运输。通过周密、详细的计划和安排，各种运输方式之间相互衔接和协调，大大缩短了货物的运输、中转和在途时间。

②各地区铁路物流中心密切协作，能够实现网络化服务。

铁路物流中心并不是单一的独立的个体，各地区的铁路物流中心之间密切合作、相互联系，能够为客户提供网络化的物流服务。当铁路物流中心承接业务的内容与异地铁路物流中心相关联时，能够通过服务网络满足客户要求，提供完善、便捷的物流服务。

7.4.2　铁路物流中心的分类、规模、布局和设施

1. 铁路物流中心的分类

根据《铁路物流中心设计规范》(Q/CR 9133—2016)，铁路物流中心按办理货物品类和性质分为专业型和综合型铁路物流中心，按照服务类型可分为货运服务型、生产服务型、商

贸服务型、口岸服务型、综合服务型铁路物流中心。

专业型铁路物流中心应面向大宗及特殊货物，一般以大型装卸车点为基础进行设计。根据货物品类不同，专业型铁路物流中心可分为长大笨重货物铁路物流中心、散堆装货物铁路物流中心、危险货物铁路物流中心、商品汽车及自轮装卸铁路物流中心等。

综合型铁路物流中心应设置在产业聚集区域、多式联运货运枢纽节点，可由集装箱功能区、长大笨重货物功能区、包装成件货物功能区、商品汽车功能区、散堆装货物装卸区、仓储配送功能区、危险货物功能区、冷藏功能区、内陆港功能区、流通加工功能区、交易展示区及综合服务等功能区组成。

2. 综合型铁路物流中心的分类及功能

综合型铁路物流中心的等级根据承担吞吐量、服务功能、建设规模和在路网中的作用等因素，按照下列规定确定：

(1)一级铁路物流中心。主要担任全国性铁路物流节点城市的货物集散与分拨任务，设置于全国综合交通枢纽和市场需求旺盛地区，满足特快货物班列、跨局货物快运列车、跨局大宗货物直达货物班列、国际班列和多式联运需求，年吞吐量在 300 万 t 以上，具备 20 项以上物流服务功能及相关配套服务功能。

(2)二级铁路物流中心。主要担任区域性铁路物流节点城市的货物集散任务，设置于区域交通枢纽和市场需求充足地区，满足快速货物班列、管内货物快运列车、管内直达货物班列和多式联运需求，年吞吐量在 100 万 t 以上，具备 10 项以上物流服务功能及若干配套服务功能。

(3)三级铁路物流中心。主要担任地区性铁路物流节点城市的货物集散任务，设置在一般地级市或生产制造企业附近，满足普快货物班列、管内循环货物快运列车、普通货物列车和多式联运需求，年吞吐量在 50 万 t 以上，具备 7 项以上物流服务功能。

(4)在上述三级铁路物流节点网络基础上，根据需要建设物流作业站、受理站、受理点及无轨站，加强物流网络覆盖。物流作业站、受理站、受理点及无轨站可参照三级铁路物流中心基本物流服务功能设计。

上述铁路物流中心等级划分中的物流服务功能指商务手续办理、货物到发、中转、收货、理货、装卸、搬运、暂存、接取送达、配送、信息服务、货运安全监测监控、分拣、储运包装、销售包装、流通加工、组装、加固、配载、交割、越库、换装、应急物流、专业物流(小汽车物流、冷链物流、快件物流等)定制服务、托盘共用，以及金融物流、货运代理、咨询与方案设计、市场交易、贸易代理、商品展示、设施设备租赁、结算、代收款、保价运输、保险代理、物流培训、招聘与求职、广告、中介与担保、清关报关、保税等。

3. 铁路物流中心的规模

依据上述铁路物流中心等级划分原则以及中国铁路总公司《铁路物流基地布局规划及

2015—2017 年建设计划》，确定铁路物流中心的等级和应包含的功能区，各功能区规模的具体计算办法按《铁路物流中心设计规范》(Q/CR 9133—2016)有关要求办理。

铁路物流中心整体规模可根据运量、物流中心类型、投资总额、所处地区等，参照《物流园区分类与规划基本要求》(GB/T 21334—2017)中物流园区规划的推荐性要求和《物流中心分类与规划基本要求》(GB/T 24358—2019)中物流中心投资强度要求来综合确定。

4. 铁路物流中心的布局

(1)铁路物流中心与城市关系

铁路物流中心需要与城市建设总体规划相协调，与城市物流规划相结合，宜靠近城市主要工业区和集装箱、行包、邮包及商品汽车等集散地；当港口集装箱、商品汽车运量为主要运量时，铁路物流中心需结合港口发展规划，设置尽量靠近港口，有条件时将铁路装卸线延伸进港口集装箱堆场或商品汽车存放场，实现铁水联运无缝衔接，避免转运、倒运或重复装卸。

铁路物流中心尽量靠近交通主干道、高速公路等设置，以便与其他运输方式的衔接配合，发挥综合交通优势，但要远离居民或其他环境敏感区。

为保证铁路物流中心正常运转和发挥效能，道路、水、电、气等外部市政配套设施应同步建设与投入使用。

新建的综合型铁路物流中心应设于城市边缘或市郊，以减轻对城市的干扰。

散堆装货物铁路物流中心，其服务对象为城市居民、中小型工厂企业，到发货物批量多、重量轻，货源与到站分散，其设置位置以选择在市区范围内交通方便的适当地点为宜。

大宗货物专业型铁路物流中心主要办理煤、砂石、木材以及矿石等，应设在市郊并靠近所服务的工业区或加工厂，以减少对城市的干扰和污染，并可缩短地方搬运距离。为了减少大宗货物的铁路运输距离，需要与城市规划相协调，尽可能配合铁路运输组织，把有关工业区或加工厂设在靠近这些铁路物流中心的周边地区。

危险货物专业型铁路物流中心应按防爆、防火、卫生、防毒等安全要求设在市郊。具体位置的选定应该注意设在城市的下风方向和河流的下游地区。

设有快件功能区的铁路物流中心宜设在与高铁客运站距离较近，并具备衔接条件的位置。

(2)铁路物流中心与枢纽关系

为了减少对枢纽内主要线路通过能力影响，铁路物流中心一般在环线、迂回线或联络线上规划布置。如这些线路远离城市或无合适位置设置铁路物流中心时，为方便城市，可从枢纽内的编组站或中间站引出线路(专支线)伸向工业区及所服务地区以设置铁路物流中心，条件合适时也可在枢纽主要铁路线上新开站设置铁路物流中心。

在港湾枢纽内，当水、陆联运货物较多时，铁路物流中心也可设置在便于水、陆换装的地区。

5. 铁路物流中心的设施

铁路物流中心设施设备应按照市场导向、科学选型、优化配置、合理布局、有序衔接、综合配套的原则进行布局。物流中心设施布局应以物流功能区为核心，合理地设置铁路到发及调车场和其他物流配套服务。物流功能区根据市场调查和需求预测，设置集装箱区、长大笨重货物区、包装成件货物区、商品汽车区、散堆装货物区、仓储配送区、快件区、危险货物区、冷藏货物区、流通加工包装及交易展示区等功能区。各功能区的布置应满足相近品类货物相对集中，装卸线及大型设施设备尽量共用，相互间存在安全隐患的功能区分开布置，危险性高的功能区单独布置，散堆装货物尽量立体化、封闭式堆存并尽量单独设置等原则，同时应符合以下规定：

(1)长大笨重功能区宜靠近集装箱功能区布置。

(2)商品汽车功能区宜邻近集装箱功能区布置，通往商品汽车功能区的道路和大门宜单独设置。

(3)有扬尘污染的散堆装货物功能区宜独立布置，必须与其他功能区合并设置时，应设置在物流中心外侧、主导风向下方侧，且远离包装成件、商品汽车功能区。

(4)危险货物功能区应远离其他功能区和生产办公及生活设施，并位于主导风向下风侧。

(5)不需邻靠铁路装卸线的仓储配送功能区、加工区宜远离铁路装卸线，并靠近门区设置或设置独立大门。

(6)商贸、交易、展示区宜布置在邻近物流中心外主要通道上，并与装卸、仓储作业区域相对隔开。综合服务楼、社会停车场应靠近门区设置，客车、货车停车场宜分开设置。

(7)海关监管作业区宜集中设置，并实行封闭管理。

(8)各功能区的布置形式可根据物流需求、管理模式、规划、用地、功能等因素综合比选确定。

7.4.3 枢纽专支线及接轨站布局

1. 铁路专支线的概念

铁路专支线是指由企业或者其他单位管理的与国家铁路或者其他铁路线路接轨的岔线。据统计，铁路运输的大宗货物中，80%由专支线提供货源。随着国家经济的发展，国内越来越多的企业运输需求巨大，与公路相比，铁路运输无论在环境保护还是运输成本上都有较大的优势，申请新建、改扩建铁路专支线的工业企业也日益增多。有的铁路专支线还开展共用服务，吸引铁路专支线周围的运量，既起到货物集散的作用，也起到了货物蓄水池的作用，既利于国家，也利于企事业单位。

2. 铁路专支线的特点

铁路专支线运营模式通常有国铁统一运营和专支线独自运营。铁路专支线一般采用国铁统一运营，即铁路局集团公司代管；部分大规模专支线采用独自运营管理模式。

枢纽内铁路专支线与既有铁路接轨，形成了与铁路专支线有关的补强工程，也就是相关工程。相关工程与铁路专支线工程是密切相关的，它因铁路专支线工程出现而出现，与铁路专支线工程存在而存在，也就是说，它是铁路专支线工程的一种特殊形式。

3. 接轨站选择原则

接轨站的作业和运输性质，应该综合接轨铁路货流集散点分布、主要货流方向、车流组织方案、机车交路以及国铁能否统一牵引等因素确定。接轨站方案还应根据当地地形、地质条件，并结合城镇规划技术经济比较选定。

(1)枢纽地区内的接轨站方案应该结合总图规划，综合比选确定。

(2)客货运量均较大的接轨铁路，应该尽量引入枢纽地区，以便集中使用客货运技术设备。接轨铁路应按主要客货运流向接入编组站、客运站或两者的某一前方站。

(3)当接轨铁路货流方向不一，且较零散，部分车流需在接轨站改编或双方牵引质量不一，需办理换重作业时，原则上应在区段站以上的技术作业站接轨。仅在接轨铁路直接引入区段站以上大站会产生巨大工程且有充分依据时，方可考虑在远离该大站的中间站接轨。

(4)符合《铁路专用线与国铁接轨审批实施细则》中接轨条件的要求。

4. 接轨站的选择

铁路专支线一般以企业运输需求为主，是铁路运输网的重要组成部分，根据货流方向合理规划接轨方案，有利于整个路网的车流组织，提高接轨站的作业效率。

铁路专支线在设计之前应分析项目地理位置、周边路网构成与运输径路，并详细研究企业的运输需求，包括运输品类、运量、发送、到达方向等，研究专支线接轨方案。

(1)项目地理位置

项目的地理位置直接决定了接轨站的可选择范围，根据路网车站设计特点，可供接轨的车站一般有 2～3 个，优先考虑项目最近的车站。

(2)周边路网构成与运输径路

研究年度专支线近、远期运输径路可根据近、远期路网构成变化而变化，故在接轨站选择研究过程中，一定要对研究年度周边路网构成进行分析，近、远期结合，在节省近期工程投资的基础上，宜以远期路网结构进行规划。

(3)运输需求分析

运输需求包括运输品类、运量、到发方向等。这是专支线运输需求的根本，也是研究的基础。同时，当专支线货流较发散时，宜保障主要运输车流顺畅，避免专支线车流在接轨站引起堵塞。

(4)技术经济比较

当 2 个接轨站接轨方案技术角度分析均具有可行性，且都能较好满足运输需求和路网车流组织，则宜进行工程技术经济比较。通过项目投资进一步比较接轨站选择方案的优劣。

7.4.4 案例分析

1. 成都铁路枢纽

成都铁路枢纽是中国西南地区重要的路网性枢纽。根据2017年批复的成都铁路枢纽总图规划，规划年度2030年形成衔接西安、重庆、贵阳、昆明、西宁(兰州)、拉萨、达州等方向，13条干线引入的大型放射状枢纽。其中成渝铁路、宝成铁路、成昆铁路、达成铁路、成兰铁路、川藏铁路、成格铁路等为主要货物运输通道。

根据《成都市工业战略后备区总体规划》《成都市工业空间布局规划》，成都市未来的产业将向龙泉山以东扩展，物流的产生重点在淮口镇、龙简新城、空港新城。

结合成都经济社会发展、产业布局、交通、物流以及城市规划，枢纽规划形成"1+1+17"三级物流节点网络。其中，城厢为一级物流基地，新兴镇为二级物流基地，三级物流基地17个(大弯镇、普兴、宝胜、龙潭寺、新都、龙泉驿、黄堰、金堂、青白江、天回镇、双流、公兴、青龙场、洪安乡、淮口、龙简工业园、空港)。规划新兴镇、天府、天府机场站配套建设动车快运设施。

①城厢铁路物流中心：位于达成铁路上，距成都北编组站约11 km。站内已建成的集装箱中心站设有2个线束装卸线和1个线束存车线，共有线路6条，分为2个装卸区；预留2个线束共4条装卸线，改建存车线为1个线束装卸线，分为3个装卸作业区。已建成的物流基地位于车站预留机务折返所的北面，东面与铁路装卸区相邻，北面为预留的中铁快运基地。城厢铁路物流中心如图7-19所示。

图7-19 城厢铁路物流中心

预测2030年、2040年城厢铁路物流中心货物发送量分别为781万t和1 033万t，到达量分别为1 491万t和1 855万t。

②新兴镇铁路物流中心：位于成昆铁路货车外绕线上，在成都市中心城区以南偏东区域，距成都市中心城区约 17 km，主要服务于市域东部成都经济开发区。该开发区以汽车产业为主导，包括整车、零部件、机械、电气、器材、食品、饮料、医药以及新兴材料的加工制造。

2. 合肥铁路枢纽

合肥铁路枢纽是中国华东地区重要的铁路枢纽。根据 2017 年批复的合肥铁路枢纽总图规划，规划年度 2030 年形成衔接南京、杭州、福州、九江、武汉、西安、阜阳、蚌埠、新沂等方向，13 条干线引入的大型放射状枢纽。其中宁西铁路、淮南铁路、合九铁路等为主要货物运输通道。

根据合肥市主城区总体规划，东区为城市发展的综合区，北区为城市物资储备流通中心，西南区为工业区、科研教育区及高新技术产业基地，经济技术开发区为工业、居住、仓储、公共设施全面发展的综合新区。

结合合肥经济社会发展、产业布局、交通、物流以及城市规划，枢纽规划形成"1＋4"物流节点网络。其中，合肥北为一级物流基地，南岗(小庙)、派河港、桥头集、岗集(北城)为三级物流基地。规划合肥动车所、合肥南城际动车所配套建设动车快运设施。

合肥北铁路物流中心：位于庐阳区东部，紧邻淮南铁路线，与九顶山路、古黄路、天水路等市政道路相连接，是中国铁路总公司发布的《铁路物流基地布局规划及 2015—2017 年建设计划》中国家一级铁路物流基地之一。该物流中心服务范围以合肥市域为核心，并辐射周边省市以及周边经济区，主要办理集装箱、快运货物、成件包装货物、笨重货物、散堆装和危险品货物等。

预测 2030 年、2040 年合肥北铁路物流中心货物发送量分别为 320 万 t、385 万 t(其中集装箱量分别为 260 万 t、300 万 t)，到达量分别为 140 万 t、160 万 t(其中集装箱量分别为 120 万 t、150 万 t)。

3. 厦门铁路枢纽

厦门铁路枢纽位于长江三角洲和珠江三角洲之间，是北通华中、南达华南、西连华中和西南等地区的区域性枢纽。根据 2019 年批复的厦门枢纽总图规划，规划年度 2030 年形成衔接深圳、龙岩、鹰潭、福州等方向，8 条干线引入的客货顺列的延长式枢纽。其中鹰厦铁路、漳州支线、海沧支线为主要货物运输通道。

根据中国铁路总公司发布的《铁路物流基地布局规划及 2015—2017 年建设计划》，结合枢纽货场分布，为适应厦门市和漳州市产业布局和物流业发展需求，枢纽规划形成"1＋5"物流节点网络。其中，前场二场为一级铁路物流基地，厦门高崎、杏林、海沧、漳州北、港尾为三级铁路物流基地。规划厦门北第二动车所配套建设动车快运设施。

前场二场铁路物流中心：前场二场位于杭深线前场一场北侧，紧邻东孚区段站，占地面积 5 402 亩，站内总规模为到发存车线 6 条(含正线)、货物装卸线 22 条。其总体布局采用七区一片布局:七区包括铁路作业区、集装箱集散区、工贸配送区、汽车及机电配送区、粮食及冷链物流区、建材分拨区、保税物流区,一片是指在前场集疏运主干道上设置的商务休闲服务区。前场二场铁路物流中心示意如图7-20所示。

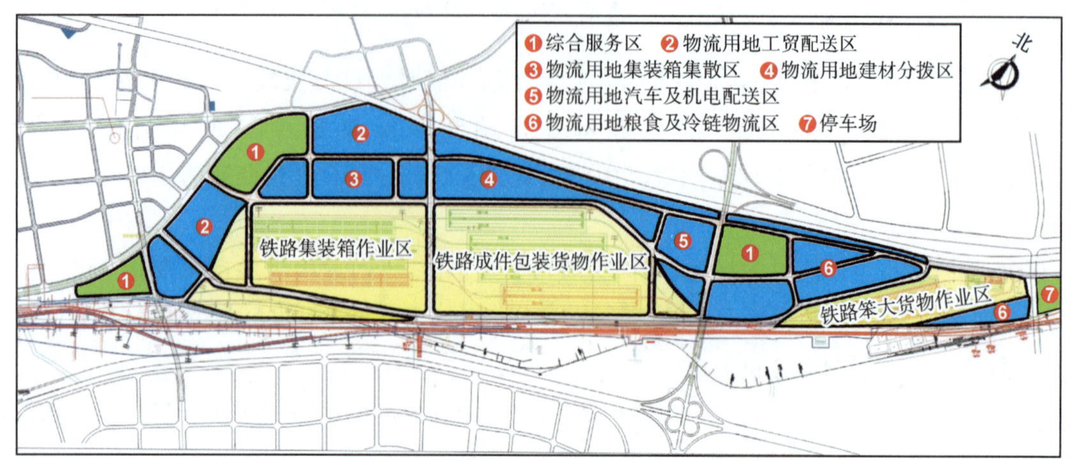

图7-20 前场二场铁路物流中心示意图

该物流中心具备铁路运输、国际集装箱多式联运、集装箱拼箱和拆箱、货物中转分拨和集散、特种物流、冷链物流、粮食物流、工贸配送、通用仓储、钢材加工配送、汽车及机电物流以及生产和生活服务等多种现代物流功能。

该物流中心主要承担粮食、钢材、建材、集装箱、机械制造、电子和食品加工等货物的发到作业。预测2030年、2040年该物流中心货物发送量分别为447万t和789万t(其中集装箱量分别为147万t和275万t),到达量分别为205万t和381万t(其中集装箱量分别为61万t和132万t)。

7.5 机务、车辆和动车组设备

7.5.1 机务设备

机务设备应根据各衔接线路的客货机车交路及机车技术作业性质的需要确定,其位置应靠近主要技术作业站。机务设备的分布及规模应根据机务工作量、既有机务设备能力及分布情况,并结合路网规划、机车检修设施布局规划、专业化集中修分工、机车回送条件等合理确定。

客货机车的检修和整备设备可按以下要求配置:

(1)中、小型枢纽内客货机车的检修设备应设于一处。大型枢纽内如机车检修任务繁重,可分别设置客货运机车的检修设备。

引入线路少,客货列车、小运转列车对数不多和调小机车配置数量少时,枢纽客货运机车检修设备应集中设置于一处,以减少投资、占地和定员。在引入线路多、枢纽范围大、客货运繁忙和配属机车多的大型枢纽,不仅铁路本身客货运机车的检修任务大,而且还要承担就近工矿企业自备机车的委托修理任务,故有根据时,客货运机车检修设备可分开设置。

(2)编组站和办理旅客列车对数较多的客运站均应设置机务整备设备。当客车对数不多且条件适合时,可在客运站和编组站之间设置客货共用的机务整备设备,并设置专用的机车走行线。

在客运站设置单独的客机整备设备,主要取决于办理旅客列车数量和客机交路的距离。根据以往单独设置客机整备设备的枢纽中,有的是配合新建客运站的同时配套建成客机整备设备;但大部分是利用客货混合使用时建成的机务整备设备,由于货机迁至他段作业后,形成专为客机使用的客机段。

新形成的枢纽,由于普客列车对数不多,一般都是与货机共用机务整备设备。机务段的位置应结合编组站图型、有利于编组站货机出(入)段和减少交叉干扰来加以确定。如果条件合适,当客运站与编组站紧相邻接或在邻近的区间,且机务段可设在编组站上靠客运站的一端时,就可以形成机务段设在客运站与编组站之间的布局,但具体位置,仍宜靠近编组站。此时为减少客货机车出入对正线的干扰,宜设置专用的走行线。在枢纽内,凡机务段设在客运站与编组站之间的,都设有专用走行线,机车可以两头进出,使用方便,也有一些段的客运机车出入需通过正线,有些干扰。在客车对数不多时,采用客货共用机务段,可以减少近期投资,方便管理。

(3)大功率机车检修基地的设置应满足区域内运用机车的检修规模及各类设施布置的需要。

根据“检修集中,运用分散”的生产力布局,目前全路设 7 个和谐型大功率机车检修基地,分别位于哈尔滨、北京、上海、武汉、广州、成都、西安。和谐型大功率机车检修基地以服务区域路网为布点原则,几大铁路枢纽配属的和谐型大功率客货运机车在区域路网中心集中检修,遵循“以检为主、柔性简统、自动采集、互联互通、数据检修、量值修车”的原则,降低机车全寿命周期费用,提高机车运用效率。

7.5.2　车辆设备

车辆设备的分布及规模应根据车辆定期检修与运用维修的工作量、扣车条件、机车交路、运输要求及相关车辆设备等因素,并结合车辆技术发展和路网规划确定。

客货车辆的检修和整备设备可按以下要求配置:

(1)货车车辆段应设在枢纽内有车辆解编作业、空车集结并便于扣车的编组站(区段站)、工业站或港湾站所在地。

当站修作业场与货车车辆段设在同一车站时,两者宜合建。

(2)客车车辆段应设在始发、终到旅客列车和配属客车较多的客运站。

当客车技术整备所和客车车辆段设在同一枢纽或地区时,两者宜合建。

(3)罐车车辆段及机械冷藏车车辆段的设置由国铁集团确定。

在具体研究货车车辆段的布点时,必须注意要有一定数量的空车便于扣修为基本条件。这个条件,不仅要满足按生产能力(台位)能扣到所需的段修车辆,还要为保证不间断生产留有的一部分扣修富余量,以提高修车台位利用率。

枢纽内编组站(区段站)是车流集散的地点,扣车条件较好,因此有不少车辆段设在编组站;但条件合适,也可设在岔线较多、有大量装卸作业的工业站或港湾站。

7.5.3 动车组设备

1. 动力分散型动车组设备

动车段、动车运用所的布局应符合"集中检修、分散存放"的原则,满足动车组"快速检修、安全可靠、高效运营"的检修运营要求。为保证动车组的技术状态,提高动车组的运用效率,在区域路网性省会城市考虑设置动车段;一般省会级城市或特殊旅游城市,开行动车组数量较多时,考虑设置动车运用所。

根据路网规划,目前已建设和正在建设的有北京、武汉、上海、广州、西安、成都、沈阳动车段 7 个动车段和哈尔滨、长春西、沈阳、北京、北京西、大连、石家庄、济南、青岛、西安、郑州、南京、上海南、汉口、杭州、南昌、成都、重庆西、长沙、贵阳北、昆明南、福州、厦门北、广州东、深圳、三亚动车运用所等。随着高速铁路的快速发展,动车运用所的布点也在逐渐扩大。

动车组运用维修设施设计规模需根据动车组开行对数、编组、交路、配属数量、检修周期和检修时间等因素计算确定。

动车段、动车运用所的一、二级修列位数量根据年检查工作量、年工作天数、作业时间、不均衡系数分别计算,并预留发展条件。

动车段的三、四、五级修列位数量根据各级年检修工作量、年工作天数、库停时间、不均衡系数分别计算,并预留发展条件。

动车段(所、场)的存车线数量根据动车组周转图确定的动车组最大停留数量加备用动车组数量确定。

存车场规模一般以存车线数量作为主要指标,动车运用所规模一般以存车线、检查线数量作为主要指标,动车段规模一般以存车线、检查线、三级修线、四五级修线、静调线数量作为主要指标。

2. 动力集中型动车组设备

根据中国铁路运输及运营发展需要,全路正大力发展时速 160 km 动力集中型动车组,主要基于以下几点:

一是，替换现行时速 160～200 km 等级线路上开行的动力分散型动车组，节约动车资源，且满足部分地方对开行动车的迫切需求；

二是，在必要性和可行性强、经济性好的线路，替换 25T 型客车开行时速 160 km 动力集中型动车组，缓解部分枢纽能力紧张、制约客车增开的问题；

三是，在部分城际线路，利用短编动力集中型动车组，开行时速 160 km 城际动车组列车；

四是，补充既有客车报废及转局管路用后形成的缺口。

时速 160 km 动力集中型电动车组指两端为动力车，或一端为动力车、另一端为控制车、中间为拖车的最高运营速度为 160 km/h 的电力集中型动车组，按编组形式分为长、短编。动力车在和谐型大功率客运电力机车平台上改进创新，拖车在 25T 型客车平台上改进创新。时速 160 km 动力集中型电动车组属于国铁集团“复兴号”动车组系列，是铁路旅客运输的创新运载工具，其运用维修工作需要多专业协同完成。电动车组检修运用工作由机辆系统、工电系统按分工实行专业管理，动力车配属在机务部门，拖车和控制车配属在客车车辆部门，在客车整备所内成组实施运用维修。动力车和控制车的司机室、设备间检修运用工作由机务部门负责，拖车和控制车(不含司机室、设备间)检修运用工作由车辆部门负责，CIR、LKJ 等列车运行控制车载设备检修运用工作由电务部门负责。动力集中型动车组运用维修布点根据既有机务、车辆的布点、规模确定，基本原则为充分利用机务段、客车整备所的既有设备设施并进行适应性改造，既有机务、车辆设备不具备改造条件时再考虑新增布点，满足动力集中型动车组运用检修需求。

第8章 铁路枢纽主要场站选址的原则和方法

铁路枢纽主要场站是指客货运车站和各种配套的运营场、段、所等的统称。场站布局必须与城市规划有机衔接，遵循合理的选址原则，充分考虑服务对象及铁路运转的需要，确定合理的场站规模，满足城市、铁路、环保等的要求。

8.1 场站的基本范畴

铁路车站按其作用与性质大致分为客运站、编组站、工业站、物流中心站（含集装箱中心站或办理站）、动货基地等。其中，客运站按办理列车类别又可细分为高速客运站、普速客运站及城际客运站，按办理列车性质又分为始发站与客运站；编组站可分为路网性编组站、区域性编组站和地方性编组站。

场段所是车站及铁路运营配套附属设施，主要包括作为铁路生产力重要节点的动车设备（动车段、运用所、存车场），机务段、车辆段、客车技术整备所，供电段（所），以及大型机械养护段、综合维修段等。

对铁路枢纽而言，引入线路及枢纽功能与作用、城市经济带动与发展都要靠枢纽内各种车站来实现，车站既是铁路运输服务的窗口，也是铁路联系城市、社会的纽带。因此，铁路枢纽主要场站选址应以车站选址为主导，场段所一般选址于车站附近。

现代铁路枢纽车站众多，由于其功能、地位与作用、占地面积、对地方配套设施要求都不尽相同，因此其选址需要考虑因素也比较多，一般应满足诸多基本要求。

8.2 场站选址的基本要求

现代铁路枢纽场站选址基本上属于综合选址，综合运用功能选址、规划选址、工程选址、环保选址、综合交通选址、综合开发选址等方法，既全面考虑，又有所侧重，因地制宜完成选址工作。

8.2.1 功能选址

枢纽主要场站根据枢纽总图的地位、性质及在促进铁路与国民经济、地方经济发展所起的作用不同,其功能也不尽相同,选址的要求也不一样。

1. 客运车站选址

从最有利于发挥客运站功能的功能选址角度来看,客运站选址的基本要求有:车站尽量伸入或靠近城区,便于旅客便捷乘降;主要车站要位于多条线汇入的客运轴线上,满足各方向旅客列车的顺利到发和旅客的中转换乘,大城市、特大型城市应有多个客运站并满足多点发车的要求,方便旅客乘降并减轻城市交通压力。

铁路枢纽客运系统一般是随着社会经济和城市的发展而逐步形成的,一般都经历了既有线扩能改造、提速改造以及新建铁路、高速铁路、城际铁路等发展阶段。进入 21 世纪以来,引入的新建线路不断增多,特别是客运专线不断引入,重要铁路枢纽大多对枢纽客运系统进行了重新规划布局,其中客运站的选址尤其重要。对于地方性枢纽,则按照"客货分线、客内货外"的原则结合客运专线引入走向,新建客运站或扩建既有客运站;对路网性、区域性的大型枢纽,随着客运专线及城际铁路不断引入,新建高速客运网,形成高、普速双网并存的格局。

客运系统分机车牵引的普速系统及动车组运行的高速系统。枢纽的客运站又分主要客运站[一般承担枢纽内大部分始发车作业并配套大型的机务、车辆及动车段(所)]与辅助客运站[以通过为主,承担部分线路或方向的始发车作业并配套小型的机务、车辆与动车段(所)],其选址的侧重点各有不同。

(1)客运车站选址

客运站首先要保证高峰时段的旅客列车能顺利进出,没有货车作业干扰为佳,同时又要实现旅客快速集散。为此,大型枢纽的主要客运站站址一般都选在各方向汇合的客运轴线上,同时应有各种交通工具满足旅客的集散;辅助客运站根据客运站分工,可设于城市新区组团或客运量大的高速或快速干线上,作为主要客运站的补充。

现代化的大型枢纽一般都有几个主要客运站及辅助客运站,为实现运输组织的灵活性及方便旅客出行,一般都通过客运轴线、直径线、客车联络线将各客运站进行连接,实现多点(站)发车的需要。

(2)普速客运站的处置

普速系统修建的年代较早,一般集中设置一个客运站与配套设施,车站规模不太大,初建时一般选在城市的边缘,随着城市的发展变为城市的中心,具有吸引客流位置优越、市政配套设施齐全、方便旅客出行等优势。为充分发挥既有客运站的优势,在现代铁路枢纽建设中一般对既有客运站进行原位扩建或置换为高速、城际站办理动车作业,另外在城市边缘选址新建普速客运站(普速外迁)。例如:南宁铁路枢纽将扩建后的既有南宁普速站置换为办理高速兼顾城际列车作业的高速客运站,而在枢纽东侧环线上的五象站还建普速客运站;成都铁路枢纽的既有成都站改建置换为高速客运站,拟在城市东侧还建十陵普速客运站。

对一般规模的枢纽而言,普速客运系统一般维持既有,当普速客运站确需要移位新建时，选址一般在城市边缘，并与既有的普速铁路连通，机务、车辆等设施是为普速客运站服务的配套设施，一般在其附近就近设置。

(3)高速客运站

中国的高速铁路研究启动于20世纪80年代末期，“十一五”逐步开始建设，“十二五”相继形成高速客运及城际体系。

由于高速客运站衔接方向多、高峰客流量大、股道多、铁路及地方配套设施多，需与其他交通方式配合形成综合交通枢纽，一般都是城市地标性建筑及综合体，会自然形成城市的新区，既有建成区不能满足其功能要求。因此一般选在地势平缓、开阔，拆迁较少、有较全配套规划的既有城区与规划新区的接合部，既便于高标准的线路引入和车场疏解线、联络线的设置，又要有站前广场和铁路、市政配套设施以及未来发展的充足用地。

动车所的功能主要供动车的停放及检修，是为高铁车站服务的配套设施，工艺复杂，所属停车线、检修线及设施设备都比普速系统复杂；要求高峰分时段动车能快速进出，一般也要求在车站附近就近设置，若受条件所限，也可离车站一定距离设置。

2. 货运系统场站选址

铁路枢纽的货运系统一般由编组站、工业站(辅助编组站)及配套的机务车辆设施，为地方物流和货物运输服务的物流中心站(含集装箱中心站)以及专业型的如冷链物流、危险品货场等场站组成。

从功能选址来看，货运系统场站选址的基本要求有：编组站一般应位于多条线汇入的货运主轴线上；物流中心站等要位于货运轴线或货运环线上，其选址一般应位于工业园区、物流园区附近，可集中设置也可分散设置。

编组站是铁路枢纽货运系统的核心，是车流集散和列车解编的基地，常有“列车工厂”之称。其功能是对各种货物列车进行解体、编组作业，为无解编的直达、直通货物列车提供机车换挂和列车检查等其他技术作业。编组站作业效率的高低直接影响到货运系统的运输效率与效益。从功能上选址，编组站应位于货运主轴线上，选在货运车流汇合、分歧处，让主要车流减少走行距离，利于各方向交流车的改编；由于占地面积大，要求地势开阔平缓。

物流中心站年运量一般都在几百万乃至上千万吨以上，要求“快进快出”，除铁路自身的车场、物流仓储外，还需要有地方配套的物流功能区。其功能与集装箱中心站有相似之处，但功能区划分更为复杂，地方配套物流功能区更大，占地更大，与城市关系更密切，关注程度也较高。其选址一般也是位于货运轴线或环线上，要求地势更加开阔，有物流发展配套用地等，并应结合地方工业园、物流园位置和规划进行选址，根据地方的物流规划及物流货源点的分布可分散设置，也可根据不同性质的物流品名各自修建专业型的物流中心站，如危化品、散堆场、特种物流等。

集装箱中心(办理)站是集装箱车流集散与解编的基地，也可以称为“集装箱列车工厂”。其铁路功能与编组站类似，同时也兼顾物流中心站的功能，它还要承担城市集装箱的装卸、承运业务,这与铁路物流中心站功能有相似之处,枢纽一般集中设置。因此,选址既要位于货运轴线上,卡住各方向的集装箱车流;又要地势开阔,有布置装卸、存储、中转、分拨、停车场等功能区的场地,以及城市配套设施、与城市干道有便捷通道。

8.2.2　规划选址

规划选址即要求铁路客货运设施布局与城市规划的城市形态、功能及产业布局、用地、环保等相协调,避免工程难以落地实施,造成资源浪费。一般遵循以下原则:

1. 符合枢纽总图规划

车站是铁路枢纽最为重要的节点,是铁路枢纽总体规划的重要内容。车站的选址离不开枢纽的总体布局(特别是引入线的宏观走向、接轨位置、主要客货流及车流流向),是枢纽铁路总图规划的核心问题之一。

车站站址决定枢纽总图衔接线路的走向,同样线路的宏观走向也会制约车站选址,不能抛开枢纽的合理布局来孤立确定车站站址。枢纽的总体布局需要重点考虑车站的选址需要,尤其是在复杂艰险山区,车站受地形地质条件的严重制约,站址选择自由度不大。因此,需统筹考虑,相互协调,结合枢纽总图布局、客货运通道布局,在较大范围内主要衔接线路的合理宏观走向层面进行综合比选确定。

2. 符合城市的总体规划及产业规划

城市的总体规划是城市人民政府依据国民经济和社会发展规划以及当地的自然环境、资源条件、历史情况、现状特点,统筹兼顾、综合部署,为确定城市的规模和发展方向,实现城市的经济和社会发展目标,合理利用城市土地,协调城市空间布局等所作的一定期限内的综合部署和具体安排。城市总体规划是城市建设和管理的依据,具有法律效应。总体规划期限一般为 20 年。建设规划一般为 5 年,建设规划是总体规划的组成部分,是实施总体规划的阶段性规划。

城市发展与枢纽布局规划建设密切相关,严格说来,铁路总图规划是城市总体规划的组成部分,两者既相辅相成又相互制约。城市的性质和规模对铁路枢纽布局具有重要的作用,城市布局结构影响铁路枢纽的客货运设施分布。根据车站的不同性质选在相应规划用地范围内,以便发挥其作用,增加可实施性。因此,车站的选址既要符合城市总体规划要求,又要引领城市规划的补充与完善,否则为无根之作、幻想空谈,无法落地实施。

主要客运站一般位于建成区与规划新区的接合部,站址应位于城市空间结构的发展轴线上,一般为建成区或规划区的商业、文化、休闲、旅游等活动中心,并有规划的城市干道、长途汽车、公交车、地铁、轻轨等社会设施相配套。

编组站的强大功能也会引领城市的产业布局;同时,编组站是一个占地多、投资大的复杂系统,会对周边土地不可避免地形成分割和功能限制,一旦建成再迁建,铁路自身以及社会成本极其巨大。因此，规划选址需充分结合城市总体规划，不仅要为城市发展预留足够的空间，还需结合城市产业布局规划，邻近城市产业带、物流中心设置，减少其与编组站的连接线及小运转列车的开行距离，为地方车流的组织创造便利条件。

物流中心站、集装箱中心站等货运设施的选址应符合城市规划用地性质，尽量远离城区，货运设施应靠近规划的工业园或产业聚集地并规划有快速集散的货运大道融入过境路或城市外围环线公路，以实现既靠近货源又减少对城市干扰的目的。

客车技术整备所、机务段、动车所等配套设施尽量利用铁路之间的夹心地，不占或少占已规划地方重要功能区域的地块，减少对规划用地的切割和城市完整功能区的破坏。

总之铁路枢纽重要车站及配套场段所选址不应违背地方规划的大原则，尽量在城市规划中的铁路用地范围进行选址，尽量不破坏城市规划的总体性。

8.2.3 工程选址

工程选址时应高度重视自然条件和建设环境，避免出现不必要的重大工程，影响化工程经济性，并留下安全隐患，制约进一步发展等。

枢纽内大型客货运站及技术作业站占地长而宽(长 3～5 km，宽 600～1 000 m)，一般要求地势平坦开阔，否则工程措施复杂、工程量巨大、投资高。因此，枢纽车站选址主要受限于工程的可实施性，车站选址时在保证车站设施功能的前提下，需充分结合自然地形条件，做到与自然条件相协调，降低工程投资。

枢纽所在地区的地理位置和自然条件各有不同。车站选址往往受城市及周围地形、地貌、地质条件的限制，如山川、河流、大型厂矿企业、文物、军用设施等。同时，站点布置还必须考虑到行车的安全，不能遗留安全隐患。

重要车站引入方向多、有场段所相连及疏解线、联络线引入，车站股道多、咽喉长且道岔密集，因此，选址尽量位于地势平缓的地方，绕避塌陷、滑坡、活动断裂带和软弱地基等地质不良地段，避免建筑物拆迁量过大、农田占用过多等工程造价较高的地段。咽喉区及车场部分不应有桥隧工程，土石方尽量填挖平衡，路基工程要以常规工程措施为佳；所选站址不但要保证近期工程合理及实施，同时预留远期其余干线、疏解线、联络线的引入及车站进一步扩建的条件，不产生大的废弃工程。

8.2.4 环保选址

所有工程建设都应满足环保的要求。枢纽车站规模大、占地多，站址选择的合理性涉及引入线路工程大小及对环保的影响。因此必须深入贯彻环保选址的理念。

选址应切实贯彻保护环境和保护资源的基本国策，严格执行耕地保护政策和占用土地的有关法规，尽可能节约土地，绕避环境敏感区、远离生态脆弱地带，实行环境影响分析评价制度，全面落实环保要求。应尽量绕避对噪声、振动敏感的医院、学校、科研单位等机构，尽量远离居民集中居住区；绕避风景名胜区，注意保护生态环境、自然环境和周边人文环境，尽量减小对周围环境的破坏。

在满足环保要求情况下，结合地形、地质、水文地质、用地资源，贯彻地形、地质、环保、规划综合选址理念。

8.2.5　综合交通选址

枢纽车站的客货流集散，技术作业站设备及工作人员的进出，都需要其他交通方式衔接与配合；高速客运站还需与公交车、城市轨道交通、长途汽车、社会车进出及场站形成综合交通枢纽，枢纽内车站难免会跟城市道路交叉，新建或预留立交通道都与站址的选择关系密切。

因此，枢纽车站选址应考虑与城轨、城际铁路、机场、港口的衔接，通过共廊、共站、立体等方式形成站区综合交通，做到进出站旅客和换乘旅客流程通畅、走行距离最短和换乘方便，减少铁路和城市的双向投资。

8.2.6　综合开发选址

铁路枢纽一般都在大型或特大型城市，其建设过程中涉及的城市用地征用、各种拆迁补偿、上跨或下穿城市干道、大型车站修建等都耗资巨大，几十亿元乃至上百亿元不等；而铁路作为公共基础设施，项目财务效益不是追求的目标。为了铁路建设及运营能持续高效地发展，服务于城市，需将枢纽线路及重点车站周边的土地资源充分利用起来，按其服务的对象不同、按全过程的服务业态进行全方位的综合开发，提升其周边土地的价值，通过引进专门投资机构进行相应开发，以实现持续盈利来弥补一些项目财务效益差的缺陷。

新建的大型客货运站一般位于规划新区或新老城区的接合部，是发展相对滞后的区域，一般优先发展地产，市政配套设施急需完善。只有通过重点车站周边用地的综合开发，才能完善城市新区的基本功能，才能吸引资金及人才入驻，从而盘活周边的各种资源，实现其长期的协调发展。

通过对枢纽范围内线路及重点车站的综合开发，既可以促进铁路的持续健康发展，又能带动城市新区的快速发展，真正实现“路地双赢”。

8.3　主要场站选址原则

枢纽场站选址除以上基本要求外，各种车站由于性质、功能及作用不同，还有个性化的选址要求。

8.3.1 客运车站选址

1. 普速客运站选址

现代铁路枢纽，除非为新建铁路枢纽，一般不会因为新线的引入而单独修建普速客运站，普速客运站的"命运"一般为：一是原址扩建；二是置换为高速客运站或城际客运站。

由于原普速站地理位置一般优越、市政设施配套完善、方便旅客出行，故而有高速铁路引入时首选改为高速或城际客运站，而另外选址还建普速客运站。在这种情况下，一般会在枢纽环线或客货运主轴线上单独还建普速客运站或辅助客运站的普速车场。其地理位置一般位于既有城市的边缘或规划新区与既有城市的接合部、与主城区有便利城市干道或轨道交通相连、与其余客运站也能互联互通、客运站选址满足环水保的要求、土建工程及拆迁都不大的位置。

案例：成都铁路枢纽成都客运站普速外迁规划

成都铁路枢纽的既有成都站位于枢纽客运主轴上，多条客运干线交会于此，车站位于城市的中心，市政配套设施完备，目前主要办理枢纽环线、宝成铁路、西成高铁、达成铁路、成渝铁路、成兰成青铁路、部分成灌城际铁路等的普速客车及少量动车的始发、终到和通过作业；为更好地发挥既有车站的地理位置优势，充分利用成熟的市政配套设施，方便旅客出行，提升高铁的服务质量和效率，规划成都站置换为高速客运站，在枢纽东部的普速环线上规划十陵站为普速客车办理站。成都站置换为高速客运站后，主要办理成都至都江堰、成兰、成蒲、成青金等高铁的动车始发、终到和通过作业；十陵站办理遂成、成渝、宝成、成昆、成兰、川藏、成格等枢纽所有普客的始发、终到和通过作业。

2. 高速客运站选址

高速客运站选址是现代铁路枢纽客运网规划设计的核心问题。

大城市的高速客运站一般为大型站，以车站为核心的站场设施是庞大的工程，占地大。因此对任何城市而言都是一项大型基建工程，制约因素众多，规划设计周期长、反复多，投资大，建设周期长，往往需要多方案综合比选。

1)在规划选址的理念层面，一般遵循以下基本原则：

(1)有利于城市发展

遵循以人为本和可持续发展的原则，统筹兼顾铁路运输、城市发展和综合交通等方面的需求，充分体现功能性、系统性、先进性、文化性和经济性。

(2)兼顾现状和发展

高速铁路引入的城市大多属于既有铁路存在多年、乘车文化和商贸区域已经稳定的情形。需要布设多个客运站的枢纽，必须既符合城市发展规划新建选址，又必须满足传统功能区(历史和现状)需要，具体而言，应处理好以下问题：

①新建站符合城市发展规划，覆盖城市规划功能区，宜采用“近而不进”的理念选址，新标准、高起点，服务城市未来发展需要。

②充分利用既有站伸入城市、服务城市。

高速铁路车站全部采用“航空港”式城市外围选址，必然加大城市居民出行的时间、经济成本。既有客运站一般位于城市中心附近，经多年建设发展，已形成稳定的服务区域，城市配套交通设施完善。因此，引入线应结合城市规划、引入线路走向、工程条件、建设环境等因素综合比选，有条件时应优先引入既有客运站并对其进行现代化改造。如成都东站从利于城市规划发展和兼顾现状的原则出发，采用“近而不进”的选址理念，车站选址于城市东侧边缘，紧邻城市，结合城市规划，建设综合交通体系，按照高起点、高标准的思路，既兼顾铁路运输的需求，也带动城市的发展。

2）在规划选址的技术层面，一般应遵循以下原则：

（1）新建站应有利于相关引入线的走向

新建站在符合城市总体规划的前提下，应充分考虑铁路自身的特点，站址应利于衔接线顺直、利于直接引入、站段布置，降低高速铁路建设和运营成本。

当站址与线路走向差异较大时，应以利于主要线路（功能定位高、行车绝对量大）贯通、次要线路换乘的方式解决线路走向和车站选址间的矛盾，必要时，可采用停站车下线、直通车快速通过的下线模式选址。

（2）综合选址

综合选址原则即综合运用环保选址、规划选址、地质选址等技术手段。其中环保选址、规划选址是法规性、可实施性的问题，在难以全部均衡时，应侧重环保选址、规划选址，地质选址、地形选址从属。

（3）充分利用既有设施

高速铁路引入既有站改扩建是必须首要考虑的方案，一般有原址扩建和置换扩建两种模式。原址扩建适用于高普速需求并存的情况。置换扩建有两种情况：一是既有普速客运站改造为高速客运站，另选新址还建普速客运站；二是利用区位优势较好的枢纽货运站、编组站的地理位置及配套的交通设施、场地空间，改变其性质，在既有车站区域修建高速铁路车站及相关运营设施，把原既有站移往他处还建。

这两种模式在中国高速铁路建设中均有运用。例如：成都铁路枢纽成都站即是将既有普速客运站扩建改造为高普速共站的客运站，成都东站则是利用枢纽既有东环线沙河堡中间站站区的优越地理位置，置换修建为高速客运站，将两站间的原成都东编组站改变性质，改造为成都动车基地。原普速东环线整体置换于城市东部新建货车外绕线，沙河堡站及原成都东的货运功能移往货运北环线上大弯镇站综合型货场集中办理。重庆铁路枢纽的重庆西站也是利用原重庆东中间站的位置修建，将原重庆西编组站改建为动车运用所；而重庆东、重庆西的货运功能移往白市驿、团结村等站办理，解编功能移往新建的兴隆场编组站。

利用既有客运站除考虑铁路本身环境因素外，尚要考虑市政配套、拆迁等社会总成本，成本过大时则应选址新建。

(4)综合交通原则

铁路客运站同机场、港口、公路客运站、地铁轻轨站一样，都是城市的强大客流集散点，必须依靠多种交通方式合力完成旅客安全、快速集散，依托铁路客运站构建城市综合交通枢纽是必然的。因此，在规划设计时，其选址及站区规划尚必须考虑利于其他交通方式引入和节点的布设，利于实现高速、城际铁路客运网和城市轨道交通网、公共交通各种方式的换乘。

案例：成都铁路枢纽天府站

成都天府新区为2014年国务院批准设立的国家级新区，与成都主城区形成“双核”格局，规划2030年总人口达到500万人，与成都主城区人口规模不相上下，无疑是客运新增长点，客运需求巨大。因此，结合新线引入需求、客运站到发线能力需求及天府新区的客运需求，规划在天府新区设立新客运站，并作为枢纽主要客运站之一。成都新机场位于成都市东南方向简阳市境内，于2016年动工、2020年建成。为配合新机场建设，成都—新机场—自贡客运专线经新机场后从东南方向引入成都铁路枢纽，在新机场设辅助客运站，以形成航空港综合交通枢纽。

天府站的选址按照上述原则，在结合城市总体规划的前提下，充分考虑成自、成达万等高铁的引入，在天府新区新建天府站，打造集高铁、机场、公路客运站、城市轨道交通的综合交通枢纽。成都铁路枢纽天府站综合交通示意如图8-1所示。

3. 城际客运站选址

城际列车主要解决城市组团之间、卫星城与中心城区之间、城市与城市之间的客运需求。城际客运站规模较高速客运站小、车站咽喉布置简单，满足高峰时段进行短编组、高密度到发的要求，其选址一般遵循以下原则：

(1)尽量靠近客源点独立设置。

为尽量吸引客流，提高服务品质，客运站选址尽量靠近客源点，即要求在居民聚集区设站。通常的做法是，通过置换利用既有客运站的优越地位办理城市客流，或在各城市组团的核心区域设置新的城际客运站。

(2)与其他交通方式合设。

高速客运站、机场是旅客集散的重要场所，由于各自地位与作用、功能、站址的不同，单独一种交通方式不能很好满足城市居民出行的需求，一般需要多种交通方式形成综合交通枢纽、互相协作才能发挥最大的效率。因此，一般高速客运站在机场位置设置城际车场，以方便旅客换乘。

(3)与高铁站平行设置。

为方便旅客集散，若是与高铁站一并新建、形成一站多场，城际场以靠近站房布置为首

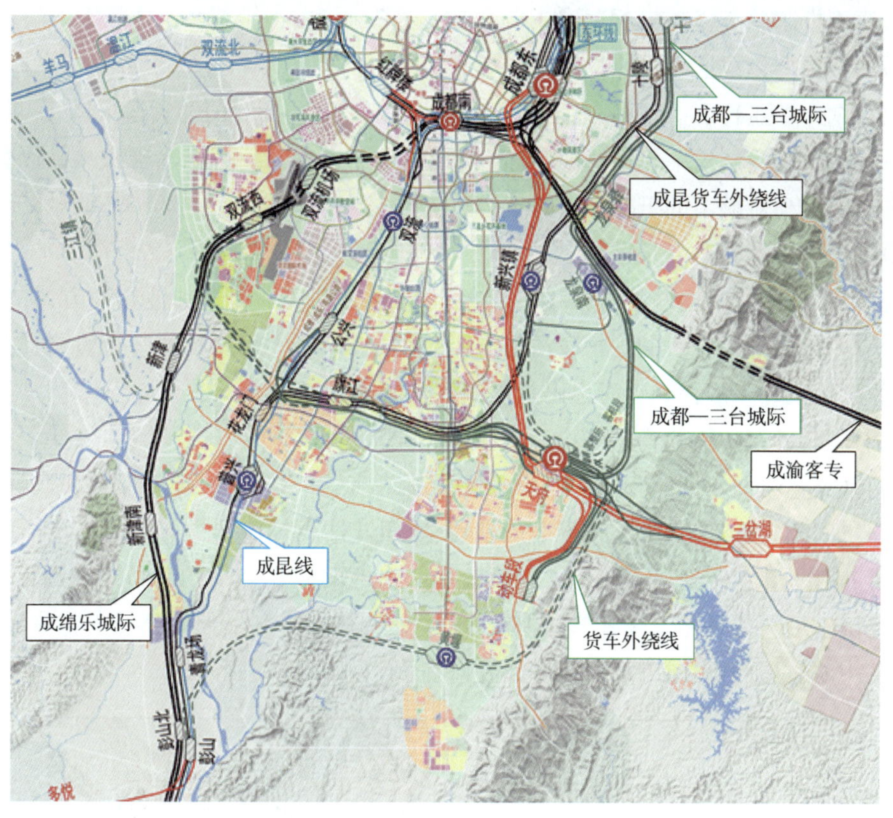

图 8-1　成都铁路枢纽天府站综合交通示意图

选。若是引入既有车站，以城际场靠城市侧布置为首选。

(4)立体设置时其位置需综合考虑。

若与机场、高铁客运站、地铁、轻轨形成立体、多层的综合交通枢纽，城际车站的具体位置需根据各种交通方式车站的规模、客运量、换乘关系及工程情况综合考虑。例如，成都双流国际机场城际站，设于 2 号候机楼地下，与机场、地铁 3 号线形成立体综合换乘。

8.3.2　物流中心选址

物流中心站是铁路枢纽货运系统的重要组成部分，是综合型货物(仓库货物、站台货物、堆场货物、集装箱及长大笨重货物、冷链及小汽车等特种货物)办理场所，由于所包含的内容多，功能区复杂，因而占地面积也较大。物流中心站选址要求除需符合铁路枢纽总图规划、城市总体规划和产业布局规划，并根据城市物流需求进行集中设置或分散设置外，还应满足以下原则：

(1)地势开阔、拆迁量小。

物流中心站有铁路体系中的车场、装卸区、储存堆放区及物流功能区、集散道路系统构成，总的占地面积很大，因此要有满足需求的用地，地势开阔才能满足铁路与地方配套的布置要求,便于控制总投资和立项建设。

(2)尽量远离建成区,减少对城市干扰。

物流中心站运量大,占地多,进出的大型载重货车多,需要专门的货运大道,一般对所经路面的强度要求较高,对一般性路面破坏性严重、噪声大、污染重,拥堵现象多。因此,应尽量远离市区,减少对城市的干扰和道路破坏。

(3)有形成多式联运的条件。

物流中心站的货物运输发送前的收集及到达后的发送都需要其他交通方式的密切配合,如城市内部或周边城市的货物取送都需要公路运输,对大宗货物需邻近货物产生地,对长距离的海运货物一般都靠近海运码头形成多式联运。

案例:厦门铁路枢纽前场铁路物流中心

厦门铁路枢纽前场铁路物流中心位于杭深铁路前场车站北侧,地处厦漳泉高速公路与厦深铁路之间的狭长地带,邻靠东孚区段站,距厦门北站 20 km,距海沧港 16 km,距东渡港 21 km,距离漳州港后石港区 70 km。该物流中心占地面积 5 402.8 亩,位居全国第二,是海峡西岸经济区最大的铁路货场和铁路物流中心,也是东南沿海最大的公铁货物联运中心和公路物流中心。厦门前场铁路物流中心地理位置示意如图 8-2 所示。

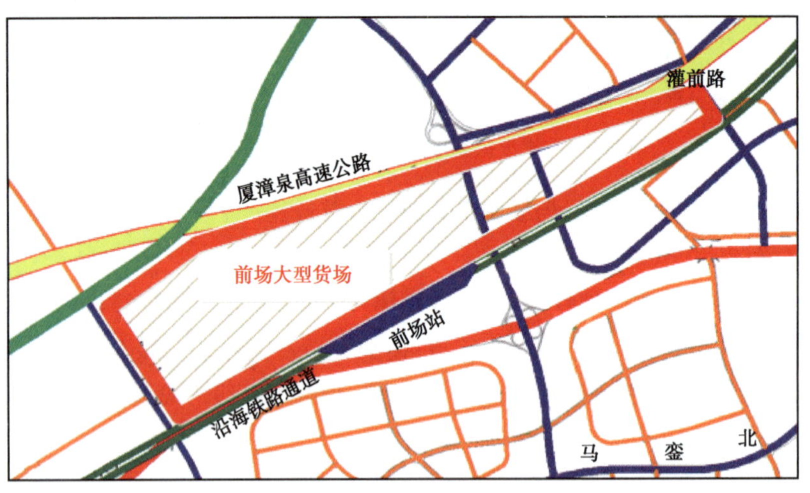

图 8-2　厦门前场铁路物流中心地理位置示意图

前场铁路物流中心选址时结合铁路物流中心的特点,远离市区,减少了对城市的干扰,所处位置地势开阔,能满足物流中心功能布局的需要,周边既有和规划道路衔接配合,有快速便捷的运输通道。前场二场铁路物流中心功能布局如图 7-20 所示。

8.3.3　动货基地选址

随着高新技术产业和电子商务的发展,全社会附加值高、时效性强、单批次运量小的快件货运量快速上升。利用高速铁路和动车组办理快速货运是铁路发展的必然举措。

动车货运(动货)基地是现代铁路枢纽货运系统的完善和补充，是高速铁路、城际铁路兼顾行包、快递业务的基地。利用高速铁路和城际铁路的富裕能力开行轻快的货运动车组列车，界定的货物品类为高时效、高附加值、小包装、鲜活易腐、轻快机电等生产生活物资。动货基地是行包、快递业务的办理场所，相对物流中心占地面积较小。动货基地选址要求除需符合铁路枢纽总图规划、城市总体规划和产业布局规划，并根据城市物流需求进行集中设置或分散设置外，还应满足以下原则：

(1)尽量靠近高铁站或动车所，方便货运动车组列车的快速到发。

社会对动货的时效性要求高，动货基地应该有便捷快速的到发进路，因此动货基地在高铁站和动车所附近选址是首选。

(2)便捷的公路交通条件。

动货基地一般运量不大，相对物流中心占地较小，货物到发均需要其他交通方式配合，进出的小型货车多，因此选址周边应有便捷的公路交通条件。

(3)有形成多式联运的条件。

动货基地由铁路体系中的车场、装卸区、储存堆放区，物流、快递、分拣功能区以及集散道路系统构成。物流基地的货物运输到发送前的分发和收集都需要其他交通方式的密切配合。如城市内部或周边城市的货物取送都需要公路运输；有航空港的枢纽，物流基地也应兼顾空铁联运形成多式联运。

8.3.4　技术作业站选址

枢纽内最重要的技术作业站是编组站。编组站规划选址是现代铁路枢纽规划设计的重要内容之一，具体选址应结合所在枢纽在路网上的功能定位、枢纽总布置图、所在城市的发展规划及产业布局，以及地形地质条件等因素综合比选确定，其还应遵循以下主要原则：

(1)卡住主要车流，满足货车车流顺畅通过需要。

编组站的设置位置应卡住主要干线的货车车流，保证主要方向车流顺畅，减少折角车流。

铁路枢纽一般衔接多条铁路线，但各线的功能、运量不会完全相同。编组站的设置必须能卡住主要货车车流，解编系统朝向必须符合主要车流流向需要，满足货车车流顺畅通过需要，并避免或最大限度减少其他方向间车流在编组站折角流动。当受自然条件限制，难以完全兼顾所有衔接线车流顺畅的要求时，则应有所取舍，保证具有主要强大车流的线路顺畅衔接，并尽量避免或减少折角车流。

因此，编组站应设在各引入线的汇合处，并位于主要车流的径路上，同时有利于折角车流的中转。

(2)解编作业应集中。

每个枢纽的主要解编作业，应尽可能集中在一个编组站进行，即集中设置编组站，以加速车流中转,避免重复、短距离解编,降低运输成本,提高作业效率。

国外铁路编组站属于私有化,各铁路公司间线路独立运营,铁路公司有各自的客户群,同一枢纽内往往有多个编组站同时共存,联系较少。这就造成了各编组站作业量较小、设备闲置、能力虚糜等问题,跨线货物重复作业,运营成本高,相对公路运输优势丧失。20 世纪六七十年代,国外很多编组站不得不关闭或改作其他用途,重新回到集中作业的技术路线上。

在铁路建设的一定历史时期内,受制于既有编组站的改扩建条件,中国曾采用某个编组站不敷使用时另行修建编组站、“主辅结合”的建设方式。实践证明这种方式并不成功。同一枢纽内多个编组站并存,不但增加前方编组站的到站组号,而且由于各自衔接不同的线路,各线间大量跨线车、交换车需在另一编组站重复解编。各编组站间不得不开行大量短距离的小运转列车,不但无谓增加车辆在站停留时间,更挤占了有限的线路通过能力。列车进入枢纽后长时间难以发出,得不偿失。因此,除大型厂矿企业自备的工业编组站外,枢纽内尽量设置一个编组站集中作业,对于货流集中的物流中心,尽量组织基地直达或阶梯直达列车,实践证明是经济、合理的。如西安铁路枢纽,原有新丰镇、西安东两个编组站,目前结合枢纽货运北环线及新丰镇编组站双向系统建设,解编作业已整合集中在新丰镇编组站进行,取消原西安东编组站,改其为动车运用所;上海铁路枢纽原有南翔、新龙华两个编组站,后整合为南翔编组站;杭州铁路枢纽原有乔司、艮山门两个编组站,后整合为乔司编组站。

目前,全路重要铁路枢纽中,沈阳铁路枢纽保留了沈大线上的苏家屯、秦沈线上的沈阳西两个编组站;武汉铁路枢纽具有武汉北、武昌南两个编组站,分别位于长江南北。

(3)与主要的物流中心、集装箱中心站、大型工矿企业联系便捷。

编组站不但为路网上解体、编组车流服务,地方车流的组织、取送也是其主要功能之一。枢纽内主要的综合型货运站(物流中心)、集装箱中心站、大型工矿企业专用线等,是车流集散的次级中心,虽具备一定的技术作业能力,但不可能完全组织起始发直达、技术直达列车,也缺乏完善的解编、动力及检修能力,特别是多去向的车流,必须依托编组站进行作业。因此,编组站的选址除考虑路网车流顺畅外,还需尽可能使枢纽地方车流主要集散点取送车辆便捷,减少车辆走行距离,提高运输效率。例如,成都铁路枢纽内,在货运北环线上的成都北编组站邻近的前方一个区间分别设置城厢集装箱中心站、大湾物流中心。重庆铁路枢纽邻近兴隆场编组站设置团结村集装箱中心站、白市驿货运中心站等。

8.3.5 动车段(所)选址

动车段(运用所)占地往往比客运站本身大,由于其必须与客运站便捷联系,故其选址的自由度不大。其选址主要体现以下特点:

(1)功能性布局选址

①动车段应设于客运中心所在地。中国现有北京、上海、武汉、广州、成都、西安、沈阳七大动车段,均位于铁路客运中心所在城市。

②动车段位置宜靠近车站,有良好的接轨条件,采用与车站顺列式的布局,并应有利于行车及生产管理。

③动车组出入段对车站作业干扰最少,并应适应站型和运输发展的需要,出入段线与正线宜采用立体交叉。

(2)规划性选址

①动车段设置应符合“集中检修、分散存放”的原则,满足动车组“快速检修、安全可靠、高效运营”的检修运营要求。在同一枢纽内有多个客运站时,动车检修库应集中设置在发展条件好、工程节省的动车所内,日检、整备、存放设备可分散在每一处动车所(存车场)。

②动车段设置要能立足干线、辐射周边。

(3)工程选址

①段址地形应较平坦,尽量减少土石方工程,避免高填深挖,以降低工程造价。

②便于城市电力线路、给排水等市政管道的引入和道路的连接。

(4)环保选址(地形、地质、水文地质、用地资源)

选址宜避开工程地质和水文地质不良地段,并有良好的自然排水条件。

第9章 铁路枢纽衔接线路、疏解线、联络线规划的一般原则及方法

铁路枢纽衔接线路包括普速铁路、高速铁路、城际铁路等线路，为满足干线间的相互交流，需设置联络线进行沟通，共同引入车站时需设置疏解线解决敌对进路并提高运输能力。枢纽衔接线路、疏解线、联络线的规划需根据城市的发展与客、货运输及能力的需要合理设置。

9.1 衔接线路规划的一般原则

现代铁路枢纽的线网一般都由客货共线的普速网、高速铁路网、城际铁路网等构成。客货共线铁路是机车牵引运行的线路，高速铁路与城际铁路都是动车组运行的线路。运行速度及线路技术标准由低到高依次为客货共线的普速铁路、城际铁路及高速铁路。三者在现代铁路枢纽的地位、作用及技术标准不一致，一般情况下独立成网，但通过疏解线、联络线及共站分场等方式又实现互联互通，因而形成“多网并存、多网融合、协同发展”的格局。

现代铁路枢纽客货共线的普速网、高速铁路网、城际铁路网三者的线网都由正线、联络线、疏解线、通段所线路以及客货运车站、技术作业站、机务车辆段(所)、动车段(所)、综合维修工区等组成，由各种线串联站及段所，形成枢纽衔接线网格局。枢纽内衔接线路规划的原则为“以点(车站)定线(各引入干、支线)”，各种线网起串接车站、构成网络的连接作用，线路走向需优先服从于车站性质和能力需要。

9.1.1 衔接线路规划的一般原则

现代铁路枢纽衔接线路规划应遵循以下原则：

1. 符合城市及铁路枢纽总图规划要求

枢纽在路网中的地位与作用、枢纽所在城市在国民经济中的地位与作用、城市经济发展水平，决定了枢纽引入线路数量，技术标准，各种车站及段所数量、等级及规模。因此，枢纽总图是线网规划的“根”与“魂”，只有在总图规划的框架内线网才有生命力、才能发挥应有功能。

在枢纽总图规划阶段，作为总图规划内容之一的线路、线网规划，必须与城市总体规划

相适应，在满足城市形态、自然条件等的前提下，应以生产力分布为“根基”，贯彻“以点引线、功能为先”的基本方针，才能使总图“立”得住、“站”得稳，才能真正指导枢纽发展，才能顺利实施、避免“大拆、大改”，充分发挥其经济效益及社会效益。

2. 线路性质与能力相适应

枢纽内引入线路应根据连接车站间能力需求及整体路网功能需求，正线数目分别选用单线、双线、三线等，技术标准根据其客线、货线、客货共线等性质合理选用不同技术标准配套，既满足点线能力协调的功能需要，又避免过度投入造成能力永久虚糜浪费。

在中国铁路枢纽“功能为先”的建设理念下，160 km/h 以上客货共线干线铁路一般为双线，高速铁路及城际铁路正线均为双线，主要车站的疏解线及联络线为按方向别疏解的双线，通机务、车辆段(所)双线居多，分场高速客运站动车出入线也以方向别引入，或预留扩建条件。

3. 引入线顺直

线路顺直是工程永远追求的目标，因其一般意味着最小的能耗、最短的运行时间和最低的基建投入。现代铁路枢纽，更赋予其以下具体含义和要求：

①枢纽内引入线路尽量顺直，要求：一是铁路正线，特别是高速及城际铁路应顺直引入大型高速客运站，旅客列车能便捷地由各引入线路接到客运站，尽量不降低速度通过枢纽，缩短市内走行时间；二是线路敷设应保证主要方向的旅客列车通过枢纽时不变更运行方向。

②货物列车由引入线路接到编组站和集装箱中心站、物流中心站等，应保证主要车流(或重车流)方向有顺直通路，尽量避免绕行、展线等。

③充分、高效利用城市既有交通走廊，以及地下、地上空间资源。客运专线线路要尽量与枢纽内的既有线并行，以免造成对城市的重新分割；要尽量避免与城市干道交叉；要绕避城市居民密集区及重要民生设施，避免噪声干扰。

4. 客货分线

现代铁路枢纽一般都是客货共线干线、客运专线、城际铁路、专支线汇集，还需设置必要疏解线及联络线，线路众多、立交关系复杂；而铁路旅客列车、货物列车的牵引质量不同，运行速度及时间段不同，线路需要的技术标准不同，对城市的不利影响程度不同。因此，在能力需求大、客货干扰严重、时间段落冲突概率大、技术标准难以协调的枢纽，应毫不犹豫地实施“客货分线”，引入线路尽量共廊走行，或立体叠加走行，或独立新线引入。

9.1.2　不同标准线网各自应遵循的原则

1. 客货共线的普速线网

在中国，客货共线的普速铁路指列车最高运行速度不超过 200 km/h 的铁路(不含重载铁路)，在铁路网分布最广、里程最长，是铁路客货运的核心。枢纽内客货共线的普速线网规划一般遵循以下原则：

(1)枢纽范围内线路侧重工程的经济性

引入枢纽的铁路线路,一般均受到规划、拆迁、城市立交通道、站位及疏解等多种因素控制,必然面临工程选择。普速铁路货车一般都要进技术作业站进行作业,客车也会在客运站停车进行客运作业,其噪声和震动较大,全日运行,对城市生活影响较大,运输对象对时间及速度较不敏感。故在枢纽范围内普速线路走行及工程选择侧重于工程经济性,为考虑绕避规划用地及重大拆迁等控制因素,采用经济合理的线路方案及工程措施、线路适当绕行是可以接受的。

(2)新建铁路沿既有通道引入,在枢纽前方疏解后合并引入

现代铁路枢纽一般都已形成客货共线普速网,普速铁路的追踪列车时间间隔最小可至7 min,普速双线具有较大的通过能力。新的客货共线铁路引入时,尽量在距其较近的枢纽前方站疏解后合并集中引入,不宜开辟新的通道再次切割城市,各线共用的主轴扩能以增建二线(三线)为宜。

(3)与高铁、城际铁路及城市道路立交时,可下穿

不同等级的铁路间立交一般遵循“高标准线路跨低标准线路”的基本原则。由于高铁、城际铁路都比普速线路标准高,普速铁路应下穿。与城市道路交叉时,铁路下穿既可减少铁路本身的投资,又有利于城市道路的衔接和景观效果。必须架空时,应采取完备的环保、安全措施,尽量减小对城市和其他铁路的不利影响。

(4)满足战备需求

枢纽内普速线路是战时战备运输的基础,必须考虑战时运输的需求和特点,工程宜简易,损毁后易于抢修,站段分布集散结合,避免出现高桥、长隧等重点防护工程,满足战备需求,尽量做到平战结合,必要时修建枢纽内战备迂回线,保证基本应急运输条件,并为列车、机车的应急疏散创造条件。

2. 高速铁路线网

高速铁路运行动车组的线路,速度一般是250 km/h及以上,标准高、投资大,其线网规划与客货共线的普速铁路有本质的差别,一般遵循以下原则:

(1)独立引入,独自成网

高速铁路运输需要相对独立的运行径路。因此,大型铁路枢纽应结合城市规划及以高速铁路为代表的客运专线引入,逐步构建相对独立的高速客运网。

(2)尽量与区间线路同标准

高速铁路侧重于“以人为本、快进快出”。由于绝大部分动车在主要客运站都要停站办理客运作业,若受条件所限,通过充分方案比选,主要车站两端的线路可适当降低标准,其余线路正线应与区间标准一致。

(3)综合选线

高铁引入枢纽的选线虽在较小地域内进行,但一般受环保、城市规划、地形地物、地质等因素制约更多。因此,在“以站定线、线路顺直”的原则下,应综合运用规划选线(避免正线分割城

市的重要区域和巨量拆迁)、环保选线、地形选线和地质选线等选线技术进行科学合理选线。其中,规划、环保因素是决策可能性、可实施性的决定性因素,地质、地形因素是工程经济性、可行性问题,在条件不能全面满足、难以均衡时,应以规划选线、环保选线为侧重。

(4)引入线路广覆盖

高铁线路应覆盖城市主要客源点。在规划枢纽客运线路走向和站点时,应争取覆盖既有客运站、机场、客运港口、重点居民区等客流聚集点,若确实特别困难,也宜通过城市综合交通与客运站建立便捷的联系。

(5)合理确定引入线路接轨点,进出站线路立体疏解

传统的引入线设计是线路方向别引入枢纽(地区)前方站进行合并、车流排队,此方式易造成一线能力制约多线能力,形成能力瓶颈,对高速铁路不再普适。因此,各引入线原则上应结合其宏观走向,顺直引入客运站,“大进大出”、主要行车方向贯通,各进出站线路相互立体疏解,保证各方向列车同时到、发。仅当各引入线行车量较小、合并后能满足需要通过能力、工程显著节省时,方可考虑在客运站前方车站或线路所接轨合并、平面疏解引入方式。

(6)正线、动车出入段线及疏解线、联络线应统筹考虑

高铁主要客运站一般采用“一通道一车场”的一站多场组合布置,且严格按照上下行方向别行车。各个车场各有 2 条动车走行线连接动车所,动车所方向的咽喉一般都有 10 条以上线路引入车站,且为满足高峰期密集进出段所需要而相互立体交叉;若还有场间的疏解线、联络线则车站小区域内衔接、分布的线路更多,均需要小角度跨越立交,极其复杂,牵一发动全身。因此,规划设计时,必须将正线、动车出入段线及疏解线、联络线统筹考虑,不能“重正线轻站线、重贯通轻疏解”,狭隘偏废,各条线的平面位置及立交关系应按“共廊引入、减少夹心地”“不同技术标准采用不同的线位”“高标准跨低标准线路”等原则统筹考虑、有序叠放、合理分配空间资源,多方案比选确定。可以说,大型客运站动车段(所)端的线群规划设计是成败的关键。

贵阳铁路枢纽的特大型客运站贵阳北站北部咽喉区,在狭窄小区域内就衔接了四个方向 8 条正线、12 条疏解线及动车走行线,设计中对各疏解线及动车走行线进行反复调整,在平纵断面设计中综合采用线路汇合或分歧、门式墩小角度立交措施,取得合理的效果,如图 9-1 所示。

3. 城际铁路

城际铁路专门服务于相邻城市间或城市群,与高速铁路一样,运行的也是动车组,只是速度低一些,为旅客列车设计速度是 200 km/h 及以下的快速、便捷、高密度客运专线铁路。城际铁路的功能是解决中-短途城市间的城际客流,要求“短编组、高密度”运行。因此,其线网规划与高速铁路有共同的地方,也有其独特的地方,一般应遵循以下原则:

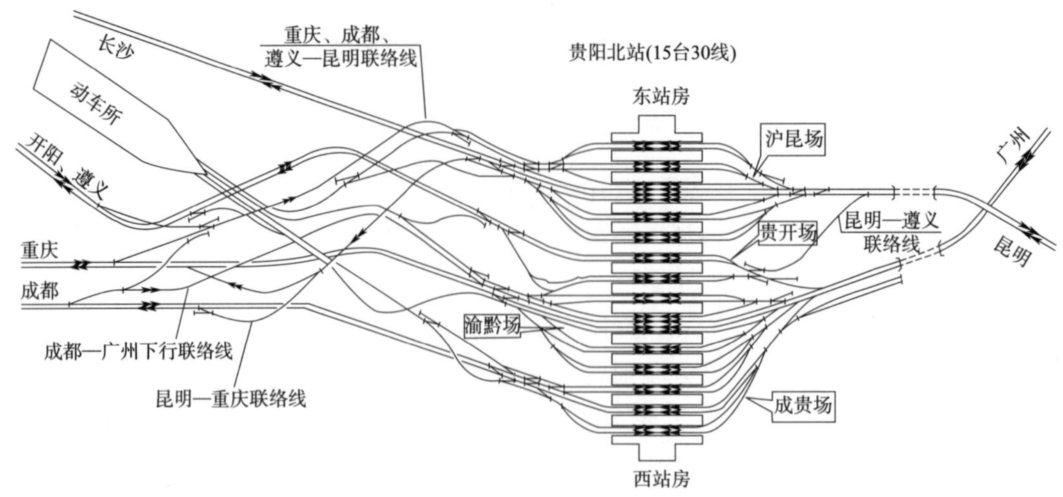

图 9-1　贵阳北站总布置示意图

(1)引入方式灵活

由于不同枢纽所处城市人口、经济发展水平、城际客流需求不一致,其城际体系也不尽相同。城际铁路引入枢纽有以下方式:

①独自引入、独立成网

对于城际客流需求强的城市(城市群)间,城际线路应自成体系、独自或联合组织日常运行、运营管理,与高铁开行跨线车的需求小,一般修建单独的城际客运站或与国铁主要客运站合站分设城际场,与高铁一样独自引入、独自成网。

②与高铁合并“并线”引入

对于中小城市、西部地区的枢纽,城际客流需求不强,没有必要设置单独的城际场;当城际铁路与国铁客运专线有跨线-互联互通需求时,在能力满足需求的情况下,城际铁路可在高铁客运站前方站与国铁客运专线合并“并线”引入共用客运站。

③利用普速系统的客运线路引入

随着高铁、城际铁路的快速发展,普速铁路客流量的下降趋势日益显现。同时,随着城市建筑高层化、组团化的迅速膨胀,沿既有铁路通道扩建引入既有客运站的代价、难度和引发潜在社会不稳定因素的可能都在加大。为提高运输效率并照顾多数居民的乘车习惯,充分利用既有客运站较好的地理位置及配套设施吸引城际客流,将既有普速客运站改为城际站,而普速线改接环线或通过新建联络线后引入其他次要客运站,实现高铁、城际铁路通过“置换”“普速另迁”模式,利用枢纽普速系统的客运线路引入既有车站。

(2)城际铁路正线应串联各客源点

城际铁路以吸引沿线中-短途客流为重点,必须根据客源点来布置城际车站。为提高服务频率,一般站间距较高铁小。因此线路引入及走向应方便吸引客流与布设城际车站。

(3)宜与高铁共廊或共通道引入

由于城际铁路与高铁车体、运输组织方式相差不大,为减少对城市的切割、节约用地,一般与高铁共廊或共通道引入。

(4)技术标准可根据受控因素及工程情况灵活选取

由于城际铁路车站站间距小,枢纽内的城际客车"站站停"居多,追求服务频率高,而对速度要求放在相对次要位置,因而对线路技术标准(曲线半径)可根据受控因素多少及工程大小,灵活选用。

(5)引入线路广覆盖

城际铁路应覆盖城市主要客源点。在规划枢纽客运线路走向和站点时,应争取覆盖主要客运站、机场、客运港口、重点居民区等客流聚集点;特别困难时,也宜通过城市综合交通与客运站建立便捷的联系。

(6)统筹布局运营车辆设施及维护设施

城际铁路与高速铁路的运营车辆、调度组织、存放模式及维修设施等基本类似,遵循"专业化、集约化"的运营理念,应与高铁系统共同集中设置满足线路检修、车辆存放及检修的运维设施,如与高铁合设的动车运用所、动车存车场和检修基地等,便于资源共享,集中管理,提高效率。

9.2　疏解线、联络线规划的一般原则

9.2.1　疏解线、联络线的概念

1. 疏解线

疏解线是为消除或减少线路上列车或机车运行的进路交叉而设置的线路。铁路枢纽线路较多,在多条线路相互汇合、分歧的交叉点,列车同时行车、平行作业时必然产生列车运行径路的正面冲突(对向的敌对交叉)和同向汇合交叉。因此,为保证行车安全需设置疏解线路,将对向交叉消除(变为立体疏解)或转变为相对可控的平面隔开待避(平面疏解,利用空间隔断和时间差行车,俗称"排队"),以消除安全隐患,保证相互交叉的线路主要行车方向同时行车,平面待避概率降到最低,实现能力最大化。疏解线所形成的区域简称疏解区,如图 9-2 所示。

2. 联络线

联络线是把车站与车站、车站与线路以及线路与线路衔接起来的线路。其主要功能是分散枢纽内主要干线及专业车站的列流,以增加枢纽的通过能力;缩短列车运行距离,使列车以最短路径通过枢纽;消除折角列车运行,尽可能地不变更列车运行方向;减轻车站的作

图 9-2　重庆铁路枢纽井口疏解区

业负荷和交叉干扰，增强枢纽运营作业的灵活性和机动性等。在很多情况下，可以将疏解线、联络线功能结合起来，一体设置。

9.2.2　疏解线、联络线的技术特点

疏解线、联络线一般设置在多线引入"一站多场、横列布置"的大型客运站、货运站及技术作业站（编组站）的进出站两端或在客货分线、枢纽环线汇合与分歧处。

疏解线分为：按列车性质别的疏解线，即客车疏解线（普速客车疏解线、高速客车疏解线及城际列车疏解线）与货车疏解线；按行车方向别的疏解线，一般为客货共线线路。

疏解线、联络线的特点为：一是尽量短直，投入小；二是线形多为小半径曲线；三是坡度较大，是实现短直的必然结果；四是线路间相互立体交叉，以桥梁工程居多。

9.2.3　疏解线、联络线的规划原则及要求

疏解线、联络线的规划应根据行车量大小、行车安全、不同列车类别和运行要求，配合城市规划，结合地形、地质等条件设计立体疏解。按客货车、机务车辆及动车出入线等不同类型、不同速度匹配相应技术标准的疏解线，应遵循以下原则：

（1）旅客列车能便捷地由各引入线路接到客运站。其中主要方向的旅客列车通过枢纽

不改变运行方向。

(2)货物列车由各引入线路接到编组站,主要车流方向有通过枢纽的顺直通路。

(3)立体交叉时,遵循高等级线路跨越低等级线路的原则,交叉点宜分散设置,尽量避免过于复杂的多层立交。

(4)引入线路间(铁路网中各到达线路应独立引入)、枢纽内各有关车站间应有满足运营要求的联络通路。

(5)宜考虑战时运输的特点,为列车、机车的应急疏散创造条件。

(6)在满足运输及技术条件的前提下,疏解线、联络线应尽量短直,少占优质用地。

9.3　疏解线、联络线的设置方式

9.3.1　疏解线、联络线设置方式的影响因素

1. 需疏解线路的数量和位置

交叉、汇合及分歧处线路的数量和位置对疏解线布置的繁简程度有直接影响。引入线路的方向虽多,但如能适当地分散在枢纽内的中间站上接轨,就会使进出站线路疏解布置简化。反之,多个方向直接引入编组站,或集中更多的线路在枢纽的一端引入,其疏解布置就复杂。

2. 正线数目和通过能力

铁路正线有单线、双线、多线区间之分,正线行车有单、双方向之别。两条及以上线路引入车站一端即有行车进路交叉发生。为保证行车安全和车站作业能力,在线路的交叉或汇合处,需按通过能力要求设计为平面或立体疏解。

3. 站型特点和配置形式

由于编组站各车场配列位置不同,对进出站线路的布置和疏解也有影响。如在横列式站型中,一级二场各方向共用一个到发场,进出站线路布置简单;一级三场站型,如衔接方向均为单线,按线路别使用车场,一般不需要立体疏解。其他编组站站型,各衔接线路均应按方向别引入到达场和出发场,需作必要的立体疏解。

通过式客运站的进出站线路疏解比较简单,与中间站基本相同。尽端式和混合式客运站的疏解布置,一般要比通过式站型复杂。

9.3.2　疏解线、联络线的分类及设置形式

疏解线的布置与所采用的枢纽布置图类型、各技术作业站相互位置、衔接干线的数目及当地条件等密切相关。进出站线路的疏解,应根据行车量大小、行车安全、通过能力、不同列

车类别和运行要求，配合城市规划，结合地形、地质，以及节约工程和运营费用等方面条件，经过比选设计为平面疏解或立体疏解。

1. 平面疏解

平面疏解指利用通过线路隔开、信号等设备保证各列车按“到-通”原则利用行车时间差来疏解线路交叉，工程简单。一般分为线路所、闸站和站内平面交叉三种形式。

(1)线路所

为铁路上增加区间通过能力而设的无配线分界点，一般在区间线路汇合或分歧处，线路汇合接轨处设置隔开设备(安全线)，如图 9-3 所示。由于线路所无配线，车流汇合端一方向列车需在交叉点后方区间停车或后方站等待，效率相对较低，适用于地形困难、站间距过小不宜设站的情况，运用最为广泛。在客运专线铁路上，线路所一般的布置形式如图 9-4 所示。图 9-4(b)、(c)分别为双线方向别、线路别贯通，且相互间均有跨线车流的线路所群布置形式，均可保证任一方向列车同时跨线。

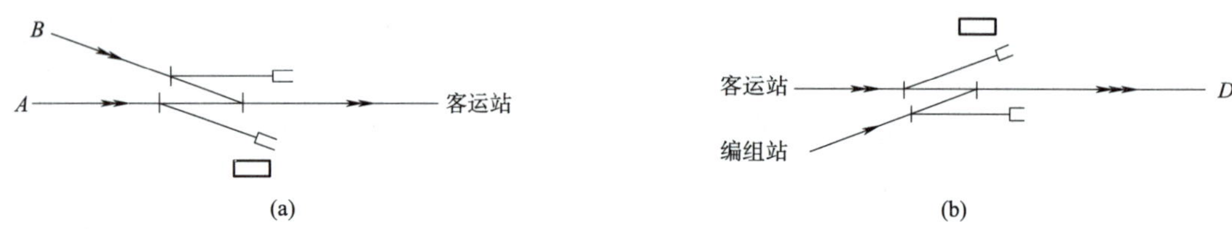

图 9-3　线路所布置图

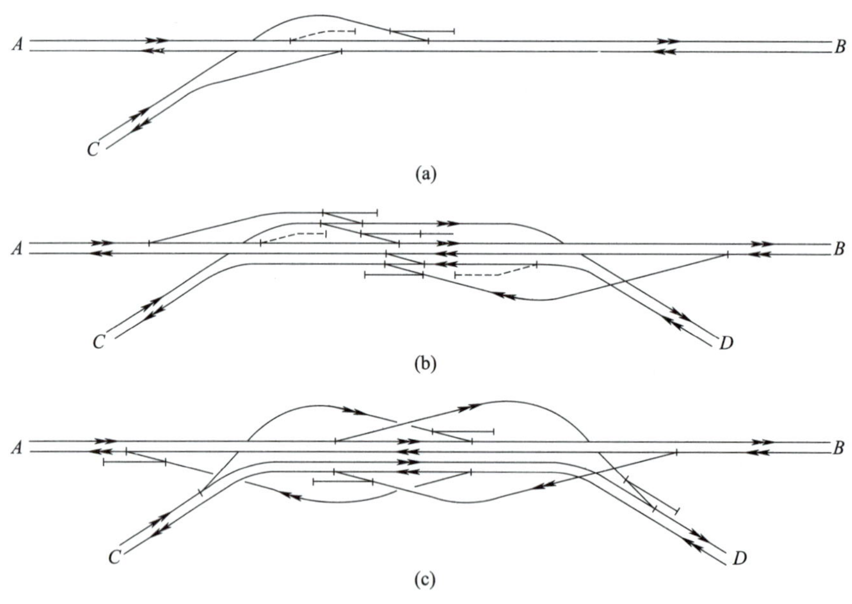

图 9-4　客运专线铁路线路所布置示意图

(2)闸站

闸站是单(双)线与双线铁路交叉,在交叉处设置必要的配线疏解列车运行交叉而设的分界点,配线仅办理次要方向列车待避作业,仅用于调整其运行时序,有效长满足列车到发需要,如图 9-5 所示。闸站不同于车站,不办理正常列车越行作业,仅为疏解交叉而设,相当于设配线的线路所。由于闸站设有配线,可减少待避列车在区间停车概率,相对更灵活、安全,但对线路平纵断面要求较高,投资较大。在客运专线铁路上,不允许平面交叉,闸站的一般布置形式如图 9-6 所示。图 9-6(a)所示为单双线接轨布置,适用于高速铁路通过地区时,次要方向(*C* 方向)车次较少、高速下线的情况。图 9-6(b)、(c)所示为双线接轨的闸站布置,如贵州铜仁客运支线于沪昆高速铁路区间接轨时,在接轨处沪昆高速铁路上设置了如图 9-6(b)所示类似的大宗坪闸站。

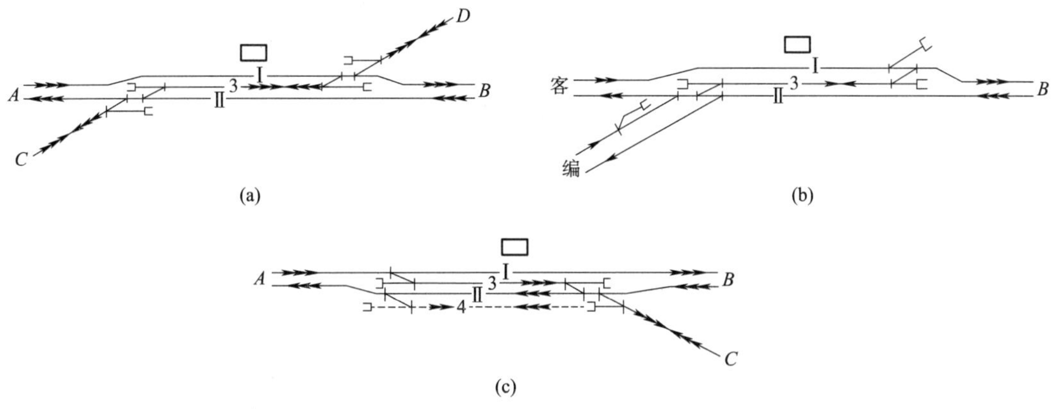

图 9-5　客货共线铁路闸站布置示意图

(3)站内平面交叉

站内平面交叉是相对于立体交叉而言,即利用车站到发线实现列车待避、交会功能,把对向交叉变为互为隔开,同向交叉变为站内待避。多用于单线铁路接轨站、单(双)线横列式非对称布置车站等。站内平面交叉设计应做到:

①车站进路布置要灵活,使交叉通路能分散在两端咽喉区。

②进站信号机前应有停车起动的条件。

③站内要有足够的线路,以利列车的待避。

现就具有几种不同引入线在单、双线中间站汇合采用平交疏解的情况作以下示例说明:

两条单线汇合成一条双线的示例如图 9-7 所示。图 9-7 存在丙—甲与乙—丙的列车进路交叉,因此,当乙—丙的列车经由Ⅰ道通过时,甲—丙的列车可接入 3 道,丙—甲(或丙—乙)的列车可接入 4 道;当丙—甲的列车经由Ⅰ道通过时,乙—丙的列车可接入 4 道(按虚线);在 4 道(或Ⅰ道)发丙方向列车时,甲—丙的列车可接入 3 道。

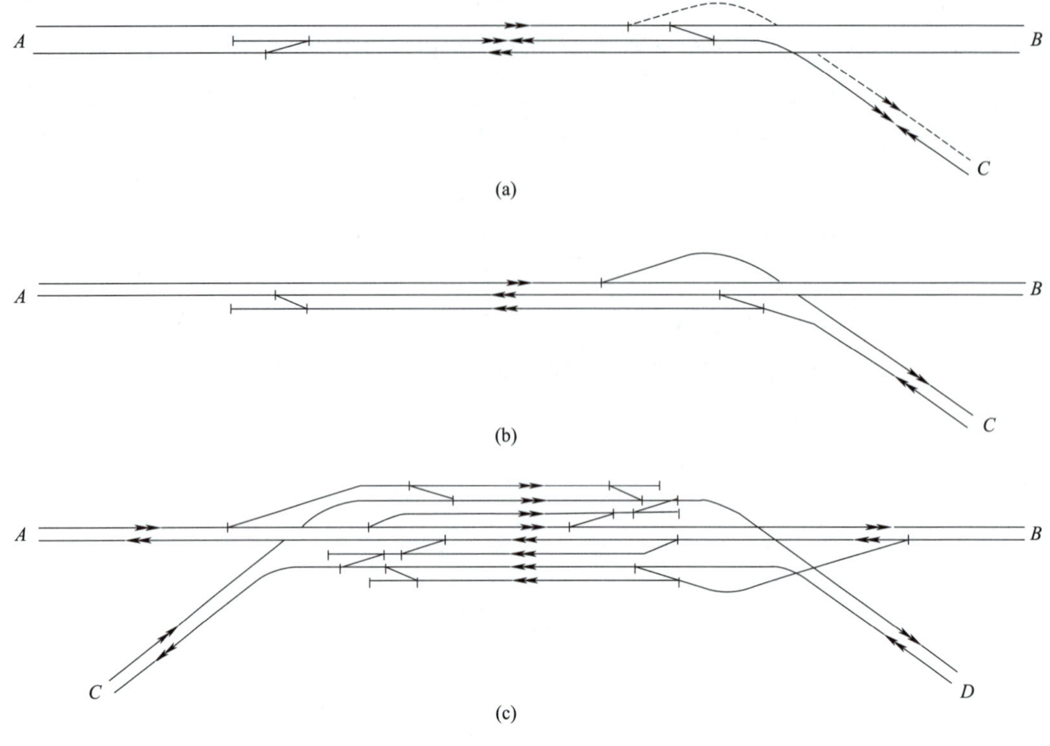

图 9-6 客运专线铁路闸站布置示意图

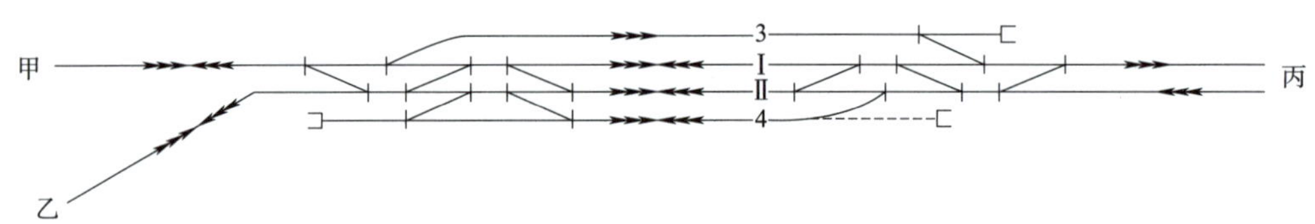

图 9-7 两条单线汇合成一条双线的示意图

一条单线和一条双线汇合的示例如图 9-8 所示。当单线列车较多时,应铺设虚线线路。图 9-8(a)存在丙—甲与甲—乙的列车进路交叉,因此,当甲—乙的列车经由Ⅰ道通过时,丙—甲的列车可接入 3 道或 5 道,在铺设虚线时,应接入 3 道。图 9-8(b)存在甲—丙与乙—甲的列车进路交叉,因此,当乙—甲的列车经Ⅱ道通过时,甲—丙的列车可接入 4 道,丙—甲的列车可接入 6 道(按虚线)。

图 9-7 和图 9-8 中三个图型采用侧线通过列车的运行方式,是结合进站信号机对 18 号道岔有侧线通过显示功能,而按侧线进站、直线出站考虑的。

站内平面交叉布置涉及面较广,它与行车量、客货运业务量、进站线路纵断面条件和列车交叉的性质等因素有关,具体设计时应综合研究确定。

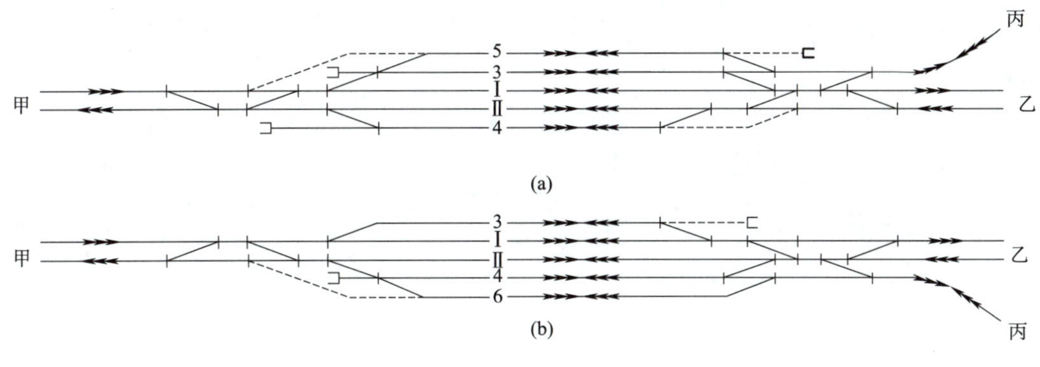

图 9-8　一条单线和一条双线汇合示意图

2. 立体疏解

立体疏解指用修建立交桥的方式在空间上消除敌对的对向“通(到)-通(到)”交叉、同向“发-发”交叉,或保证各主要方向列车各行其道、互不干扰,协调点线能力。

1)在设计立体疏解时,应该结合以下原则比选确定

①由于各线路间的平纵断面条件互相制约,高路堤和跨线桥等工程复杂,特别是枢纽的疏解布置一般都在城市范围内。建成后如再改动,将在技术、用地、拆迁和施工等方面造成严重困难。因此,在设计立体交叉疏解时,应考虑到远期新线的引入、增修正线(第二线或第三线)及联络线的可能,必要时可预留其位置(条件预留)或先期修建部分工程(工程预留)。

②随着中国设计和施工水平的提高,新结构、新材料、新技术的采用,在困难条件下设计立体交叉疏解时,对上、下线路的平面交角可适当减小,尽量采用低高度梁或门式墩技术,以改善平纵断面,减少土石方工程。

③要配合城市规划,注意节约用地,保证城市道路的通畅。对于在疏解区范围内被线路分隔或包围的土地,应视具体情况设置农田排灌及交通桥涵。

④要结合地形设计好平纵断面。对那些牵引质量小、行车速度低、限制坡度大的线路设计为上线。将运输量大、限制坡度缓的线路,设计为下线。建桥时,无论上线或下线,应将几条线路按最小线间距并行设置,以减少工程。

⑤为满足线路或接触网维修的需要,即使按方向别进行疏解的线路,必要时也应具有反方向行车的功能。

⑥要避免在枢纽两端因疏解不协调而引起的站内交叉,如图 9-9(a)所示。甲方向到达车流主要去丙方向,乙方向到达车流主要去丁方向,当编组站采用双溜作业时,尾部调车产生交叉。要消除这种交叉,必须调整丙、丁方向的疏解线路,采用图 9-9(b)。

2)立体疏解的分类及布置

(1)进出站线路的疏解布置

进出站线路的疏解形式主要可分为线路别、方向别和列车种类别三种。

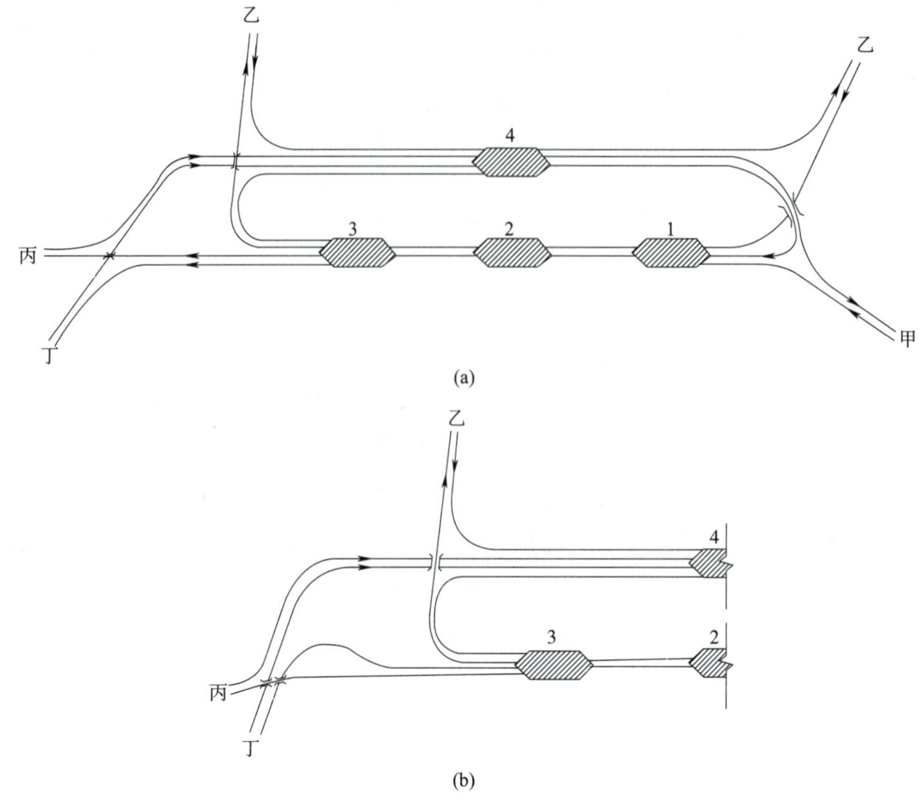

图 9-9　调整引线位置，消除站内交叉示意图

1—到达场；2—调车场；3—出发场；4—到发场

①按线路别的疏解布置

列车沿各自引入线运行通过车站，消除各引入线间跨线列车到发交叉。受跨线车流量大小不同，采用的立体疏解形式复杂程度也不同，典型的线路别疏解布置形式示意如图 9-10 所示。这种疏解布置适合于单线与单线或单线与双线汇合或交叉时使用，其特点是引线占地省，工程量小，但车站通过能力较小。因此，应分析单线行车量增长情况，考虑留有扩建成为按方向别疏解的可能。

a. 引入中间站的疏解布置

当单线与单线汇合时，基本无疏解问题。当单线与双线汇合时，是否需要疏解视行车量和进出车站的线路布置而定。当近期运量不大时，可采用图 9-11 的布置，即：将部分列车进路交叉（如上行通过与第三方向到达交叉）保留在站内平交待避来消除。这种布置的线路对平纵断面要求低，条件较好，能节省投资。图 9-12 所示为一条双线、两条单线汇合的情况。同样，当乙、丙两个方向近期的行车量不大时，可以采用站内平交的方式。

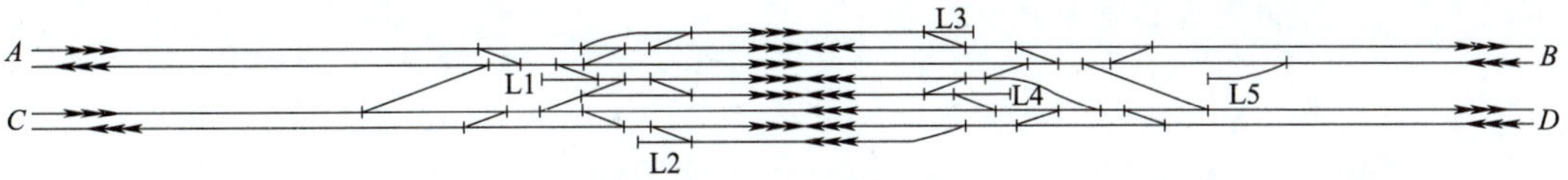

(a) 线路别跨线车平面交叉疏解

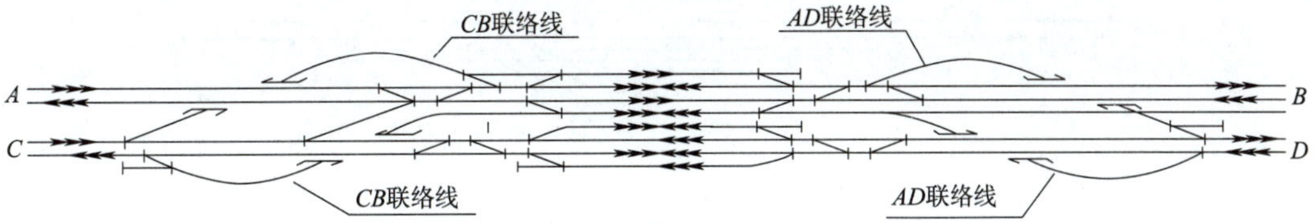

(b) 跨线车集中一线立体疏解

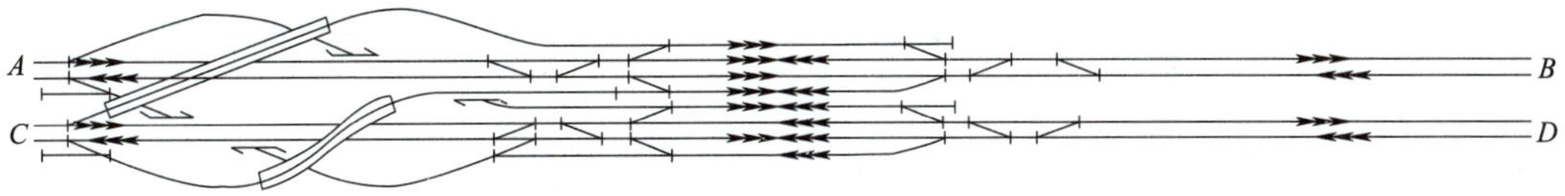

(c) 跨线车上行端集中立体疏解

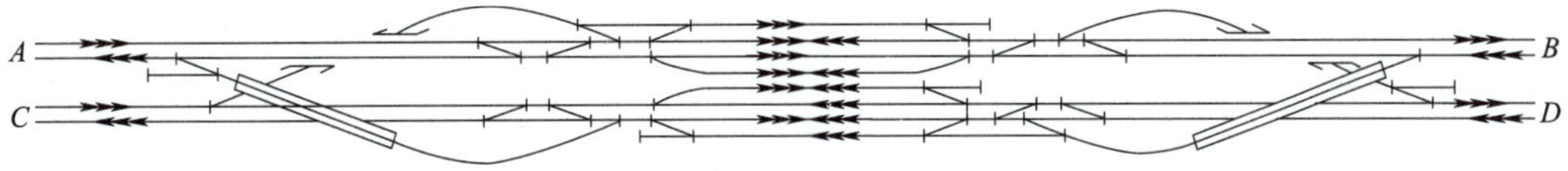

(d) 跨线车两端分散立体疏解

图 9-10　线路别疏解布置形式示意图

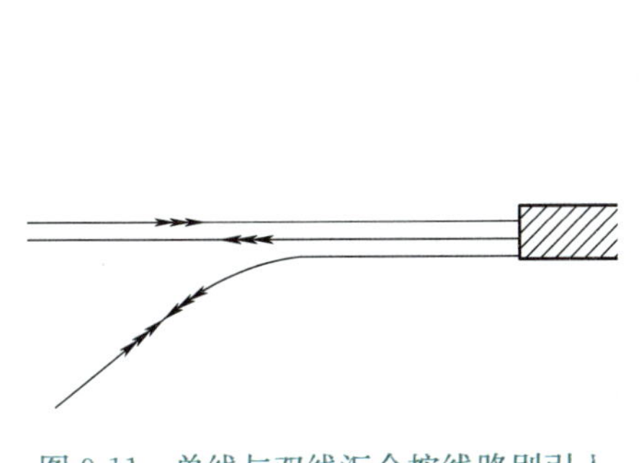

图 9-11　单线与双线汇合按线路别引入中间站疏解布置示意图

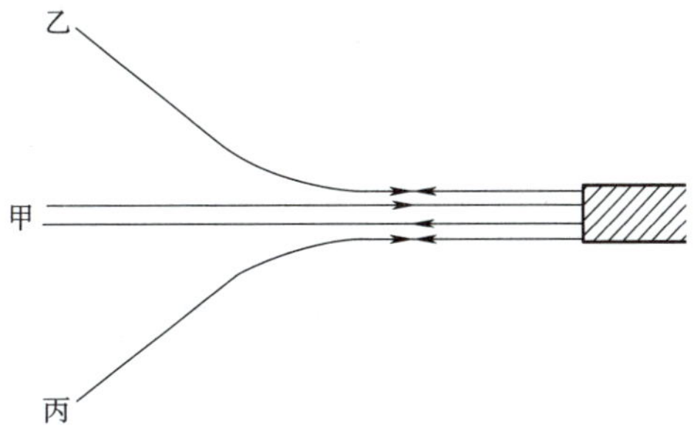

图 9-12　一条双线、两条单线汇合按线路别引入中间站疏解布置示意图

b. 引入编组站的疏解布置

进出站线路在引入横列式(一级二场)编组站时,单线与单线汇合时的疏解布置与引入中间站的疏解布置基本相同。当单线和双线交叉时,疏解布置如图 9-13 所示。两条单线在横列式编组站(一级三场)汇合时,可不设立体疏解,如图 9-14 和图 9-15 所示。

由于解体作业本身可以起到疏解作用,故上述疏解布置在甲、乙、丙、丁四个方向的有作业列车比重大时较为有利。

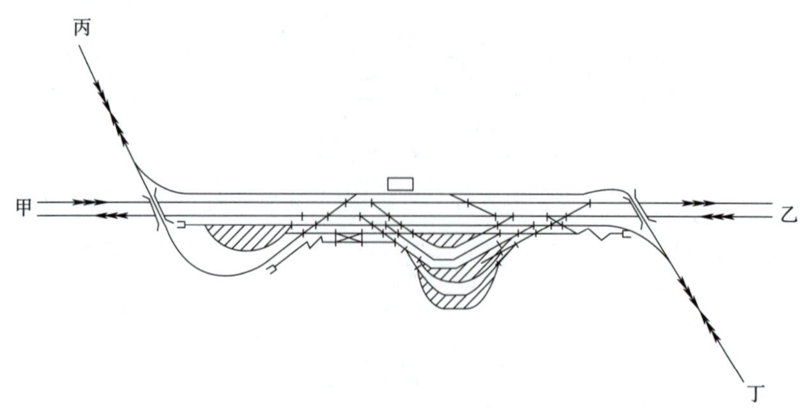

图 9-13　一条单线与一条双线交叉按线路别(预留方向别)引入一级二场疏解布置示意图

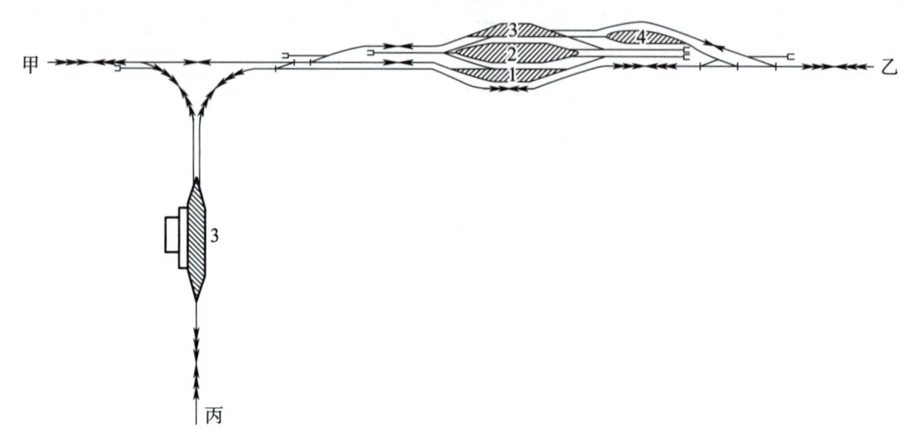

图 9-14　按线路别使用的一级三场编组站布置示意图

1—到发场;2—调车场;3—客运站;4—机务段

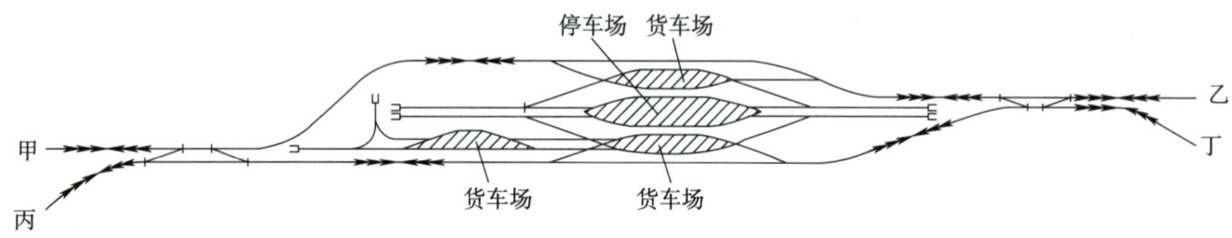

图 9-15　单线与单线汇合按线路别引入一级三场疏解布置示意图

②按方向别的疏解布置

方向别疏解是将各线间车流整理为分上下行的同向运行,以消除上下行列车相互间敌对性质的对向交叉,是进出站线路疏解最常用的方式[图 9-16(a)]。可使车站两端的列车到发互不干扰,车站和区间的通过能力均较大;但交叉线路汇合处均需修建立交桥,引线占地、工程量和工程投资较大。

a. 引入中间站的疏解布置

当双线和单线汇合，在运量大时，应按方向别进行疏解，如图 9-16 实线所示。当双线与双线汇合时，增建图中虚线。

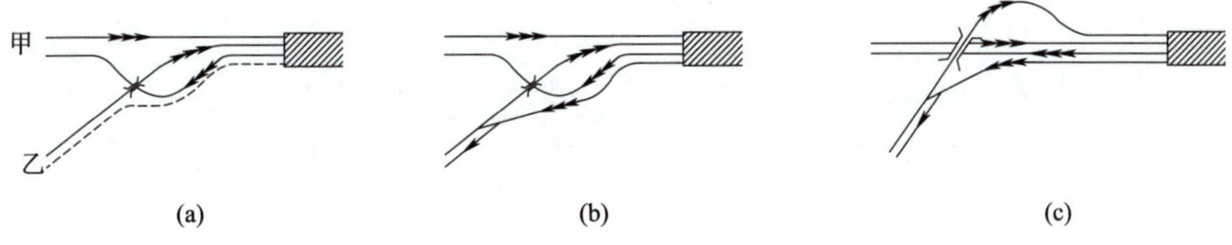

图 9-16　单线和双线汇合按方向别疏解布置示意图

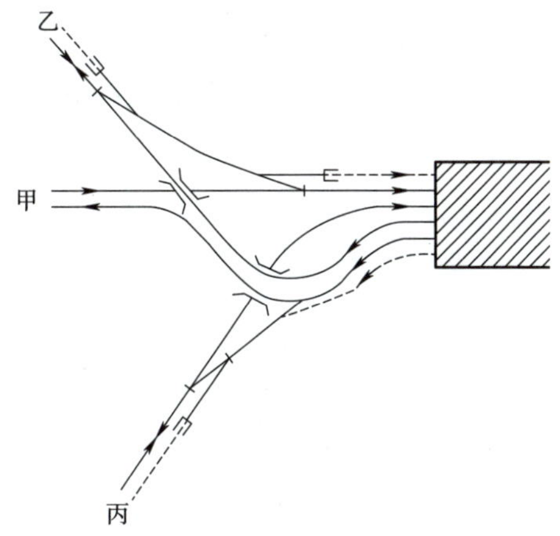

图 9-17　一条双线、两条单线汇合按方向别疏解布置示意图

有三个方向引入，当其中一条为双线，其余两条为单线，且运量均较大时，应按方向别进行疏解，如图 9-17 实线所示。当三条双线汇合时，增建图中虚线，并适当调整有关线路的行车方向。

b. 引入编组站的疏解布置

横列式(一级二场)编组站：一条双线与一条单线交叉，按方向别疏解，如图 9-13 所示。

横列式(一级三场)编组站：当单线与双线交叉时，按方向别分别接入两侧到发场，如图 9-18 所示。

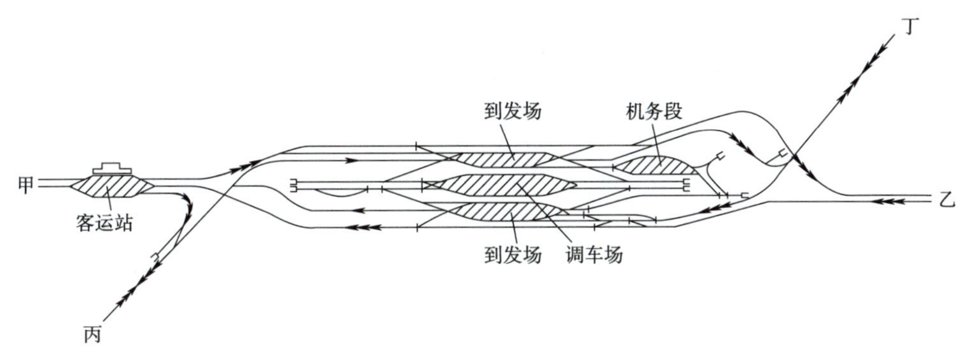

图 9-18　单线与双线交叉按方向别引入一级三场疏解布置示意图

单向混合式或单向纵列式编组站：由于该类站型各车场均按方向别使用，故无论其引入线路是单线还是双线，都需按方向别疏解。

图 9-19 所示为一条单线、两条双线按方向别疏解的布置形式。这一布置的特点是：改编列车与通过列车或旅客列车的进路，全部得到疏解。但在具体设计中，应结合各线路上的行车量，在满足需要通过能力的前提下，可将方向相同者合并。

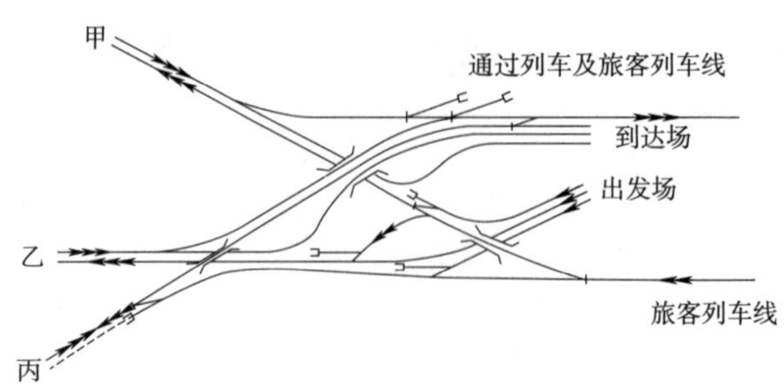

图 9-19　一条单线、两条双线按方向别疏解布置示意图

③按列车种类别的疏解布置

由于客运站与编组站的相互配置形式成并列布局，以及各方向线路均为客货共线，从而需要将客货列车的运行进路分开，线路需要分歧为分别通往客运站、编组站两个方向的线路且相互立体交叉，即形成了按列车种类别的疏解布置。

a. 线路在客运站、编组站的一端引入

图 9-20 所示为两个方向均为双线在客运站、编组站一端按列车种类别疏解的布置形式。图 9-21所示为三个方向均为双线引入客运站、编组站，且各线间又有折角车流的一种较复杂的列车种类别"十"字形疏解布置形式。

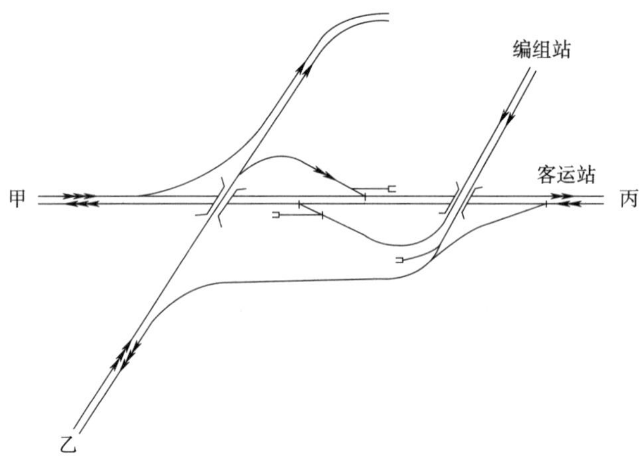

图 9-20　两个方向均为双线在客运站、编组站一端按列车种类别疏解布置示意图

b. 线路在客运站、编组站两端引入

图 9-22 所示为两个方向为单线、两个方向为双线，在客运站、编组站两端引入，按列车种类别疏解布置形式，属于组合布置。图 9-23 所示为四个方向均为双线，在并列布局的客运站、编组站两端引入，按列车种类别疏解布置形式。

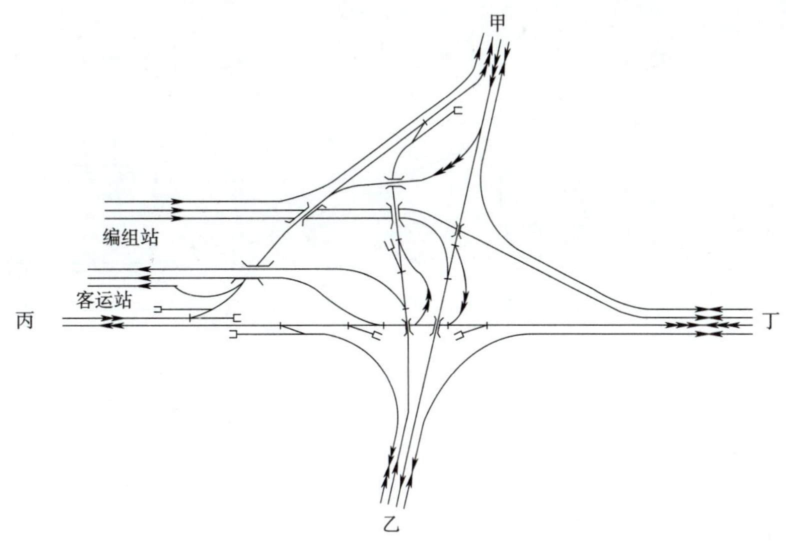

图 9-21　三个方向均为双线在客运站、编组站一端按列车种类别疏解布置示意图

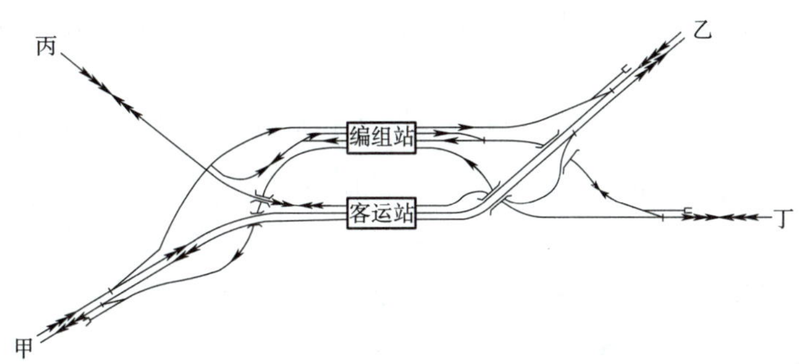

图 9-22　两个方向单线和两个方向双线在客运站、编组站两端按列车种类别疏解布置示意图

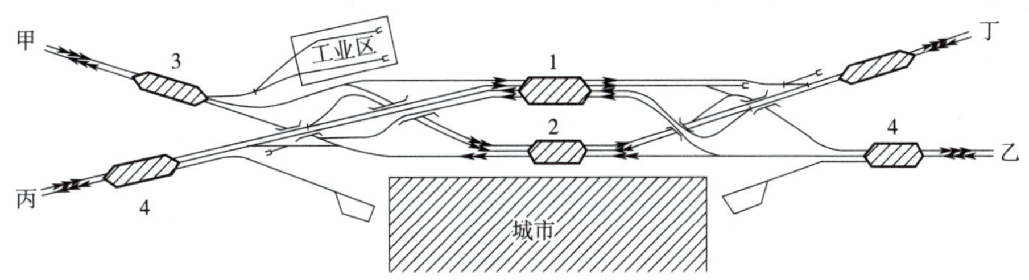

图 9-23　四个方向均为双线在客运站、编组站两端按列车种类别疏解布置示意图

1—编组站；2—客运站；3—工业站；4—货运站

④线路在客运站、编组站之间引入

图 9-24 所示为两个方向均为双线，一条线在客运站、编组站间引入，按列车种类别疏解。这种疏解布置可能有两种情况：当甲—乙间仅有旅客列车通过时，旅客列车进路以平交方式处理；当甲—乙间尚需考虑折角列车的通行，且数量较大时，为减少 A、B 两处的交叉干扰，可增加虚线所示的疏解进路。

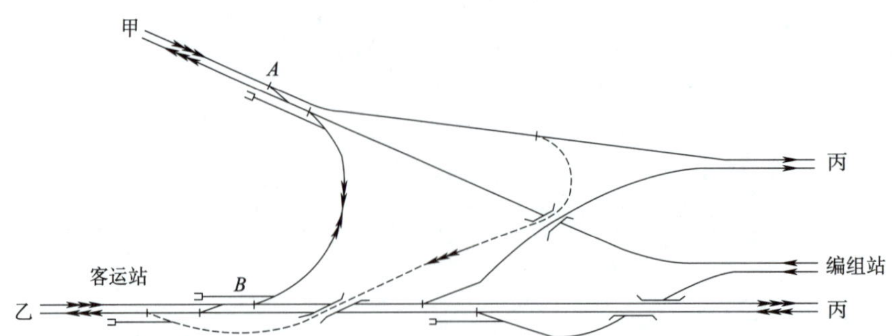

图 9-24　两个方向均为双线，一条线在客运站与编组站间引入，按列车种类别疏解布置示意图

⑤各疏解方式的特点

严格地讲，列车种类别疏解不是独立的疏解方式，仅是为实现客货分线运输功能需求上的一种定义，其技术手段最终归结为线路别、方向别疏解。

线路别立体疏解可以保证本线车流顺畅通过，但对各线间的跨线车流而言，往往仍存在对向交叉，尚属于平面交叉，往往需要另行实施方向别疏解，因此仅适用于两线间行车交流量小的情况。

中国铁路行车遵循左侧线路行车制，各疏解方式最终目的是达到列车分上下行同向的方向别运行，因此方向别疏解是最基本、最普适的疏解方式。

在工程实践中，在线路接轨车站内往往同时存在本线车、跨线车和各类性质列车，因此往往需要综合运用各类疏解，以实现主要、较大车流顺畅通过，次要、汇合车流排队顺序运行。

(2)在枢纽区间的疏解布置

在结构比较复杂、引入线路较多而分散的大型枢纽中，除有些引入线路已在有关中间站、各专业站分别接轨外，尚有部分线路由于线路走向、车流条件、枢纽作业要求以及与城市规划的配合，形成了在枢纽区间的线路相互交叉。为这种交叉点作疏解布置时，必须为各方向的折角车流提供通路。

①三角形疏解布置

图 9-25 所示为有三个方向的交叉疏解布置形式。图 9-25(a)所示疏解布置比较简单，甲方向与乙、丙方向的联系，由于是按线路别的布置方式，这就必然形成在甲方向前方站的平面交叉；若甲方向与乙、丙方向的行车量均较大，则应采用如图 9-25(b)所示按方向别进行疏解布置。

②“十”字形疏解布置

图 9-26 所示为有四个方向的“十”字形疏解布置形式。甲—乙、丙—丁、丙—乙、乙—丁、丁—甲均为双线；甲—丙为单线。在疏解布置上，除主要车流方向(甲—乙、丙—丁)有直接的通路外，其余方向的折角车流采用的是与主要车流方向通路汇合或分歧的方式加以处理。如折角车流量大，则可以增加必要的平行单独通路，进一步加以疏解。

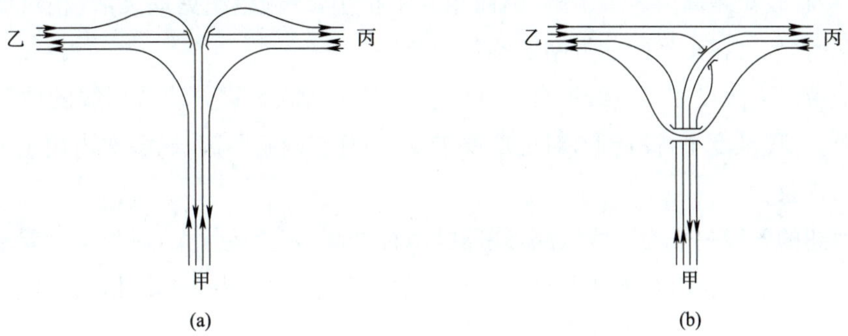

图 9-25　引线在枢纽区间采用三角形疏解布置示意图

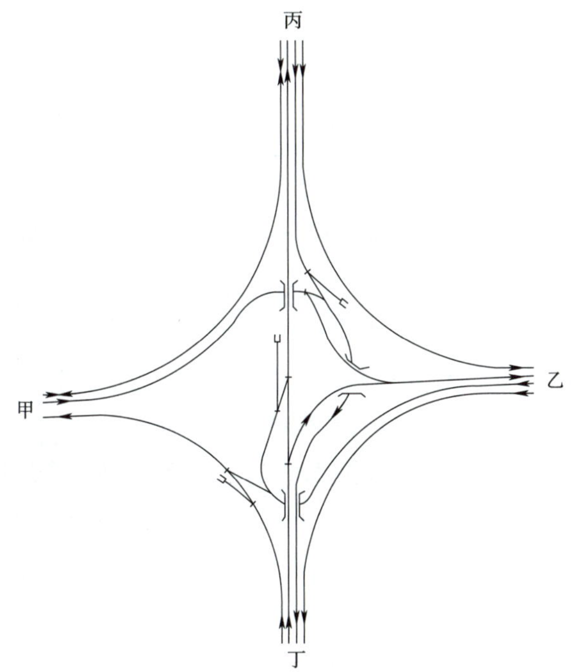

图 9-26　引线在枢纽区间采用“十”字形疏解布置示意图

以上疏解布置形式在环形枢纽、“十”字交叉形枢纽运用最多。

9.3.3　疏解区位置的选择

线路疏解意味着诸多线路在小区域内猬集、交叉，对区域形成急剧的切割，对建设环境要求高，因此疏解区位置的选择显得很重要。根据疏解区设置的位置，疏解区可分集中疏解区和分散疏解区。

集中疏解区一般设在受地形及车站布置条件制约的主要客运站(特别是一站多场的高速客运站及双向系统的编组站的进出站端)，多为多层立交，疏解复杂，工程难度大，工程投资多，但由于在较短距离内实现疏解，因而相互干扰小，运输组织更加灵活，相对节省用地。当条件受限时，也可在车站的前方站实施集中疏解。

分散疏解区一般设在多条线汇合、分歧于枢纽的主轴、客货分线及环线的位置，立交关系相对简单，工程难度小，投资省，对地形要求低，但存在疏解距离长、多次占用土地、汇合方向存在排队现象。

进入枢纽的各线一般为干线铁路，线路技术标准高、客货运量大，对疏解的要求高，因此一般选择方向别疏解。疏解方式及疏解区域与引入线路条数、枢纽总图格局、客货运站与技术作业站布局关系密切。一般而言，客运站宜采用集中疏解。

9.3.4 常用疏解及组合方式分析

常用的疏解及组合在各条线汇合、分歧的接轨站体现得较为充分，各线路接轨方式一般可归纳为单线与单线、单线与双线、双线(多线)与双线(多线)接轨，按其进出站疏解线的布置集中程度可分为一站式疏解、三角形疏解、“十”字形疏解。

1. 一站式疏解

一站式疏解即线路接轨及疏解在某一特定车站完成。其采用的疏解方式与线路几何走向、定位和运输性质密切相关。

1)多单线汇合为双线的平面交叉疏解

单线间或单线汇合为双线时，其基本行车方式为正线通过、到发线待避的交会方式，利用空间隔开和时间差行车，即可满足车站及线路通过能力要求。

图 9-27 所示为 3 条单线汇合成双线的接轨站平面交叉疏解布置图。由于 M 站 A 方向双线列车平图能力为 165 对(追踪时分 8 min)，3 条单线最大平图能力为 135 对，因此 3 条单线接轨应采用平面交叉疏解，通过咽喉设置合理的平行及隔开进路来满足各线同时“到-通”功能。

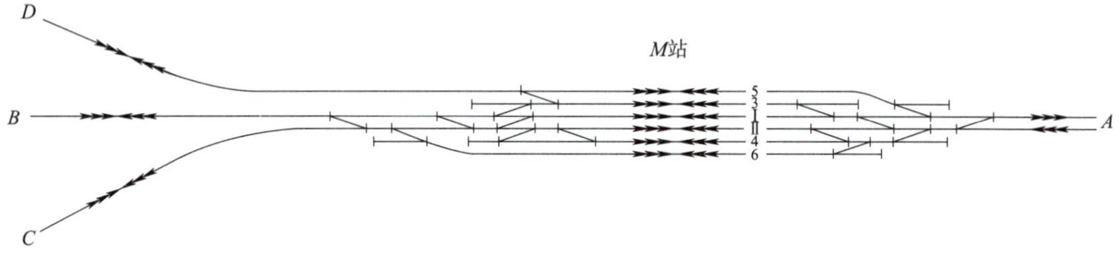

图 9-27 多单线接轨为双线布置示意图

图 9-27 所示为疏解组合布置。下行方向 DA 向列车经 5 道通过时，下行 BA、CA 向及上行 AD 向列车可同时到达待避，或上行 AB、AC 向列车通过等；同理 BA、CA 列车通过时亦然。最不利情况为对角方向运行列车切割下行端咽喉(CA 通过＋BA、DA 同向待避＋MA 到达)。故平面交叉疏解均能构成每个方向列车的“到-通”，协调两端区间通过能力。

2)单线与双线的接轨疏解

根据接轨的单线行车量,接轨疏解一般有平面交叉接轨、方向别疏解接轨方式,如图 9-28 所示。

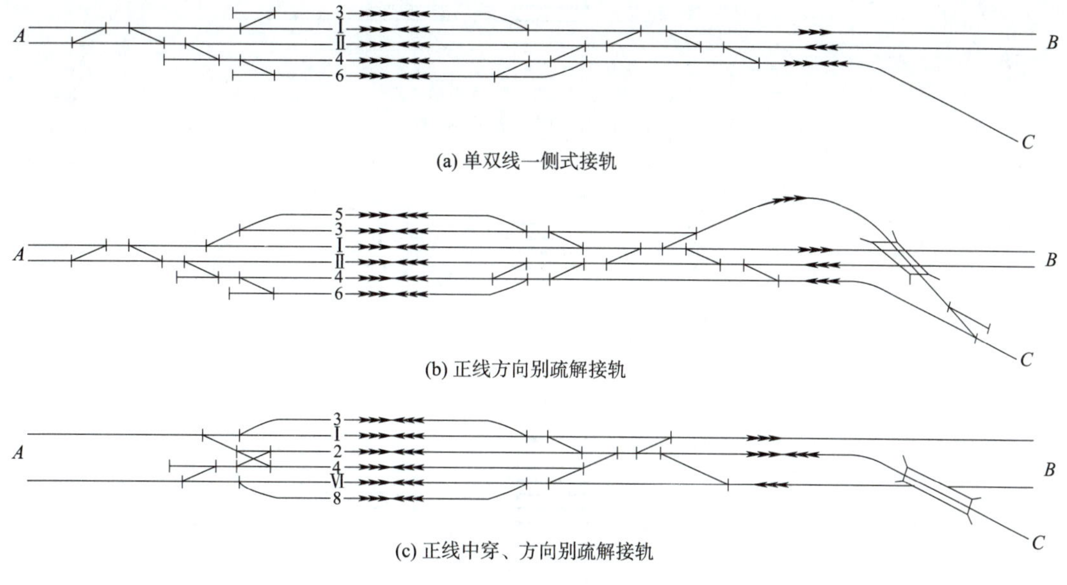

图 9-28　单线与双线接轨布置示意图

图 9-28(a)所示为一侧式接轨、平面交叉疏解布置,对向交叉设隔开进路待避,即:AC 向列车经 4 或 6 道通过时,BA 向列车接入 3 道隔开;BA 向列车通过时,AC 向列车待避于 3 道。此布置工程简易,但列车停站概率较大、运行质量不高,适用于第三方向行车量较小的情况。

图 9-28(b)所示为第三方向线路方向别外包引入车站,将对向交叉疏解为平行作业,安全性、灵活性和运输质量大大改善,最为常用。

图 9-28(c)所示为衍生图型,第三方向于正线间中穿式接轨,为双线越行站、单线会让站组合布置,可将对向交叉疏解,在增建第二线的既有线改造中较为常用。

3)双线与双线接轨

双线与双线接轨可以分为正线两进四(多)出、四进四(多)出、多进多出三类。

(1)正线两进四(多)出

此情况的双线接轨最为常见,如图 9-29 所示。图 9-29(a)所示为线路方向别疏解接轨图型。当两线行车量均较大时,4、6 道均设安全线,满足 AC 通过、AB 待避需要;困难情况下或车站无越行作业时,一分为二方向可不设配线(3 道)、取消 4 道待避线。图 9-29(b)所示为方向别疏解接轨衍生图型,正线采用“梅花点”式方向别引入、车站“燕尾”式布置,适用于单线接轨站发展为双线接轨站的既有线改造工程。图 9-29(c)所示为当受线路走向、地形地物限制等难以实现方向别时,可以采用引入线线路别接轨、入口端方向别疏解的接轨方式。此布置适合于列车种类别疏解需要，在昆明铁路枢纽昆阳站实际运用。

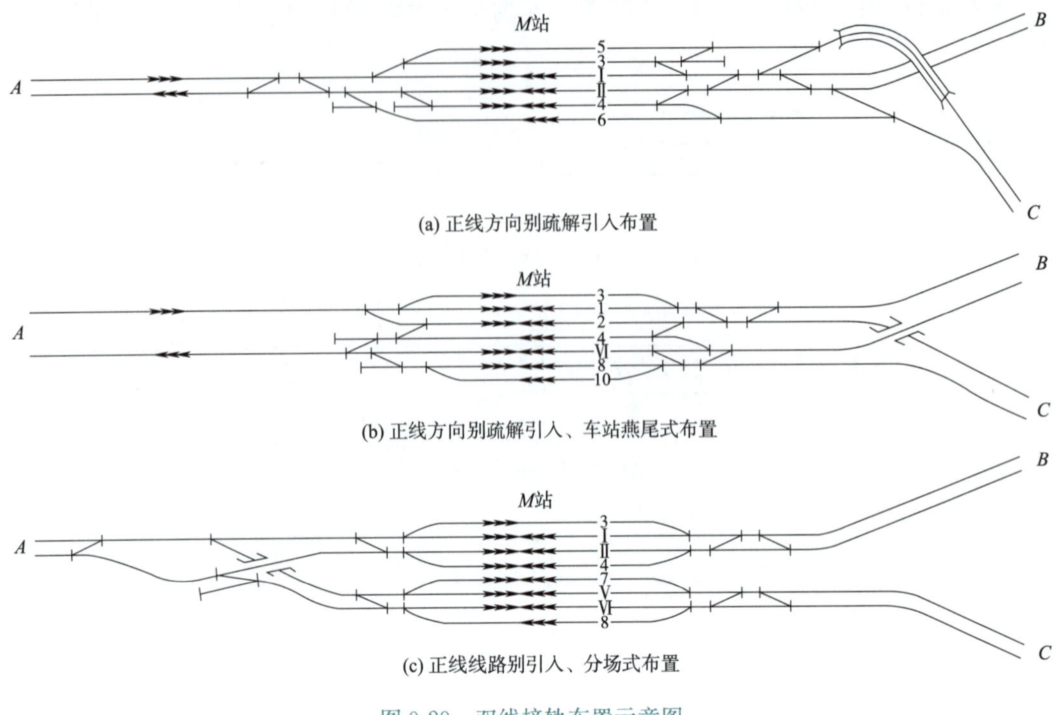

(a) 正线方向别疏解引入布置

(b) 正线方向别疏解引入、车站燕尾式布置

(c) 正线线路别引入、分场式布置

图 9-29　双线接轨布置示意图

(2)正线四进四出

一般引入线有方向别、线路别两种布置。为疏解跨线车交叉，可采用平面疏解或立体疏解。

①正线方向别引入的疏解布置

图 9-30(a)所示为平面交叉布置，跨线车采用“到-通”的平面交叉疏解(如 *AD* 通过，*CB* 同时到达时须在 7 道待避；或 *CB* 通过时，*AD* 在 3 道待避)，工程简易。适用于跨线车比例较低的情况。图 9-30(b)由于修建了 *AD*、*BC* 跨线立交联络线，构成方向别立体全疏解，可保证上行端 *AD*、*CB* 方向及下行端 *DA*、*BC* 跨线车同时通过，车站可最大限度满足跨线车不停站同时运行，停站待避概率小，运输质量高、通过能力大。适用于跨线车为客车或跨线车比例较大的情况。

②正线线路别引入的疏解布置

当两干线正线并行无须相互跨越、方向别布置代价大时，可考虑采用正线线路别布置，跨线车可采用平面疏解、立体疏解相结合的方式，如图 9-10 所示。

图 9-10(a)所示为平面交叉疏解布置，如 *AD*、*DA* 跨线时，敌对的 *BA* 车停区间、*CD* 方向的车分别停 4、5 道(设安全线 L1、L4 隔开)；同理，*CB*、*BC* 跨线车通过时，设 L1、L3 隔开 *AB*、*DC* 列车。该布置存在信号机外停车待避的情况，存在安全隐患。

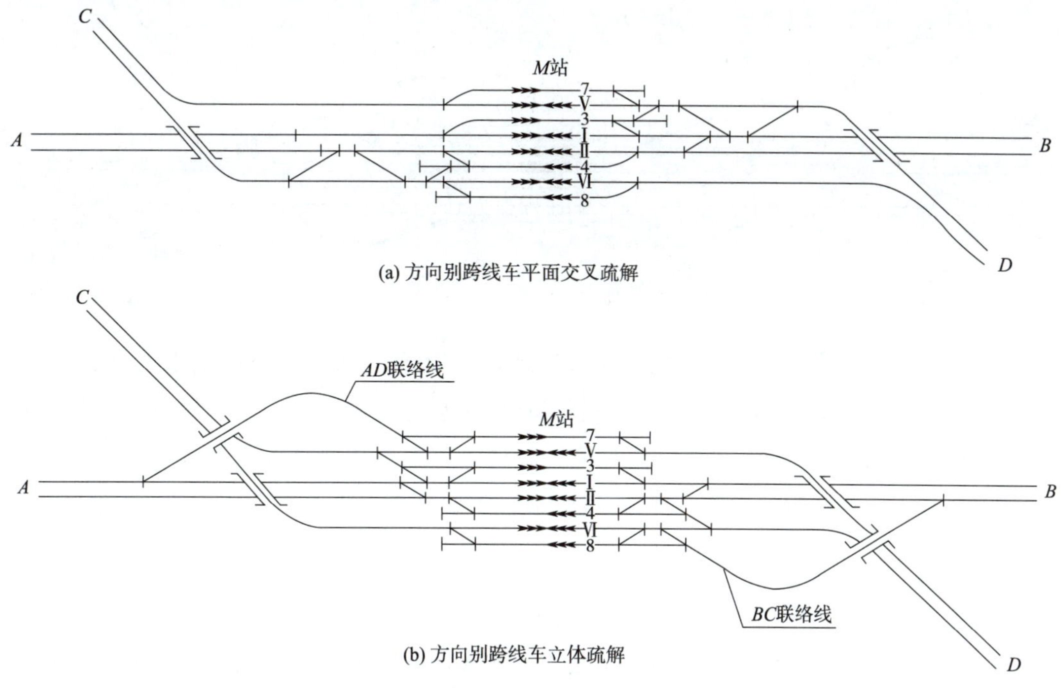

(a) 方向别跨线车平面交叉疏解

(b) 方向别跨线车立体疏解

图 9-30　正线方向别引入疏解布置示意图

图 9-10(b)、(c)、(d)所示为跨线车立体疏解布置，设置 AD、CB、DA、BC 疏解线(联络线)，其设置象限结合实际情况因地制宜灵活选择，可以入口疏解、出口疏解或集中疏解。

很明显，线路别平面交叉疏解工程简易，但跨线车进路切割正线，区间内拦停正线列车的概率相对方向别平面交叉疏解更大，缺点较明显，适用于跨线车为货车且对数较少的情况，不宜推广(车站运营管理中，进站信号机外停车待避的情况应尽量避免)；线路别立体疏解可最大限度保证跨线车同时不停站通过，运输质量高、通过能力大，适合于跨线车为客车或跨线车比例较大的情况，但疏解线复杂，极易形成多层立交，工程巨大。设计中需要结合具体情况综合比选确定。

4)正线多线汇合(三线多方向)

车站衔接四个以上行车方向的多线接轨情况，在多场布置的大型客运站设计中经常出现(后面谈及)，纯粹为跨线车相互交换车流的情况一般较少，大多属于经接轨站将混合车流整理为种类别车流(快客、普客、货车)，一般采用线路别、方向别疏解的组合布置，实现列车种类别疏解。

图 9-31 所示为三客货共线双线接轨，整理车流为快客、普客和货车种类别的六行车方向接轨站示意图。为简化疏解，综合运用方向别平面交叉和立体疏解、线路别立体疏解及线路所的组合布置。货车进路对运输质量要求相对较低，故采用方向别平面交叉疏解。

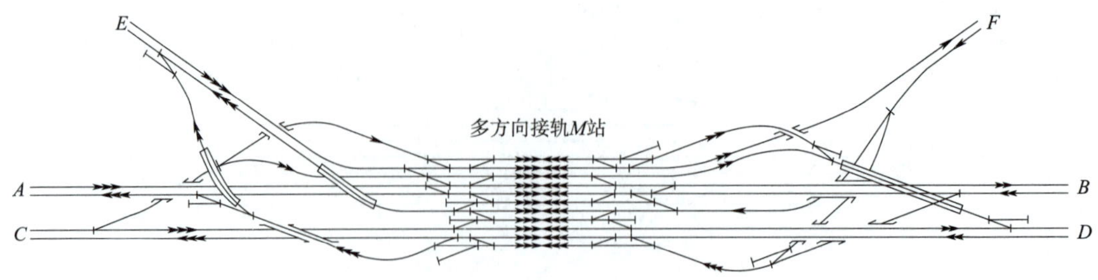

图 9-31　正线线路别、方向别组合引入疏解布置示意图

可以看出，这种多线集中接轨的疏解极其复杂，车流间交叉等待概率也很大，调度指挥复杂，建设环境要求极高，不宜推广。在实际设计中，普适的原则是在大区域范围寻找合适的接轨点分散接轨，尽量提前“卸包袱”，简化设计。万不得已并经技术经济比较必须采用时，要根据行车方式进行梳理和合并，跨线联络线因地制宜多方案组合比选，尽量分散交叉点、简化疏解布置、减少立交层次和跨线交叉车流相互等待概率。

2. 三角形(T 形)疏解

三角形(T 形)疏解是象形描述，在多线引入的大型枢纽和地区、线路与线路双向接轨时常用，属于组合疏解类。其衔接两个方向以上的角(节点)，可为车站或线路所。进出站线间相互关系及跨线方式极灵活，难以穷举，需因地制宜。作为其特例，一站式三角形疏解则运用较广(图 9-32)。当某折角方向(AC)不需停站时，可设 AC 联络线、闸站式区间接轨(行车量较大可双线线路所接轨)；当需要停站时，可设等效立交环线或综合运用。

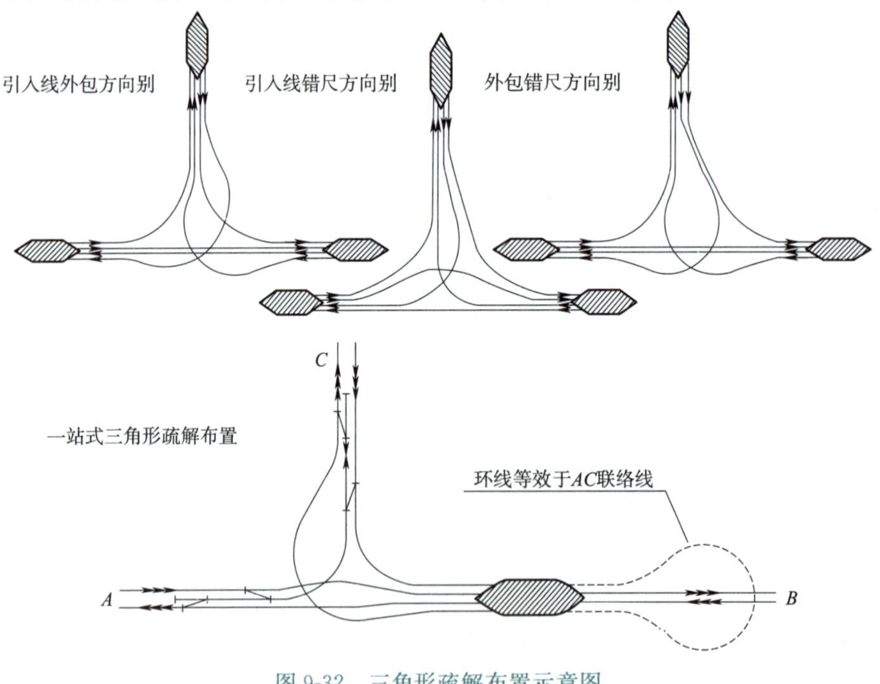

图 9-32　三角形疏解布置示意图

案例 1:王家坝接轨站

王家坝站为渝怀线上会让站。重庆钢铁股份有限公司环保搬迁工程配套的工业站设于长江南岸,须在本站接轨并连通重庆、怀化方向。设计中结合渝怀线增建第二线工程,车站采用增建二线分修的“燕尾”式布置,研究了专用线的进出站线接轨方案:西侧新设闸站＋中穿车站接轨的“三角形”疏解接轨方案,专用线双接车站两端、中穿车站接轨的“螺旋”展线的疏解接轨方案。鉴于“螺旋”展线接轨车流顺畅、交叉少、利于行车安全,虽工程稍大,但予以采用并实施(图 9-33)。

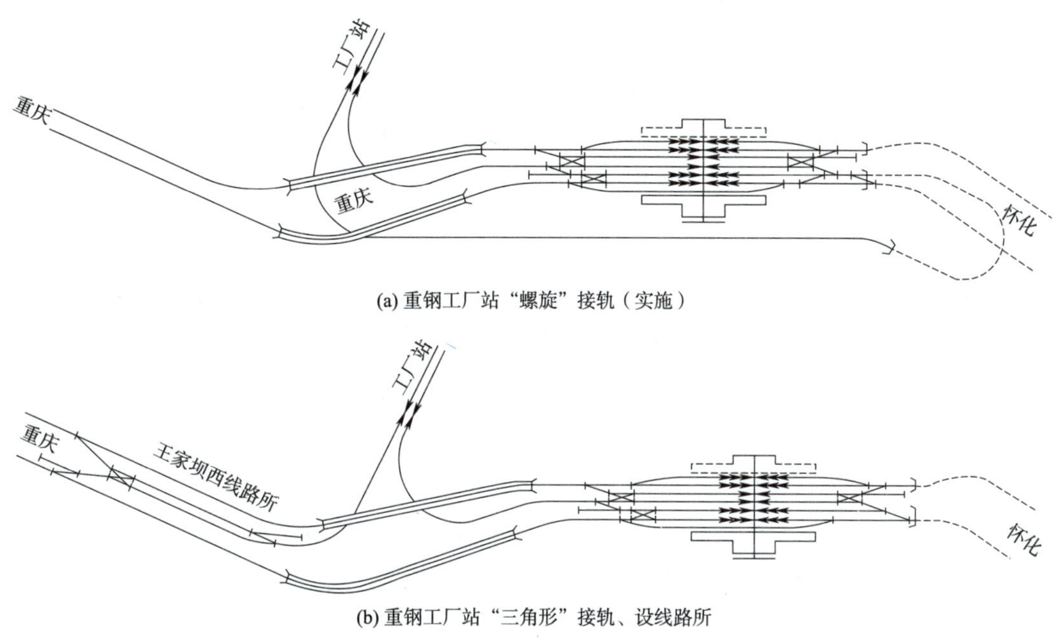

(a) 重钢工厂站“螺旋”接轨(实施)

(b) 重钢工厂站“三角形”接轨、设线路所

图 9-33　王家坝站接轨疏解布置示意图

案例 2:武汉铁路枢纽江北疏解区

武汉铁路枢纽江北疏解区为京广高铁,京广及武九客货共线铁路相互接轨、跨线的疏解区,三线在长江北岸相互接轨、跨越,京广高铁、武九线在长江北岸采用正线线路别布置,经天兴洲公铁两用特大桥线路别跨越长江。设计采用同向跨线联络线方向别归并叠加、汇合处设双向线路所的方式,形成小区域内武九线 T 接汉口、北京方向,京广高铁广州方向高速列车“下线”至汉口方向的双“螺旋”复合型方向别疏解布置,疏解线布置紧密、流畅、简洁,行车组织灵活。武汉铁路枢纽江北三角区疏解布置示意如图 9-34 所示。

3. “十”字形疏解

在多线引入的大型枢纽和地区,常常出现多线“十”字交叉,形成复杂的“十”字形布局。“十”字形疏解属于组合疏解,综合运用一站式、三角形疏解方式。

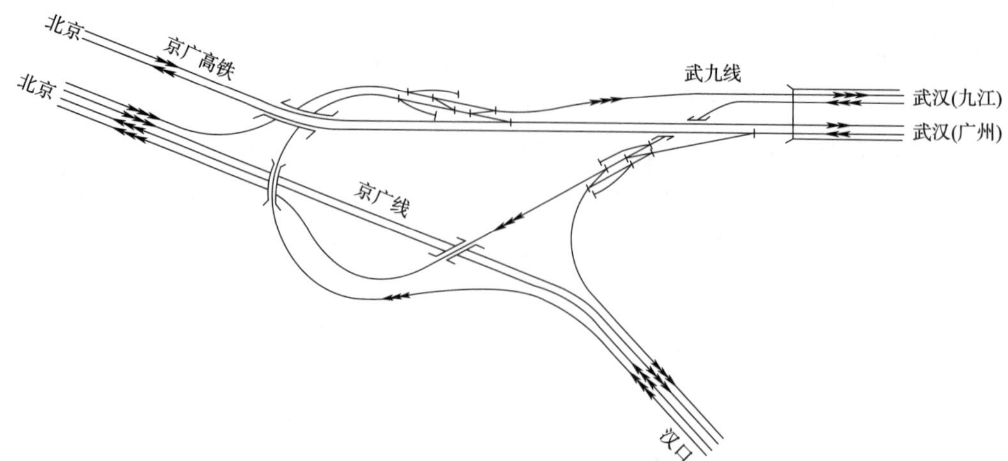

图 9-34　武汉铁路枢纽江北三角区疏解布置示意图

案例 1:贵阳铁路枢纽北部疏解区

贵阳铁路枢纽北部贵阳东站区域为沪昆、成贵高铁的高速直径线、高速下线联络线及渝黔新双线交织的“十”字交叉区域,南侧贵阳北客运站为四线线路别分场布置。经多方案研究,区域疏解设计采用方向别外包式的多重“十”字形疏解(图 9-35)。

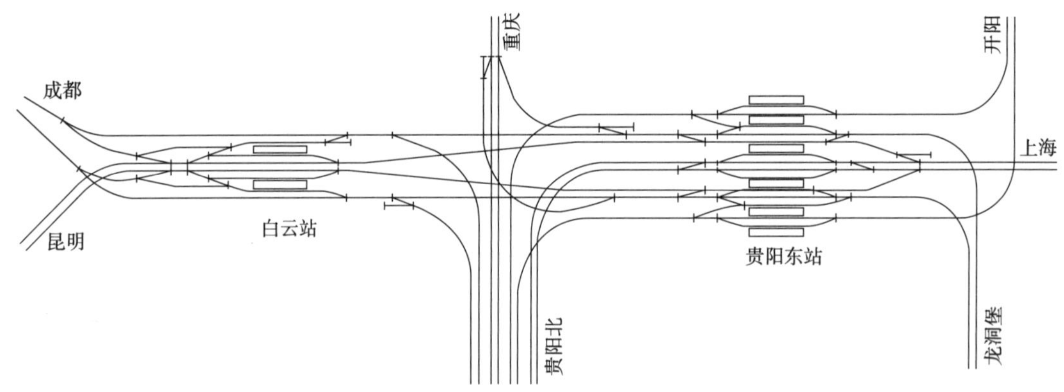

图 9-35　贵阳铁路枢纽北部疏解区疏解布置示意图

在实际工程设计中,需要两种疏解方式组合使用,技术经济比较确定。

案例 2:昆明南客运站

昆明南客运站为云桂、长昆(沪汉蓉)线新建快速客运站,总规模为 16 台 30 线。设计采用三场布置,从西至东排列长昆场、渝昆昆玉场、云桂成昆场。各正线为“二＋T”的三进两出格局:长昆场与渝昆场汇合并构成 T 形,尽端咽喉平面交叉汇合;云桂场为高速普速共场;为避免复杂的隧道及膨胀岩深路堑工程,环线-昆玉线的跨线联络线采用“反弹琵琶”疏解布置,分劈部分线路形成右侧行车的“第四场”功能,从而省去常规的出站联络线。昆明南站布置示意如图 9-36 所示。

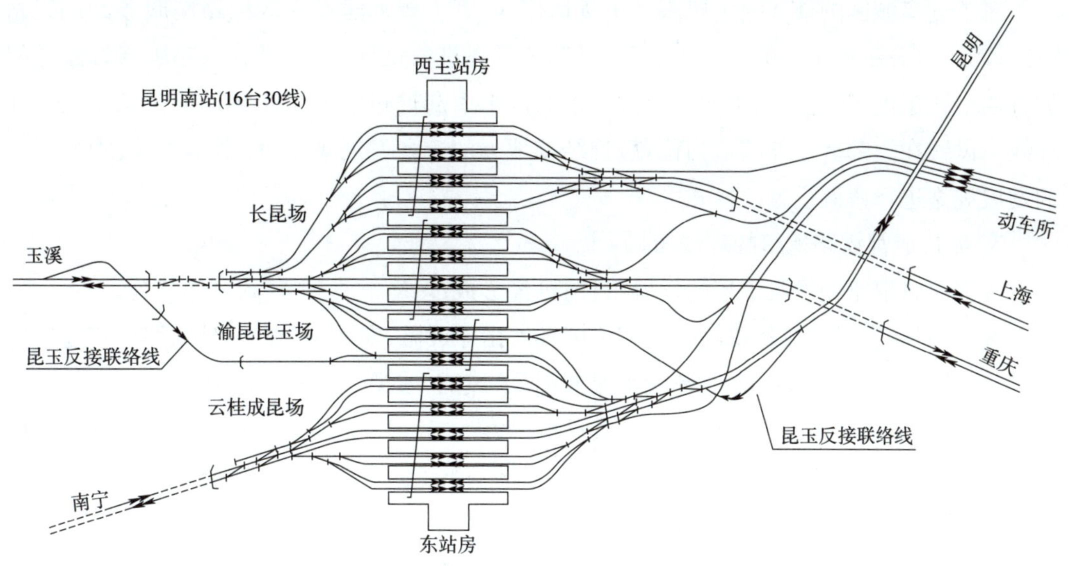

图9-36 昆明南站布置示意图

9.4 枢纽环线和直径线

9.4.1 枢纽环线

随着高铁和城际铁路需求的日益增长,铁路枢纽的引入线路必将越来越多。“以人为本、客内货外、绿色发展”的设计理念已经深入人心,基于环保要求的“客内货外”设计理念不仅可以消除货物列车对城区环境的不利影响,而且可以缓解城区既有铁路的能力压力,为更多的高速客运列车进入城区客运站创造条件。因此,对于引入线路较多的大型、特大型铁路枢纽,在条件允许时,可视引入线路的增长情况设置内环、外环线或多重环线。

修建环线或半环线的主要优点是:便于各衔接线路方向间直通客货列车运行;避免各衔接线路引入线集中于少数汇合点而引起枢纽内线路通过能力紧张的情况;使枢纽具有一定的弹性;有利于各种专业车站在枢纽内合理分布以及相互间联系,通路机动灵活;客货运设备易伸入市区,可为枢纽内地区客货运作业提供较好的服务条件。

在多数情况下,引入线和各种联络线(包括迂回线)都是构成环线的主要组成部分,故在设计或规划环线时应与引入线和联络线统一考虑,同时环线的平纵断面技术条件以及机车交路、列检布点等应与联络线的要求相适应。

一般情况下靠近城区的内环线主要为客运作业服务,可根据需要设置客运站或乘降点。一方面可增加枢纽内客车运行的灵活性;另一方面可视线路能力开行部分市郊客车,缓解城区道路的压力,必要时也可设置主要服务城市的铁路物流配送中心。

对于远离城区的外环线主要服务于货运作业，其上规划建设为区域路网服务的编组站或区段站、服务工矿企业的物流中心等，可避免货车进入城区，同时可分流各引入线路之间的直通中转车流，避免直通中转车流进入枢纽内部引起通过能力紧张和作业交叉干扰。外环线应设置在远郊区以外的适当位置，宜结合地方的工业发展规划，特别是工业、物流园区的发展规划进行协调设置。

案例1:成都铁路枢纽的环线布局

成都铁路枢纽经过数十年的发展，目前已经形成“多环＋放射状”的总体格局。

客运内环线:目前成都铁路枢纽客运内环线由原成昆、宝成、成渝、西环铁路改扩建后构成，位于城市二环、三环干道间，环线承接成绵乐、成浦、成灌、成渝、沪汉蓉等客运专线的引入，形成串接成都—成都东—成都南—成都西的客运“环形＋放射状”的理想布局，完全实现了货运外迁、高速普速客运分线的目标，提高了运输组织的灵活性，也为环线增设客运点、开行“公交化”市域客车奠定了良好的基础。

货运外环线:目前枢纽衔接开行货物列车的铁路主要有宝成线、达成线和成昆线，分别从枢纽的北、东、南三个方向引入枢纽，形成串联成都北编组站和大弯镇、十陵、新兴镇等铁路物流中心的货运东环线(半环)。同时，枢纽结合规划货运铁路的引入，预留经新津、元通、青城山、彭州的货运西环线。成都铁路枢纽总布置示意如图1-56所示。

案例2:北京铁路枢纽的环线布局

北京铁路枢纽的线网布局为“三重环线＋放射状”的布局。

在城市核心区形成内环:环线为客运服务，连接北京—北京南—广安门—北京西—北京丰台，各引入线构成环线的组成部分，给旅客列车进入中心城区提供便捷的径路。

在城区边缘形成中环:环线连接昌平—茶坞—张辛—亦庄—全红—上万—寨口，为新建线路的引入提供便捷的通道，为客货运兼顾的环线。

在城市外围形成外环:环线连接土木—延庆—茶坞—密云—平谷—武清—廊坊—涿州—天鹅湖—九龙镇，主要为货运服务，兼顾客运。一方面，为城市的发展预留空间，并承接对环境影响较大的移出主城区的货物列车通过及迁建的货运设施;另一方面，为各线的引入预留便捷的通道，为环线市郊列车的开行创造条件。

随着编组站、货运站外迁和外环货运线的修建，远期规划普速客运外迁。既有京广、京九等普速干线可修建联络线接入外环线，从而释放环线内既有干线的通过能力;作为新建高铁或城际铁路引入线，借用既有干线通道进入枢纽客运站。

9.4.2 枢纽直径线

在环形或半环形铁路枢纽内，为缩短客货运作业距离，满足客货运快车最短径路通过铁路枢纽的需要，修建的连接两个及以上客运站(货运站)并穿越枢纽环线、避弯取直的线路，称作枢纽直径线。

各国铁路的运营实践证明，修建直径线的优点有：一是可有效缩短通过枢纽的旅客列车(快货列车)的行程，为大量开行通过枢纽的旅客列车创造方便条件；二是增加了枢纽内运行通道，有利于提高枢纽的通过能力和作业的机动灵活性，如可以利用夜间停办客运的时段，枢纽开行货物快运列车；三是可利用直径线将尽端式客运站改建成通过式或半通过式客运站，从而有利于提高车站的通过能力(如莫斯科枢纽的库尔斯克、白俄罗斯客运站改造)；四是直径线两端的客运作业可相互跨越，增加服务范围，为发展市郊铁路运输创造有利条件。

为了充分发挥枢纽直径线的作用，枢纽直径线在修建时应满足以下主要技术和运营要求：

(1)直径线应选择在连接主要客流的路径上和主要客运站之间，或城市主要铁路物流中心、铁路配送中心之间修建，并与既有客运站、物流中心的迁建、改建相结合。

(2)直径线的线路数目应根据枢纽远期的客运量来确定，其通过能力应与客运站以及枢纽各组成部分的能力相协调，原则上应双线建设。

(3)直径线应与城市规划相结合，遵循“共廊走行”理念，充分利用城市地铁、轻轨走廊建设，避免对城市造成新的切割。

(4)直径线可根据城市规划的要求，修建地下隧道或地面栈桥通过市区，并充分考虑环保措施，以减少对城市的干扰。

(5)直径线尽可能地为市内、市郊旅客运输服务，必要时可在其上设置客运站点，满足发展市内、市郊旅客运输的运营要求。

鉴于枢纽直径线一般需要采用地下或高架的方式顺直通过城市建成区，工程投资巨大，故大型枢纽根据运输需要，经充分论证后适时实施。

案例：北京铁路枢纽的直径线

北京铁路枢纽早在 1958 年建设北京站时，就规划了北京西站及北京站至北京西站地下直径线，沿途经过崇文门、前门、和平门、宣武门、西便门、天宁寺、小马场，全长 9.151 km。工程于 2005 年 12 月 24 日开工建设，2014 年 12 月 30 日试运行，2015 年 3 月 20 日正式运营，北京站至北京西站 15 min 内即可到达，京广、京九方向以及东北方向的列车不仅可停北京西站，也可停北京站，极大方便了旅客。

该直径线的建成社会效益巨大，优点明显：一是沟通北京站和北京西站两大客运站，切实减少两大客运站之间大量旅客的中转往返，方便了旅客出行；二是增加了客运组织的灵活性，达到合理利用、调节两大客运站运输能力的目的；三是西部的京广、京原、丰沙线与东部的京承、京哈、京包线有了便捷顺畅的双线通道，通过客车消除了折角运行；四是大量中转旅客可以不出车站完成换乘，极大减轻了城市交通的压力。

目前，北京铁路枢纽规划了北京清河—北京北—北京南的地下直径线，对铁路运输而言，其重要意义在于：可贯通南北向客车的顺直通道，为南北向通过客车提供顺直便捷的跨线径路，并为南北向始发终到客车进入中心城区上下旅客创造条件，同时可有效增加枢纽运输组织的灵活性，满足多点发车的需求，方便旅客乘降，极大缓解地面公共交通的压力。

第 10 章 铁路枢纽的其他运营设施

铁路枢纽的其他运营设施包括行车调度指挥系统、通信系统、信号系统、信息系统、牵引供电系统、综合维修系统等。

10.1 行车调度指挥系统

10.1.1 系统概述

铁路运输调度担负着组织客货运输、保证重点运输、提高客货服务质量、确保运输安全的重要责任，对铁路运输企业完成铁路运输生产经营任务，提高效益起着重要作用。随着信息技术、电子技术和控制技术的不断发展，行车调度指挥系统已成为铁路调度组织运输生产不可或缺的重要手段，是组织完成运输生产任务的重要系统。

行车调度指挥系统是利用信息技术、网络技术、控制技术等现代科学技术手段取代传统落后的行车指挥手段，采用先进的通信、信号、计算机网络、数据传输、多媒体技术等现代信息技术，在保证网络安全的前提下，与相关系统紧密结合、互联互通、信息共享，实现铁路运输组织的科学化、现代化，增加运能，提高效率，减轻调度人员的劳动强度，改善调度指挥的工作环境。

10.1.2 系统主要功能

现代化的行车调度指挥系统主要有列车调度指挥系统（TDCS）和调度集中系统两类，主要功能是实现铁路各级运输调度对列车运行实行透明指挥、实时调整、集中控制。

1. 列车调度指挥系统的主要功能

（1）调度监督功能

以站场线路图的形式对某一分界口、调度区段及枢纽的车站作业情况和列车运行状况进行监视，提供实时、准确、真实的信息，辅助调度指挥工作。

调度监督功能包括以下主要内容：

①实时调度监督显示。在任意时刻可以调看某分界口、调度区段或枢纽的调度监督实

时信息显示，并且能够同时开辟多个显示窗口进行不同区段的显示，显示的内容包括基层调度监督系统的工作状态，进、出站信号机开放、关闭，进路锁闭、占用及解锁，股道占用及空闲，接近离去区段的占用、空闲，半自动闭塞表示，区间通过信号机显示，区间轨道占用和空闲列车车次号、位置及早、晚点信息。

②列车跟踪显示。指定某一列车车次，调度监督显示将跟随该列车的运行自动调出它所在的区间及车站进行显示，显示画面将以该列车为中心自动更新。

③调度监督历史回放。能将过去 24 h 内任意时刻、任何区段的调度监督信息调出回放，以便了解或检查当时信号设备的状态或列车运行情况，提供辅助分析的手段。

④列车计划/实际运行图绘制。实时自动完成列车在各个区段的计划和实际运行图的绘制和显示，取代人工绘图。

(2)实时宏观监视

国铁集团调度指挥中心、铁路局集团公司调度指挥中心信息显示内容大多相同，主要是范围大小不同，部分显示内容不同。

①国铁集团调度指挥中心显示内容

国铁集团调度指挥中心显示内容包括全路各铁路局集团公司间分界口宏观显示及展开、主要干线运输状况宏观显示及展开、线路列车密度显示、全路枢纽运输状况宏观显示及展开、全路港口口岸作业状况显示、全路煤炭装卸点作业情况显示，以及其他视图、图像显示。

②铁路局集团公司调度指挥中心显示内容

在铁路局集团公司调度指挥中心可用背投式投影机及屏幕组成显示墙，向调度人员提供全景显示，并且有智能提示和多信息、多画面显示。显示内容主要包括主要干线运行秩序、铁路局集团公司分界口运行秩序、铁路局集团公司枢纽运行秩序、主要客运站运行状态、港口作业状况等，显示内容更为具体。

(3)列车运行计划编制和调整

铁路局集团公司 TDCS 根据基本图生成日班计划，再根据日班计划自动生成阶段计划。阶段计划中的车次及到发时刻与实际运行信息进行比较：如果实际运行与计划一致，按照计划继续执行；如果实际运行与计划产生差异，例如出现晚点，则对计划进行调整（有人工调整和自动调整两种方式）。调整后的计划下达车站，按新计划排列进路，开放信号，接、发列车，通过系统自动采集列车到发时刻以及车次跟踪信息，并通过网络传送到中心。这些信息作为实际运行信息存放在中心数据库，随时与运行计划比较，决定是否对计划进行调整，然后下达计划。

(4)调度命令自动下达

调度员台具备形成调度命令并且下达到其管内车站的功能。调度命令采用模板方式，调度员只要对选定的模板进行简单的编辑，就可以产生其所需要的调度命令。并且选择需要下达的车站后，就可以将调度命令下达。一旦车站值班员签收，调度员就可以明确知道此调度命令已经准确无误传送到受令车站。命令模板可以设置，收令车站自动检测，收令处所随意选择。调度命令可以查询和打印。

(5)技术资料检索、显示、打印

通过技术资料检索、显示、打印系统，可方便快捷地查询到所需的各种技术资料，如：运营线路示意图、枢纽示意图、各站站场示意图，编组站及干线能力资料，工务线路、桥梁、隧道及其他地形、地貌资料，车辆段、列检所布点及红外线轴温测试联网图，电网、供电图，运行图资料，分界口通过能力资料等。

(6)调度信息管理和统计

调度信息管理包括行车调度信息管理、机车调度信息管理、车辆调度信息管理、客运调度信息管理、货运调度信息管理和运输统计报表。主要包括交接列车数量动态显示，日班计划、三小时列车运行计划、调度命令及其他信息的查询和显示，客货列车运行正、晚点分析和运输统计报表的生成等。

2. 调度集中系统的主要功能

调度集中系统，是针对中国铁路运输的特点和运营实际需求，以 TDCS 为平台，在列车运行计划自动调整、列车车次号自动输入和完整连续准确追踪、无线调度命令传送等基础上开发的，以设备自动控制为主、人工干预优先的新一代智能化分散自律调度集中系统。它是依据中国铁路的调度指挥模式，综合采用现代通信技术、计算机技术、网络技术和自动监控技术研制的实时、高可靠、高安全自动监控系统。它实现了列车作业和调车作业在分散自律控制模式下的协调统一控制，能够完成列车运行图计算机辅助编制、列车运行图自动调整及下达、列车运行自动追踪、列车实际运行图自动描绘、列车进路自动控制、列车运行及设备工作状态实时监视、接车进路信息自动预告、调车作业计划计算机辅助编制、调车进路交互式自动控制、调度命令自动下达到站段机车、行车凭证自动下达到机车、行车日志自动生成，以及报警信息、系统运行日志和操作事件自动记录分类等功能。与 TDCS 相比 CTC 具有以下新的特点。

特点一：CTC 将过去车务人员按照《铁路技术管理规程》《行车组织规则》《车站行车工作细则》等规定执行的安全操作和行车管理都由调度集中系统综合处理。

(1)旅客列车和货运列车的追踪。

(2)有(或无)隔开设备的到发线同时接车。

(3)提前停止与接发列车作业有危险的调车作业。

(4)无人站的行车指挥、设备维修及施工管理等。

(5)超限列车的运行规定。

(6)区间临时限速的下达。

(7)非正常接发车。

特点二:CTC 仅设有分散自律控制与非常站控两种模式。分散自律模式是用列车运行调整计划自动控制列车运行进路,用调车计划自动自律交互控制调车进路。同时在分散自律条件下调度中心具备人工办理列车、调车进路,车站具备人工办理调车进路的功能。非常站控模式是指当调度集中设备故障、发生危及行车安全的情况或设备天窗维修、施工需要时,脱离 CTC 系统控制转为车站传统人工控制的模式。

特点三:CTC 系统满足有人车站和无人车站的作业要求。

(1)接车进路信息自动预告,调度命令、行车凭证和路票不停车交付,强化调度员对列车、司机的直接控制。

(2)调度集中数据传输通道故障情况下的故障弱化措施,保证通信中断后一定时间段内车站接发车作业不中断。

(3)采用动态口令、身份验证、网络防病毒和防火墙技术保证调度集中系统网络的安全性。

(4)采用安全信息传输协议、信息安全编码技术和具有故障安全特性的软硬件设备保证控制命令信息的安全传输和使用。

10.1.3　系统构成

行车调度指挥系统包括列车调度指挥系统和调度集中系统两种。原则上高速铁路采用调度集中系统,普速铁路采用列车调度指挥系统,但是为了减轻调度人员的劳动强度,改善调度指挥的工作环境,越来越多的普速铁路也在采用调度集中系统。

行车调度指挥系统(CTC/TDCS)系统主要由中心系统、车站系统、网络传输系统三部分构成。TDCS 系统为国铁集团、铁路局集团公司、站段三级管理,CTC 系统为铁路局集团公司、站段两级管理。具体系统结构如图 10-1～图 10-3 所示。

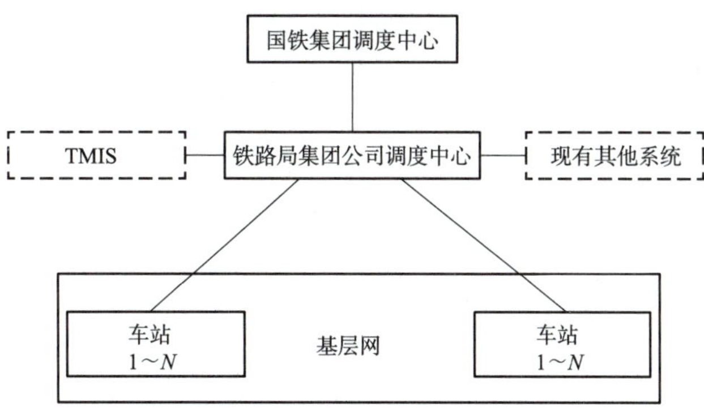

图 10-1　CTC/TDCS 系统框架图

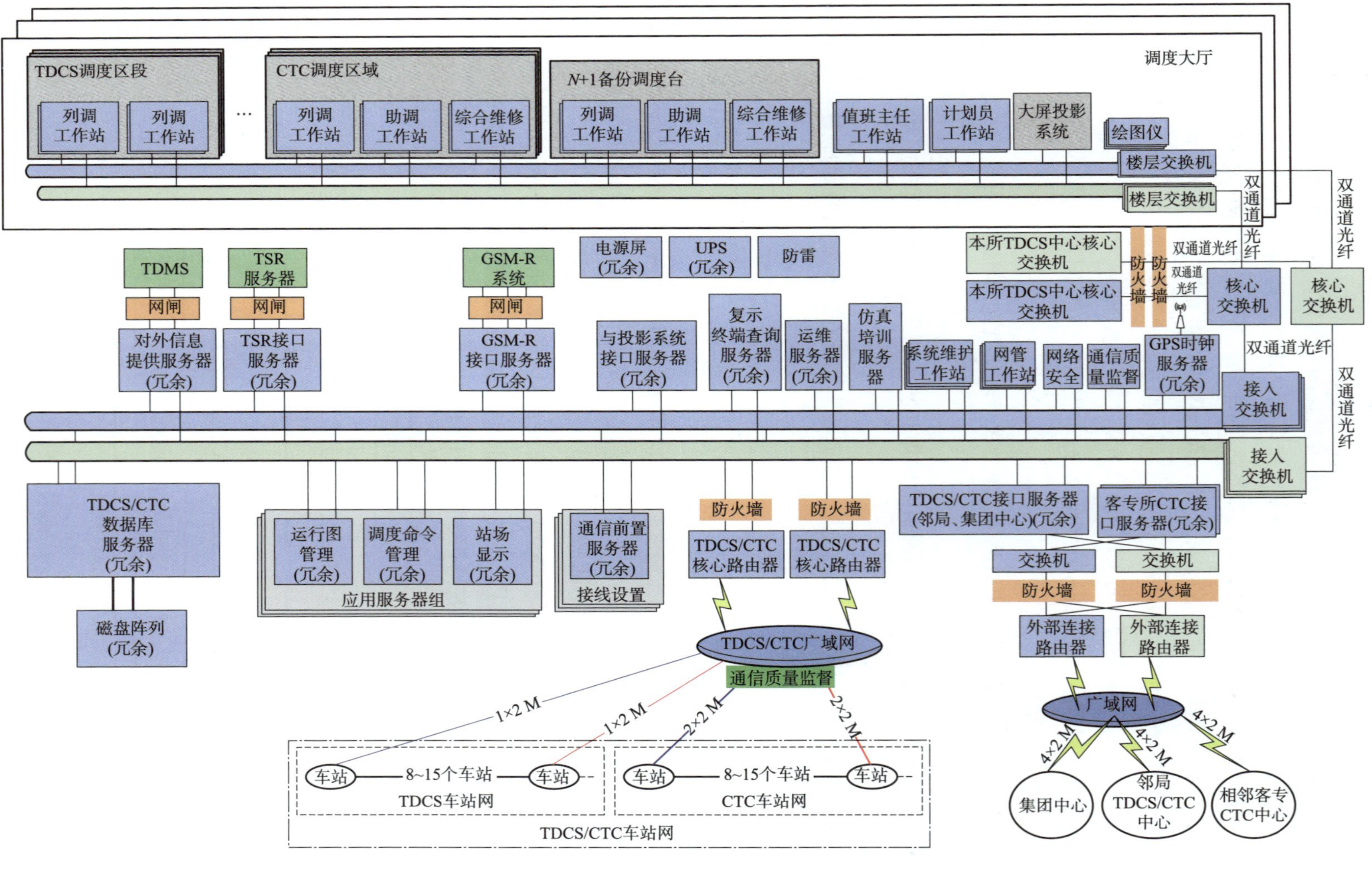

图10-2 普速CTC/TDCS系统结构图

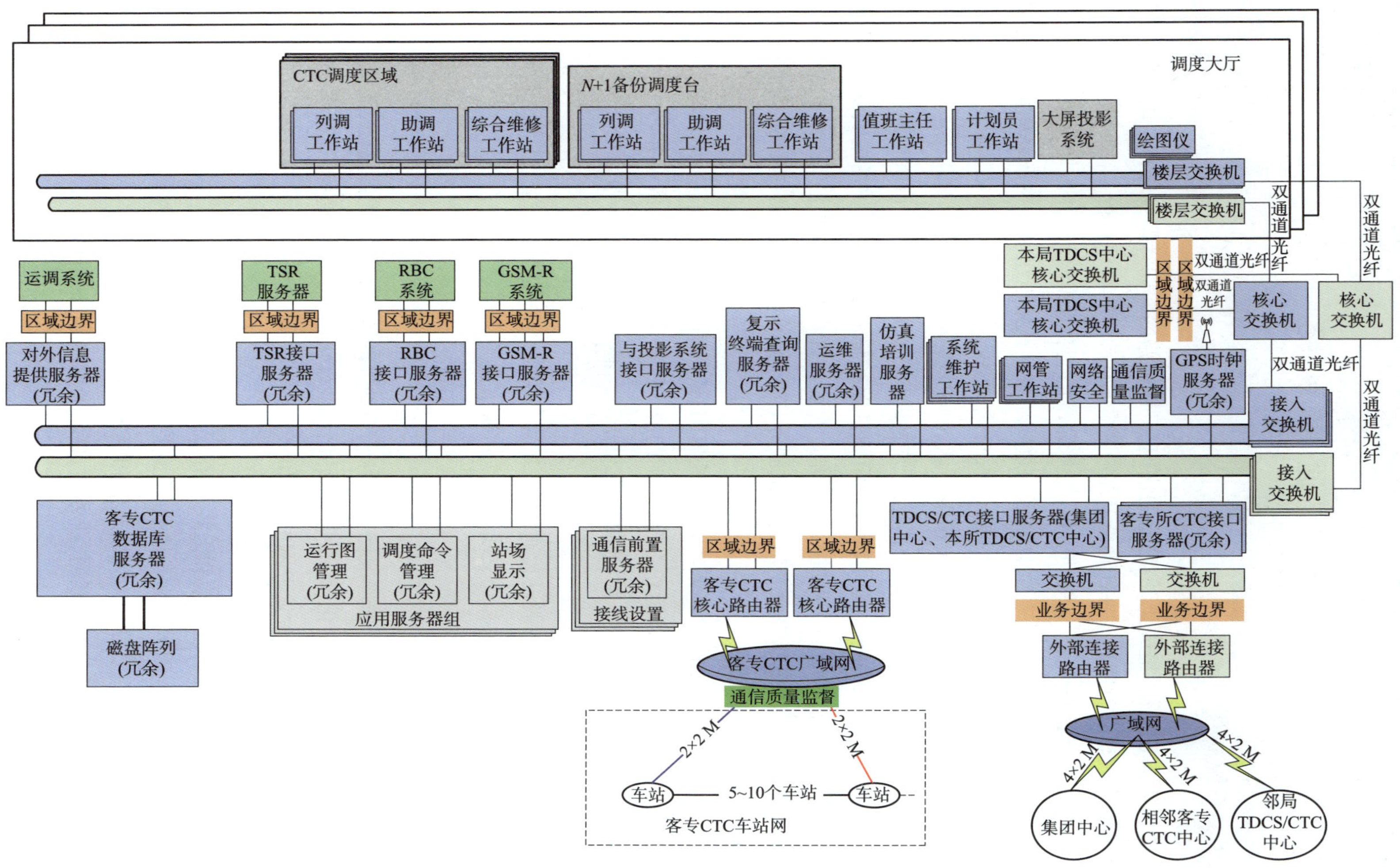

图 10-3　客专CTC系统结构图

10.2 通信系统

10.2.1 系统概述

随着铁路向现代化、集成化、信息化的快速发展,铁路网如同骨架般遍布全国,每时每刻有大量的旅客列车和货物列车在四通八达的铁路网中按计划、有序运行。

铁路枢纽是连接铁路干、支线的中枢,是铁路网的交会点或终端地区,是为城市、工业区或港埠区服务以及与国民经济各部分联系的重要纽带。铁路枢纽一般在铁路局集团公司或省会城市所在地,集中大量铁路干线、支线、联络线、环线、专用线,布置大型客运车站、编组站、动车段(所)、机务段、车辆段、集装箱中心站、特运/快运中心站等办理客货运始发终到、维修整备业务的站段,同时还是调度中心、行政管理和段级运营维护单位所在地。

通信系统是为全国铁路指挥列车运行、组织铁路运输和铁路业务联络提供安全、可靠、迅速、准确的各种信息传输与交换的系统总称。通信系统为铁路运输生产提供的服务有为指挥列车运行的各种调度指挥命令信息提供服务、为铁路运营管理及设施设备维修提供服务、为客/货运提供各种服务。

通信系统作为铁路网的神经系统,将国铁集团、铁路局集团公司、车站、站段按层次结构连接起来,形成统一指挥、协调运作、实时反馈的统一网络,小到普通电话业务,大到跨路局/省客货运业务、全国客运联网售票,通信系统与铁路运输生产每一个环节都密不可分、息息相关。

在铁路枢纽,通信系统一般设置通信站,配置各类通信系统中心设备,汇聚、疏导、分流国铁集团、各铁路局集团公司和干支线沿线铁路通信业务。

10.2.2 系统分类

通信系统具有点多线长、布局成网、多层次、多种类的特点。随着光纤通信、无线通信等技术迅速发展,通信系统数字化、集成化、扁平化和融合化已成为普遍趋势,通信系统已从简单的电话通信发展到包含各种业务网的数据综合通信。

通信系统主要分类为:

(1)按传输方式分为有线通信和无线通信。

(2)按通达地区和范围可分为长途通信、地区通信、区段通信和站内通信等。

(3)按通信的业务性质可分为公用通信和专用通信。

(4)按通信子系统可分为承载网、业务网、移动通信网和支撑网。

10.2.3　系统特点

铁路运输生产分散在铁路沿线。为了统一指挥和调度列车运行，组织运输生产和维护管理，必须有一个迅速可靠、四通八达的通信系统。铁路通信系统具有以下特点：

(1)铁路通信是设备分散、线路分歧点多、组网难度很大的一种专用通信。铁路通信的光电缆线路等均沿铁路线设置，终端设备除了安装在沿线，还安装在各管理机构、站段和工区。

(2)铁路通信是以运输生产为重点的通信。它的最主要任务之一是实现列车运行的统一调度和指挥，保证行车安全和运输效率。通信系统采用技术先进、安全可靠设备组网，以保证信息的传输、存储、处理能力高效，同时系统关键设备具有冗余备份功能、线路具有不同径路迂回保护，大大提高了通信系统自身安全性和可靠性。

(3)通信与信号系统紧密结合，形成整体。在列车低速运行的情况下，通信与信号系统基本上是各自独立运行的，在客运专线、高速铁路，二者日渐结合，形成一个高度自动化的指挥、调度、控制系统。如通信系统与信号 CTC、CTCS 系统互联互通，提供了信号列控、调度命令、车次号高速信息交互。

(4)通信与计算机网络结合，形成现代化的运营、管理、服务系统。计算机的广泛应用和通信系统将其连接成网，为各种服务提供了先进的技术设备条件。如旅客售票系统就是一个典型案例。

(5)通信系统应完成多种信息的传输和提供多种通信服务。除了电话语音业务外，通信系统还承载大量数据、图像、监控信号的传输与处理。在将来，将演变成综合业务数字通信网。

(6)通信系统融合多种通信手段。铁路通信已发展成一个以有线通信为主，而又广泛应用无线通信，两者相互结合的通信系统。目前，通信新技术的发展层出不穷，例如移动通信、卫星通信等与光纤通信、数据网等相结合，形成一个多种方式和手段的通信网。它将大大提高通信的可靠性和有效性，满足铁路运输生产的各种业务需求，充分发挥通信保证行车安全和提高运输生产效率的作用。

10.2.4　系统构成

通信系统主要包括传输、接入网、电话交换、数据通信网、有线调度通信、移动通信、会议电视、综合视频监控、专用应急通信、时钟同步、时间同步、综合布线、通信电源设备、电源及环境监控、综合网管和通信线路 16 个子系统。

通信子系统主要分为承载网、业务网和移动通信网。承载网包括传输和数据通信网，业务网包括接入网、电话交换、有线调度通信、会议电视、综合视频监控和专用应急通信，移动通信网包括 GSM-R 和无线列调。

时钟同步、时间同步、综合布线、通信电源设备、电源及环境监控、综合网管和通信线路属于通信系统的运营维护和支撑系统，为承载网、业务网和移动通信网提供光电缆线路骨架、配套电源和同步信号等。

枢纽地区一般需单独编制通信系统枢纽规划，主要应对传输、接入网、数据通信网、调度通信和移动通信系统的节点位置、处理能力、用户容量、无线频率、制式转换点等进行规划。规划应在充分了解引入枢纽线路方案、站段布置、运营维护管理需求和既有通信设施设备前提下，结合工程建设时期，对主要通信子系统按“统一规划、分步实施”的原则进行近远期规划，以满足铁路运输生产管理维护的需要。

10.3 信号系统

10.3.1 系统概述

铁路信号是铁路信号系统或设备的简称，其主要功能是保证行车安全，组织指挥列车运行，提高运输效率，传递信息，改善行车人员劳动条件。其具体作用为：向列车或车列发出指令和信息，以控制列车或车列的运行方向、运行线路、运行间隔和运行速度，并显示列车移动、线路以及信号设备的状态，从而有效地保证调度指挥和控制列车运行，组织列车解编和调车作业，提高运输管理水平。

信号系统按应用场所不同可分为车站信号控制系统、编组站调车控制系统、区间信号控制系统、行车指挥控制系统及列车运行控制系统等。随着铁路运输需求和信号技术的不断发展，信号系统已发展为包含调度集中系统、列车调度指挥系统、列车运行控制系统（C4、C3、C2、C0）、计算机联锁系统、集中监测系统、环境监控系统、车站电码化系统、区间自动闭塞系统、自动站间闭塞系统、信号综合电源系统、信号综合防雷系统、综合接地系统、编组站综合自动化系统、驼峰进路控制系统、驼峰速度控制系统、停车器控制系统、调机自动化系统等近二十个子系统设备，并且由过去的独立、功能单一的系统逐渐发展成为现在的“综合自动化、集成度高”通过网络实现信息共享的信号系统。

中国干线铁路的信号系统由调度指挥系统、联锁系统、集中监测系统、区间闭塞系统构成，用于控制普速列车的运行。CTCS-0 级信号系统结构如图 10-4 所示。基于列车运行控制系统的高速铁路，需要在站间及更大范围内实时传输列车运行控制系统大量涉及行车安全的控制信息，因而构建了为传输安全相关信息专用的信号系统安全数据网。CTCS-3 级信号系统结构如图 10-5 所示。

在进入信息时代的今天，铁路信号的传统理念正在改变，信号的功能逐步扩大。铁路信号不但具有投资少、见效快、效益高、技术密集、更新换代快等特点，而且作为一种重要的信息与控制技术，具有高安全、高可靠的特点。铁路信号在铁路运输更大范围内得到更广泛的

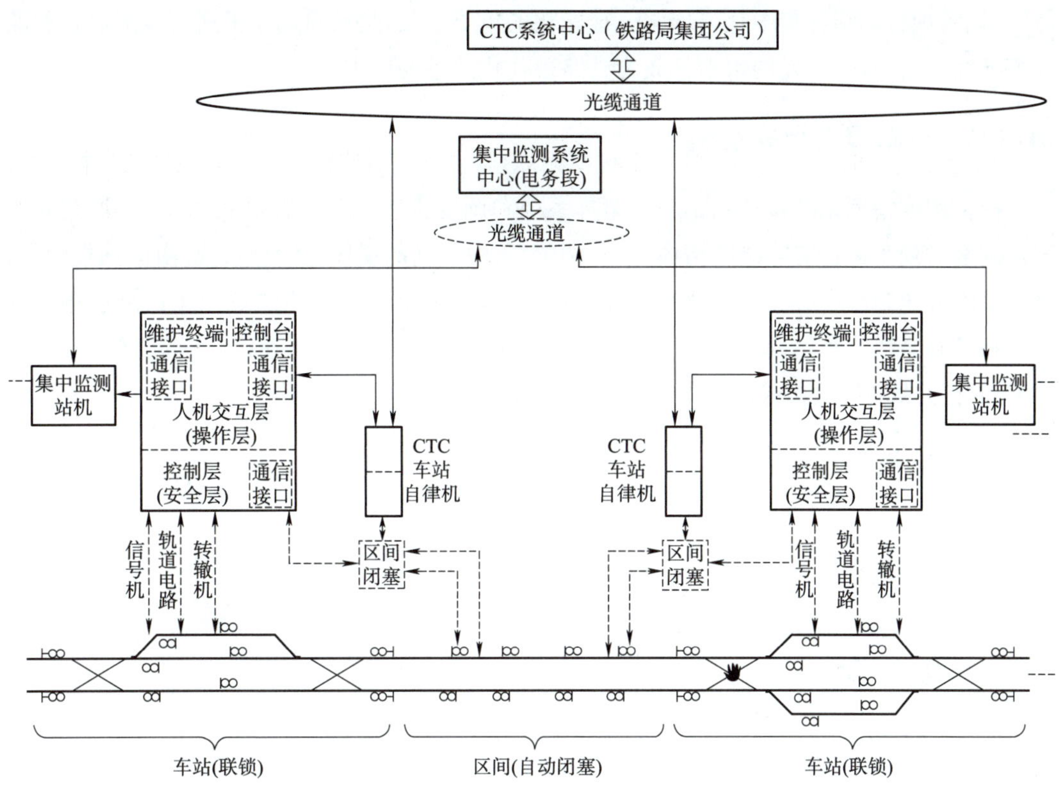

图 10-4　CTCS-0 级信号系统结构图

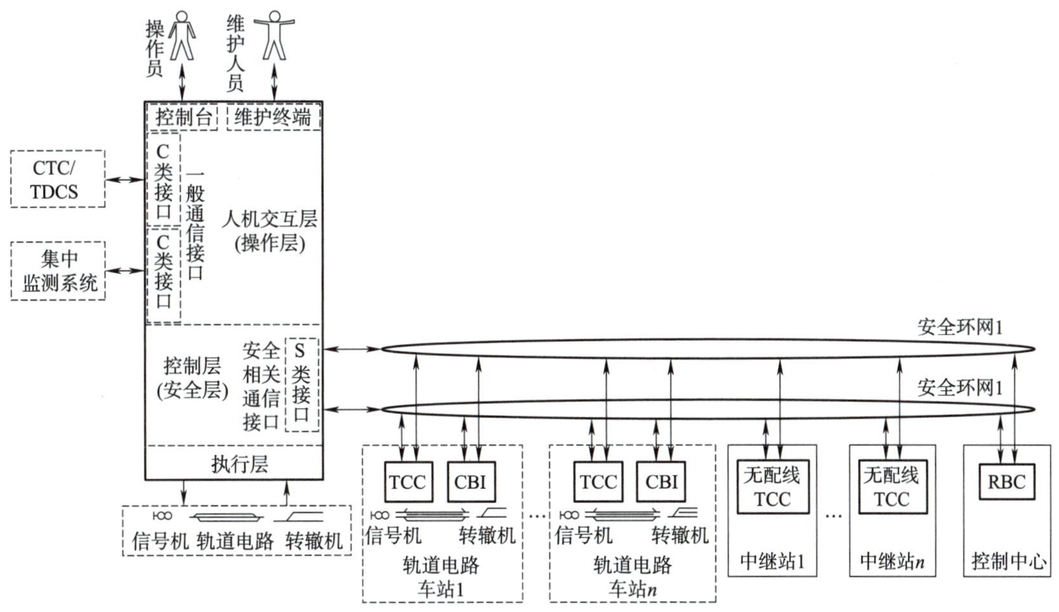

图 10-5　CTCS-3 级信号系统结构图

运用，是实现行车指挥集中化、自动化、智能化的重要手段，是铁路列车提速与发展高速铁路的关键技术之一，它的发展水平已成为铁路现代化的重要标志。

10.3.2 行车调度指挥系统

行车调度指挥系统包括列车调度指挥系统和调度集中系统两种制式，是实现铁路各级运输调度对列车运行实行透明指挥、实时调整、集中控制的现代化信息系统；由国铁集团、铁路局集团公司调度中心局域网及车站基层网组成，是一个覆盖全路的现代化铁路运输调度指挥和控制系统。车站设置 TDCS 或 CTC 分机设备，并与调度所总机系统联网。TDCS/CTC 系统主要功能及构成详见本书第 10.1 节。

10.3.3 联锁系统

联锁是指通过技术方法，使信号、道岔和进路之间按一定程序、一定条件建立起一种相互制约的关系。联锁设备就是为完成这种联锁关系而安装的技术设备。当一个车站设置有多个车场时，宜分场设置联锁设备。

目前联锁系统有计算机联锁与电气集中联锁两种，均是通过动力式道岔转辙机、色灯信号机和轨道电路三大信号基础设备，对列车和车列的运行进路进行控制的。道岔、信号和进路就是联锁系统的主要直接控制对象。

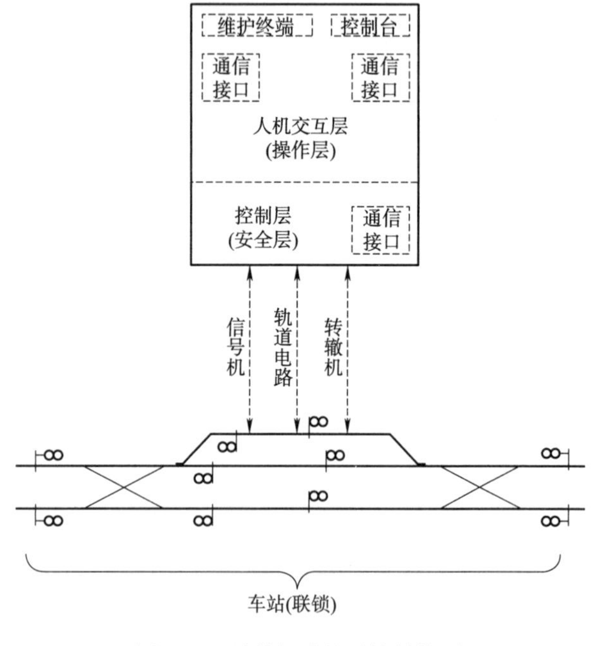

图 10-6 计算机联锁系统结构图

计算机联锁系统，是以计算机控制技术为核心，采用可靠性技术、“故障-安全”技术以及通信技术等实现车站联锁要求的计算机实时控制系统；以电气和/或电子传输方式集中操纵动力式道岔及色灯信号机，以软件实现联锁关系。计算机联锁系统结构如图 10-6 所示。

10.3.4 区间闭塞及列车运行控制系统

中国列车运行控制系统根据系统配置按功能划分为 5 级。设计速度 160 km/h 及以下的线路采用 CTCS-0 或 CTCS-1 级，设计速度 200～250 km/h 的线路采用 CTCS-2 级，设计速度 300 km/h 及以上的线路采用 CTCS-3 或 CTCS-4 级的技术装备。对于贯通枢纽的

200 km/h 及以上客运专线或客货共线铁路、枢纽低速区段车站及区间宜装备与正线相同的列车运行控制系统设备。双线区段正方向运行应采用自动闭塞，反向运行宜采用自动站间闭塞。单线区段应实现单线自动站间闭塞，根据运输需要也可采用自动闭塞。

列车运行控制系统是监控列车的运行速度、保障列车的安全运营、提高运营效率的核心设备，能够在不干扰机车乘务员正常驾驶的前提下有效地保证列车运行安全，实现超速防护功能。列车运行控制系统由地面设备和车载设备构成。地面设备提供车载设备所需要的线路允许速度、行车许可等基础数据；车载设备将地面的基础信息进行处理，形成列车速度控制曲线，监控列车安全运行。

1. 中国铁路列车运行控制系统分级

CTCS-0 级：由通用机车信号和运行监控记录装置构成。叠加在既有信号系统上，基于车载数据库提供基础数据，适用于 160 km/h 以下的线路。

CTCS-1 级：由主体机车信号＋安全型运行监控记录装置组成。面向 160 km/h 以下的区段，在既有设备基础上强化改造，达到机车信号主体化要求，增加点式设备，实现列车运行安全监控功能。

CTCS-2 级：是基于轨道电路和应答器传输信息的列车运行控制系统。面向提速干线和高速铁路，采用车-地一体化设计。适用于各种限速区段，地面可不设通过信号机，机车乘务员凭车载信号行车。

CTCS-3 级：是基于无线传输信息并采用轨道电路等方式检查列车占用的列车运行控制系统。面向高速新线或特殊线路，基于无线通信的固定闭塞或虚拟自动闭塞。适用于各种限速区段，地面可不设通过信号机，机车乘务员凭车载信号行车。

CTCS-4 级：是完全基于无线传输信息的列车运行控制系统。地面可取消轨道电路，由 RBC 和车载验证系统共同完成列车定位和完整性检查，实现虚拟闭塞或移动闭塞。目前国内尚未有使用的先例。

2. 列车运行控制系统构成

CTCS-3 级列车运行控制系统（CTCS-3 级列车运行控制系统兼容 CTCS-2 级）结构如图 10-7 所示。地面设备由无线闭塞中心、列控中心、临时限速服务器、轨道电路、地面电子单元、应答器以及安全数据网等组成。车载设备由安全计算机、轨道电路信息读取器、应答器信息接收单元、列车接口单元、记录单元、人机界面、无线通信单元、车载电台和测速测距单元等组成。信号安全数据网应用在列车运行控制系统（包括 CTCS-2 级或 CTCS-3 级）中，实现信号设备（TCC、CBI、TSRS、RBC）之间的安全信息交互。安全数据网使用光纤由两条不同路径的干线光缆（分别放置在线路两侧）提供。信号安全数据网的基本网络结构如图 10-8 所示。

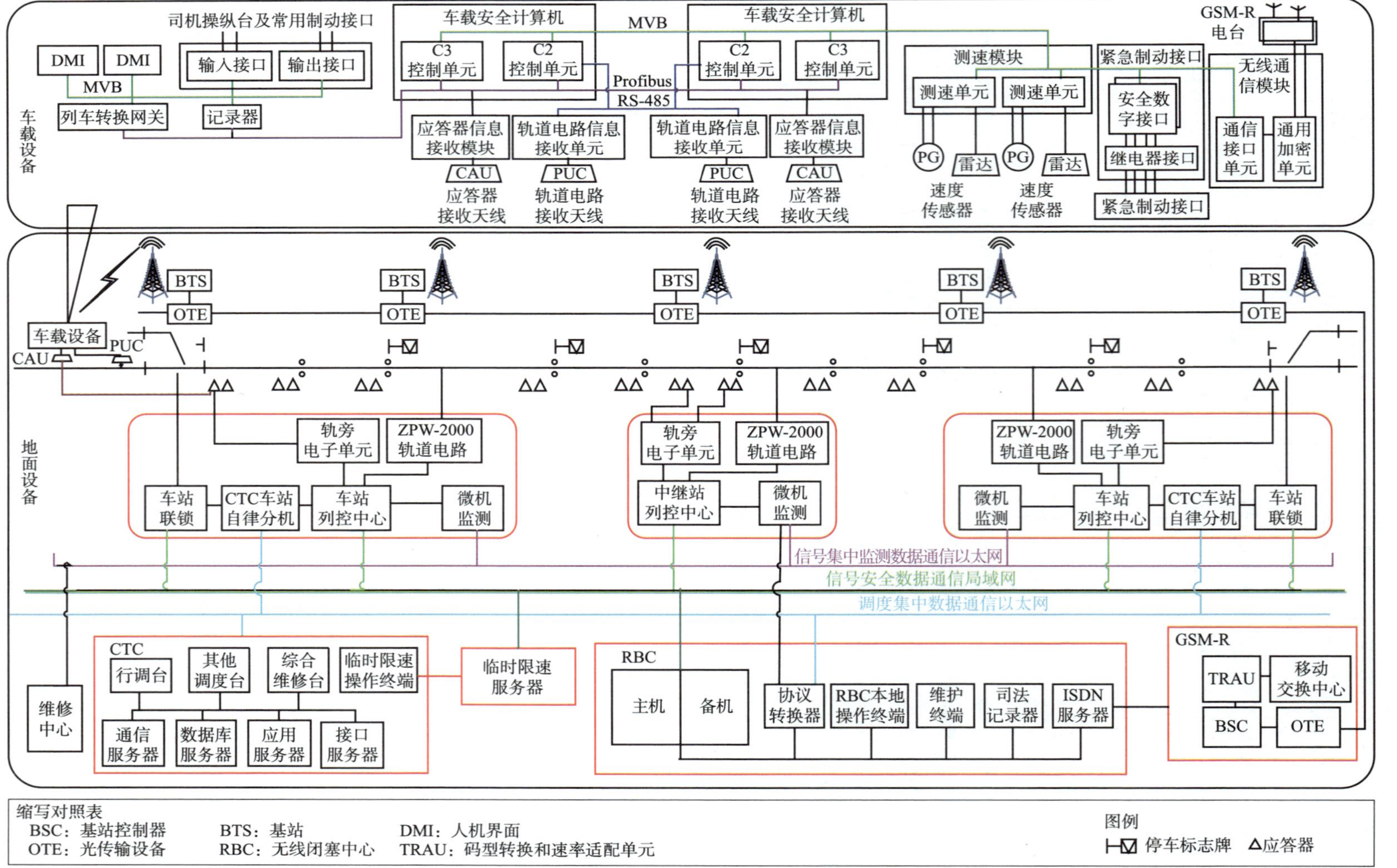

图 10-7 列车运行控制系统结构图

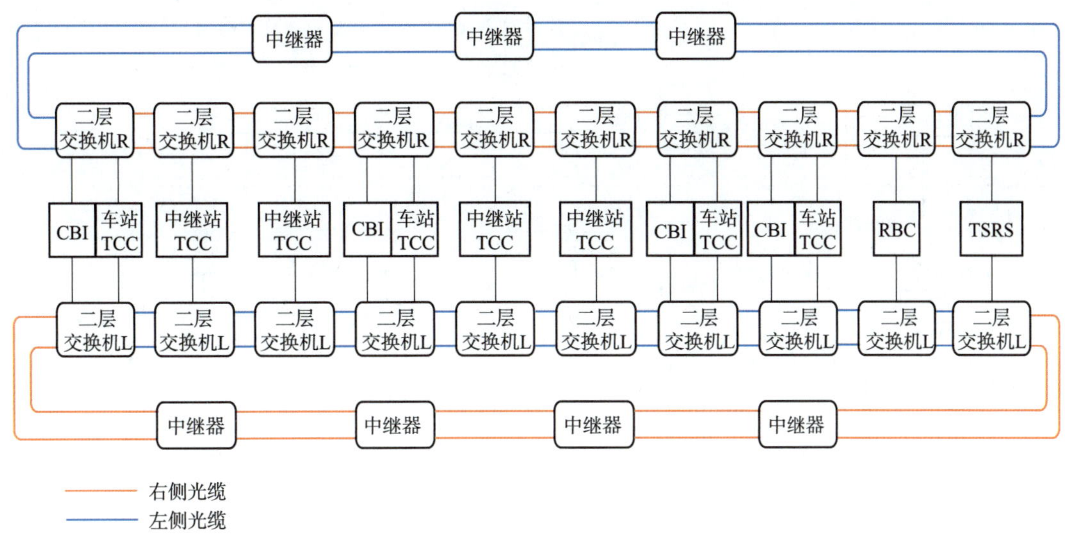

图 10-8　信号安全数据网的基本网络结构图

10.3.5　信号集中监测系统

信号集中监测系统以主要信号设备为对象，以融合的现代传感器、现场总线、计算机网络通信、软件工程及数据库等技术为手段，监测并记录设备运行状态、统计分析相关数据、加强设备管理，具备对监测数据采集、分类、逻辑分析处理、报警、数据统计、汇总、存储、回放等功能，并且通过统一的标准接口与计算机联锁、列控中心、TDCS/CTC、智能电源屏、ZPW-2000、智能灯丝等设备通信，获取接口信息，提供统一的显示界面。为信号维护管理部门掌握设备当前状态、进行故障分析、指导现场作业和管理提供科学依据，从而提高信号设备维护效率和维护水平。

信号集中监测系统采用"三级四层"的结构。三级：国铁集团、铁路局集团公司、电务段；四层：国铁集团电务监测中心、铁路局集团公司电务监测中心、电务段监测中心及车站监测网。整个系统是基于 TCP/IP 协议之上的广域网络模式。系统总体结构如图 10-9 所示，车站分机子系统结构如图 10-10 所示。

10.3.6　信号电源

信号电源为信号系统设备供电，信号系统用电为一级负荷，采用两路独立的外部电源供电，保证不间断供电。

1. 信号电源系统的主要功能

信号电源系统是信号系统的供电设备，配套设置 UPS 和电池组，为自动闭塞、列车运行控制系统、车站联锁系统、调度集中系统、集中监测系统等设备提供可靠的交直流电源，并具

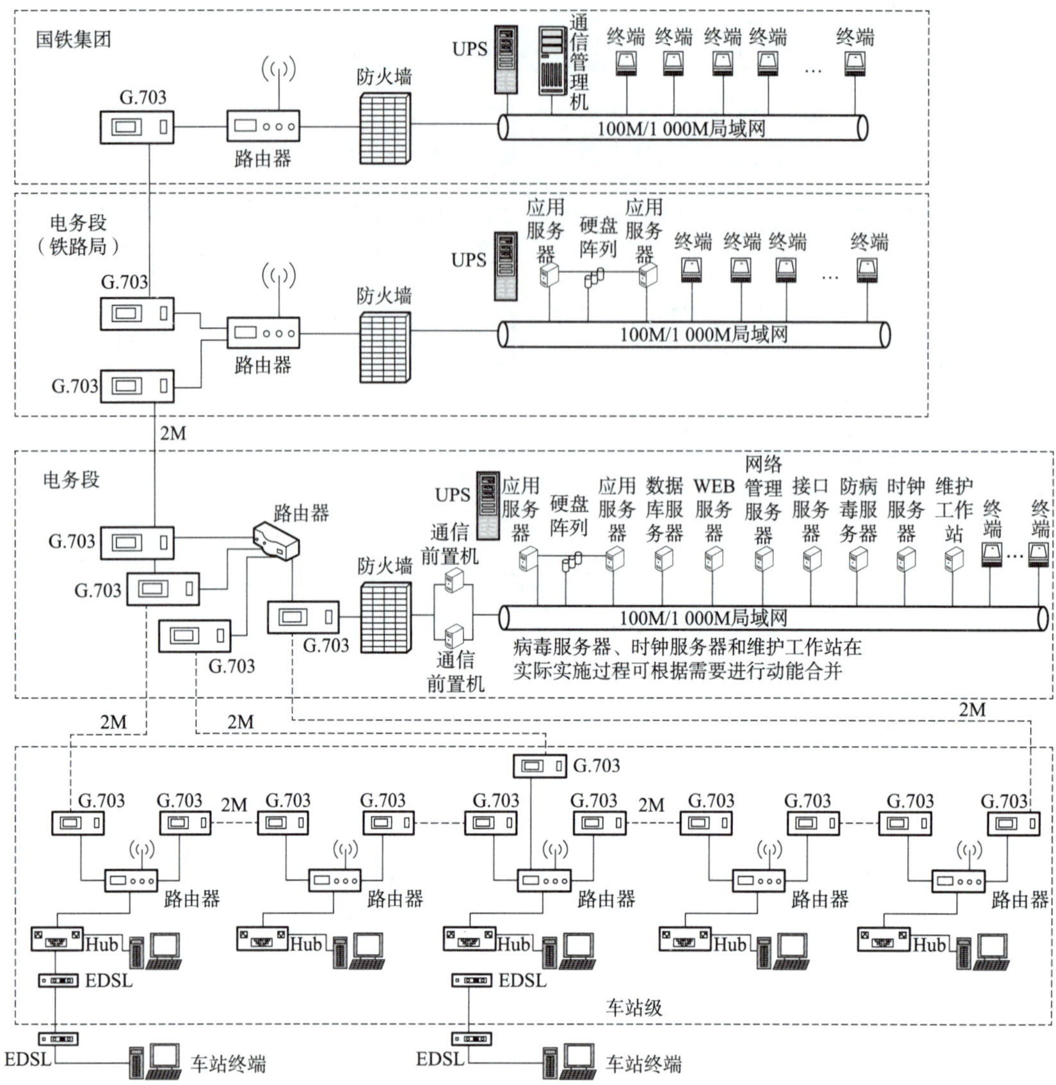

图 10-9　信号集中监测系统结构图

备自诊断及监测报警功能，能与信号集中监测系统交换信息。

2. 信号电源系统主要设备配置

(1)车站(线路所、动车所)配置电源屏及双路 UPS，UPS 的容量负荷按除转辙机以外的所有用电量考虑。有人值守站 UPS 供电时间按不少于 30 min 考虑，无人值守站按 UPS 供电时间不少于 2 h 考虑。

电源屏为车站联锁(信号机、转辙机、继电器、轨道电路、报警等)、列控(TCC、RBC、TSRS、安全数据网交换机、应答器、LEU)、CTC 车站设备、信号集中监测设备统一供电。

两路输入经“双 Y”形切换后配电输出，分别送入 UPS 并机系统和转辙机电源模块。所

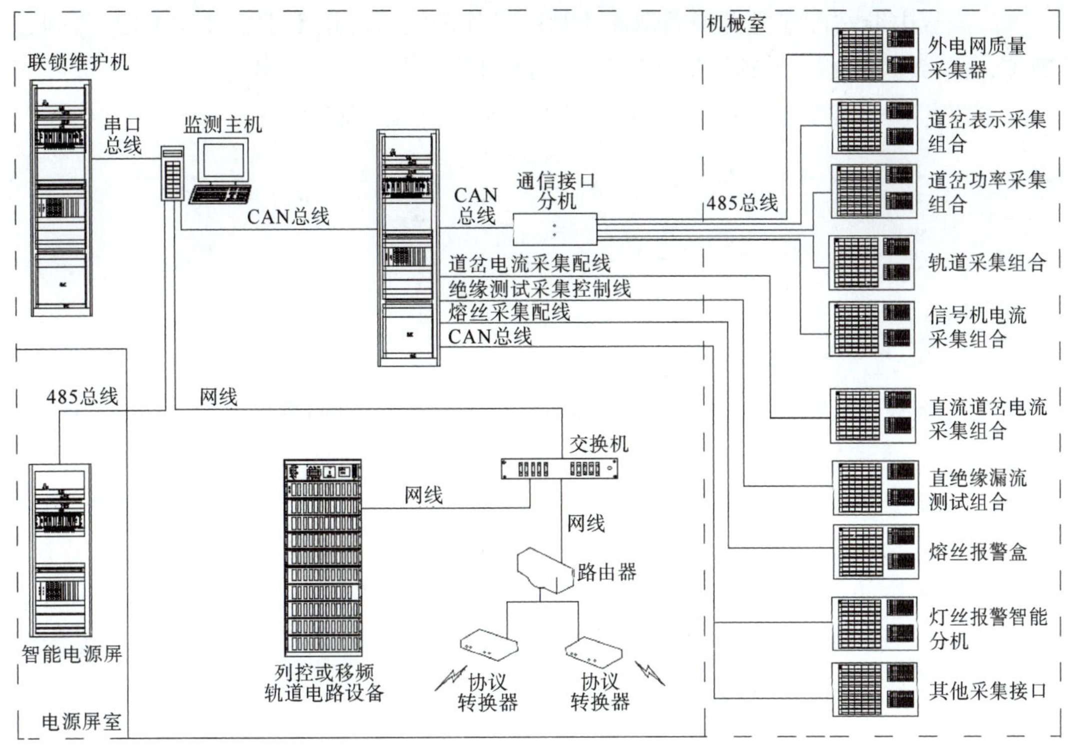

图 10-10　车站分机子系统结构图

有负载均通过 UPS 供电(交直流转辙机电源除外)。

直流电源采用智能高频开关电源模块提供电源输出。所有电源模块采用冗余备份的并联均流方式运行,在模块正常情况下同组模块均分负载,当其中一个电源模块故障时其他模块保证提供最大负载需求,不影响信号设备的正常运行。交流电源经 UPS 稳压后输出,供电回路采用隔离变压器输出。典型车站电源系统配置如图 10-11 所示。

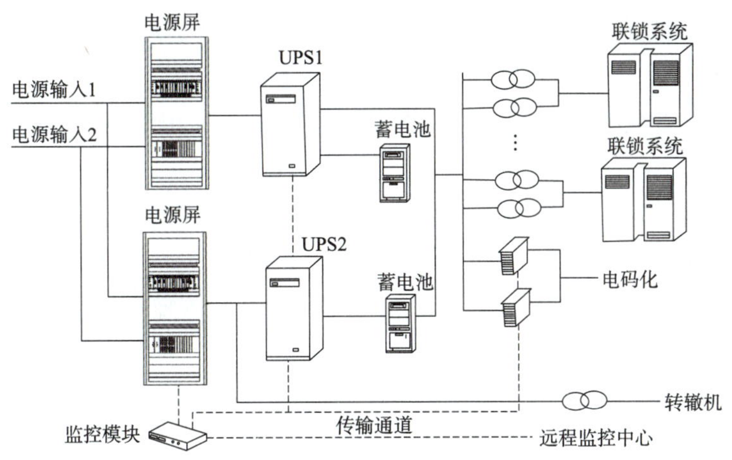

图 10-11　典型车站电源系统配置示意图

(2)信号中继站配置电源屏及双路 UPS,UPS 供电时间按不少于 2 h 考虑,为列控(TCC、安全数据网交换机、应答器、LEU)、信号集中监测等设备统一供电。

(3)调度中心电源屏采用 UPS 并机双总线方案,为 CTC 设备供电。

10.4 信息系统

10.4.1 系统概述

信息系统设计应遵循统一规划、统一标准和资源共享的原则,符合安全、可靠、先进、可扩展的要求。

信息系统主要包括旅客服务信息系统、客票系统、办公信息系统、公安管理信息系统、动车组管理系统、行包信息系统、车站门禁系统、电源及环境监控系统和货物运输管理系统。其中旅客服务信息系统包括集成管理平台、车站综合显示系统、车站客运广播系统、车站视频监控系统、车站时钟系统、车站旅客携带物品安全检查设备、车站信息查询系统、车站入侵报警系统、车站求助系统、车站客运作业管理系统。

10.4.2 系统分类

1. 旅客服务信息系统

1)系统功能

旅客服务信息系统满足客运营销的需要。系统为旅客提供车次到发信息、进出引导信息、时间信息、查询信息及各类听觉信息;向车站各岗位工作人员提供列车运行计划、实时查看列车到发状况等信息;通过安检设施对旅客携带物品进行安全检查,能有效防止危险、违禁物品进站上车,保证车站及旅客生命财产安全,维持正常客运运转秩序。

2)系统架构

旅客服务信息系统可采用中心-区域-车站三级架构,或采用中心-车站两级架构,也可采用车站单级架构。

多级架构的旅客服务信息系统的车站级子系统,在正常工作模式下应接收上一级集成管理平台的指令,在应急工作模式下应接收本级集成管理平台的指令。单级架构的旅客服务信息系统设置集成管理平台时,各子系统应接收本站集成管理平台的指令。

3)各子系统设计

(1)集成管理平台

①系统功能

集成管理平台集成综合显示、客运广播、视频监视、时钟等子系统。各子系统的业务操作集成在集成管理平台上完成，各子系统执行集成管理平台监控指令，完成本系统的维护管理。

②系统硬件配置原则

三级架构的旅客服务信息系统区域级以及两级架构的中心级集成管理平台应配置数据库服务器、应用服务器、接口服务器、NTP 服务器、存储、大屏幕显示设备、业务操作终端、管理终端等设备。

三级架构的旅客服务信息系统中心级集成管理平台应配置数据库服务器、应用服务器、接口服务器、NTP 服务器、存储、网络、管理终端等设备。

大型及以上车站的车站级集成管理平台宜配置数据库服务器、应用服务器、接口服务器、存储、网络、业务操作终端、管理终端等设备。中小型车站的车站级集成管理平台宜配置数据库服务器、应用服务器、接口服务器，并可根据需要合设。大型及以上车站、中心站应配置大屏幕显示设备，采用独立管理模式的车站可配置大屏幕显示设备。

(2)车站综合显示系统

①系统功能

车站综合显示系统通过动态信息向旅客提供列车车次、到发线路、时刻、候车地点、列车停靠站台、晚点变更、购票、检票、出站等信息，并向旅客提供文化娱乐、旅行资讯等信息；还为车站客运服务人员提供生产信息。

②系统硬件配置原则

车站综合显示系统从集成管理平台获取播出计划和相关信息，以车站为核心，在进站厅、售票厅、候车室、检票口、进出站通道/天桥、站台、站台进出口处等不同地点设置 LED 显示屏或 LCD 显示屏，显示动态图形、图像、文字和视频信息。同时在车站工作人员办公、值班等位置放置 LCD 显示屏或到发通告终端，设置位置主要包括客运值班室、售票室、检补票室、公安值班室、站长室等客运、公安作业人员值班场所。

(3)车站客运广播系统

①系统功能

车站客运广播系统主要用于播送列车到发动态信息、车站服务信息，同时还提供寻呼、寻人、通告、背景音乐以及小区广播等服务，发生火灾时兼做消防应急广播，组织客运作业，疏导客流，保证行车安全及有效地进行客运管理与服务。

②系统硬件配置原则

车站客运广播系统应设置广播主机、信源设备、控制及传输设备、功率放大器、扬声器、应急广播设备等，根据需要可设置噪声探测器、小区广播设备等。

车站客运广播系统应按照车站广场、售票厅、进站集散厅、候车厅、站台、出站集散厅、办公区域走廊、商业区等划分广播分区。

结合建筑格局、装修条件及声场布置等因素，在车站广场、进站集散厅、候车厅、进出站通道等区域选用壁挂式扬声器，在售票厅、出站集散厅、办公区域走廊等区域选用吸顶式扬声器,在站台位置选用吊装式或壁挂式扬声器。

(4)车站视频监控系统

①系统功能

车站视频监控系统使车站行车及客运指挥人员能够及时观察列车到发状况、车站客流动态、现场工作情况,有利于有效地疏导客流、处理问题,充分保证站、车及旅客安全。

②系统硬件配置原则

车站视频监控系统在售票区域、进站区域、安检区域、候车厅、检票区域、楼扶梯、垂直电梯、进出站地道、站台等地点设置摄像机。视频终端、后台处理设备纳入综合视频监控系统。

进站大厅、售票厅、候车厅及进出站通道等区域设置一体化快球摄像机(1 080P);售票室、票据室、进款室、车站走廊等区域设置室内半球摄像机(1 080P,其中售票室内按售票人员与摄像机数量 1∶1 比例配置);进/出站检票区域、楼扶梯上下口、垂直电梯进出口设置固定枪式摄像机(1 080P);车站站台设置一体化快球摄像机(720P);站台进出站通道口处设置固定枪式摄像机(720P)。通过以上视频采集设备完成对车站各个区域的监控。

安检仪区域设置高清 IP 摄像机,每个安检仪按照 2 个 1 080P 枪式摄像机、2 个 1 080P 半球摄像机设置,实现安检过程、面部特写、行李特征进行监控。所有设备纳入综合视频监控系统统一管理。

(5)车站时钟系统

①系统功能

时钟系统包括同步校对、时间显示、系统监测等功能,为车站旅客及客运服务人员提供统一标准时间。

②系统硬件配置原则

当旅客服务信息系统采用多级架构时,由上一级集成平台 NTP 服务器提供时间源;采用单级架构时,由铁路时间同步网提供时间源。

车站时钟系统配置二级母钟,与统一时钟源的标准时间信号保持同步,并驱动本站所有子钟同步。子钟接收二级母钟的标准时间信号,进行时间显示,可根据建筑装修形式采用指针式或数字式。子钟设置于车站站台、进站集散厅、候车厅、售票厅、出站集散厅等处,可与综合显示屏结合设置。

(6)车站旅客携带物品安全检查设备

①系统功能

车站旅客携带物品安全检查设备主要完成对进站旅客随身行包、行李进行安全检查,确保车站及列车运行安全。

②系统硬件配置原则

车站旅客携带物品安全检查设备在车站安检区设置 X 光安全检查仪、安全门、手持金属探测仪和防爆罐、防爆毯等。

(7)车站信息查询系统

①系统功能

车站信息查询系统由集成管理平台提供信息源，查询内容包括车站概况、铁路客运常识、旅游公众信息、票务实时信息、乘降实时导向信息等。

②系统硬件配置原则

车站信息查询系统设置在售票厅、候车厅、进站检票口、集散厅、车站综合服务台等处。

(8)车站入侵报警系统

①系统功能

车站入侵报警系统是对车站重点场所进行监测监视的安全防范措施，在需要监控的场所设置报警装置，有效地防止各类突发事件的发生及处理。

②系统硬件配置原则

车站入侵报警系统在售票室、票据室、补票室和进款室等处设置探测器、紧急报警装置、现场控制设备，在公安值班室或信息机房设置报警主机，在车站综合监控室和公安值班室设置报警终端、声光报警器。

(9)车站求助系统

①系统功能

车站求助系统为旅客提供求助呼叫服务，具备单呼、组呼、接听、保持及转接功能，并可与车站视频监视系统接口，实现求助现场监视图像的联动功能。

②系统硬件配置原则

车站求助系统设置求助主机、录音记录仪、值班分机、求助按钮等设备，利用旅客服务信息系统局域网实现设备之间的网络连接和数据交换。在售票厅、进站集散厅、候车厅、站台、出站集散厅等旅客聚集区域设置求助按钮，在值班室、车站综合服务台、综合监控室等处设置值班分机。

(10)车站客运作业管理系统

①系统功能

车站客运作业管理系统为车站客运服务人员提供客运生产组织、作业、旅客服务信息发布等功能。

②系统硬件配置原则

车站客运作业管理系统设置服务器、计算机终端、无线智能手持终端等设备。

2. 客票系统

(1)系统功能

客票系统是以席位管理和交易处理为核心，建立广泛的销售渠道，适应多种售检票方式、多种支付形式和灵活的营销策略，售票以人工与自助式售票相结合、检票以自动检票为主的实时交易系统，满足客运营销的需求。

(2)系统架构

客票系统采用中心、区域、车站三级架构，或中心、车站两级架构。系统设置广域网及局域网，并采用 TCP/IP 协议，其中广域网设置核心层、汇聚层、接入层三层架构或核心层、接入层两层架构，并采用铁路专用广域网。

(3)系统硬件配置原则

客票系统三级架构中心级设备设置数据库服务器、应用服务器、接口服务器、存储设备、负载均衡器、网络及安全设备等。二级架构中心级设备设置数据库服务器、应用服务器、接口服务器、车票编码分拣设备、网络及安全设备等。

客票系统区域级设备设置数据库服务器、应用服务器、接口服务器、存储设备、管理终端、网络及安全设备等。

客票系统车站级设备设置服务器、管理终端、窗口售票设备、自动售票机、自动取票机、自动检票机、补票机、实名制验证设备等。

3. 办公信息系统

(1)系统功能

办公信息系统实现对公文流转的自动处理，提供事务管理、财务管理，提供信息发布平台，提供公共资讯服务等。

(2)系统架构

办公信息系统采用中心、站段两级架构。中心级系统负责所属铁路局集团公司内部文件的流转及提供办公信息；站段级位于车站、信号楼、公安派出所、综合维修车间、综合维修工区等处，主要完成本地事务处理及上下的公文流转。

(3)系统硬件配置原则

各车站、信号楼、公安派出所、综合维修车间、综合维修工区等处根据需要设置微机、网络设备、打印机和 UPS 电源等设备。

4. 公安管理信息系统

(1)系统功能

公安管理信息系统具有检索公安数据库，查阅警务资料及档案，以及本地情报管理、刑事案件管理，提供个人办公及考勤管理等功能。

(2)系统架构

各铁路公安局、铁路公安处、公安派出所、公安值班室、警务区设置公安管理信息系统，按照管理模式采用分级架构。

(3)系统硬件配置原则

各铁路公安局、铁路公安处、公安派出所、公安值班室、警务区等处根据需要设置微机、网络设备、打印机和 UPS 电源等设备。

5. 动车组管理系统

(1)系统功能

动车组管理系统具有动车组运用管理、维修管理、技术管理、配件物流管理、设备管理、安全质量管理、成本管理、统计与分析等功能。

(2)系统架构

动车组管理系统采用铁路公司、动车段、动车运用所分级架构。

(3)系统硬件配置原则

铁路公司、动车段、动车运用所设置数据库服务器、应用服务器、通信服务器、存储设备、各种终端及维护管理工作站等设备。

6. 行包信息系统

(1)系统功能

行包信息系统包括行包管理信息系统和行包服务信息系统，实现旅客行包承运制票、行包运输管理、到达交付，同时为行包作业人员提供作业信息，为旅客提供运程、运价、公告、行包通告等信息。

(2)系统架构

行包管理信息系统采用中心、车站两级架构。

(3)系统硬件配置原则

行包管理信息系统设置行包管理服务器、终端、票据打印机、货签打印机及网络设备等。行包服务信息系统设置行包显示、行包广播、行包视频监控及行包安全检查设施等子系统。其中行包广播、行包视频监控后台设备可与车站旅客服务信息系统合设。

7. 车站门禁系统

(1)系统功能

门禁系统完成对车站内重要进出通道、机房、管理用房、办公房屋等处所进行安全技术防护。

(2)系统架构

车站门禁系统包括控制设备和现场设备。

(3)系统硬件配置原则

车站门禁系统设置工作站、授权读卡器、现场控制器、读卡器、密码键盘、电子锁、门磁、紧急开门控制按钮及门禁卡等。

8. 电源及环境监控系统

(1)系统功能

电源及环境监控系统对信息机房内电源设备的电压、电流以及温湿度、烟感、门磁、水浸等环境进行监控。

(2)系统架构

电源及环境监控系统采用监控中心、区域监控中心、监控站三级架构。

(3)系统硬件配置原则

监控中心设置应用/数据库服务器、网络设备、监控终端等。区域监控中心设置应用/数据库/接口服务器、网络设备、视频监控单元、监控终端等。监控站设置远程监控单元(RTU)、智能设备、非智能设备的监控模块、摄像头、传感器等。

9. 货物运输管理系统

(1)系统功能

货物运输管理系统满足运输组织、货运营销的需要。系统主要包括货运计划、货运制票、列车确报三大模块,具有完成货运零担、整车、集装箱、空车等的微机制票、货运计划上传审批与接收,请求车的提报,承认车的接收,货物到达通知单打印、交付、收费、列车确报、统计与查询等功能。车站系统在实现本站作业管理的同时,还将上报列车、机车、车辆、集装箱等动态信息,形成统一的信息资源,实现信息共享,以便上级各业务管理部门和政策部门进行宏观决策、业务咨询等活动。

(2)系统架构

货物运输管理系统按铁路局集团公司、站段的分级结构进行设计,其各子系统共享信息和网络基础平台。

(3)系统硬件配置原则

货物运输管理系统包含货运管理系统和现车管理信息系统。设置以太网交换机、现车系统服务器、微机、票据打印机、A4 激光打印机、TMIS 加密卡等设备。

10.4.3 系统构成

(1)车站客运服务信息系统构成如图 10-12 所示。

(2)办公信息系统构成如图 10-13 所示。

(3)公安管理信息系统构成如图 10-14 所示。

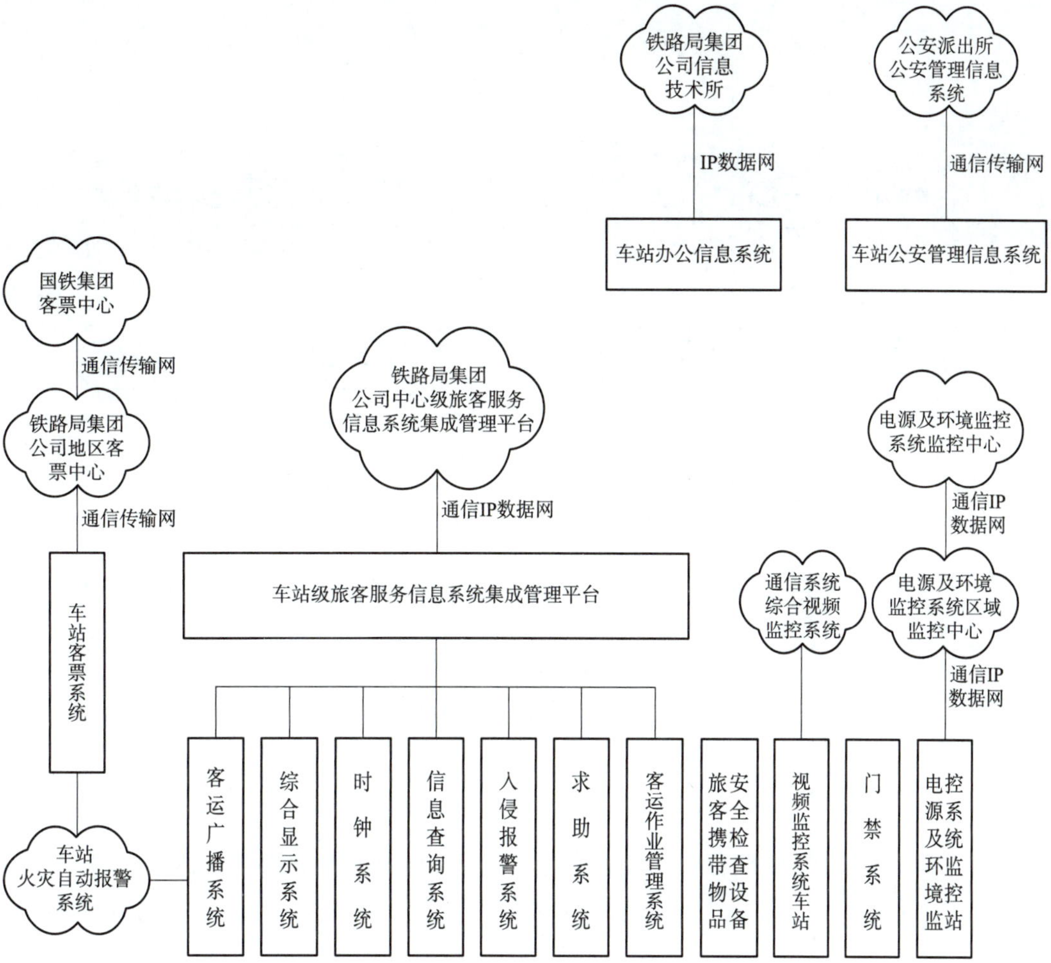

图 10-12　车站客运服务信息系统构成图

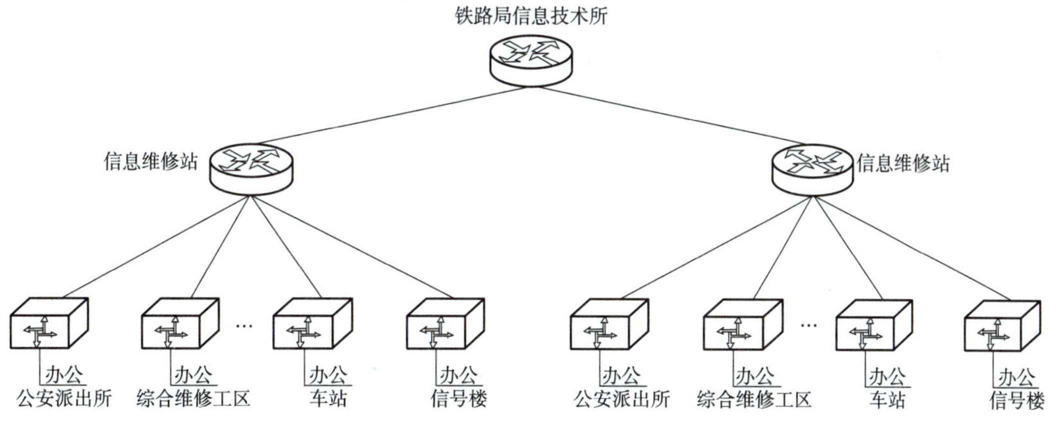

图 10-13　办公信息系统构成图

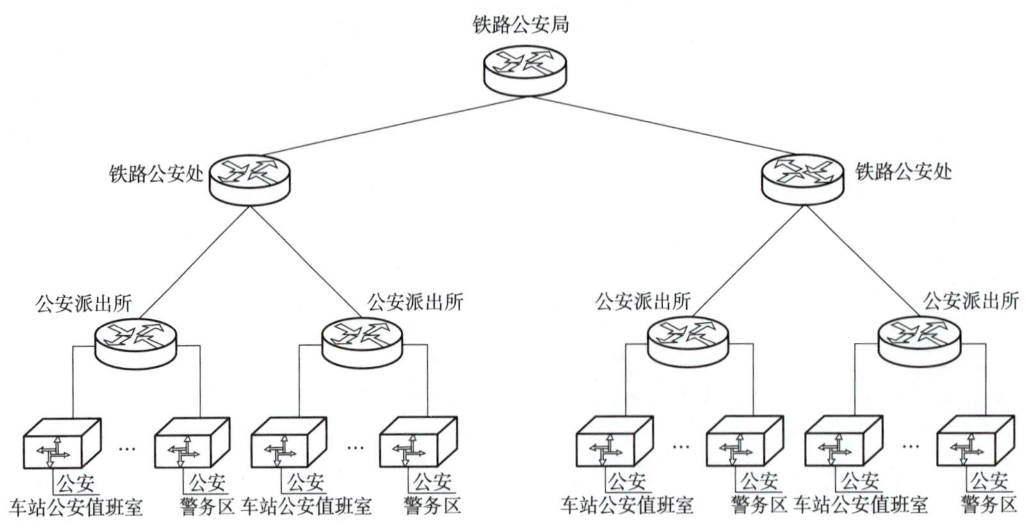

图 10-14　公安管理信息系统构成图

10.5　牵引供变电系统

10.5.1　系统概述

截至 2021 年，中国铁路营业总里程达到了 15 万 km，电气化铁路里程达到了 11 万 km，电化率达到了 73.3%；到 2030 年，全路电化率将稳定在 75%左右，保持一定的内燃牵引比例，适应路网运输灵活性和安全储备需要。

牵引供变电系统是保证电气化铁路安全、稳定、高效运营的重要基础设施之一，是列车运行的动力源泉。牵引供变电系统设计中需选择合适的外部电源电压等级、牵引供电方式、牵引变压器接线形式、电能质量治理措施、接触网悬挂方式等。

1. 中国牵引供变电系统概况

目前中国普遍采用单相工频（50 Hz）交流制的供电方式，安全可靠性高，牵引效率高，牵引动力强。外部电源进线电压等级由牵引负荷大小、负荷特性、供电可靠性和电力系统供电条件及对电力系统的影响等方面综合确定，采用 110 kV 或 220 kV 及以上电压等级供电，牵引变电所引入两回独立可靠的电源进线，采用线路变压器组接线或分支接线。带回流线的直接供电方式和 AT 供电方式应用广泛，在没有特殊情况下一般都会选用单相牵引变压器、三相 V/V（V/X）接线牵引变压器或平衡接线牵引变压器。牵引变电所设两台（组）牵引变压器，一主一备运行；牵引变电所总平面布置应保证运行安全可靠、紧凑合理、利用地形,并有远期发展方便扩建的可能;设置远动系统满足对牵引供变电系统远程集中调度管理的需要,继电保护及监控装置采用微机综合自动化系统,纳入相关铁路系统调度管理。接触网采用全补偿简单链形悬挂或弹性链形悬挂,接触网导线及设备的选择应满足机械强度和牵引负荷的要求。供电检修设施的设置、检修范围、规模应满足牵引供变电设备检修、抢修和运营管理的需要。

牵引供电工程与其外部各系统之间实现了技术标准匹配、技术接口完整、技术装备合理的目标,形成了满足中国电气化铁路牵引供变电系统设计的技术体系。

2. 牵引供变电系统规划设计因素

结合站场规划设计,牵引供变电系统设计也应及早规划布置,特别是在大型枢纽内。大型枢纽是多条铁路干线的交会处,是铁路的负荷中心,同时也是不同铁路干线牵引供变电系统交会的地方。目前,大型铁路枢纽布局多为客货分线设计,枢纽内多分设客运站和货运站,多条线路引入时多为共站分场设置,还涉及车站、联络线、机务段和动车所等多种技术设施,一旦停电将严重影响正常的运输秩序。因此,大型枢纽对牵引供变电系统的安全性和可靠性要求较高,研究优化枢纽供电格局十分有必要。

(1)牵引供电方案设计时需要考虑的主要因素

①结合枢纽的总体规划,统筹考虑牵引供电设施的分布方案,选择合理的牵引供电方式。枢纽内与相邻线牵引供电设施之间需要考虑供电能力匹配、相位匹配和相互支援,客货运系统原则上分开供电。动车所、机务段等设置独立电源,便于运营维护,越区供电时需考虑与相邻牵引变电所的相互支援能力、故障影响范围。

②牵引供电设施选址需结合城市规划、地质地形条件、外部电源进线路径和馈线路径、运营维护等因素选择确定。

③枢纽内合理划分供电分区、设置电分相和电分段,确保供电的可靠性和灵活性,便于运营维护。

(2)优化设计和建议

①尽早稳定枢纽规划及发展格局,同步开展枢纽牵引供电方案规划研究。

②枢纽内牵引变电所外部电源进线争取采用同相位,减少牵引变电所间电分相设置;中心牵引变电所争取采用单相牵引变压器,减少牵引变电所首端电分相设置;正线与车场之间的供电分区间建议设置电分相,减少电压差。

③引入枢纽线路的坡度选择尽量满足电分相的设置要求。

④枢纽内供电设计在前期工作中应尽早与铁路局集团公司沟通,根据线路功能定位及运营检修模式的要求,尽量做到方便运营维护。

⑤结合枢纽总图规划，合理确定中心牵引变电所各个方向供电臂的长度，最大限度地保证不同运行方式下，中心牵引变电所的供电能力及与相邻牵引变电所的越区供电能力。

⑥优先在大型站场、动车所内，甚至在负荷比较集中的地方分区域分别设置开闭所，减少中心牵引变电所馈线众多、路径困难、检修困难的问题。

10.5.2　系统主要功能

牵引供变电系统由牵引变电所和牵引网两部分组成，其主要作用是从电力系统取得电能，并送给沿铁路线运行的电力机车，如图 10-15 所示。

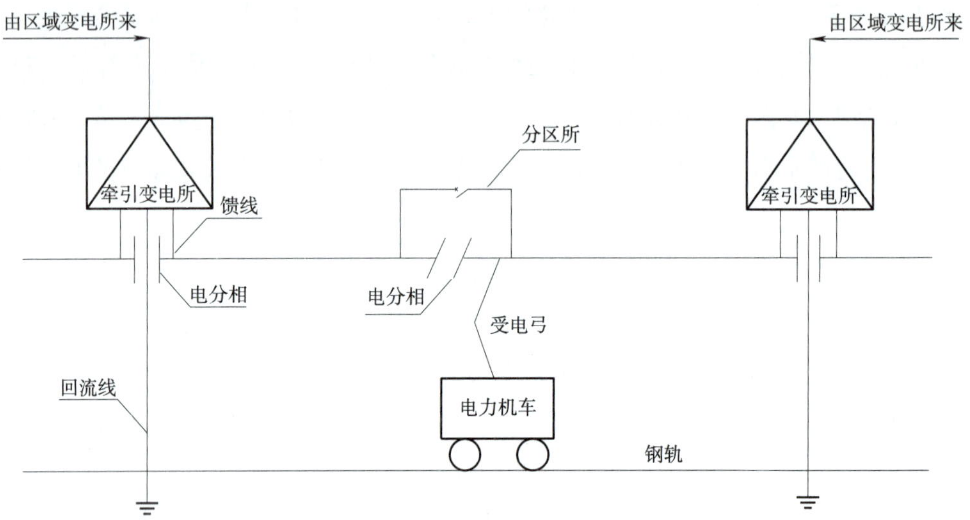

图 10-15　牵引供变电系统示意图

牵引变电所将从地方变电站经高压输电线送来的电能降压到铁路牵引网额定电压(27.5 kV)。牵引网由馈线、接触网、回流网等组成。牵引电流从牵引变电所流出，经过馈线流到接触网后，从受电弓提供给电力机车，然后沿钢轨、大地和回流线流回牵引变电所。其中，馈线是牵引变电所牵引母线和接触网之间的导线；接触网悬挂在轨道上方，是牵引网的主体。通过电动车组的受电弓和接触网的滑动接触，牵引电能就由接触网进入电动车组，从而驱动牵引电动机使列车运行。

10.5.3　系统构成

牵引供变电系统构成如图 10-16 所示。

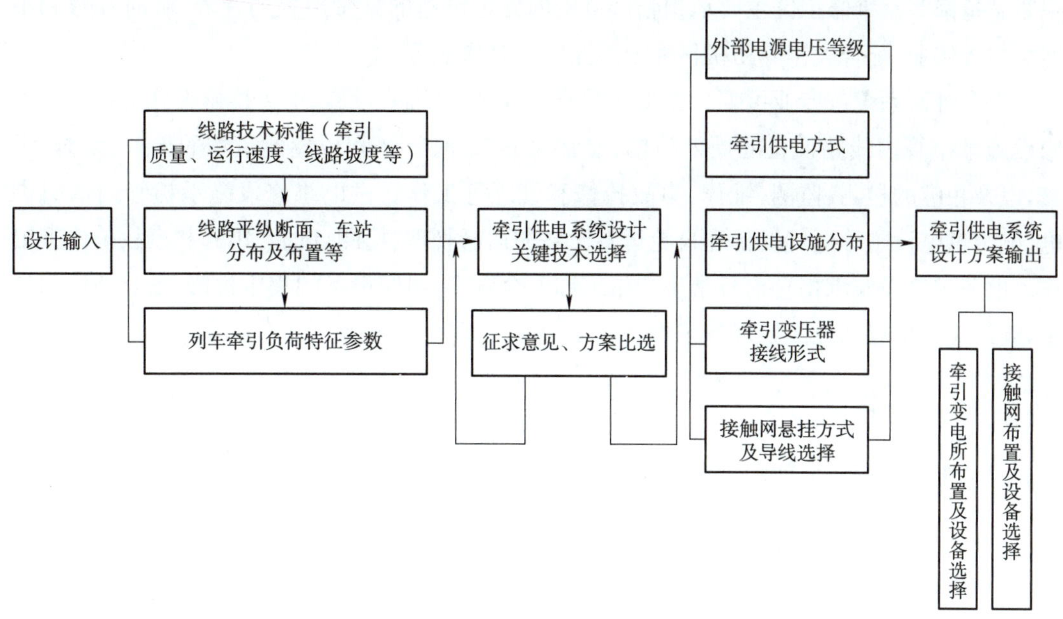

图 10-16　牵引供变电系统构成图

10.6　综合维修系统

10.6.1　系统概述

综合维修系统是铁路子系统之一，承担固定设施的状态检测并根据运营状态和管理目标进行日常保养和维修。固定设施也称铁路基础设施，主要是指线路、桥梁、隧道、牵引供电、通信、信号等设施，如图 10-17 所示。

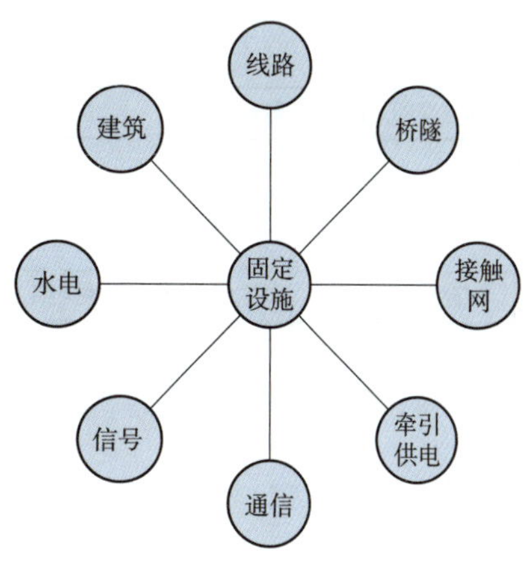

图 10-17　综合维修系统图

固定设施维修是根据运营状态和管理目标，对高速铁路固定设施进行的日常保养、预防性维修和矫正性维修。

10.6.2　系统分类

综合维修设施按照维修机构性质不同可划分为维修基地(段)、维修车间及维修工区三级机构。维修基地(段)负责辖区范围内固定设施的检测与维修，并进行技术管理及配属设备运用与维修。维修车间主要承担辖区范围内固定设施的日常管理和维修作业组织、物资存储和调配，配合大型养路机械完成线路的维修作业，承担保养维修后的质量验收管理，组织紧急抢修等。维修工区主要承担辖区范围内固定设施的日常巡检与保养、临时补修和小型抢修等作业，配合大型养路机械完成线路的维修作业等。

综合维修系统按专业可划分为工务维修设施、供电维修设施、电务维修设施等。工务维修设施承担管内线路设备的周期检修、经常保养、临时补修和桥隧建筑物的检查、维修、大修，以及相应的检测、监测、维修、事故抢修和管理等工作。供电维修设施承担管内牵引供电、电力供电设施等电气设备和自轮运转设备的运行管理、检测、试验、维修和事故抢修等工作。电务维修设施承担管内日常生产组织和安全管理，组织设备的集中检修、重点整治和施工，组织应急抢修和故障处理等工作。

10.6.3 系统构成

综合维修系统构成如图 10-18 所示。

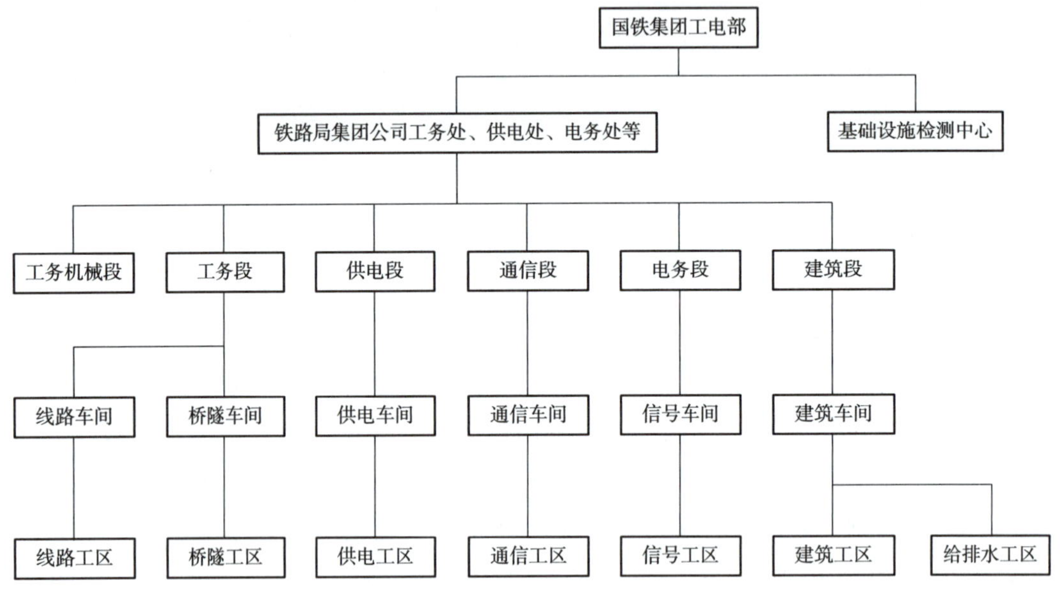

图 10-18 综合维修系统构成图

第 11 章　铁路枢纽与城市综合交通的协调和融合

铁路枢纽是城市综合交通系统的重要组成部分，承担着地区间旅客和货物运输、中转的重要功能。铁路枢纽与城市综合交通系统中的其他子系统密切联系，离开城市综合交通其他子系统，则意味着铁路枢纽与城市功能的割裂。因此，铁路枢纽在规划设计中，必须注重其与城市综合交通系统的充分衔接。为提高各种交通方式的效率，城市内的各种交通方式应相互协调、相互融合，发挥各自交通方式的优势，让旅客和货物快速疏散、快速到达目的地。

11.1　城市综合交通概述

11.1.1　城市综合交通概念

城市综合交通涵盖了存在于城市中及与城市有关的各种交通形式，既包括交通设施，也包括交通方式。城市综合交通可以从以下几种不同的视角进行划分：

从地域关系上，城市综合交通分为城市对外交通和城市交通两大部分。城市对外交通，泛指本城市与其他城市间的交通，以及城市行政区范围内的中心城区与周围城镇、乡村间的交通。其主要交通形式有公路交通、铁路交通、航空交通和水运交通。城市交通是指中心城区内的交通，主要以城市道路为载体，由城市公共交通、私人交通和货物专业运输三部分组成。

从形式上，城市综合交通可以分为地上交通、地下交通、路面交通、轨道交通、水上交通等。

从运输性质上，城市综合交通可以分为客运交通和货运交通两大类型。

从交通现象上，城市综合交通可以分为动态交通与静态交通。

11.1.2　与铁路枢纽相关的城市综合交通类别及技术特征

从铁路枢纽功能发挥及其与城市功能空间协调角度上考虑，铁路枢纽在规划设计中应重点与城市道路系统、城市公共交通、运输枢纽进行充分衔接和协调，以强化城市整体交通转换效率，充分带动城市资源流转。

1. 城市道路系统

城市道路系统主要由路网系统、交通流和交通监测、控制系统构成。城市的路网系统主要由道路和交叉口组成。城市的道路可以分为快速路、主干路、次干路和支路，典型布局主要有方格形、放射形、放射-环形等。典型的城市道路如图 11-1 所示。

图 11-1　城市道路

根据《城市道路工程设计规范(2016 年版)》(CJJ 37—2012),各等级道路设计速度见表 11-1。

表 11-1　各等级道路设计速度表

道路等级	快速路			主干路			次干路			支　路		
设计速度 /(km · h^{-1})	100	80	60	60	50	40	50	40	30	40	30	20

2. 城市公共交通

城市公共交通主要包括地面常规公交、城市轨道交通、快速公交及出租车。地面公交是城市公共交通的重要组成部分。城市轨道交通系统主要包括地铁系统、轻轨系统、单轨系统、有轨电车、磁浮系统、自动导向轨道系统、市域快速轨道系统等,是城市公共交通的骨架。自行车等慢行交通也是城市公共交通的一部分。同时,随着互联网产业发展日益成熟,共享经济逐渐崛起,共享交通工具(主要包括共享汽车与共享单车)已日渐成为城市公共交通的重要补充。典型的城市轻轨和城市有轨电车分别如图 11-2 和图 11-3 所示。主要的城市公共交通方式与技术特征见表 11-2。

图 11-2　城市轻轨

图 11-3　城市有轨电车

表 11-2　城市公共交通方式及技术特征表

交通方式			运量/(万人次·h^{-1})	平均旅速/(km·h^{-1})	站间距/km
城市道路交通	地面公交	常规公交	0.2～0.5	15～25	0.2～0.5
		快速公交(BRT)	1.5～1.8	25～40	0.5～1
	出租车(包括共享汽车)		—	20～40	—
城市轨道交通	地铁		2.5～7.0	30～40	1.0～2.0
	轻轨		1.0～3.0	25～35	1.0～1.5
	单轨		0.8～3.0	20～35	1.0～1.5
	有轨电车		0.6～1.0	10～20	0.3～0.8
	市域轨道		2.1～3.3	60～80	2.0～5.0
慢行交通	自行车(包括共享单车)		—	10～15	—

3. 运输枢纽

运输枢纽：依托铁路、公路、航空、水运等不同交通方式的客货运站场和设施提供客运、货运服务的运输节点，一般枢纽内有两种及两种以上交通方式汇集。根据其主导交通方式的不同，可分为火车站、汽车站、航空港和港口。铁路枢纽重点考虑与汽车站、航空港和港口的衔接和协调。

汽车站：组织公路客货运输业务的基层单位。根据经营的业务可分为客运站、货运站和客货兼营站。汽车客运站按站务工作量结合所在地政治、经济、文化等因素，从高到低分为一到五级车站、简易车站、招呼站。汽车货运站分为零担站和汽车集装箱运输站。其中，零担站等级从高到低分为一、二、三级，汽车集装箱运输站等级从高到低分为一到四级。

航空港：民用航空机场和有关服务设施构成的整体。根据机场在机场群体系中的地位和性质，机场可分为枢纽机场、干线机场和支线机场。根据飞行区使用最大飞机的翼展和主起落架外轮外侧间的距离，机场等级从高到低分为 4F、4E、4D、4C、3C 共五级。图 11-4 所示为北京首都国际机场。

图 11-4　首都国际机场

港口：位于海、江、河、湖、水库沿岸，具有水路联运设备以及条件供船舶安全进出和停泊的运输枢纽。其中集装箱码头的级别划分可以依据码头设计吨位，即该码头停靠的最大船舶吨位来确定，等级从高到低分为 E 型、D 型、C 型、B 型、A 型共五级。图 11-5 所示为上海洋山集装箱港口码头。

图 11-5　上海洋山集装箱港口码头

此外，物流节点也是依托不同的交通方式、与交通运输紧密相关的进行物资中转、集散和储运的节点。物流节点一般可分为物流园区、物流中心和配送中心三类，其中物流园区类型可划分为货运服务型、生产服务型、商贸服务型和综合服务型。

11.2　铁路枢纽与城市综合交通的关系及协调融合

11.2.1　与城市综合交通的协调原则

铁路及铁路枢纽，作为城市综合交通体系的主要组成部分，应与城市综合交通充分协调，并遵循以下基本原则：

1. 多网融合原则

铁路枢纽所构成的网络应与城市轨道交通、市域轨道交通等其他轨道网络相互融合，集约利用城市通道资源，合理分配通道功能，尽量实现资源共享、安检互信、票务互通。同时，铁路枢纽总图应与其他城市交通网络交互衔接，共同织就城市综合交通“一张网”系统。

2. 空间协调原则

铁路枢纽网络的规划应以城市既有的通道骨架、交通线网为参考，尽量实现廊道资源共享，保持城市总体交通形态和谐，尽量不破坏、不切割城市原有的交通空间肌理，空间布局上地面、地下、地上有机协调，尽量避免争抢单一敷设方式。

3. 无缝衔接原则

铁路枢纽应与城市其他交通枢纽实现无缝换乘，既要考虑航空港、港口等大型对外交通枢纽与铁路枢纽的结合布置，又要考虑公共交通场站、私人交通停车设施在铁路枢纽内的配套设置，实现对交通站点、人居节点的全覆盖。

4. 一体化换乘原则

铁路客运枢纽内应遵循“一体化换乘”的原则进行设施的配套建设，既要保证集疏运通道和轨道交通线路的科学合理配置，又要合理安排长途客运站、公交场站、出租车及社会车停车场在枢纽内的集约布局。依托铁路客运站场，在站区极小区域内，各种交通方式在平面和立面布局应高度综合，实现客流疏散短时、快速的目的，特别是交通方式间换乘量较大的，其换乘距离要短。

11.2.2　与城市道路的关系及协调融合

铁路枢纽的布局应与城市道路系统相协调，枢纽线路应尽量顺应城市交通通道敷设，实现通道资源集约共享，尽量避免对城市道路的过多分割，可因地制宜采用高架或地下敷设方式实现与城市道路的立体交叉，加强铁路两侧用地的交通联络。同时避免对道路系统的大角度斜向分割，保障城市用地的完整性。

铁路客运站存在人流、车流及铁路行包(快件)三种流线交织，极易形成多波次高峰。故其集疏需要周边的路网构成为多出入口、大能力的方格网式，与外部交通衔接依托快速集疏运路网体系实现，实现站区交通快进快出；站区周边路网应加大路网密度，尤其是次干路网和支路网密度，形成合理的站区交通路网级配，降低主干路网交通负荷；站区交通组织应遵循“分块循环，快进快出；高进低出，到发分离；人车分流，避免交叉”的原则，尽量构造站区单循环交通系统。

对于在铁路客运站完成的过境公路交通，公路网应尽量在站区外围布置；若必须穿越站区，应采用下穿或高架的形式敷设，并建立与站区内部交通衔接的枢纽节点或专用通道，避免将过境交通引入站区，对站区的集散交通造成重大干扰。图 11-6 所示为合肥西站外部交通组织示意图，图 11-7 所示为合肥西站集疏运体系组织示意图。

11.2.3　与城市地面公共交通的关系及协调融合

城市地面公共交通包括公交车、出租车以及共享交通工具。从铁路枢纽总图层面考虑，常规公共交通线网应与各大铁路枢纽站点有机衔接，并连接城市内各大功能区，使城市内各核心地区与铁路站点串联成为融合的整体。同时铁路枢纽也应考虑与出租车、共享汽车、共享单车等交通方式相结合，在车站区域配备齐全的停车设施及相关设备，方便旅客的出行。

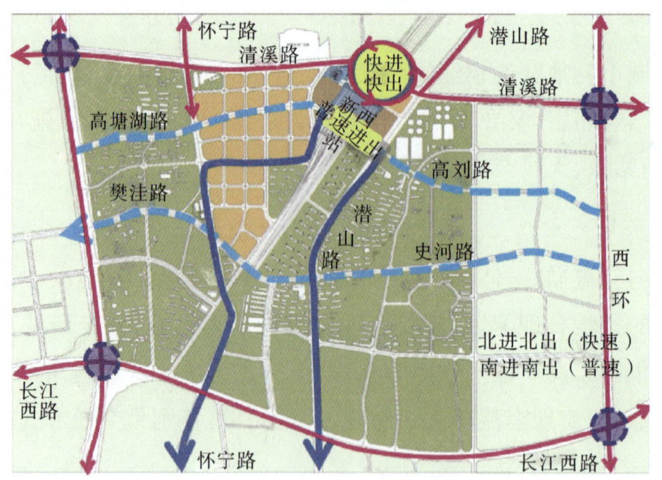

图 11-6　合肥西站外部交通组织示意图

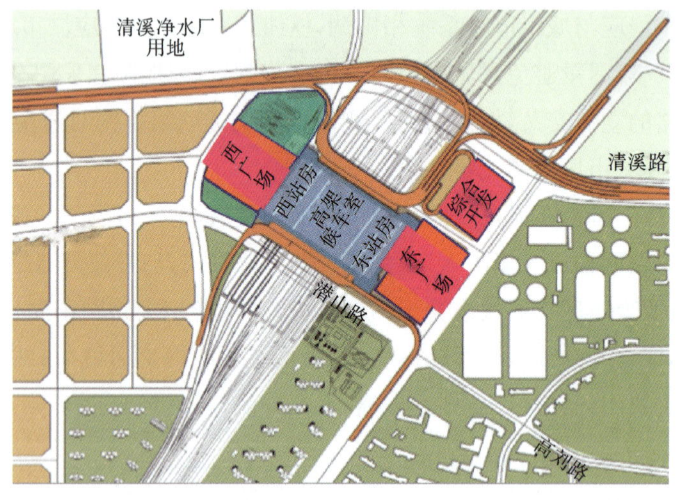

图 11-7　合肥西站集疏运体系组织示意图

从单体枢纽(铁路客运站)上考虑,在铁路客运站站区内,应确立公交优先政策并大力发展公交系统,深入研究常规公交车站与铁路客运站的衔接布局方案,为乘客提供方便快捷的乘车环境。同时在具体的实施过程中,应贯彻“以人为本”原则,在枢纽站区内场站设计中考虑立体化设计,交通组织上实现人车分流,以达到减少旅客在枢纽内滞留时间的目的。

铁路客运站的出租车衔接应以人车分离、“到、停、发”分离为原则,宜采用“高进低出”的进出方式以及矩阵式发车的布局,进行合理的立体化设计与候客区布置,提高停靠站点的周转效率,加快旅客的集散过程。

铁路客运站与“共享交通”的衔接应考虑制定相关的支持性政策,适量配置汽车及配套人员和设施,保证密集及合理的停车位选址,实现“共享交通”与枢纽的融合。

11.2.4　与城市轨道交通的关系及协调融合

铁路枢纽在规划时应贯彻“多网融合”理念，在中心城区与城市轨道交通系统充分衔接，合理分配通道资源和线路功能，充分利用铁路枢纽富余能力开行“公交化”列车，参与城市交通运营。规划建设城市轨道交通线路连接铁路枢纽内各客运站点，优化换乘接驳方案，缩短乘客换乘距离，实现无缝衔接。统筹研究铁路与城市轨道交通系统检修基地、车站设备、供电设备、控制中心、走廊通道等资源配置，实现资源共享，节约工程投资。设置铁路车站及地铁车站付费区之间的专用通道，实现安检互信。建设票务清分中心，统一票务管理，实现票制互通。

铁路客运枢纽与城市轨道交通具体换乘模式可分为前列式布局模式（图 11-8 所示成都站，轨道交通车站设置在站前广场地下）、立体式布局模式（图 11-9 所示成都东站，轨道交通车站设置在铁路站房下方）和一体式布局模式（图 11-10 所示深圳北站，轨道交通车站与铁路站房一体化设置）。

图 11-8　前列式布局模式——成都站

图 11-9　立体式布局模式——成都东站

图 11-10　一体式布局模式——深圳北站

以上三种模式各有优缺点，其中立体式和一体式布局模式换乘距离较短，但是需要解决设计方案协调、工程界面划分、投资划分、工期配合、工程建设和运营管理协调等一系列问题。

毫无疑问，立体式和一体式布局模式最为合理。新建铁路客运枢纽与城市轨道交通采用立体式或一体式换乘模式时，宜同步设计、同步施工，考量城市的协调、管理和决策能力。同时，铁路和城市轨道交通的运营组织方案还需充分协调，确保能力相互匹配，保障客流集疏运效率。

11.2.5　与市域轨道交通的关系及协调融合

应充分利用铁路枢纽线路富余能力开行市域列车，解决中心城区与外围组团间的快速交通衔接。同时，还需充分协调铁路枢纽与规划市域轨道交通快线间的关系，合理分配通道功能，并结合市域客流需求，统筹安排市域轨道交通线路建设时序。

铁路枢纽与市域轨道交通因管理体制、接驳方式的不同，一般有站场一体化衔接模式和换乘接驳衔接模式两种。站场一体化衔接模式即市域轨道接入铁路枢纽站场，一体化布置（如成灌铁路的犀浦站与地铁 2 号线同站台换乘，如图 14-6 所示）。换乘接驳衔接模式即市域轨道拥有独立的场站设施，分离式布置（图 11-11 所示为成都市规划市域轨道 S11 线）。

与城市轨道交通类似，铁路枢纽和市域轨道间也应统筹研究资源共享、安检互信、票制互通等关键技术问题，实现两者间的充分协调融合。

11.2.6　与公路客运站的关系及协调融合

公路客运是综合交通体系中的重要组成部分，从总体考虑，其客运站的布局应服务于整

图 11-11 成都市规划市域轨道 S11 线

体的综合运输体系，特别是与铁路交通枢纽配合，结合枢纽总图客运系统布置方案，分方向布置辐射周边城镇的公路客运站。由于铁路系统的高速发展，公路运输系统与铁路运输系统在一定程度上形成了较大竞争关系，部分公路客运站客流量呈逐年下降的趋势，因此在规划过程中还要合理确定公路客运站的设计规模，避免资源浪费。

从具体实施上来看，公路客运站布局要尽可能与铁路枢纽核心站点紧密衔接，实现旅客的快速集散以及公路、铁路系统的协调融合，并考虑与其他交通方式衔接关系，尽可能与大型轨道交通站点、公交终端或换乘站点紧密联系，与铁路车站形成“一主一辅”双核结构。同时公路客运站场应靠近城市干道、公路干线或城市出入口，具备良好的进出通道条件。图 11-12所示为贵阳东站综合交通枢纽。

图 11-12 贵阳东站综合交通枢纽

11.2.7 与航空港的关系及协调融合

1. 铁路与航空港的强化关系类型及特点

铁路枢纽规划需要强化与其他交通方式间的衔接与协作，实现统一规划、同步建设、一体运营，铁路与航空机场进行空铁联运是其中重要的体现形式。在重要枢纽机场引入高铁(城际铁路)线路、城市轨道交通，可以使机场增强辐射周边重要城市、有效拓展机场腹地的能力，服务中心城区客流出行，同时，铁路等也利用机场带来优质客源，是一种双赢的模式。铁路-航空港一体化，是现代化都市的显著标志。图 11-13 所示为德国法兰克福机场高铁站。

图 11-13 德国法兰克福机场高铁站

铁路线路规划引入航空港，应重点研究以下关键问题：

(1)处理好与航站区各功能区域的关系，尽量避免穿越航站楼和跑道。

因换乘需要无法避免时，应处理好铁路线路与航站楼及跑道的结构关系，专题论证施工组织方案、减振降噪措施、电磁干扰防护、运营安全保障等关键问题。

(2)在铁路枢纽规划时，除客运系统空铁联运外，有条件、有需求时，还应考虑货运系统与航空港的协调融合，在航空港引入铁路专用线和高铁货站，实现以“高铁＋普铁”双铁进城为支撑，建设空铁公多式联运体系，推进“三港合一”，有效集结要素资源。

(3)应避免线路对航空港功能地块的分隔和干扰，采用高架或地下敷设方式。

一般来说，铁路车站与航站楼的布局关系有一体式、前列式、共享型、邻近式四种模式。一体式布局，铁路车站设置于航站楼内部；前列式布局，铁路车站设置于航站楼正前方；共享型布局，适用于多个航站楼的前列式布局；邻近式布局，铁路车站设置于航站楼附近区域。

前三种布局模式旅客均可步行完成换乘，邻近式布局模式下旅客需要通过其他接驳交通工具实现换乘(如摆渡车、轻轨等)。

铁路线路引入机场后,通常尚需围绕铁路车站构建集轨道、出租车、社会车、机场大巴、酒店、餐饮、商业等于一体的地面交通中心,从而整合陆侧交通资源,使机场陆侧交通系统与航站楼的结合清晰而协调,最大限度缩短旅客的步行距离及减少楼层变换。

2. 铁路与航空港协调案例

(1)成都双流国际机场

成都双流国际机场是中国西南部地区重要的航空枢纽港和客运集散基地,为全国八大区域性枢纽机场之一,机场飞行区等级为 4F 级,已形成集航空客运、城际铁路、城市轨道交通、长途及城市公交等多种交通方式紧密换乘的大型区域综合交通枢纽体系。

成绵乐城际铁路(成贵高铁)通过国际双流机场 T2 航站楼前的停车场下方设置 2 台 6 线规模的双流机场中间站,其站房主体与航站楼平行,与机场候机楼构成前列式布局,并与地铁 10 号线车站相邻,旅客可通过换乘通道步行换乘三种交通方式。机场站建成于 2014 年,是国内首座机场-铁路有机衔接的交通综合体。双流机场空铁联运效果图和平面布局图分别如图 11-14 和图 11-15 所示。

图 11-14　双流机场空铁联运效果图

(2)贵阳龙洞堡国际机场

贵阳龙洞堡国际机场位于贵阳市东侧,是中国西南地区重要的航空枢纽,机场飞行区等级为 4E 级。机场引入贵阳铁路枢纽东南环市域铁路及城市轨道交通,是贵阳市域铁路东南环线与龙洞堡国际机场空铁联运的重要节点,是集铁路、城市轨道、航空客运紧密衔接的现代化交通枢纽。

如图 11-16、图 11-17 所示,贵阳铁路枢纽东北环线于机场二期扩建航站楼下方 40 m 设置国铁龙洞堡中间站,与机场地下停车场结合设计。车站为竖向三层设计,地下一层是国铁

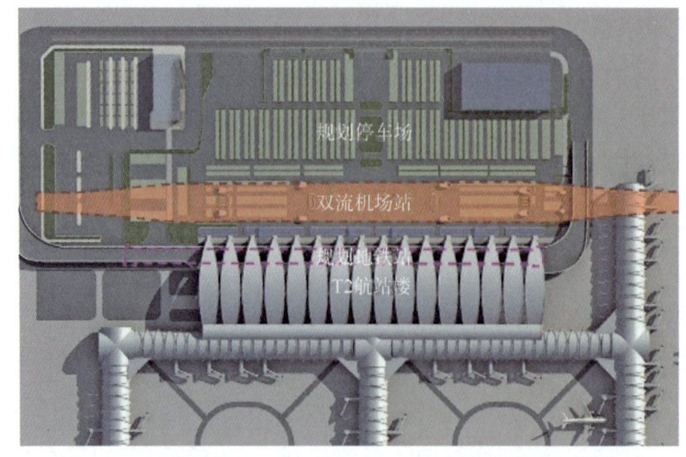

图 11-15　双流机场空铁联运平面布局图

与轻轨共用站厅层，地下二层是轻轨站台层，地下三层是国铁站台层。国铁与轻轨的站台均设有楼扶梯通道，通往地下一层共用站厅层，其公共区相连通。乘客可在站厅层选择换乘，也可通过在站厅层所设通道进入机场航站楼。

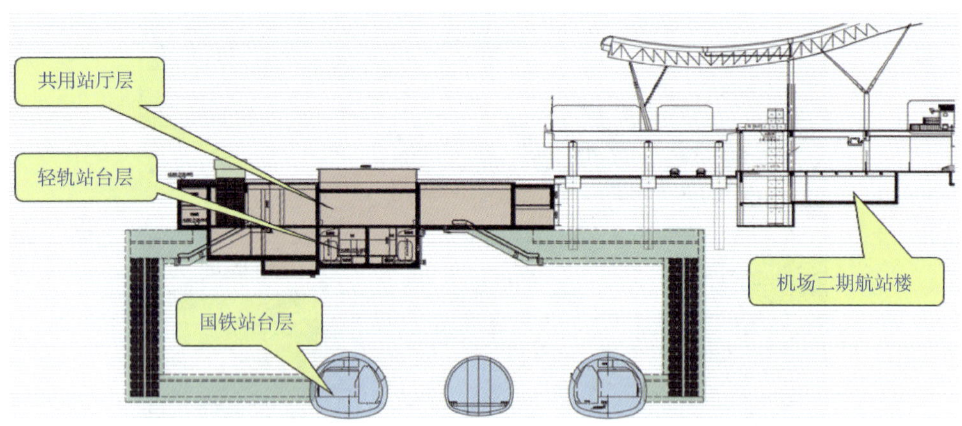

图 11-16　龙洞堡机场空铁联运横断面图

图 11-17　龙洞堡机场

11.2.8　与港口的关系及协调融合

在有江河湖汉的港口城市，铁路枢纽规划应考虑港口的铁路疏港的功能需求与引入港区规划，充分协调与重要港口间的衔接关系，规划建设诸如铁路专用线接入大宗货物港口，推动“水铁联运”，落实国家运输结构调整战略。实现铁路与港口合署办公，优化港口、货代、海关、铁路四方的运转流程，压缩港口铁路的生产成本、物流成本，提高作业效率。图 11-18 所示为德国汉堡港铁水联运。

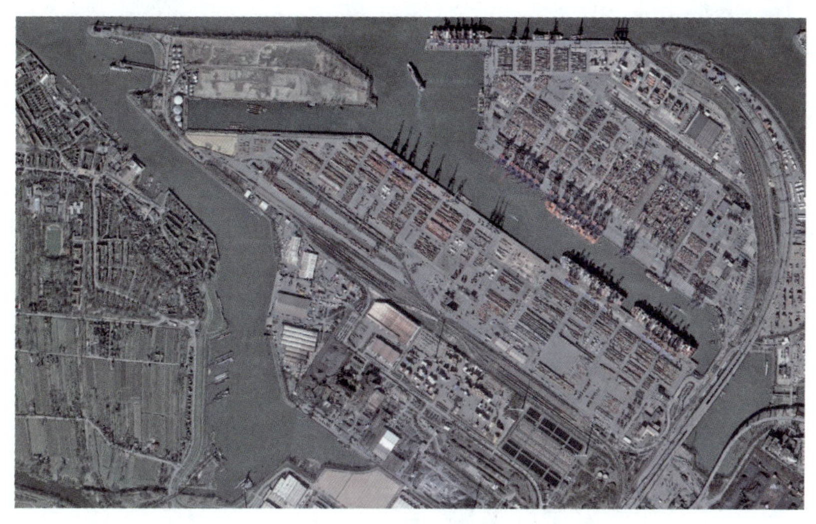

图 11-18　德国汉堡港铁水联运

在具体规划层面，铁路货场与港口作业区一般相邻布置，便于集装箱、散货等的装卸作业。对于有铁路跨海轮渡需求的港口，应当完善港口铁路跨海设施，优化轮渡站的站场布置和运输组织方式，减少铁路轮渡作业办理时间，提高轮渡站运输能力。图 11-19 所示为重庆港进港铁路专用线示意图。

11.2.9　与物流节点的关系及协调融合

由于铁路货运功能与城市功能关联较弱，铁路枢纽布局应遵循“客内货外”的布局原则，将铁路货运线外绕，并将货运站场设置在城市外围。结合城市产业布局、城市物流体系总体布局，依托铁路货运站场统筹布局规模适度的铁路型物流节点体系，并与其他类型的物流节点分工协作。

依托铁路货运站场布局的物流节点多为物流园区。铁路线与物流园区的布置形式主要有分离布局式、单侧邻接式、内部穿越式和嵌入式，如图 11-20 所示。

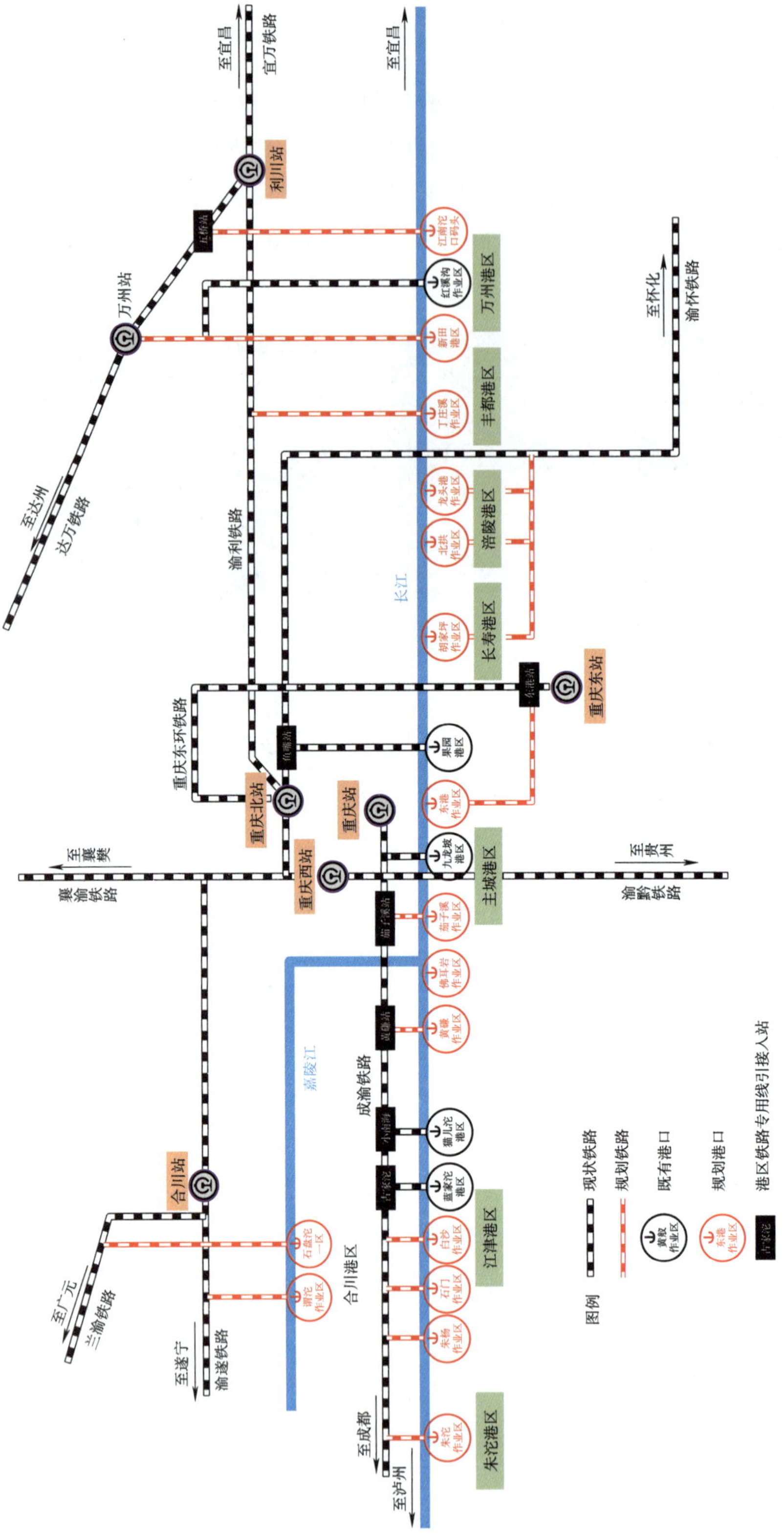

图 11-19　重庆港进港铁路专用线示意图

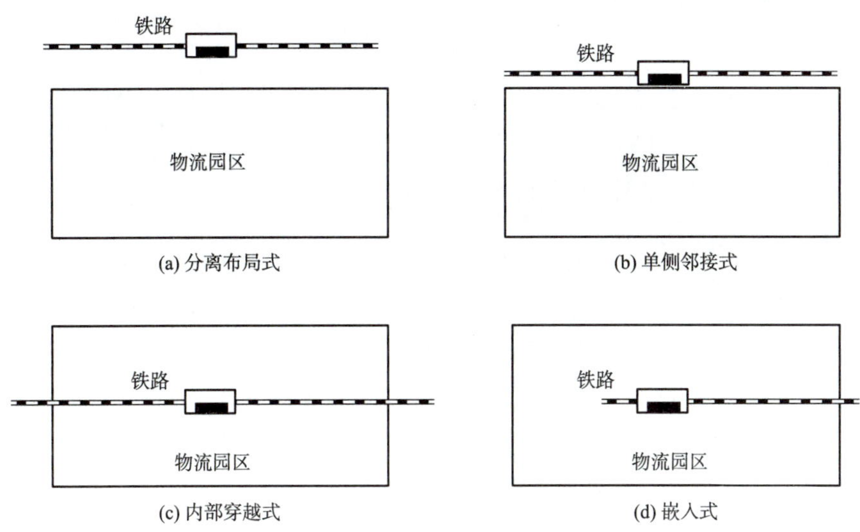

图 11-20　铁路线与物流园区的布置形式示意图

分离布局式的物流园区与铁路线不直接相接，此类型的物流园区内部交通不受铁路线干扰，但由于物流园区与铁路站场之间运输频繁，会与二者之间的城市道路互相干扰。此种布局模式的物流园区在功能布局时，应在靠近铁路线的区域布置与铁路到发货关联度大的功能区。

单侧邻接式的物流园区是最常见的铁路物流园区布局形式，这种布局方式保证了物流园区的整体性及物流园区与铁路站场的高效衔接。铁路物流园区的功能布置应考虑在靠近铁路线的区域优先规划公铁联运区。图 11-21 所示为成都大弯物流园区。

图 11-21　成都大弯物流园区

内部穿越式和嵌入式的物流园区均会导致铁路线对园区内部交通的干扰。物流园区的功能布置应考虑在铁路货场一侧布置与铁路到发货关联度大的功能区，在铁路货场对侧布置与铁路关联不大的功能区。

11.3 利用既有铁路开行市域“公交化”列车

11.3.1 开行市域“公交化”列车的作用和意义

随着城市规模的扩大，中国将迎来郊区城市化的高潮。为防止城市建成区“摊大饼式”无序蔓延扩张，中国大城市空间规划越来越重视由“单一中心”向郊区新城、卫星城镇“组团式多中心”转变，选择集约高效、环境友好的市域(郊)交通供给，满足新增交通需求并支撑和引导城市空间布局优化发展，是城市实现可持续发展的战略选择。因此，在城市行政管辖的全部地域，城市需要建立相对完善的铁路交通系统覆盖组团，即构建市域铁路。中国第一条轨道交通制式市域铁路——温州 S1 线如图 11-22 所示。

图 11-22　温州 S1 线

市域铁路是为城市中心城区与周边城镇组团提供大运量、快速度、通勤化公交服务的轨道交通系统，是城市综合交通运输体系的重要组成部分。加快市域铁路发展，对扩大交通有效供给，缓解城市交通拥堵，改善城市人居环境，优化城镇空间布局，推进新型城镇化建设，具有重要作用。

1. 推进铁路供给侧改革、扩大铁路有效供给的需要

新常态下，中国经济发展转入中高速增长，产业结构调整步伐加快，运输需求规模和结构都将发生重大变化，个性化、多样化需求日益增多。

统筹推进三大战略和“四大板块”发展，要求重点区域交通加快发展、取得突破。推进以人为核心的新型城镇化，要求构建城市群和都市圈交通网络。

为适应和引领新常态，要满足新的生产方式、新的业态模式和新的战略需求，促进交通运输由“跟跑型”向“引领型”转变。

大力发展市域铁路，是通过加快补短板促进区域协调发展、通过优化布局引导经济结构调整、通过加大投资力度服务稳增长稳投资、通过提高服务水平适应多样化运输需求的具体表现，是全面认识国家交通运输发展形势、创新铁路供给侧改革的需要。

2. 优化铁路运力资源配置、盘活铁路存量资产的需要

中国大城市基本上都建有规模庞大的铁路枢纽，拥有大量铁路正线、联络线、支线等线路，还配置众多的铁路车站、段(所)等设施。早在 20 世纪 70 年代末到 80 年代，市域铁路曾经在大城市客运中占有相当的比重，北京、天津、上海、南京、武汉、郑州、重庆、沈阳等大城市都曾开行了近郊客运列车。进入 20 世纪 90 年代后，随着城市公路交通的快速发展，加之市域铁路站点与城市公共交通衔接不紧密、车次少、间隔大，市域旅客运输市场逐渐萎缩。

近年来，随着中国铁路的快速发展，建设了大量的高速铁路、城际铁路，既有铁路能力得到极大的释放，同时，随着铁路调整生产力布局及城市发展，铁路枢纽内的许多联络线、支线、专用线等逐渐被城市包围，失去了原有的地位和作用，为利用既有铁路开行市域列车创造了条件。

优先利用既有铁路资源开行市域列车，盘活存量资产。通过对既有铁路进行适应性改造，由城市政府通过购买服务的方式，开行部分市域列车，例如上海金山线、北京 S2 线、津蓟线等，可实现城市和铁路部门的“双赢”。

3. 充分发挥市域铁路公司资产管理平台优势、构建高效综合运输体系的需要

在中国铁路高度发展的今天，干线铁路网和城市轨道交通网之外，还有一个“空白区域”尚待完善，那就是中心城区与外围圈层区、市、县间以及各卫星城之间除高速公路和主干道公路外，仍无高标准、快速铁路系统联系。根据世界大城市发展经验，只能由市域铁路来完成，市域铁路作为服务市域客流为主的快速客运铁路，既能解决中心区域与卫星城快速交流，又能达到串联不同交通方式的目的，成为城市综合交通发展的关键一环。市域铁路与其他轨道交通方式的对比见表 11-3。

表 11-3 综合轨道交通方式比较表

比较指标	普通铁路	城市轨道交通	城际铁路	市域铁路	旅游铁路
系统性质	连接城市与周边省市的重要交通系统，主要承担城市对外的中长途客流和货物运输	城市公共交通的重要组成部分，服务于城市内部的主要交通走廊，是城市交通的骨干线路	主要服务于城市与城市之间的中长途客流，一般这种客流的出行距离较长	联系城市边缘以及周边城镇的系统，适用于城市区域内重大经济区之间中长距离的客运交通	基本服务目标是观光旅游，用于连接各风景旅游景点，服务于旅游区内人员流动
运输能力	客运 10～80 对/日；货运 1 800 万～4 000 万 t	≥1.5 万人次/h	1 万～1.5 万人次/h	1 万～1.8 万人次/h	1 万～1.5 万人次/h
最高运行速度	120～200 km/h	80～120 km/h	200～350 km/h	100～200 km/h	120～200 km/h

续上表

比较指标	普通铁路	城市轨道交通	城际铁路	市域铁路	旅游铁路
旅行速度	75～170 km/h	25～50 km/h	160～280 km/h	50～120 km/h	75～170 km/h
远期高峰小时行车间隔	4～10 min	1.5～3 min	3～8 min	3～8 min	3～8 min
平均站间距离	10～45 km	1～3 km	8～10 km	3～6 km	8～10 km
敷设方式	一般采用地面敷设方式，综合造价较低	多采用地下敷设方式，工程量大，系统复杂，综合造价高	一般采用高架敷设方式、系统要求高，综合造价较高	一般采用地面或高架敷设方式，综合造价较低	一般采用地面敷设方式、综合造价居中

市域铁路和普通铁路相比，平均站间距更适应都市圈各点的距离；和城市轨道交通相比造价较低、速度更为合理，为城市发展留下更多的空间；和城际铁路相比速度和站间距更合理；旅游铁路不适应都市圈的使用。

综合比较五种轨道交通方式，市域铁路在成本、适应性、旅行速度等多方面综合优势明显。虽然在运送人数上低于城市轨道交通，但是旅行速度、造价方面是大都市圈或者大城市组团发展的首选，同时能对推进城镇化进程、带动土地发展起到积极作用。因此，发展市域铁路，将进一步完善城市综合运输网络架构，提高综合运输服务能力和水平，实现综合交通运输系统的大发展。

4. 引导城市发展、促进城市轨道交通产业大发展的需要

中国所有的城市，土地资源十分紧张。集约化利用土地，提高土地资源的利用效率，是城市建设发展的必由之路。而城市发展的高密度土地开发模式带来的是大量集中、通学通勤通商的稳固客流，需要运能大、速度快的客运交通方式。

从世界著名大都市的城市发展史及铁路发展历程看，大力建设市域铁路是所有大都市的选择。在西方国家，铁路在中长途客运中不敌航空、公路运输，但在城市圈内，发展市域短途运输则促成了铁路客运迸发活力与效益的“第二春”。因此，中国城市大力发展市域铁路，将具备城市轨道交通的 TOD 效应，可以引导城市土地开发、促进城市空间布局结构的合理形成，使城市规划布局得以实现。

11.3.2 既有铁路的能力检算和利用

在中国，诸多重要铁路枢纽大多完成了“货运外迁、客货分线”的建设阶段，客货运能都得到了释放。这为利用既有铁路运能开行市域铁路创造了条件。

利用既有铁路开行市域“公交化”列车，要对铁路系统能力进行全面的检算，包括线路能力、车站到发线能力、咽喉能力、动车检修存放能力等。在分析客流出行及列车全日分布特征的基础上，对高峰时段能力作重点分析，必要时铺画列车运行图、车站股道占用图以及车站列车技术作业过程系统仿真。

列车运行图铺画时，首先，应根据调查的实际运行图资料，将现状客货列车运行线登记上图；然后，根据列车开行方案的需要，重点对高峰时段的既有列车开行进行微调，从而为"公交化"列车开行腾出运行线的能力。铺画方案需与铁路局集团公司客货运及调度所人员充分对接，当拟调整的旅客列车涉及其他铁路局集团公司时，还需提请国铁集团，组织相关铁路局集团公司与设计院，通过联席会议的形式进行审查后确定。

11.3.3　市域"公交化"列车开行方案及原则

市域铁路"公交化"开行，要贯彻"以人为本，服务至上"的原则，以客流预测为依据，结合客流特点制定列车开行方案，满足乘客在不同时段、区段出行要求，保持恰当的服务水平。

市域铁路接入枢纽利用既有系统运行时，要充分考虑与城市轨道交通有效衔接，实现多点换乘，减轻枢纽内主要客运站的客流压力。应结合车站、动车段(所)、停车场等既有设施设备配置，从便于客流出行、利于运输组织、节省工程投资角度出发，确定经济合理的列车运行交路。开行方案一般应遵循以下原则：

1. 缩短旅行时间，减少换乘

郊区客流的主要特征是居住地较为分散、对通往市中心的行程时效要求高。应增加郊区线网的支线以加大郊区线路的覆盖面积，还应缩短列车的旅行时间和减少换乘以缩短通往市中心的行程时间。因此，可以通过快慢车的开行方式来缩短列车的旅行时间和满足不同客流的需求；也可以采用共线运营以减少换乘，给乘客带来便捷。

2. 站点分布疏密结合

在规划设计时，站点分布以运输需求为依据，可以适当加大市域线的站间距。为此，许多城市在规划时已作了考虑。例如，上海轨道交通 2 号线东延伸段平均站间距为 2.754 km，而巴黎市域段 RER 的 A 线站间距为 2.3 km。

3. 列车灵活编组

市域铁路的列车编组形式应根据客流需要而定。国外轨道交通市域线的列车编组形式从 2 节至 10 多节不等。

4. 不同线路间宜互联互通

共线运营在国外的市域线上已经非常普遍。其目的在于打造一体化的轨道交通，实现轨道交通网络的互通，以满足客流多样化的需求。但是，国外现有的共线运营形式是在原来两条完全独立的线路上实现的，之前并没有考虑预留互通的条件，两者的制式、线路、车辆等可能完全不同，因此在实现共线运营前进行了大量的改造。

中国的轨道交通建设起步较晚，轨道交通市域线建设还刚刚开始，因此需尽早考虑衔接问题，预留衔接条件，以避免发达国家走过的弯路。

11.3.4 与铁路干线列车的协调

1. 市域铁路与铁路干线列车的进出站通站、站台分工

考虑市域铁路与国铁在售检票方面有较大差别，鉴于二者的客流性质不同，一般国铁动车组站台与到发线固定使用，旅客进出车站通道与市域铁路旅客通道相互隔开。

2. 市域铁路开行“公交化”列车管理模式

运营管理模式有自管自营、委托运营、网运分离等模式，其中，自管自营模式为由市域公司设置完整运输专业部门、设施设备，独立承担运输生产任务。

市域公司一般不具备自管自营模式条件，因此，以下重点对全部委托运营管理模式及网运分离运营管理模式进行论述。

(1)模式 1——全部委托运营管理模式

①组织关系

模式 1 下市域公司与市政府签订政府财政补贴框架协议，与铁路局集团公司签订委托运营管理协议。

②职责分工

模式 1 下三方职责分工见表 11-4。

表 11-4 模式 1 三方职责分工表

部门	职责分工
市政府	(1)监督市域公司“公交化”列车提供的服务情况，考核相应指标，包括日开行列车对数、车站“公交化”服务水平、票价执行情况，考核合格后向市域公司提供合理的财政资金补贴“公交化”列车开行； (2)负责检查市域公司财务运行情况，便于确认补贴额度； (3)负责加强站区外综合交通配套设施建设，实现铁路与其他公共交通间的无缝换乘，并提供换乘优惠政策支持
市域公司	(1)负责构建“公交化”列车开行的相关铁路资产，进行资产管理； (2)委托铁路局集团公司进行运营管理，提供“公交化”列车开行需求，租用或购买铁路局集团公司动车组； (3)监督、考核管理“公交化”列车开行情况，承担经营责任
铁路局集团公司	(1)负责线上调度指挥及客运管理； (2)动车组担当； (3)铁路设施设备维护维修； (4)动车检修； (5)负责车站站务管理，包括售检票、安检、站台客运管理等业务

(2)模式 2——网运分离运营管理模式

①组织关系

模式 2 与模式 1 的不同在于市域公司将铁路运营管理任务交给第三方运营公司，第三

方运营公司主要承担开行“公交化”市域列车的任务。该模式下各方的组织关系如图 11-23 所示。

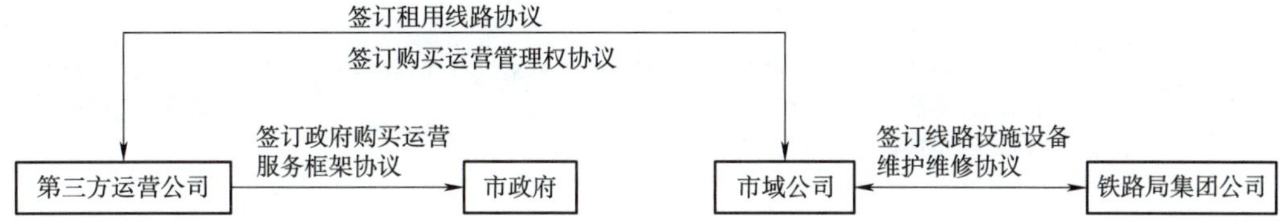

图 11-23 模式 2 各方职责划分示意图

②职责分工

模式 2 下各方职责分工见表 11-5。

表 11-5 模式 2 各方职责分工表

部 门	职 责 分 工
市政府	(1)向第三方运营公司购买服务,并支付购买运行线资金; (2)负责加强站区外综合交通配套设施建设,实现铁路与其他公共交通间的无缝换乘,并提供换乘优惠政策支持
市域公司	负责构建“公交化”列车开行的相关铁路资产,进行资产经营、资产监管以及承担法人财产的保值增值责任
铁路局集团公司	铁路设施设备维护维修
第三方运营公司	(1)负责运输调度指挥及客运管理; (2)动车组担当; (3)负责车站站务管理,包括售检票、安检、站台客运管理等业务; (4)动车检修

③资金流向及分割

各方资金流向及分割情况如图 11-24 所示。

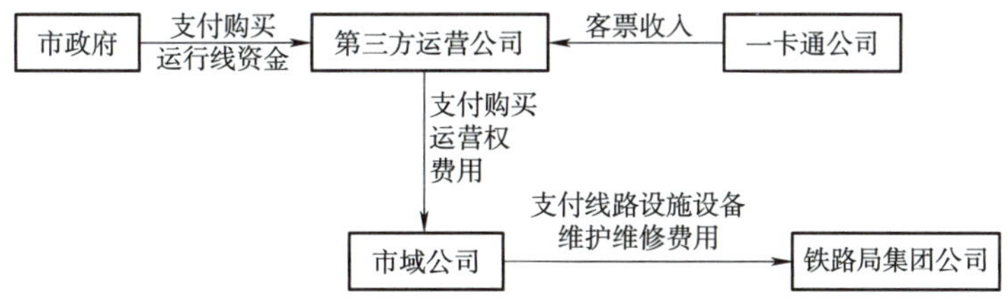

图 11-24 模式 2 各方资金流向情况示意图

3. 市域铁路开行“公交化”列车运营管理模式对比分析

根据上述两种运营管理模式的经营特点分析,两种运营管理模式的优势、存在的问题对比见表 11-6。

表 11-6　市域铁路开行“公交化”列车运营管理模式对比分析表

模　　式	优　势　分　析	存在的问题
模式 1——全部委托运营管理模式	(1)操作简单,市域公司只需要每年给铁路局集团公司委托管理费即可; (2)市域公司可充分利用铁路局集团公司设施设备和调度等生产指挥体系,不额外增加初期投资; (3)铁路局集团公司统筹管理调度经验丰富	市域公司与铁路局集团公司核算较为复杂,核算量化困难
模式 2——网运分离运营管理模式	(1)亏损情况反映在第三方运营公司中,减轻了市域公司经营负担; (2)简化车站管理及客票收入透明化; (3)第三方运营公司具有开拓市场的积极性,提高服务水平和质量,吸引客流,从而提高运营公司经营效益	现状管理体制突破难度大

综上所述,两种管理模式各有优缺点,根据实际情况选择采用。

11.3.5　案例分析

1. 成都铁路枢纽环线市域铁路规划

成都铁路枢纽内环线已经形成“干净”的客运双线,目前其上分布有成都、成都东、成都南、红牌楼、成都西、安靖站。环线基本沿城市二环—三环间行经,具备开行市域铁路的条件和运输需求。

(1)环线铁路主要车站客流预测

根据对环线铁路各站上下车人数预测,本线 2025、2035 年各站旅客发送量合计分别为 10 054 万人/年、16 065 万人/年,见表 11-7。其中,成都站和成都东站为环线最主要的车站,远期旅客发送量分别达到 4 216 万人/年和 3 157 万人/年;其次是成都西站,远期旅客发送量为1 998 万人/年。

表 11-7　研究年度环线铁路车站旅客发送量表　　　　单位:万人/年

站　　名	2025 年	2035 年
成都站	2 638	4 216
驷马桥站	200	320
致兴路站	238	380
成南高速站	350	560
成都东站	1 976	3 157
新成龙路站	375	599
成都南站	469	749
红牌楼站	513	819
武侯大道站	400	639
草金路站	338	540

续上表

站　名	2025 年	2035 年
成都西站	1 250	1 998
蜀西路站	375	599
安 靖 站	694	1 109
洞子口站	238	380
合　计	10 054	16 065

(2)远景年输送能力的建议

结合项目功能定位和相关路网情况,以及未来客运需求,建议远景年输送客车 130 对、年输送旅客 2 000 万人。

(3)枢纽环线采用的主要技术标准

铁路等级:Ⅰ级。

正线数目:双线。

最大坡度:一般 20‰,困难 30‰。

设计行车速度:80 km/h。

最小曲线半径:一般 1 200 m,困难 600 m。

牵引种类:电力。

车辆类型:4 辆、8 辆动车编组。

到发线有效长度:650 m(既有站)。

闭塞类型:自动闭塞。

站台长度:既有站维持原设计,无配线车站 220 m。

(4)环线既有车站

成都铁路枢纽内环线现状共分布 6 个车站,分别为成都站、成都东站、成都南站、红牌楼站、成都西站和安靖站。其中,客运站 4 个,成都、成都东为 2 个主要客运站,成都南、成都西为 2 个辅助客运站,红牌楼、安靖为环线上中间站。

从既有车站分布可以看出,车站平均站间距约为 9.19 km,车站站间距过长,导致车站分布与开行小编组、高密度的环线快速列车的目标难以吻合,不能真正服务于城市,实现城市功能。因此,还需要根据城市规划,对枢纽环线车站进行规划调整,增加车站,充分吸引城市客流,与城市轨道交通衔接换乘,达到快速集散铁路周边旅客的目的。成都铁路枢纽环线车站分布如图 11-25 所示。

(5)规划"公交化"铁路车站分布

车站分布应遵循以下原则:

①车站布点应方便客流集散,优先在客流吸引力较大的据点设站,最大限度满足旅客出行需求。

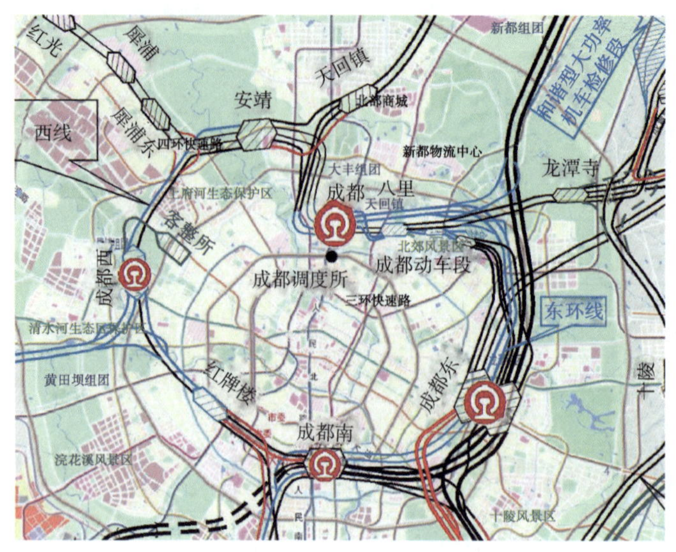

图 11-25 成都铁路枢纽环线车站分布图

②车站选址需与城市规划相协调，有利于土地综合开发，实现土地增值。

③车站布点须与轨道交通等各种交通方式紧密衔接，力争实现各种交通方式间的无缝接驳和旅客零换乘。

④选择合理的站间距，在服务频率和运输效率之间寻求平衡。

⑤车站布点宜结合线路平纵断面、地形、地貌、地质条件，避开地质灾害和不良地段，减少对周围环境的破坏，做到经济技术可行，节约用地，减少工程投资。

根据 2017 年批复的成都铁路枢纽总图规划，通过对环线工程改造，枢纽环线新增 8 座车站，并对既有的 6 座车站进行改造，改造后，成都铁路枢纽环线共分布车站 14 个，全长 55.13 km，平均站间距 3.9 km，达到开行高密度“公交化”列车的车站分布条件。环线加站后车站分布示意如图 11-26 所示。

(6)列车编组

建议环线采用 8 辆编组。

(7)预测列车对数

预测 2025 年和 2035 年全日列车对数见表 11-8。

表 11-8 全日列车对数表 单位:对/日

方　向	2025 年	2035 年
环　线	79(8 辆编组)	119(8 辆编组)

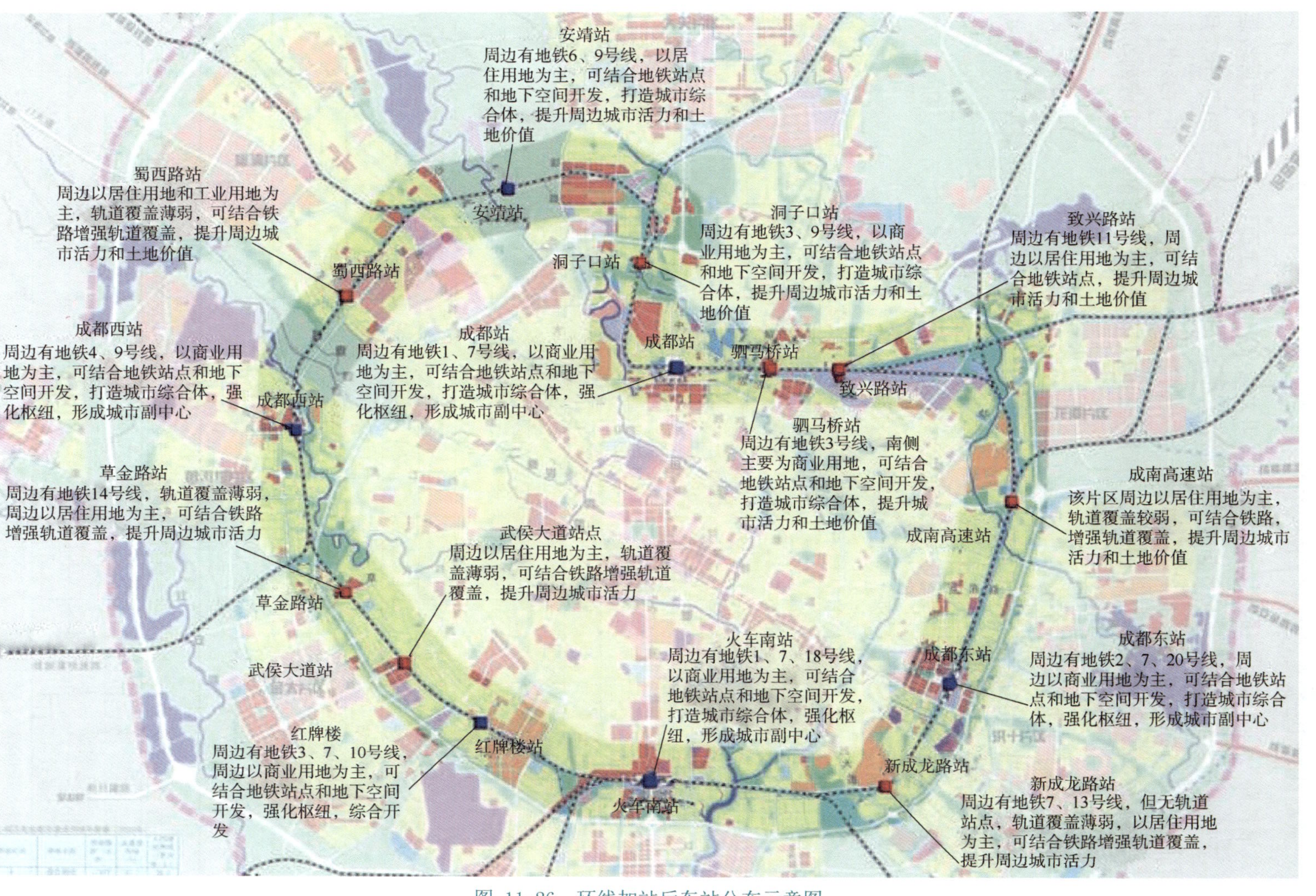

图 11-26　环线加站后车站分布示意图

2. 成都铁路枢纽成灌铁路开行市域列车规划

成灌铁路为铁道部为支援四川省“5・12”汶川大地震灾后重建而建设的一条城际客运专线，正线长 67 km，离堆支线长 6 km，彭州支线长 20 km。成灌铁路正线于 2010 年 5 月 12 日正式开通，其上分布有车站 23 个，线路连接成都市区—郫都区—都江堰市—彭州区，沿线城镇密布，车站分布较为合理，通过能力富裕，具备市郊运输的需求和开行市域列车的技术条件。

(1)成灌线主要车站客流预测

根据对成灌铁路各站上下车人数预测，本线 2025、2035 年各站旅客发送量合计分别为 2 573 万人、3 665 万人。其中，成都站为最主要的车站，近、远期旅客发送量分别达到 564 万人和 803 万人；其次是犀浦站和都江堰站，远期旅客发送量为 540 万人、551 万人。研究年度成灌铁路车站和成彭支线车站旅客发送量分别见表 11-9、表 11-10。

表 11-9　研究年度成灌铁路车站旅客发送量表　　单位:万人/年

站　名	2025 年	2035 年
成都站	564	803
安靖站	13	19
土桥站	67	95
犀浦站	379	540
红光镇站	98	139
郫县东	117	166
郫县站	175	249
郫县西站	337	480
安德站	17	25
聚源站	134	191
都江堰站	387	551
青城山站	134	191
迎宾路站	36	52
李冰广场站	38	54
离堆公园站	77	110
合计	2 573	3 665

表 11-10　研究年度成彭支线车站旅客发送量表　　单位:万人/年

站　名	近　期	远　期
彭州站	122	172
步行街站	23	35
彭州南站	88	127

续上表

站　名	近　期	远　期
古城站	25	37
三道堰站	35	54
新民站	22	31
合计	315	456

(2)远景年输送能力的建议

结合项目功能定位和相关路网情况,以及未来客运需求,建议远景年输送客车 110 对、年输送旅客 1 800 万人。

(3)既有成灌铁路线路能力分析

成灌铁路研究年度能力利用率见表 11-11。

表 11-11　成灌铁路研究年度能力利用率表

区　间	正线数目	近期(2025 年)				远期(2035 年)			
		客车对数(对/日)	货车对数(对/日)	平图能力(对/日)	能力利用率	客车对数(对/日)	货车对数(对/日)	平图能力(对/日)	能力利用率
安靖—都江堰	双线	47		200	35%	68		200	50%

成灌铁路初期开行列车 26 对/日,近期开行列车 47 对/日,远期开行列车 68 对/日,可通过合理行车组织、提高发车频率、增加停站次数等来实现列车“公交化”开行。

(4)成灌铁路采用的主要技术标准

铁路等级:客运专线。

正线数目:双线。

最大坡度:20‰。

设计行车速度:郫县至青城山段 200 km/h,成都至郫县段、离堆公园支线 120 km/h。

最小曲线半径:时速 200 km 地段为 2 200 m,时速 120 km 地段为 600 m。

牵引种类:电力。

车辆类型:4 辆动车编组。

到发线有效长度:450 m、650 m。

调度指挥方式:综合调度。

(5)车站分布

成灌铁路原设计为城际铁路,车站分布符合市域铁路功能定位。线路全长96.425 km,线上共分布 21 个车站,另有崇义、中兴 2 个预留车站。最大站间距为 13.443 km(安德—聚源),最小站间距为 0.94 km(迎宾路—李冰广场),平均站间距为 4.82 km。成灌铁路正线和支线车站分布如图 11-27 和图 11-28 所示。

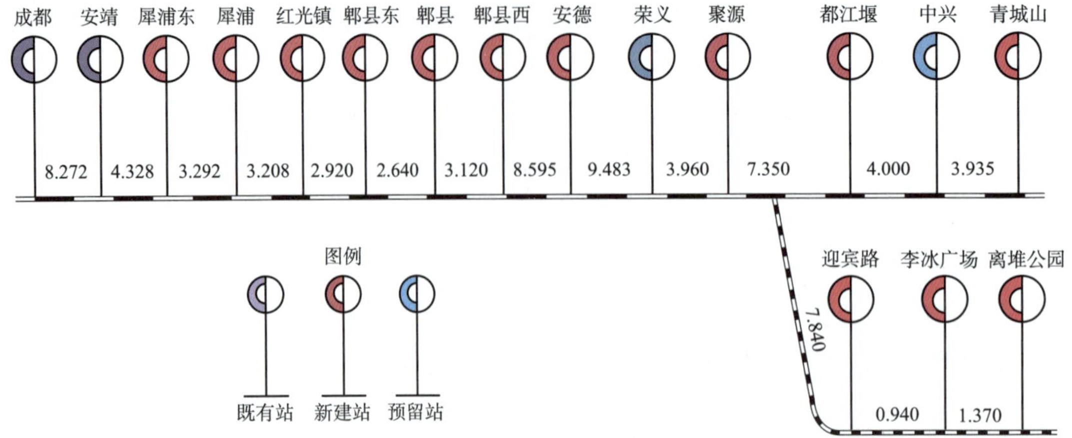

图 11-27 成灌铁路成都至青城山正线及离堆支线车站分布图(单位:km)

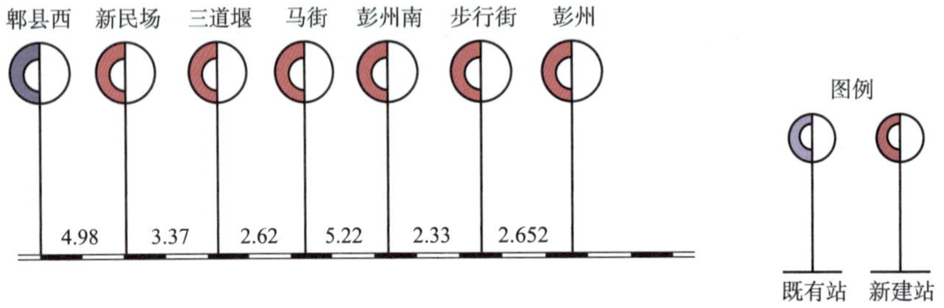

图 11-28 成灌铁路成彭支线车站分布图(单位:km)

(6)列车编组

环线建议采用 8 辆编组。

(7)预测列车对数

预测 2025 年和 2035 年全日列车对数见表 11-12。

表 11-12 全日列车对数表 单位:对/日

方　　向	2025 年	2035 年
成灌铁路	64(4 辆编组)	91(4 辆编组)

3. 上海金山市域铁路

上海金山市域铁路简称沪金快铁,也称为金山铁路,是从上海南站到金山卫站,由金山铁路支线改建而成的市域快铁。金山铁路线路示意和车站分别如图 11-29 和图 11-30 所示。线路全长 56.4 km,总投资 48 亿元,于 2009 年 8 月 12 日开工,2012 年 9 月 28 日建成开通试运行。

图 11-29　金山铁路线路示意图

图 11-30　金山铁路沿线车站

(1)建设过程

金山铁路支线建于 20 世纪 70 年代，是上海石化与市区间的主要客运通道，但因速度慢、客运量不足等于 2001 年停运。2009 年 2 月，铁道部和上海市决定共同出资组建项目公司——上海金山铁路有限责任公司，改建金山铁路支线，开行上海南站至金山的市域列车。2009 年 8 月 12 日，该项目被列入上海市重大工程建设项目。改建工程由铁道部和上海市共同出资建设。

(2)车型选择

2012 年 9 月 28 日,金山铁路开通运行,从上海南站至金山卫站共有 9 个车站,平均站距为 7.05 km,站台长 230 m,最高限速为 160 km/h。

(3)运营组织

金山铁路在国内率先实行铁路“公交化”运营的模式,全程不对号、不限定具体车次与座席,旅客随到随走,可刷上海交通卡,并享受与市内公交换乘优惠。截至 2018 年,金山铁路日均开行动车数量已经由每天 15 对增加到 36 对,运营时间从 6 时至 22 时,采用一站直达和站站停两种运行模式。其中,上海南站至金山卫站开行一站直达列车 17 对,全程运行时间 32 min;站站停列车 19 对,全程运行时间 60 min。

(4)票价与补贴

金山铁路开通运营后,列车的票价基本与上海普通轨道交通持平,票价为 0.18 元/(人·km),单程票价按距离分为 3 元至 10 元不等。为弥补亏损,上海市政府每年向金山铁路提供约 1.7 亿元的资金支持,沿线的金山、松江、闵行三个区也提供一定的财政支持。

4. 天津津蓟铁路开行市域列车

(1)既有津蓟铁路

既有津蓟铁路自天津站至蓟州站全长 113 km,内燃牵引,共设车站 12 座,运行客车 1 对,由天津站始发,中途经停曹子里、崔黄口、大口屯、宝坻、下仓和上仓等车站。从天津站至蓟州站运行时间为 2 h 40 min,实际运营速度为 45 km/h。津蓟铁路开行市域列车及车站分别如图 11-31 和图 11-32 所示。

图 11-31　津蓟铁路开行市域列车

图 11-32　天津北站

(2)提速运营方案

为进一步拉近蓟州、宝坻与中心城区的时空距离,促进沿线地区经济社会发展和城乡一体化发展,从 2015 年 4 月 30 日起,利用既有的津蓟铁路加密提速开行市域客车,市区将以天津北站始发为主,客车采用内燃牵引列车。

津蓟铁路市域客车开通后,列车速度提速至 100 km/h,自天津北站直达蓟州站用时

90 min，直达宝坻站用时 56 min。依据季节客流特点，安排“黄金周、小长假”及暑期、周五、周六、周日等高峰时段每日开行 9 对，其他平峰时期每日开行 6 对。9 对列车中，天津站到发 2 对，天津北站到发 7 对；蓟州站到发 6 对，宝坻站到发 3 对；保留 1 对慢行仍经停北仓、曹子里、大口屯等沿线各站，其他均为直达宝坻、蓟州。

（3）票价

提速后，津蓟铁路市域客车票价按照国家规定的国铁票价标准执行：天津站至蓟州站 18.5 元/人，至宝坻站 12.5 元/人；天津北站至蓟州站 16.5 元/人，至宝坻站 12.5 元/人。津蓟铁路天津—蓟州票价详见表 11-13。

表 11-13　津蓟铁路天津—蓟州票价

发　站	到　站	里　程	票　价
天津	天津北	4	8
天津	北仓	14	8
天津	曹子里	36	9
天津	崔黄口	49	11
天津	大口屯	60	11
天津	宝坻	73	12.5
天津	下仓	86	14.5
天津	上仓	99	15.5
天津	蓟州	113	18.5
天津北	北仓	10	8
天津北	曹子里	32	9
天津北	崔黄口	45	11
天津北	大口屯	56	11
天津北	宝坻	69	12.5
天津北	下仓	82	14.5
天津北	上仓	95	15.5
天津北	蓟州	109	16.5
北仓	曹子里	22	9
北仓	崔黄口	35	9
北仓	大口屯	46	11
北仓	宝坻	59	11
北仓	下仓	72	12.5

续上表

发　站	到　站	里　程	票　价
北仓	上仓	85	14.5
北仓	蓟州	99	15.5
曹子里	崔黄口	13	8
曹子里	大口屯	24	9
曹子里	宝坻	37	9
曹子里	下仓	50	11
曹子里	上仓	63	12.5
曹子里	蓟州	77	12.5
崔黄口	大口屯	11	8
崔黄口	宝坻	24	9
崔黄口	下仓	37	9
崔黄口	上仓	50	11
崔黄口	蓟州	64	12.5
大口屯	宝坻	13	8
大口屯	下仓	26	9
大口屯	上仓	39	9
大口屯	蓟州	53	11
宝坻	下仓	13	8
宝坻	上仓	26	9
宝坻	蓟州	40	9
下仓	上仓	13	8
下仓	蓟州	27	9
上仓	蓟州	14	8

(4)公交接驳新线路陆续开通

津蓟铁路市域客车开通后，蓟州站公交接驳方面，以蓟州火车站为中心，新开通公交线路 8 条，分别发往蓟州公交总站、下营公交枢纽站、盘山景区、长城景区、梨木台景区、九山顶景区等各个公交枢纽站和景区，配备公交车 65 部；宝坻火车站公交接驳方面，以宝坻火车站和大口屯火车站为中心，新开通公交线路 3 条，配车 30 部，延长调整既有线路 73 条。

5. 京津城际铁路“公交化”举措

(1)推出“京津城际同城优惠卡”

来往北京和天津两地之间的旅客(特别是“跨城通勤”一族)自 2017 年 5 月 1 日起，可办理和使用“京津城际同城优惠卡”。此卡分为金卡、银卡两种,金卡乘坐一等座,银卡乘坐二等座;同时推出 9.5 折、9 折和 8.5 折三个等级的优惠,旅客可根据本人京津间的出行次数选择购买适合的优惠产品。

持本人“京津城际同城优惠卡”的旅客,除按照规定接受安检以外,无需出示本人身份证件,自助取号后即可刷卡进站乘车,凸显了城际铁路“公交化”出行的便利。“公交化”运行的京津城际列车如图 11-33 所示。

图 11-33　“公交化”运行的京津城际列车

为服务京津冀一体化,“京津城际同城优惠卡”优惠折扣适用于京津城际及其延伸线,也就是北京市至天津市区域内点到点之间往返使用,即北京南站—武清站、北京南站—天津站、北京南站—军粮城北站、北京南站—塘沽站和北京南站—于家堡站之间。

为方便旅客购买和办理“京津城际同城优惠卡”,北京铁路局分别在北京南站、天津站、武清站、塘沽站和于家堡站设有办卡窗口,旅客可以持本人有效身份证件,根据个人出行需求,可就近到上述五站办理或咨询。

(2)京津城际延长线实行“公交化”票价

北京铁路局与天津市交通运输委研究决定,自 2017 年 6 月 1 日起,对京津城际延长线实行“公交化”票价,票价均能享受 5.85 折优惠。

继 2017 年 5 月实施“京津城际同城优惠卡”月票制后,京津城际延长线自同年 6 月 1 日起执行“公交化”票价,各站各席别票价均能享受 5.85 折优惠。该项举措不仅进一步优化京津地区一体化交通网络格局,更为群众出行带来实实在在的便利与实惠。

以上措施的推出,是铁路部门紧随时代步伐、市场化运作的又一重要突破,其背后是铁路信息化、技术化、现代化支撑手段的运用,凝聚大量铁路人辛勤的汗水,体现铁路政策的灵活性及铁路服务的现代化,更接地气,更贴近百姓生活,必将带动铁路部门整体服务水平的提升,以便铁路部门更好地服务人民。

11.4　铁路客运站点综合交通规划

11.4.1　主要内容

铁路客运站点综合交通规划应从功能定位、交通组织、场站布局、用地布局等方面开展，主要内容一般包括：

1. 功能定位

根据铁路客运站点在城市总体规划和综合交通系统中的地位，确定铁路客运站点在城市发展中的定位，确定在综合交通系统中的定位以及所在片区的地位，确定综合交通的类型及主体交通模式。根据城市社会经济发展目标与城市发展目标，制定铁路客运站点发展目标与发展战略。

2. 交通组织

分析铁路客运站内部（包括竖向几何空间内）各种交通方式的综合需求及车流、人流、行包流特征，合理确定交通组织流线，实现人车分流，减少交叉干扰；对外完善客运站所在城市其他组团及周边城镇、大型集散地等之间的交通衔接关系。体现“以人为本，以流为主”的核心要求，为旅客提供方便、舒适的乘车环境和快捷便利的“零换乘”或“最短时空换乘”条件。

3. 场站布局

依据铁路客运站点功能定位、总体发展目标和发展战略，提出铁路客运站点规划布局原则和要求，合理布局各种交通方式的位置，打造高效、一体化的交通系统以及城市综合体。这是规划的核心内容。

4. 用地布局

准确把握铁路客运站点对城市空间布局、土地利用的影响，合理确定站点周边地区总体结构。引入“TOD”模式，鼓励铁路客运站点地区综合开发，因地制宜布置商业、商务、文化、旅游等功能，优化用地布局，完善城市功能，实现铁路客运站点周边地区交通运行与土地利用的统筹协调。

11.4.2　主要原则和理念

站区综合交通布局规划的基本目标是合理布局站区的铁路、轨道交通、长途客车、城市公交、出租车和社会车等多种交通方式，使旅客换乘距离最短，社会消耗最小。总结国内外综合交通规划的经验，编制铁路客运站点综合交通枢纽规划，一般遵循以下基本原则：

（1）遵守国家政策、法规及相关规定，执行规划编制办法和合理运用技术标准。

(2)积极借鉴先进的铁路客运站点综合交通规划理念,采用定性与定量相结合的规划方法和技术手段,保持规划的前瞻性、系统性和操控性。

(3)应贯彻落实优先发展城市公共交通的战略,优化交通模式与土地使用的关系,统筹各交通方式协调发展。

(4)应遵循定量分析与定性分析相结合的原则,在交通需求分析的基础上,科学判断铁路客运站点的发展规模,合理制订规划方案。

(5)编制铁路客运站点综合交通规划,应当以批准的城市总体规划、分区规划和详细规划为依据;密切与综合交通规划等相关规划的协调与衔接,广泛吸纳各方意见。

在此基础上,铁路客运站点综合交通枢纽规划还需引入先进的规划理念:对铁路客运场站的布设、设计等一体化整合;场站内换乘应当以人为本,保证旅客换乘方便、便捷、舒适;在保证客流集散便捷的前提下应对车站周围空间进行综合开发等。

具体操作层面,尚应遵循以下原则:

(1)综合交通类型主次分明

确定站区可能的其他交通模式,特别是核心交通模式。一般地,大型、特大型客运站,铁路-城市轨道交通是站区最核心的交通衔接方式,应有最便捷、最紧密的联系。对于暂时尚不具备城市轨道交通引入条件的大中型站,应考虑预留条件。以机动车为载体的公交车、出租车、社会车等基础的交通方式,宜以公交车为重点。

(2)功能协调

在有限的站区范围,各种交通方式功能区,应根据其特点,以相互交流流线为核心,进行平面、立体总体布局,相互间有机便捷联系,构成协调、联动、有序的系统。

旅客广场是旅客休闲、转换交通方式的场所,一般考虑地面布设,较大的可双侧布设;轨道交通宜与车站立体布局,垂直或平行设于车站下部或上部;以汽车为工具的公交、出租车、社会车,具有灵活、瞬时性强的特点,宜设于车站进出站出入口附近或广场的两翼,可上下客功能、停放整备功能分离布局;在各功能区间或广场周边考虑部分商贸、土地开发区域。此外,尚应考虑工程的经济性问题。

(3)以流线为核心,流线立体疏解

各种交通方式间人、车流线的平面交叉是效率、安全的“大敌”,有条件时,应实现人、车流线的全立交、全互通,各功能区以天桥、地道相互立体衔接。人流高度汇集区域,若无立交条件,亦应考虑设置转换(缓冲)空间、平过道等分隔,对人-车-行包流进行调蓄、梳理。

(4)站区土地综合开发

人员密集区域无疑会产生旺盛、长期的生产、生活、商贸需求。中转客流,应通过交通方式快速集散;滞留站区的客流,则应考虑提供多种服务设施。因此站区应规划一定的社会生产、生活、商贸乃至旅游设施。

一般地,可充分利用站前广场、铁路客运车场(平面/高架/地下)以及周边的地上、地下空间，布局与站区社会需求协调的生产、生活、商贸功能区。有条件和需求时，可一体建设城市综合体。

11.4.3 案例分析

1. 南京南站

南京南站是南京铁路枢纽内特大型高速客运站，目前连接 8 条高速（城际）铁路。南京南站车场布置采用京沪高速场、沪汉蓉宁杭场和宁安场三场并列布置，建设规模为 15 台 28 线，占地近 70 万 m^2，总建筑面积约 45.8 万 m^2，于 2011 年 6 月 28 日正式运营。南京南站综合交通客运枢纽效果图如图 11-34 所示。

图 11-34 南京南站综合交通客运枢纽效果图

南京南站是一个立体化综合交通枢纽，竖向由地上三层与地下两层组成。地上为铁路站厅、站台，铁路线路及站台位于第二层高架层，第三层为候车大厅；地面层为旅客出站厅及换乘广场，出站厅两侧为城市配套的长途汽车站、公交车站、出租车和社会车停车场；地下为地铁站厅、站台，地铁站台位于地下两层。

南京南站汇集了铁路客运、长途汽车、城市轨道交通、公交车、社会车、出租车等各种交通方式。其南北广场经架空的铁路客运车场实现了贯通，广场中心区域有地铁 1、3、6 号线进出站口；南北两侧为公交车上客区，东西两侧各设出租车、社会车上客区；公路客运南站设在南广场，广场南侧还有一个机场快客停靠带，可直接去禄口机场。所有方式换乘均在铁路站场范围内完成，旅客能在站区内方便快捷地选择各种方式，可实现铁路、公交车、地铁、长途客车和机场大巴的“零距离”换乘。

2. 成都东站

成都东站是成都铁路枢纽特大型客运站，城际动车和高速动车的主要始发终到站，位于成都铁路枢纽客运内环线东侧，目前衔接 5 条城际及快速铁路，客运车场采用沪汉蓉场、环线场和成绵乐-成渝城际场三场并列布置，建设规模为 14 台 26 线，总建筑面积约 22 万 m^2，占地大约 1 306 亩，于 2011 年 5 月 8 日正式运营。成都东站综合交通客运枢纽效果图如图 11-35 所示。

图 11-35　成都东站综合交通客运枢纽效果图

成都东站为兼具铁路、地铁、机动车、公共交通功能的特大型综合交通换乘枢纽。车站立体结构布局竖向设计为地上两层，地下三层，共五层。地上两层为高架候车厅及高架平台，平台延伸为城市跨越车站的互通立交，地面层为旅客站台层；地下层向纵深发展为换乘转换、公交车、出租车始发层及两条地铁线车站，地下一层为出站区及综合换乘区，地下二、三层分别设置成都地铁 2、7 号线车站，交通流线组织为高进低出，在站区内完成各种交通方式的转换。

站区规划充分考虑铁路站场、站房和站前广场之间的交通和功能关系，车站设东西广场，广场两侧分别设置长途汽车站、公交站等。通过合理解决不同功能区之间的衔接，采用立体交通组织的方式达到交通顺畅、人车分流的目的，实现旅客快速便捷换乘。

3. 福 田 站

福田站是深圳铁路枢纽内广深港客运专线上的大型全地下敷设的火车站，车站范围南北纵向总长 1 024 m，横向宽 78 m，车场规模为 4 台 8 线，建筑面积约 14 万 m^2，于 2015 年 12 月 30 日开通运营。

福田站是中国第一座深埋于城市中心地下的铁路客运站，站房与商业大楼融为一体。车站为地下三层站，深度达 32 m。地下一层是与城市轨道、公交车等的客流转换层及售票层，北端为地下车库，与写字楼的地下车库相连，南端通过通廊与深圳地铁 1 号线相接，两侧设有拼接商铺及部分备用站房；该层中间部分为交通转换大厅，与深圳地铁 2、3、11 号线及地下商业街相接，东面与下沉式公交车站与出租车场相连，从地面到换乘大厅可实现出租车、公交车和地铁的无缝接驳。地下二层为站厅层，主要为进出站大厅及车站设备和办公用房，北端也是地下车库，中部为进站大厅，客运办公区域靠近南端设备区、贵宾候车室。地下三层为铁路站台层。福田站综合交通客运枢纽地下结构效果图如图 11-36 所示。

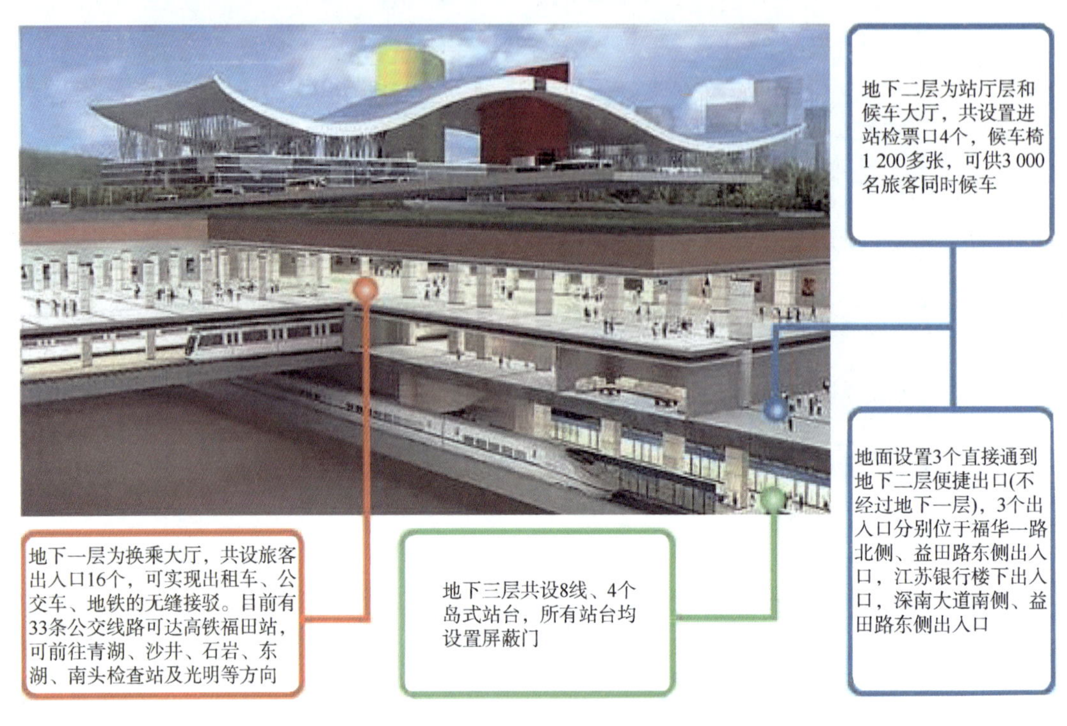

图 11-36　福田站综合交通客运枢纽地下结构效果图

福田站与城市公共交通、城市轨道交通在整体规划上有较为高效的接驳方式与客流组织，满足旅客的快速集散需求。福田站枢纽为全地下的综合交通枢纽，规划以福田站枢纽为核心，统筹地下空间布局，达到提升一体化综合交通和地下空间的整体功能，完善地区交通和地下空间系统的目标。

(4)湛海高铁客运轮渡站规划

湛海高铁是国家“包海高铁通道”的南翼，既是跨海大通道，也是连接“丝绸之路经济带”和“21 世纪海上丝绸之路”的重要桥梁。规划的湛海高铁全长 130 km，其中在海安南站（琼州海峡北岸）与海口站（琼州海峡北岸）间通过轮渡的方式横跨琼州海峡，以实现了铁路与轮渡系统的融合。湛海高铁客运轮渡站北港、南港分别如图 11-37 和图 11-38 所示。

北港（海安南站）区域在新建客运快船泊位北侧新建站房，通过人行天桥连接东侧站前广场，广场北侧设出租车和社会车停车场、公交车停车场。南港（海口站）区域在站前广场西侧分别布置公交车停车场，同侧布局社会车和出租车共用停车场。

湛海高铁客运轮渡站将充分发挥公、铁、水联运特色，铁路与地方港区的建设做到一体协同、互联互通，形成以多式联运综合交通为导向，集现代物流、商业中心、商务办公、高端居住、生态疗养等多功能复合型组团。

图 11-37 湛海高铁客运轮渡站北港(海安南站)

图 11-38 湛海高铁客运轮渡站南港(海口站)

第12章　铁路枢纽综合开发

铁路土地综合开发，是指依据国家法律法规和支持政策，以提高铁路土地资产运营效益和实现开发增值为目标，组织既有和新增土地资源有序流动、优化配置及利用开发的经营活动。通过盘活存量铁路用地与综合开发新老站场用地，鼓励铁路运输企业对既有铁路站场及毗邻地区实施土地综合开发，用土地综合开发的部分效益，填补铁路运营亏损，为铁路可持续、健康发展提供保障。

12.1　综合开发的基本规定和原则

目前，开展铁路土地综合开发，是按照《国务院关于改革铁路投融资体制加快推进铁路建设的意见》(国发〔2013〕33号)、《国务院办公厅关于支持铁路建设实施土地综合开发的意见》(国办发〔2014〕37号)及《铁路土地综合开发实施办法》(铁总办〔2014〕257号)的规定执行的。

铁路土地综合开发原则有以下几点：

(1)支持铁路建设与新型城镇化相结合。

按照新型城镇化要求，在保障铁路运输功能和运营安全的前提下，坚持“多式衔接、立体开发、功能融合、节约集约”的原则，对铁路站场及毗邻地区特定范围内的土地实施综合开发利用。通过市场方式供应土地，一体设计、统一联建方式开发利用土地，促进铁路站场及相关设施用地布局协调、交通设施无缝衔接、地上地下空间充分利用、铁路运输功能和城市综合服务功能大幅提高，形成铁路建设和城镇及相关产业发展的良性互动机制，促进铁路和城镇化可持续发展。

(2)政府引导与市场自主开发相结合。

相关部门和地方政府要遵循铁路建设发展规律，坚持依法行政，完善土地综合开发相关管理制度，建立公平公开、有序竞争的市场环境。地方政府要在符合土地利用总体规划和城乡规划的前提下，统筹铁路站场及毗邻地区相关规划，合理确定土地综合开发的边界和规模，通过综合开发用地供应与铁路建设联动等措施，引导市场主体实施铁路用地及站场毗邻区域土地综合开发，有力有序推进铁路建设。

(3)盘活存量铁路用地与综合开发新老站场用地相结合。

支持铁路运输企业以自主开发、转让、租赁等多种方式盘活利用现有建设用地，鼓励铁路运输企业对既有铁路站场及毗邻地区实施土地综合开发，促进铁路建设投资等主体对新建铁路站场及毗邻地区实施土地综合开发，提高铁路建设项目的资金筹集能力和收益水平。

（4）公交导向，优化布局。

按照公交导向型（TOD）开发模式推进土地综合开发，打造一批城市综合体，拓宽优化城市发展空间，创新城市空间组织形式，提升区域整体竞争力，形成铁路与城市规划建设相互促进的良性循环。

（5）统筹规划，共同发展。

统筹协调铁路站场建设、站场周边土地开发与城市发展之间的关系，做好土地综合开发规划、城市总体规划、土地利用总体规划的相互衔接，促进铁路交通资源与城市资源的整合利用、共同发展。

（6）利益共享，补亏为主。

充分发挥各方积极性，合理划分各方补亏责任；土地综合开发的净收益按补亏责任由各相关方共享，并应首先用于弥补铁路项目建设及运营的资金缺口，支持铁路可持续发展。

12.2　综合开发基本程序

总的来说，根据枢纽线路性质不同，综合开发分新建铁路和既有铁路土地综合开发两种。在开发基本流程方面，主要有以下过程：

（1）在项目预可行性研究阶段，应同步开展土地综合开发机会研究。

铁路局集团公司、合资公司应组织设计单位编制土地综合开发机会研究报告，并与项目预可行性研究报告进行同步审批。

（2）在项目可行性研究阶段，应同步开展土地综合开发方案研究。

铁路局集团公司、合资公司应组织设计单位编制土地综合开发方案研究报告，并与项目可行性研究报告进行同步审批。

（3）土地综合开发方案审批及路地双方用地协议签订。

国铁集团在审批铁路项目初步设计时，同步审批与铁路项目直接关联的土地综合开发项目。铁路局集团公司、合资公司应根据批准的综合开发方案研究报告和签订的用地规模协议，与地方政府共同确定综合开发用地边界及征地拆迁、土地整理费用标准，签订土地一级开发委托协议，开展一级开发，组织一、二级联动开发。

（4）组织实施。

对新建铁路项目，铁路局集团公司、合资公司应根据确定的控制性详细规划指标，协调地方政府统筹新建铁路站场周边用地布局，做好市政配套规划，明确土地出让的前置条件。编制项目方案，报国铁集团批复后，依法取得开发用地使用权。

对既有铁路，铁路局集团公司、合资公司应会同地方政府确定综合开发用地边界、修订控制性详细规划，落实规划条件和支持政策。铁路局集团公司、合资公司编制项目方案，经国铁集团批复后组织项目开发。国铁集团、铁路局集团公司、合资公司应严格土地资产权益管理，在依法进行资产评估的基础上，通过公开竞价等市场方式组织处置。铁路局集团公司、合资公司要结合企业长远发展目标和当前经营实际，科学选择开发模式，组织二级开发。

12.3 新建铁路工程土地综合开发机会研究

在新建铁路项目前期，应将项目财务平衡与综合开发需求作为项目选线和站场选址的重要因素，统筹研究土地综合开发。原则上以车站周边土地综合开发为重点，其用地总量扣除站场用地后，同一铁路建设项目单个站场综合开发用地平均规模不超过 50 万 m^2，最高不超过 100 万 m^2。

在新建铁路项目预可行性研究阶段，应同步开展土地综合开发机会研究。

(1)铁路局集团公司、合资公司应组织设计单位对新建铁路沿线经济发展、自然资源、市场环境、土地利用总体规划、城乡规划进行现场调研，研究土地综合开发的效益目标、用地规模、功能定位及相关规划调整需求。

(2)铁路局集团公司、合资公司提出综合开发用地的规划控制和预留条件，协调地方政府调整土地利用总体规划、城乡规划及土地综合开发相关规划。

(3)铁路局集团公司、合资公司组织编制综合开发机会研究报告，经预审后与预可行性研究报告一并上报国铁集团。

(4)国铁集团会同省、市有关部门审查预可行性研究报告时，同步审查土地综合开发机会研究报告。将机会研究报告纳入预可行性研究报告，按建设项目管理规定报审或批复。

(5)国铁集团运用铁路建设协调机制，统筹安排新建铁路项目与土地综合开发的相关事宜。商省、市地方政府明确土地综合开发用地规模、规划条件以及有关配套政策，纳入相关会议纪要。

12.4 既有铁路用地开发利用规划研究

铁路局集团公司、合资公司应加强土地资源分析，按照节约利用、集约开发的原则，通过分拆、整合、置换、收购周边土地、分层设立使用权等途径，开展综合开发机会研究。

场站迁移、改线土地：在铁路场站迁移、改线工程项目前期阶段，将场站迁移、改线释放的铁路用地综合开发作为重要条件，与地方政府协商，同步研究既有用地和新增土地资源的综合开发。

既有车站、场、段、所改(扩)建工程项目：应结合改扩建工程，同步研究既有用地和新增土地资源的综合开发。

既有场站地上地下空间：应充分利用大中城市铁路场站占地面积大、可释放潜在土地资源充足的优势，研究地上地下空间综合开发机会。

线路两侧、高架桥下土地：在确保运输安全的前提下，充分利用既有线路两侧、高架桥下空间，组织综合开发利用。

支线、市域铁路：充分利用支线、市域铁路的区位优势，鼓励与地方政府及有关企业合作，建设城市轨道交通，拓展经营领域，盘活铁路用地及相关资产。

零散小、空置土地：加强与地方政府协商，因地制宜采取收购相邻土地、整合置换、转让等方式开展综合开发。

酒店、公寓、疗养院、培训中心、办公用房等资产：应加强其资产运用效率效益分析，开展资本运营机会研究，或在保证经营功能的基础上，通过对其土地分拆、置换，组织综合开发。

改(扩)建工程项目的土地综合开发应按照新建铁路项目土地综合开发的流程和要求办理。铁路局集团公司、合资公司应会同地方政府确定综合开发用地边界，修订控制性详细规划，落实规划条件和支持政策。铁路局集团公司、合资公司编制项目方案，经国铁集团批复后组织项目开发。

国铁集团、铁路局集团公司、合资公司应严格土地资产权益管理。下列行为在依法进行资产评估的基础上，通过公开竞价等市场方式组织处置：

(1)授权经营土地在使用年限内依法作价出资(入股)、租赁。

(2)授权经营土地在国铁集团所属企业、控股企业、参股企业之间转让。

(3)土地资产向国铁集团以外的单位或个人转让、租赁。

(4)政府收回用于公共基础设施建设的铁路用地，应在资产评估的基础上，等价置换或按市场价值补偿。

12.5　综合开发一般形式及案例分析

12.5.1　综合开发一般形式

铁路土地综合开发方式有以下七种形式：

(1)自主开发。

(2)土地作价对外投资、合资合作。

(3)国铁集团及所属企业、控股公司、参股公司间转让铁路用地。

(4)铁路用地向路外转让。

(5)铁路用地及地上附着物租借。

(6)铁路用地抵押、置换。

(7)建设铁路保障性住房。

12.5.2　综合开发案例分析

1. 重庆铁路枢纽沙坪坝城市综合体

(1)项目概况

成渝高铁自永川引入，经璧山设站穿缙云山，于大学城南侧后上跨襄渝线，穿中梁山，经沙坪坝至重庆站。同时于中梁山隧道出口附近设联络线沟通重庆北站。成渝高铁引入重庆铁路枢纽如图 12-1 所示。

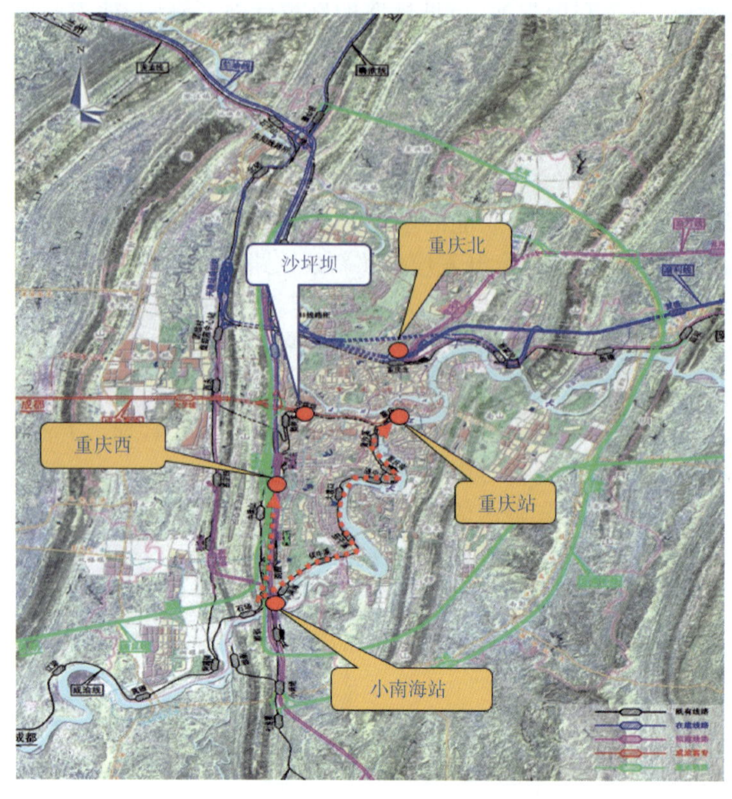

图 12-1 沙坪坝城市综合体开发位置

沙坪坝火车站北靠三峡广场商圈，南邻沙坪坝文化公园，东依重庆市八中，东西长约 1.8 km，南北宽约 0.8 km，总用地面积为 51.2 万 m^2，属丘陵河谷侵蚀地貌，地势平坦，地面高程为 245～260 m，核心设计范围用地面积为 15.9 万 m^2(其中铁路 8.28 万 m^2，沙区 7.62 万 m^2)，主要有火车站场以及铁路所属单位、怡鑫大厦、404 公交车站等。

范围内拆迁的铁路单位有沙坪坝火车站站房和站场，以及车站派出所、重庆车务段、重庆供电段、重庆电务段、成都铁路局重庆培训中心(原重庆铁路党校)、沙铁村部分住宅等，拆迁铁路生产房屋面积 30 400 m^2、非生产房屋面积 6 390 m^2、职工宿舍面积 33 950 m^2，共计约70 740 m^2。

地方涉及拆迁的单位有怡鑫大厦(住宅)、404 公交车站、南海宾馆、邮政局、长途汽车站和居民住宅，拆迁面积约 65 390 m^2(含道路疏解方案拆迁)。

(2)改建方案

沙坪坝车站改建示意如图 12-2 所示。根据铁道部《关于新建成都至重庆铁路客运专线初步设计的批复》(铁鉴函〔2010〕652 号)，沙坪坝站批复意见为：

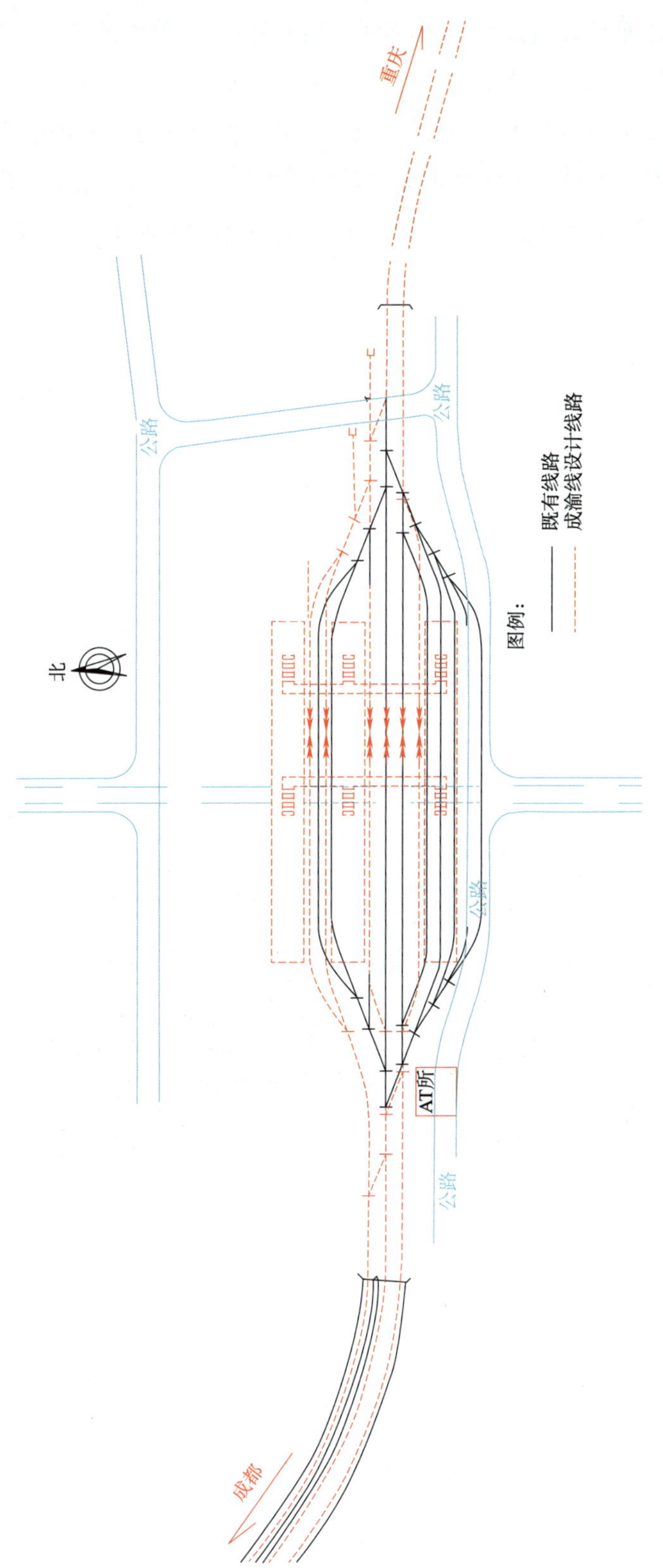

图 12-2　沙坪坝车站改建示意图

沙坪坝站:在原站址改建,正线与成渝客运专线贯通,既有单线保留引入车站到发线,车站设到发线 6 条(含正线),设岛式中间站台 2 座,站台宽度为 11.5 m,长度为 450 m,高度为 1.25 m,两站台间按 2 台夹 4 线布置,设跨线设施 2 处。保留既有站房并进行装修。

总概算:沙坪坝站全长 1.414 正线公里,概算总额为 42 433.15 万元。其中,静态投资 40 042.02 万元,建设期贷款利息为 2 374.16 万元,铺底流动资金为 16.97 万元。

(3)土地综合开发方案

综合交通枢纽项目核心用地面积为 1 590 000 m^2,综合交通枢纽拆迁面积为 136 130 m^2;铁路站场上盖投影面积为 39 599 m^2;总建筑面积为 365 183 m^2(不含上盖铁路线路、道路面积),其中,物业开发建筑面积为 216 995 m^2,地下建筑面积为 133 610 m^2(含人防、停车库、换乘厅、出租车和公交车站),成渝客运专线沙坪坝站为 14 578 m^2。

建筑造型侧重于城市文脉的延续。重庆是多年的工业城市,在社会转型期,过去的厂房正渐渐淡出我们的视野。建筑方案设计带有淡淡的工业厂房气息,整体风格朴实、沉静。三峡广场与石碾盘片区从商业形态到旧有城市形态的过渡,贴切而自然,很好地融入于城市空间序列中。沙坪坝土地综合开发效果图如图 12-3 所示。

图 12-3 沙坪坝土地综合开发效果图

2. 成都南站上盖物业

(1)项目概况

成都南站位于成都铁路枢纽客运内环线正南,成都市高新区桂溪街道(天府大道北段),北距离成都站 10 km,距离成都东站 7 km,距离双流机场站 13 km。隶属中国铁路成都局集团有限公司成都站管辖。成都南站新站房位于成都南站老站房的斜对面,共有到发线 9 条、正线 2 条,车站共有 5 个站台。2014 年 12 月 20 日新建成的成都南站正式投入运营。成都南站如图 12-4 所示。

图 12-4　成都南站

成都南站作为成都市重要的区域综合交通中心，距成都天府广场 5.5 km，天府立交桥于站房西侧上跨，车站西有元华路、新光路下穿，南有天仁路外抱。成都地铁 1 号线位于其西侧，成都地铁 7 号线平行于国铁线路。

根据成都铁路枢纽最新总图批复（铁总发改函〔2017〕806 号），成都南站将辅助成都东站，办理乐山、重庆方向部分区域短途动车始发终到作业，以及西安、西宁（兰州）方向—贵阳、昆明方向，拉萨方向—贵阳、昆明、重庆方向动车通过作业。

(2)上盖物业方案

上盖平台建筑面积为 97 500 m^2，站房部分及相关面积为 55 248 m^2，南北侧配套面积为 218 531 m^2，市政通道工程面积为 11 650 m^2。成都南开发方案的平面和剖面示意分别如图 12-5 和图 12-6 所示。

3. 功能置换

(1)重庆西编组站变客运站

重庆西站原为重庆铁路枢纽的编组站，原名人和场站，始建于 1979 年。重庆西站位于重庆铁路枢纽襄渝线上，为二级三场自动化驼峰编组站，总规模 41 股道（图 12-7）。2013 年 11 月兴隆场编组站投入运营后，重庆西站丧失编组站功能，仅办理混装货物发到。

重庆西站位于重庆市沙坪坝区新桥街道凤中路。作为渝贵线的配套工程，重庆西站改建为特大型客运站，是以铁路为主，集长途汽车、公交车、轨道交通等多种交通方式于一体的综合交通枢纽，是重庆市规划的“三主两辅”客运枢纽中的一“主”，是渝贵、渝昆、兰渝、襄渝、川黔等干线铁路的始发终到站。改建工程于 2014 年 12 月开工建设，2018 年 1 月 25 日正式投入使用。重庆西站效果图如图 12-8 和图 12-9 所示。

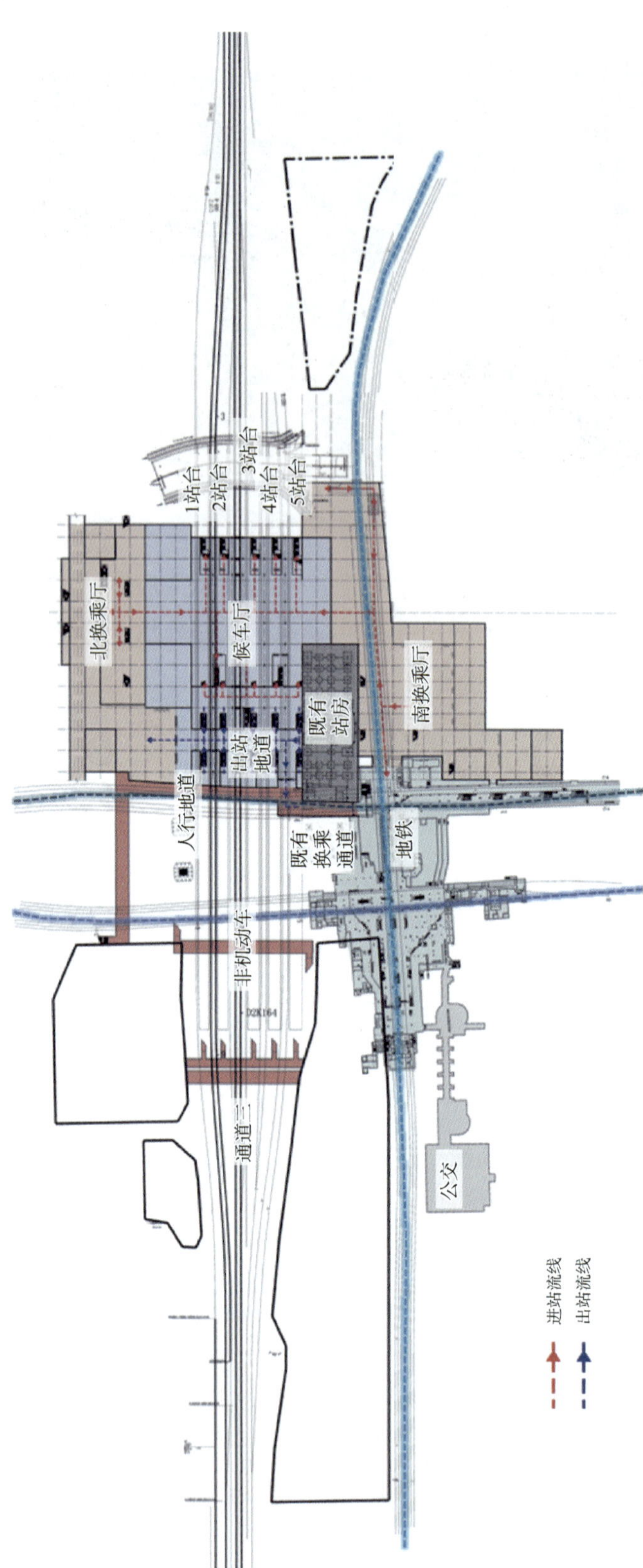

图 12-5 成都南开发方案平面示意图

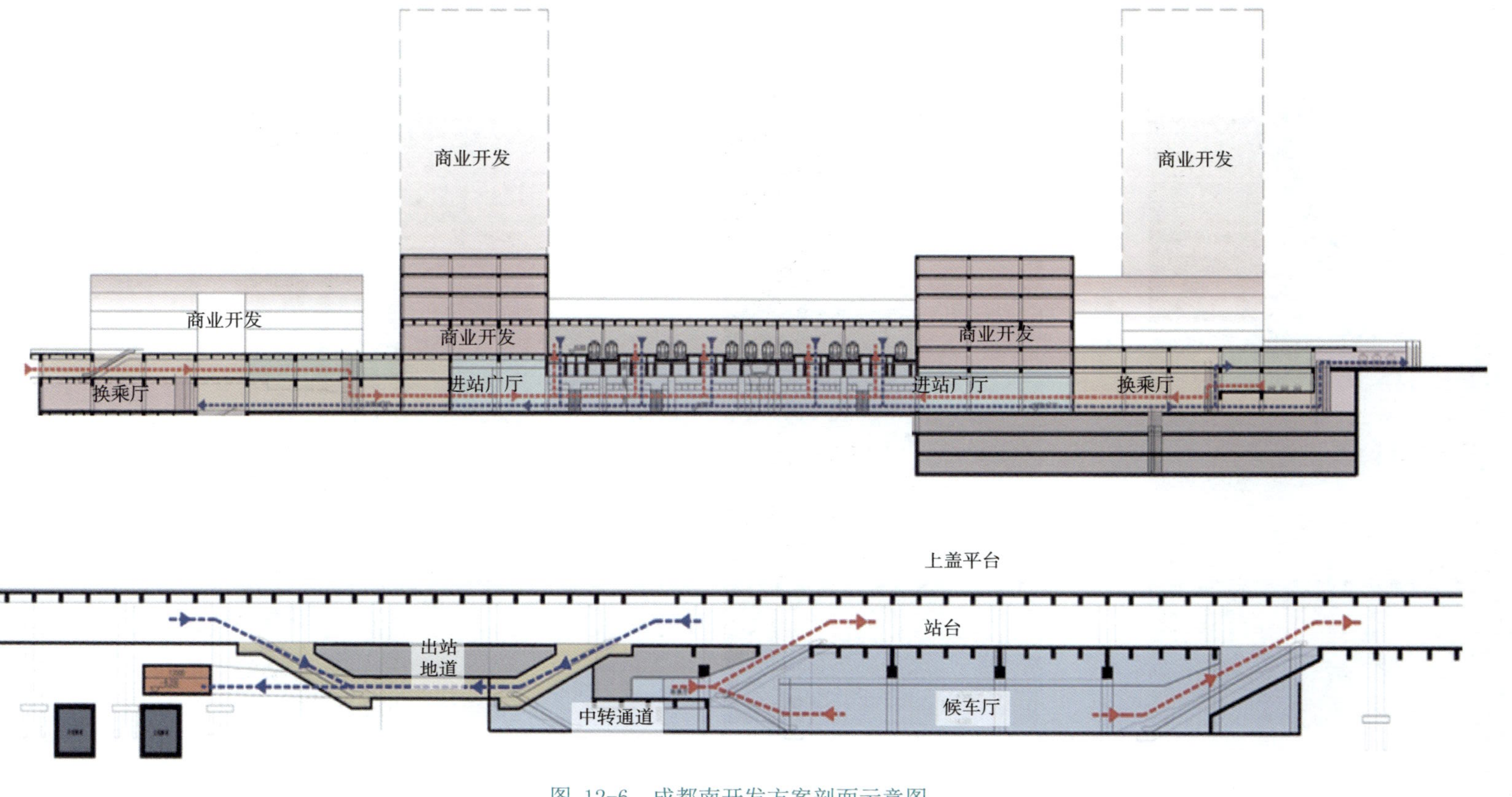

图 12-6　成都南开发方案剖面示意图

图 12-7　原重庆西编组站

图 12-8　重庆西站编组站变客运站效果图

图 12-9　建成后的重庆西站效果图

重庆西站建筑面积总规模约为 12 万 m^2，布局渝昆场、渝贵场、兰渝场，设置 15 台 31 线（29 个站台面，含 2 条正线），接发车能力约 381 对/日，客流量每年可达 4 218 万人次。车站共有六层：1F、2F 层为站房，设售票厅和进站大厅；B1 层为长途车、公交车区域；B2 层中央为公共换乘区（轨道区域、出租车区域）；B3 层为重庆轨道交通环线以及重庆轨道交通 5 号线区域;B4 层为重庆轨道交通 12 号线区域。

重庆西站与渝贵铁路的同步开通,使得在 2018 年春运期间,重庆西站开行列车 71.5 对/日,最高到发旅客 10.3 万人次/日,是全国首例通车初期到发旅客人数突破 10 万人的大型客运枢纽。在列车运行时间上,重庆至贵阳由过去的 10 h 以上缩短至 2 h 以内,至广州由过去的 11 h 以上缩短至 7.5 h,至昆明由过去的 18 h 缩短至 5 h 以内。

(2)遵义站搬离

20 世纪 50 年代修建的川黔线及遵义站(图 12-10)位于城市中心,线路将城市切割成东西部分,严重影响城市发展,故贵州省人民政府与中国铁路总公司联合实施川黔线外绕、遵义站搬迁工程。

图 12-10 原遵义站

川黔线中心城区外迁东移改线工程结合新建渝贵快速铁路的走向,起于川黔线既有高炉子站,讫于既有阁老坝站。线路自既有高炉子站贵阳端 K257+350 引出向东南行进,下穿渝黔线、青檬高速公路后走行至渝黔线左侧,经北关水库上游下穿遵绥高速公路后上跨 S207 省道,经魏家桥、后山沟向南行进,于团山堡附近设董公寺会让站,出站后沿渝黔通道向南行进接入新建的遵义站川黔场。出遵义东站后线路向南行进跨越湘江河,穿老木岩隧道后线路沿渝黔线左侧行进,经镇隆、金华在石门与渝黔线三线并行设和平站。线路出和平站后下穿渝黔线,上跨工业大道于南白镇站进站前 K290+500 接上既有线,南白镇车站维持现状,出南白镇车站后线路于 K293+700 引出沿既有线东侧山脚行进,经刘家院子、付家院子、吴家湾、姚家湾、中九坪,于 K300+700 接上既有线,下穿东南大道进入阁老坝车站。遵义站搬离建设方案示意如图 12-11 所示。

改线后的川黔线是川渝、西北地区通达贵州、广西、广东、海南的便捷、快速、大能力通道的重要组成部分。

其他配套工程尚有李家湾规划新建货场以及新建董公寺会让站、遵义站川黔场、和平站、阁老坝车站。图 12-12 所示为建成后的新遵义站。

图 12-11　遵义站搬离建设方案示意图

(a)

(b)

图 12-12　建成后的新遵义站

第13章　铁路枢纽总图规划设计评价

铁路枢纽总布置图主要包括枢纽所在地区内全部既有、在建和规划的铁路线路走向以及各类车站站址与相关客货运设施设备的布置情况。由于铁路枢纽规划建设的合理性、适用性与经济性可能直接影响所处片区、城市乃至整个经济圈的布局与发展，因此，有必要在铁路枢纽的总图规划设计阶段，建立相应的评价体系对其进行综合评价，以确定其各方面的优劣，为其多方案的比选提供相应的决策依据，从而最大限度地降低铁路枢纽建设运营的各项成本，以令其取得尽可能好的经济效果。

13.1　铁路枢纽总图规划设计评价体系及要素

一个评价体系的建立主要包含评价目标、评价指标、评价原则、评价方法等基本要素，其中评价目标、评价指标与评价原则作为构成评价体系的三块基石，在该体系的建立中不可或缺。

目前在枢纽总图规划设计方案的比选中，主要针对能承担相同运输任务的各项不同设计方案的工程费用与运营费用等差额进行全面比较，通过全面、系统、科学的计算分析方法来从技术经济角度对各设计方案的优劣进行系统评价，并通常将具有最低工程投资与运营支出综合费用，即投资收益率最高的方案作为最优方案。因此经济性应是影响铁路枢纽总图规划设计的决定性因素。

此外，评价铁路枢纽总图规划的关键还在于枢纽的内部运作能力以及枢纽与社会、环境相结合的外部协调关系。评价指标体系作为铁路枢纽总图规划设计评价体系的一项关键要素，在包含经济性评价的同时，还应能全面、准确地反映枢纽的内部系统能力与外部协调关系。为此，还要从枢纽系统能力、区域服务水平两大层面评价枢纽的内部系统能力与外部协调关系。首先，从枢纽系统能力层面来看，主要强调其功能性，注重铁路枢纽规划是否满足地区客货流的运输需求以及车流的到发、解编组织是否顺畅，一方面评估运输服务能力，另一方面涵盖运输系统构成要素之间的协调关系；其次，从区域服务水平层面来看，主要是强调枢纽与社会、环境的协调性，注重铁路枢纽规划与城市规划、环境维护的协调一致，同时评估枢纽规划建设对城市发展的引导作用。两者间相辅相成，不可忽略某项要素单一考虑。

因此，影响铁路枢纽总布置图的因素，可分为运营投资效益与枢纽系统能力、区域服务水平三个方面。其中，运营投资效益主要涉及工程造价与运营费用，体现其技术经济性，后两方面则主要反映枢纽的能力适应性与区域协调性，表现在本章节中则为经济性评价、能力适应性评价与社会功能性评价。

13.2 铁路枢纽总图规划经济性评价

13.2.1 技术经济评价指标

铁路枢纽规划设计的技术经济评价通常采用下列指标：

(1)技术指标：总布置图型、线路长度、展线系数、各类设备数量等。

(2)工程指标：土石方数量、桥隧工程数量、用地数量以及工期等。

(3)运营指标：输送能力、牵引吨数、旅行速度、机车与车辆小时、能量及燃料消耗等。

(4)经济指标：工程投资、运营费、换算年费用、投资回收期等。

13.2.2 基础数据

1. 土建工程费用

铁路枢纽规划设计方案技术经济比较中的土建工程投资计算，在不同设计阶段的精度和深度要求不同，常用方法是先计算各项建筑和设备的工程数量，再采用相应的综合单价或分项单价按下式计算工程投资：

$$\text{工程投资} = \sum(\text{项目单价} \times \text{相应项目的工程数量}) \quad (\text{万元}) \tag{13-1}$$

铁路枢纽土建工程投资包括以下方面：

(1)拆迁及征地工程

拆迁及征地工程包括拆迁建筑物、改移道路、迁移通信线路与电力线路、土地征用(永久用地和取弃土临时用地)等，可分项统计工程数量。

(2)路基工程

路基土石方：包括全部工程的填、挖土石方工程量，一般用平均断面法计算路基土石方数量，详细计算时应根据地质资料，确定土石成分，按路基横断面分别统计土方和石方数量，然后计算工程投资。

路基附属工程：包括路基附属土石方、加固、防护工程等。

挡土墙等路基工点工程：可根据其类型、高度、分类计算圬工数量与工程投资。

(3)桥涵工程

桥梁：可按其类型、跨度，根据梁的数量、墩台圬工数量和相应的单价计算。亦可统计出每座桥梁的长度(必要时考虑桥高)，分桥梁类别统计其座数和总延长米数，估算其费用。

涵洞：可按类型、孔径分别统计涵洞横延米长度来计算其费用。

(4)隧道及明洞工程

根据设计资料提供的隧道、明洞的长度，按长度分级统计其延长米数并计算其费用。

(5)轨道工程

正线铺轨：可按正线长度和相应轨道类型统计工程数量。

站线轨道：站线铺轨按轨道类型统计其铺轨长度，道岔按轨道类型和相应的道岔号码统计铺设组数。

线路相关工程：轨距杆、防爬支撑、车挡、警冲标等次要设备及工程。

(6)通信、信号及信息工程

通信：包括通信线路、通信设备等，可以公里、站、门为单位统计工程数量。

信号：包括行车指挥设备、闭塞设备、联锁设备等，可以正线公里、组、站为单位统计工程数量。

(7)电力及电力牵引供电设备

电力：包括供电线路、电源设备等，可以正线公里、处、站为单位统计工程数量。

电力牵引供电：包括牵引网、牵引变电所、供电段等项目，可以正线公里、条公里、处为单位统计工程数量。

(8)房屋

房屋包括生产及办公房屋、居住及公共房屋等项目，可以平方米为单位统计工程数量。

(9)其他运营生产设备及建筑物

其他运营生产设备及建筑物包括给排水、机务、车辆、客货运、工务、其他建筑及设备等项目，可以正线公里、处等为单位统计工程数量。

(10)大型临时设施、过渡工程等其他间接费

大型临时设施、过渡工程等其他间接费包括大型临时设施费、过渡工程费、劳动保险基金、施工队伍转移费等，可以正线公里等为单位统计工程数量。

(11)其他费用

其他费用包括材料差价、计划利润、税金、工器具及生产家具购置费等，可以正线公里为单位统计工程数量。

(12)预备费

预备费指在初步设计(或技术设计、扩大初步设计)总概算(或修正总概算)中难以预料的工程费用，一般按以上各项费用之和的百分数计列。

(13)工程造价增涨预留费

工程造价增涨预留费是考虑由设计概算编制年度到项目建设竣工的整个期限内，因材料、设备价格上涨和人工费标准提高，以及其他各项费用标准的调整导致总投资额的增加所计入的预留费，一般按年平均涨价率计列。

上述(1)～(5)项工程费称为主体工程费。由于铁路枢纽总图规划设计方案比选主要属于线网性方案比较，因此只需计算各方案间有显著差的指标，不必逐一计算上述全部工程项目的工程费。

2. 运营费用

运营费用主要包含与行车量有关的运营费、固定设备维修费和机车车辆购置费三部分。

(1)与行车量有关的运营费 $E_{行}$

$$E_{行}=365[\sum N_{大}\ L_{大}\ f_{列大}+\sum N_{小}\ L_{小}\ f_{列小}+\sum M_{单机}L_{单机}f_{单机}+\sum M_{调列}L_{调列}f_{调列}+\sum M_{调机}L_{调机}f_{调机}+\sum K_{改}(t_{解}+t_{编})f_{改}+\sum N_{停}\ t_{列停}f_{列停}+\sum M_{停}\ t_{机停}f_{机停}+\sum K_{停}\ t_{车停}+\sum N_{站}\ k\partial f_{车停}]\times 10^{-4}\quad(万元/年)\tag{13-2}$$

式中 $N_{大}$，$N_{小}$——依据列车重量及平均技术速度分类的大、小运转列车数，列/d；

$L_{大}$，$L_{小}$——各类大、小运转列车走行公里数，km；

$M_{单机}$——各类大、小运转列车单机次数，次/d；

$L_{单机}$——各类单机单次走行平均公里数，km；

$M_{调列}$，$M_{调机}$——调车的车列数和调机单机的走行次数，次/d；

$L_{调列}$，$L_{调机}$——单次转线、转场、取送车的车列平均调车距离和单机平均走行公里数，km；

$K_{改}$——依据调车设备及调机分类的日均改编作业车数，车/d；

$t_{解}$，$t_{编}$——包括转线时间在内的解体与编组平均作业时间，h；

$t_{列停}$，$t_{机停}$，$t_{车停}$——列车、单机、车辆单次停留平均时间，h；

$N_{停}$——列车停留总数，列/d；

$M_{停}$——单机停留次数，次/d；

$K_{停}$——按作业别分类的单次停留车数，车/d；

$N_{站}$——编组到达站数；

k——列车编组车辆数；

∂——集结系数；

$f_{列大}$，$f_{列小}$——各类大、小运转每列车公里支出定额，元/列车公里；

$f_{单机}$——每单机公里支出定额，元/单机公里；

$f_{调列}$，$f_{调机}$——每调车车列公里和调机走行公里支出定额，元/车列公里(调机公里)；

$f_{改}$——每改编作业车小时支出定额，元/车小时；

$f_{列停}$——每列车停留小时支出定额，元/列车小时；

$f_{机停}$——每单机停留小时支出定额，元/单机小时；

$f_{车停}$——每车辆停留小时支出定额，元/车小时。

(2)固定设备维修费 $E_{固}$

固定设备维修费包括正线维修费、站线维修费、车站维修费、信(号)联(锁)闭(塞)与通信设备维修费及供电设备维修费。

$$E_{固} = [(f_{正} + f_{信} + f_{接})L_{正} + f_{到} L_{到} + f_{编} L_{编} + f_{其} L_{其} + \sum N_{车} f_{车} + N_{变} f_{变}] \times 10^{-4} \quad (万元/年) \tag{13-3}$$

式中　$L_{正}, L_{到}, L_{编}, L_{其}$——正线、到发线、编组线及其他线的长度，km；

$N_{车}, N_{变}$——各类车站数目及牵引变电所数目；

$f_{正}, f_{信}, f_{接}$——正线、信联闭与通信设备及接触网的年维修费定额，万元/km；

$f_{到}, f_{编}, f_{其}$——到发线、编组线、其他站线的年维修费定额，万元/km；

$f_{车}, f_{变}$——各类车站与牵引变电所年维修费定额，万元/站(所)。

(3)机车车辆购置费

①机车购置费 $F_{机}$

$$F_{机} = g_{本} a_{机} (\sum N_{大} L_{大} / v_{均} + \sum N_{小} L_{小} / v'_{均} + \sum M_{单} L_{单} / v''_{均} + \sum N_{列} t_{机停}) / 24 + N_{调} g_{调} \quad (万元) \tag{13-4}$$

式中　$M_{单}, L_{单}$——单机日均行车量及走行公里；

$N_{列}$——列车日均行车量；

$v_{均}, v'_{均}, v''_{均}$——各种平均技术速度，km/h；

$a_{机}$——本务机备用检修系数；

$N_{调}$——调车机车台数；

$g_{本}, g_{调}$——本务机、调机的购置价格，万元/台。

②车辆购置费 $F_{车}$

$$F_{车} = g_{车} a_{车} [\sum N_{大} L_{大} k_{大} / v_{均} + \sum N_{小} L_{小} k_{小} / v'_{均} + \sum M_{调列} L_{调列} k_{调列} / v'''_{均} + \sum N_{列} k_{列停} t_{列停} + \sum K_{改} (t_{解} + t_{编}) + \sum K_{停} t_{车停} + \sum N_{站} k\partial] / 24 \quad (万元) \tag{13-5}$$

式中　$k_{大}, k_{小}, k_{调列}, k_{列停}$——大运转列车、小运转列车、调车车列、停留与改编列车的列车摘挂辆数；

$v'''_{均}$——平均调车速度，km/h；

$a_{车}$——车辆备用检修系数；

$g_{车}$——车辆平均购置价格，万元/台。

$\sum (M_{调列} L_{调列} k_{调列} / v'''_{均})$仅在调车车列公里差别较大时计入。

13.2.3　评价方法

1. 铁路枢纽总图规划设计方案比选的传统方法

铁路枢纽总图规划设计方案比选的传统方法主要将各项总图布置方案的所有经济效益计算结果进行直接比较。而经济效益的计算主要分为静态法与动态法两类。其中，静态法不考虑货币的时间价值，适用于局部方案比较；动态法考虑货币的时间价值，把不同的时间费用与效益折算成同一基准年的价值来进行比较，主要适用于线网性与原则方案比较。

经济效益计算可根据方案的特征及规模，选用下列计算指标：

(1)差额投资偿还期计算

在设计方案的经济性比较中，如存在投资与运输支出都最低的方案，自然是最具经济性的。但是，通常情况下，往往投资较高的方案，其运营条件好，运营成本较低；反之，投资较低则运营成本较高。在这种情况下，多花费的投资 A_1-A_2，可由年运输支出的节约 $C_{y2}-C_{y1}$ 在 T 年内得到补偿，即差额投资偿还期为

$$T=\frac{A_1-A_2}{C_{y2}-C_{y1}} \tag{13-6}$$

根据部门劳动生产率增长的情况以及工程项目在国民经济中的意义，规定一个年限作为评价偿还期长短的依据，该年限 T_j 称为基准偿还期。当 $T<T_j$ 时，投资较高的方案有利；当 $T>T_j$ 时，则投资较低的方案有利。

(2)年换算费计算

在实践中，常常需要进行多方案的经济比较，上述公式仅能两两方案进行比较，应用不便，故需将式(13-6)进行变换。

设$\frac{A_1-A_2}{C_{y2}-C_{y1}}=T_j$，移项后得

$$\frac{1}{T_j}\cdot A_1+C_{y1}=\frac{1}{T_j}\cdot A_2+C_{y2}$$

式中，投资 A_1 及 A_2 乘以系数 $1/T_j$ 即换算为年度支出，分别与年运输支出 C_{y1} 及 C_{y2} 相加，即求得各方案的年换算费用，如等式左右端所示。

系数 $1/T_j$ 可用 Δ 表示，称为投资效率系数，也称基准收益率。如以 K 表示年换算费用，则

$$K=C_y+\Delta\cdot A$$

铁路枢纽设计方案的评比，可用年运营费 E 代替运输支出，则有

$$K=E+\Delta\cdot A \tag{13-7}$$

在多方案的经济性比较中，年换算费用 K 最小的方案最经济。式(13-7)就是传统的、广泛使用的年换算工程运营费法的基本公式。

上述两种方法均为静态经济比较法。

(3)投资与运输支出折现值计算

将方案各年度的投资和运输支出折算为施工开始年度的现值，取其和即得总折现值。若各年度投资 A_i 按年初计费，运输支出 C_{yt} 按年中计费，施工期为 m 年，自运营开始年度起算的计算期为 n 年，投资效率系数为 Δ，则方案的投资、运输支出的总折现值 K_z 按下式计算：

$$K_z = \sum_{i=1}^{m} \frac{A_i}{(1+\Delta)^{i-1}} + \sum_{i=m+1}^{n} \frac{C_{yt}}{(1+\Delta)^{i-0.5}} \tag{13-8}$$

如以运营费 E_t 代替运输支出 C_{yt}，则有

$$K_z = \sum_{i=1}^{m} \frac{A_i}{(1+\Delta)^{i-1}} + \sum_{i=m+1}^{n} \frac{E_t}{(1+\Delta)^{i-0.5}} \tag{13-9}$$

式(13-9)即为传统的分期投资方案经济比较的计算公式，属动态法。总折现值小的方案经济上有利。计算期 n 可酌情取 10～25 年。

设计方案的比选主要是在上述技术经济效益指标计算结果基础上进行比较，以评选最合理的方案。

2. 现代铁路枢纽总图规划设计方案评价方法

铁路枢纽总图规划设计方案比选的传统方法往往只着重考虑经济效益指标的计算结果，对枢纽规划设计的安全性、可靠性、可持续发展等因素考虑不足。现代铁路枢纽总图规划设计过程中，通常需要从多个方案中选择安全性、可靠性、经济性、技术难度、可持续发展等因素综合考虑最优的方案实施。而上述参考因素中存在大量不可量化计算的影响条件，给方案选择带来一定困难。特别是在铁路枢纽总图规划设计过程中，如果强调方案的安全性与可靠性，则势必降低其作业效率、影响其经济性；反之，如果过度提高车站作业效率或者其经济性，则必然影响安全性与可靠性。如何综合考虑这些相关因素，选择出最适合项目的实施方案，需要采用一套科学的管理方法。层次分析法、熵值法和模糊综合评价法等现代综合评价方法可以将不可量化的指标用两两比较的方法进行比较，从而选择出最适合的方案，从一定程度上解决此类问题。

(1)层次分析法

层次分析法(AHP)是美国著名的运筹学家萨蒂(T. L. Saaty)等人在 20 世纪 70 年代提出的一种定性与定量分析相结合的系统分析与评价方法。该方法的特点在于通过对复杂决策问题的本质、影响因素以及内在关系等进行深入分析后构建一个层次结构模型，然后利用较少的定量信息，把决策的思维过程数学化，从而为求解多目标的复杂决策问题提供一种简便的决策方法。

应用层次分析法时，首先要把问题层次化。根据问题的性质和要达到的目标，将问题分解为不同组成因素，并按照因素间的相互关联影响及其隶属关系将因素按不同层次聚集组合，形成一个多层次的分析结构模型。并最终把系统分析归结为最底层相对于最高层目标的相对重要性权值的确定或相对优劣次序的排序问题。在排序计算中，每一层次的因素相对上一层次某一因素的单排序问题又可简化为一系列成对因素的判断比较。为了将比较判断定量化，层次分析法引入了 1～9 标度法，并写成判断矩阵形式。形成判断矩阵后，即可通过计算判断矩阵的最大特征值及其对应的特征向量，计算出某一层次对于上一层次某一个元素的相对重要性权值。在计算出某一层次相对于上一层次各个因素的单排序权值后，用

上一层次因素本身的权值加权综合，即可计算出层次总排序权值。总之，依次由上向下即可计算出最底层因素相对于最高层的相对重要性权值或相对优劣次序的排序值。

层次分析法具体步骤包括明确问题、建立递阶层次结构、构造两两比较的判断矩阵、层次单排序、层次综合排序和一致性检验 6 个步骤。

①明确问题。即弄清问题的范围、所包含的因素、各因素之间的关系等，以便尽量掌握充分的信息。

②建立递阶层次结构。递阶层次结构模型一般分为三层（图 13-1）。目标层：最高层次，或称理想结果层，是指决策问题所追求的总目标，针对铁路枢纽规划设计技术经济评价而言，其目标就是选择最优设计方案。准则层：评价准则或衡量准则，是指评判方案优劣的准则，也称因素层、约束层，在铁路枢纽规划设计技术经济评价中主要包括枢纽客运系统能力、枢纽货运系统能力、枢纽解编系统能力、枢纽配套设施能力等。这些评价准则还可以继续细分，形成若干中间层。方案层：也称对策层，是指决策问题的可行方案，即铁路枢纽的各个设计方案。

③构造两两比较的判断矩阵。该步骤是层次分析法的关键步骤。判断矩阵表示针对上一层次中的某元素来评定该层次中各有关元素的相对重要性。设有 n 个指标，$\{A_1, A_2, \cdots, A_n\}$，$a_{ij}$ 表示 A_i 相对于 A_j 的重要程度判断值。a_{ij} 一般取 1，3，5，7，9 五个等级标度，其意义为 1 表示 A_i 与 A_j 同等重要，3 表示 A_i 较 A_j 重要一点，5 表示 A_i 较 A_j 重要得多，7 表示 A_i 较 A_j 更重要，9 表示 A_i 较 A_j 极端重要。

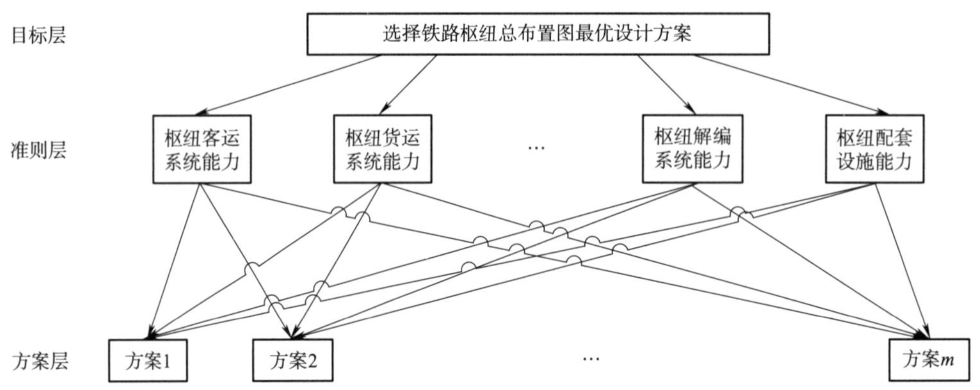

图 13-1　层次分析法的结构

判断矩阵 **A** 表示为

$$\mathbf{A}=\begin{pmatrix} a_{11} & a_{12} & \cdots & a_{1n} \\ a_{21} & a_{22} & \cdots & a_{2n} \\ \vdots & \vdots & & \vdots \\ a_{n1} & a_{n2} & \cdots & a_{nn} \end{pmatrix} \tag{13-10}$$

显然，对于上述判断矩阵 a_{ij} 都满足：

$$a_{ij}=\begin{cases}1 & 当 i=j \\ \dfrac{1}{a_{ij}} & 当 i\neq j\end{cases}\quad (i,j=1,2,\cdots,n) \tag{13-11}$$

④层次单排序。层次单排序的目的是相对上层次中某元素而言，确定本层次与之有联系的元素重要性的次序。它是本层次所有元素相对上一层次重要性排序的基础。

若取权重向量 $\boldsymbol{w}=(w_1,w_2,\cdots,w_n)^{\mathrm{T}}$，则有

$$\boldsymbol{A}\boldsymbol{w}=\lambda\boldsymbol{w} \tag{13-12}$$

λ 是 $\boldsymbol{A}$ 的最大正特征值，$\boldsymbol{w}$ 是 $\boldsymbol{A}$ 对应于 λ 的特征向量。从而层次单排序可以转化为求解判断矩阵的最大特征值 $\lambda_{\max}$和它所对应的特征向量，从而得出这一组指标的相对权重。

为了检验判断矩阵的一致性，需要计算它的一致性指标：

$$\mathrm{CI}=\frac{\lambda_{\max}-n}{n-1} \tag{13-13}$$

当 CI=0 时，判断矩阵具有完全一致性；如果 CI 越大，则判断矩阵的一致性就越差。

为了检验判断矩阵是否具有令人满意的一致性，需要将 CI 与平均随机一致性指标 RI 进行比较。通常情况下，1 或 2 阶判断矩阵总是具有完全一致性的。对于 2 阶以上的判断矩阵，其一致性指标 CI 与同阶的平均随机一致性指标 RI 之比，称为判断矩阵的随机一致性比例，记为 CR。

$$\mathrm{CR}=\frac{\mathrm{CI}}{\mathrm{RI}}<0.10 \tag{13-14}$$

一般地，当满足式(13-14)时，就认为判断矩阵具有令人满意的一致性；否则，当 CR≥0.10 时，就需要调整判断矩阵，直到满足条件为止。

⑤层次综合排序。基于同一层次中所有的层次单排序结果，可以计算本层次所有元素相对上一层次重要性的权重值，此过程称为层次总排序。层次总排序计算过程需要从上到下逐层顺序进行。对于最高层，其层次单排序就是其总排序。

若上一层次所有元素 $A_1,A_2,\cdots,A_m$ 的层次总排序已经完成，得到的权重值分别为 $a_1,a_2,\cdots,a_m$，与 a_j 对应的本层次元素 $B_1,B_2,\cdots,B_n$ 的层次单排序结构为$(b_1^j,b_2^j,\cdots,b_n^j)^{\mathrm{T}}$，当 B_i 与 A_j 无联系时，$b_i^j=0$。

⑥一致性检验。为了评价层次总排序的计算结果的一致性，类似于层次单排序，也需要进行一致性检验。

$$\mathrm{CI}=\sum_{j=1}^{m}a_j\mathrm{CI}_j \tag{13-15}$$

$$\mathrm{RI}=\sum_{j=1}^{m}a_j\mathrm{RI}_j \tag{13-16}$$

$$\mathrm{CR}=\frac{\mathrm{CI}}{\mathrm{RI}} \tag{13-17}$$

式中，CI 为层次总排序的一致性指标，CI_j 为与 a_j 对应的 B 层次中判断矩阵的一致性指标；

RI 为层次总排序的随机一致性指标，RI_j 为与 a_j 对应的 B 层次中判断矩阵的随机一致性指标；CR 为层次总排序的随机一致性比例。同样，当 CR<0.10 时，则认为层次总排序的计算结果具有令人满意的一致性；否则，就需要对本层次的各判断矩阵进行调整，从而使层次总排序有令人满意的一致性。

(2)熵值法

熵的概念源于热力学，是对系统状态不确定性的一种度量。在信息论中，信息是系统有序程度的一种度量。而熵是对不确定性的一种度量，两者绝对值相等，但符号相反。信息量越大，不确定性就越小，熵也就越小；信息量越小，不确定性越大，熵也越大。根据此性质，可以利用方案评价中的固有信息，通过熵值法得到各指标的信息熵，信息熵越小，信息的无序度越低，其信息的效用值越大，指标的权重也越大。

熵值法步骤为：

①选取 n 个铁路枢纽设计方案，m 个相关技术指标，则 x_{ij} 为第 i 个方案的第 j 个指标的数值($i=1,2,\cdots,n;j=1,2,\cdots,m$)。

②指标的标准化处理，即异质指标同质化。

由于各项指标的计量单位并不统一，因此在采用其计算综合指标前，应首先对其进行标准化处理，即把指标的绝对值转化为相对值，并令 $x_{ij}=|x_{ij}|$，从而解决各项不同质指标值的同质化问题。而且，由于正向指标和负向指标数值代表的含义不同(正向指标数值越高越好，负向指标数值越低越好)，因此，对于高低指标应用不同的算法进行数据标准化处理。

其具体方法为：

正向指标

$$x'_{ij}=\left[\frac{x_{ij}-\min\limits_{j}\{x_{1j},x_{2j},\cdots,x_{nj}\}}{\max\limits_{j}\{x_{1j},x_{2j},\cdots,x_{nj}\}-\min\limits_{j}\{x_{1j},x_{2j},\cdots,x_{nj}\}}\right]\times 100 \tag{13-18}$$

负向指标

$$x'_{ij}=\left[\frac{\max\limits_{j}\{x_{1j},x_{2j},\cdots,x_{nj}\}-x_{ij}}{\max\limits_{j}\{x_{1j},x_{2j},\cdots,x_{nj}\}-\min\limits_{j}\{x_{1j},x_{2j},\cdots,x_{nj}\}}\right]\times 100 \tag{13-19}$$

x'_{ij} 为第 i 个方案的第 j 个指标的数值($i=1,2,\cdots,n;j=1,2,\cdots,m$)。为了方便起见，仍记数据 $x'_{ij}=x_{ij}$。

③计算第 j 项指标下第 i 个方案占该指标的比重。

$$p_{ij}=\frac{x_{ij}}{\sum\limits_{i=1}^{n}x_{ij}}\quad (i=1,2,\cdots,n;j=1,2,\cdots,m) \tag{13-20}$$

④计算第 j 项指标的熵值。

$$e_j=-k\sum_{i=1}^{n}p_{ij}\ln p_{ij} \tag{13-21}$$

式中，$k>0$，$k=1/\ln n$；$e_j\geqslant 0$。

⑤计算第 j 项指标的差异系数 g_j。对于第 j 项指标，指标值的差异越大，对方案评价的影响就越大，熵值就越小。

$$g_j=\frac{1-e_j}{m-E_e} \tag{13-22}$$

式中，$E_e=\sum_{j=1}^{m}e_j$；$0\leqslant g_j\leqslant 1$，$\sum_{j=1}^{m}g_j=1$。

⑥求权值。

$$w_j=\frac{g_j}{\sum_{j=1}^{m}g_j}\quad(1\leqslant j\leqslant m) \tag{13-23}$$

⑦计算各方案的综合得分。

$$s_i=\sum_{j=1}^{m}w_j\cdot p_{ij}\quad(i=1,2,\cdots,n) \tag{13-24}$$

(3)模糊综合评价法

模糊综合评价法是一种基于模糊数学的综合评价方法。该评价方法根据模糊数学的隶属度理论把定性评价转化为定量评价，即采用模糊数学对受到多种因素制约的事物或对象作出总体评价。具体地说，模糊综合评价就是以模糊数学为基础，应用模糊关系合成的原理，将一些边界不清、不易定量的因素定量化，从多个影响因素角度对被评价事物隶属等级状况进行综合性评价的一种方法。它具有结果清晰、系统性强的特点，能较好地解决模糊的、难以量化的问题，适合铁路枢纽规划设计方案技术经济比选非确定性问题的解决。该方法的模型建立与评价步骤为：

①确定评价对象的影响因素论域 U。

$$U=\{u_1,u_2,\cdots,u_p\}$$

影响因素论域即采用 p 个评价指标对被评价对象进行综合评判描述。

②确定评语等级论域 V。

$$V=\{v_1,v_2,\cdots,v_p\}$$

评语等级论域即等级集合。每一个等级可对应一个模糊子集。评语等级论域是评价者对被评价对象可能做出的各种总体评价结果组成的集合，实际上就是对被评价对象变化区间的一个划分。其中 v_i 代表第 i 个评价结果，p 为总的评价结果数。

具体等级可以依据评价内容用适当的语言进行描述，比如铁路枢纽实施难度可用 $V=$ {难，中，易}，枢纽通过能力可用 $V=$ {高，较高，一般，较低，低}，枢纽运营评价经济效益可用 $V=$ {好，较好，一般，较差，差}等表示。

③建立模糊关系矩阵 $\boldsymbol{R}$。

在构造等级模糊子集后，要逐个对被评事物从每个因素 $u_i(i=1,2,\cdots,p)$ 上进行量化，即确定从单因素来看被评事物对等级模糊子集的隶属度 $(\boldsymbol{R}|u_i)$，进而得到模糊关系矩阵：

$$\boldsymbol{R}=\begin{pmatrix}\boldsymbol{R}\,|u_1\\ \boldsymbol{R}\,|u_2\\ \vdots\ \ \vdots\\ \boldsymbol{R}\,|u_p\end{pmatrix}=\begin{pmatrix}r_{11} & r_{12} & \cdots & r_{1m}\\ r_{21} & r_{22} & \cdots & r_{2m}\\ \vdots & \vdots & & \vdots\\ r_{p1} & r_{p2} & \cdots & r_{pm}\end{pmatrix} \tag{13-25}$$

矩阵$\boldsymbol{R}$中第i行第j列元素r_{ij}，表示某个被评事物从因素u_i来看对v_j等级模糊子集的隶属度。一个被评事物在某个因素u_i方面的表现，是通过模糊向量$(\boldsymbol{R}|u_i)=(r_{i1},r_{i2},\cdots,r_{im})$来刻画的，而在其他评价方法中多是由一个指标实际值来刻画的。

④确定评价因素的权向量。

为了反映各因素的重要程度，先对各因素u_i应分配一个相应的权数a_i，通常要求$a_i \geqslant 0,\sum a_i = 1$，$a_i(i=1,2,\cdots,m)$表示第$i$个因素的权重；再由各权重组成的一个模糊集合$\boldsymbol{A}$即权重集。在进行模糊综合评价时，权重对最终的评价结果会产生很大的影响，不同的权重有时会得到完全不同的结论。

⑤合成模糊综合评价结果向量。

利用合适的算子将$\boldsymbol{A}$与各被评事物的$\boldsymbol{R}$进行合成，得到各被评事物的模糊综合评价结果向量$\boldsymbol{B}$。

$$\boldsymbol{A}\circ\boldsymbol{R}=(a_1,a_2,\cdots,a_p)\begin{pmatrix}r_{11} & r_{12} & \cdots & r_{1m}\\ r_{21} & r_{22} & \cdots & r_{2m}\\ \vdots & \vdots & & \vdots\\ r_{p1} & r_{p2} & \cdots & r_{pm}\end{pmatrix}=(b_1,b_2,\cdots,b_m)=\boldsymbol{B} \tag{13-26}$$

式中，b_j是由$\boldsymbol{A}$与$\boldsymbol{R}$的第j列运算得到的，它表示被评事物从整体上看对v_j等级模糊子集的隶属程度。

⑥对模糊综合评价结果进行分析。

模糊综合评价的结果是被评价对象对各等级模糊子集的隶属度，它一般是一个模糊向量，而不是一个点值，因而它能提供的信息比其他方法更丰富。对多个评价对象比较并排序，就需要进一步处理，即计算每个评价对象的综合分值，按大小排序，按序择优。将综合评价结果$\boldsymbol{B}$转换为综合分值，于是可依其大小进行排序，从而挑选出最优者。

13.3 铁路枢纽总图规划能力适应性评价

13.3.1 线路能力评价

铁路枢纽的线路能力是依据现有技术设备、在现行行车组织方法与规定的技术作业过程限制下所确定的一昼夜所能通过的最大列车对数或列数。其能力是按区间、车站以及相关设备分别确定的，并以其中最小的通过能力作为其限制通过能力。作为评价枢纽线路能力的一项重要指标，区间通过能力的计算分为平行运行图通过能力计算与非平行运行图通过能力计算。其中，平行运行图通过能力，也称为设计区间通过能力，一般应按货物列车的对数或列数计算；而非平行运行图通过能力，也称为需要区间通过能力，则是在规定旅客列车数量的基础上，以扣除系数的方法计算出旅客列车与货物列车的对数或列数。

1. 平行运行图区间通过能力

平行运行图区间通过能力的基本关系式为

$$N=1\,440/T_{周} \tag{13-27}$$

式中 N——平行运行图区间通过能力，对或列；

1 440——一昼夜的时分，min；

$T_{周}$——运行图周期，min，指一定类型运行图的一组列车占用区间的总时间。

电力牵引区段每日需进行接触网检修，则平行运行图区间通过能力计算公式为

$$N=(1\,440-T_{网})/T_{周} \tag{13-28}$$

式中 $T_{网}$——接触网检修封锁时间，min。

单线区间通过能力、双线区间通过能力，以及使用补机、双线插入段、单双线区间和区间内有交叉线和岔线的区间通过能力的计算公式详见铁道部颁布的《铁路区间通过能力计算办法》[(84)铁运字 664 号]。

2. 非平行运行图区间通过能力

非平行运行图区间通过能力的基本关系式为

$$N_{非}=(N_{货}+N_{客}\varepsilon_{客}+N_{摘}\varepsilon_{摘}+N_{快货}\varepsilon_{快货})(1+\alpha_{储}) \tag{13-29}$$

式中 $N_{非}$——非平行运行图区间通过能力，对或列；

$N_{货}$——直达、直通、区段货物列车以及重车方向空车专列数；

$N_{客}$，$N_{摘}$，$N_{快货}$——旅客列车、摘挂列车以及快运货物列车数；

$\varepsilon_{客}$，$\varepsilon_{摘}$，$\varepsilon_{快货}$——旅客列车、摘挂列车以及快运货物列车的扣除系数；

$\alpha_{储}$——储备能力系数。

列车扣除系数详见《铁路区间通过能力计算办法》(1990 年修订版)。

3. 区间通过能力利用均衡性

在分析区间能力的基础上，进一步提出评价区间通过能力利用程度的均衡性指标。

$$B_{区}=\left[\sum_{i}(N_{实}^{i}/N_{非}^{i})\right]\cdot(N_{实}^{i})/\sum_{i}N_{实}^{i} \tag{13-30}$$

式中 $B_{区}$——区间通过能力利用均衡性；

i——区间分段；

$N_{实}^{i}$——区间 i 内的实际列车数；

$N_{非}^{i}$——区间 i 非平行运行图能力，对或列。

13.3.2 车站能力评价

依据枢纽内部的车站类别，车站能力可分为客运站、货运站和编组站能力三部分，分别评价其客运能力、货运能力和解编能力。

1. 客运站能力评价

客运站能力的评价，应首先明确区域内的客运站个数，预测铁路枢纽各年限的客运总量，并分析在区域内客运站始发终到与中转的旅客列车起讫点、运行径路及列数；其次应对客运站的客车运行效率、乘客换乘效率和集散效应三方面因素进行相关评价。因此，针对此三方面因素分别提出三项评价指标，即客车运行总时间、换乘客流中转总时间及到发客流集散总时间。其中，第一项能反映枢纽内客车运行是否存在折角车流等不必要的耗时走行，主要评价客运站的选址与局部线路设计的合理性；第二项主要评价枢纽内中转客流的换乘便捷性，能片面反映枢纽内各客运站在设置数目、站位选址以及功能分工等方面的合理性；第三项属于综合评价指标，该指标不同于公交换乘次距比，其关联了枢纽所处区域的城市综合公共交通设施，反映铁路客运站与其他交通方式的接驳性。

(1)客车运行总时间

$$T_1=\sum_{i=1}^{I}(\omega_{客}^{i}\cdot t_{客}^{i}) \tag{13-31}$$

式中 $\omega_{客}^{i}$——第 i 类客车在枢纽内的运行的数量比；

$t_{客}^{i}$——第 i 类客车在枢纽内运行的总时间；

i,I——枢纽内运行的客车类数，主要包括高铁动车组(G 字头)、城际动车组列车(C 字头)、动车组列车(D 字头)、直达特快旅客列车(Z 字头)、特快旅客列车(T 字头)、快速旅客列车(K 字头)、跨局普通旅客快车(1001～2998)、管内普通旅客快车(4001～5998)、临时旅客列车(L 字头)、临时旅游列车(Y 字头)、普通旅客慢车(6001～7598)、通勤列车(7601～8998)等。

(2)换乘客流中转总时间

$$T_2=\sum_{j=1}^{J}(Q_{换}^{j}\cdot t_{换}^{j}) \tag{13-32}$$

式中 $Q_{换}^{j}$——枢纽内采用第 j 种中转方式的换乘客流；

$t_{换}^{j}$——枢纽内采用第 j 种中转方式的旅客平均换乘时间；

j,J——枢纽内存在的客流换乘中转方式。

(3)到发客流集散总时间

$$T_3=\sum_{k=1}^{K}(Q_{集}^{k}\cdot t_{集}^{k}) \tag{13-33}$$

式中 $Q_{集}^{k}$——枢纽内采用第 k 种交通方式区域内往返的始发终到客流；

$t_{集}^{k}$——枢纽内采用第 k 种交通方式的到发旅客平均集散时间；

k,K——枢纽到发客流来往客运站与区域客流源点所采用的非铁路交通方式。

同时，公交换乘次距比 E_1 也可反映枢纽布局与城市公交的衔接水平。

$$E_1 = N_{平}/L_{平} \tag{13-34}$$

式中　$N_{平}$——旅客采用公交方式到达客运站的平均换乘次数；

$L_{平}$——旅客采用公交方式到达客运站的平均出行距离。

2. 货运站能力评价

对于货运站能力的评价，同样应首先在分析枢纽内运输通道的基础上预测货运总量，其次仍然需要对货车集散效率以及货流集散效应进行评价。因此，提出两项评价指标，即货车运行总时间及到发货流集散平均距离。

(1)货车运行总时间

$$T_4 = \sum_{h=1}^{H}(\omega_{货}^{h} \cdot t_{货}^{h}) \tag{13-35}$$

式中　$\omega_{货}^{h}$——第 h 类货车在枢纽内运行的数量比；

$t_{货}^{h}$——第 h 类货车在枢纽内运行的总时间；

h,H——枢纽内运行的货车类数，主要包括五定班列、快运货物列车、直达列车、直通列车、整列短途列车、区段列车、摘挂列车以及小运转列车。

(2)到发货流集散平均距离

$$L_1 = \sum_{d=1}^{D}(P_{集}^{d} \cdot l_{集}^{d}) / \sum_{d=1}^{D} P_{集}^{d} \tag{13-36}$$

式中　$P_{集}^{d}$——枢纽内往返于货运站与第 d 个货物中心的货流量；

$l_{集}^{d}$——枢纽内货运站至第 d 个货物中心的货流集散平均距离；

d,D——枢纽所处区域内的货物中心总数。

3. 编组站能力评价

编组站能力的评价，应主要体现在枢纽内解编系统的作业集中化以及车流总走行距离最小化两方面，需明晰枢纽内主要货流与车流的流向，力求解编系统朝向与主要车流流向相符合，加速车流中转，避免或最大限度减少其他方向间车流在编组站折角流动。由此可提出三项评价指标，即主要车流径路通过数、交换与折角车流走行距离以及与主要货物中心的平均距离。

13.3.3　主要配套设施能力评价

机务段与车辆段等主要设备的能力评价主要有两项评价指标，一是机车摘挂取送作业走行时间，二是作业走行交叉干扰次数。两者共同反映机车走行路径的短捷性与流畅性，同时也体现机务车辆设备等与站型、运输组织、区域规划等因素间的协调性。

13.4 铁路枢纽社会功能性评价

13.4.1 与区域综合交通的协调性评价

铁路枢纽的交通协调性主要包含三方面内容：一是铁路枢纽与周边公交干线及主要道路的接驳数；二是铁路枢纽通过综合交通方式往返所处城市核心的平均耗时；三是铁路枢纽与所处城市主要港口、机场的平均距离。第一项可采用铁路枢纽综合交通径路比重评价，后两项则在结合上述客货运能力评价的基础上提出综合性评价指标。

1. 铁路枢纽综合交通径路比重

$$A_1 = \sum_n \beta_n f_n \tag{13-37}$$

式中 β_n——各交通方式权重比；

f_n——交通方式 n 与铁路枢纽的直接接驳径路数，对于轨道交通与常规公交干线为线路数目，对于道路交通为主干道路数；

n——与枢纽相接驳的交通方式数。

2. 铁路枢纽至所处城市核心的平均耗时

$$T_5 = \sum_n \beta_n t_{核}^{n} \tag{13-38}$$

式中 β_n——各交通方式权重比；

$t_{核}^{n}$——通过交通方式 n 往返于铁路枢纽与城市核心的平均耗时；

n——与枢纽相接驳的交通方式数。

3. 铁路枢纽与所处城市主要港口、机场的平均距离

$$L_2 = \sum_{g=1}^{G} l_{枢}^{g} \tag{13-39}$$

式中 $l_{枢}^{g}$——枢纽至第 g 个港口或机场的平均径路距离；

g,G——枢纽所处区域内的港口与机场总数。

13.4.2 与城市规划的协调性评价

铁路枢纽与城市规划的协调性主要分为规划用地协调性和区域发展协调性两部分。两者共同反映枢纽布局与城市规划发展方向的一致性。

1. 枢纽规划用地协调度

$$A_2 = m_{重}/m_{枢} \tag{13-40}$$

式中 $m_{重}$——枢纽规划用地与城市总体规划中相应性质用地的重合面积；

$m_{枢}$——枢纽规划用地面积。

2. 枢纽区域发展协调度

$$A_3=\lambda_1 \cdot r_{枢}/r_{总}+\lambda_2 \cdot z_{枢}/z_{总} \tag{13-41}$$

式中　λ_1,λ_2——枢纽影响范围人口与岗位的权重；

$r_{枢},z_{枢}$——枢纽直接与间接影响范围内的人口数与岗位数；

$r_{总},z_{总}$——城市人口总数与岗位总数。

13.4.3　工程可行性评价

工程可行性的评价，主要指重大工程可实施性，包含重大(桥隧)工程可实施性与重大拆迁工程可实施性两方面内容。此外，也要考虑分期建设可行性与合理性以及与铁路局集团公司和地方政府意见相符性等。

13.4.4　环境影响评价

铁路枢纽一般位于大中型城市规划区内，线路、站段两侧多为城市建成区或规划区，现有及规划的居民区、学校、医院等声环境、振动环境、电磁环境敏感区密集，线路、站段两侧公众的环境保护意识以及维护自身环境权益的意识较高。因此，在设计铁路枢纽时，应充分考虑各方案对周边各项环境的影响情况，通过科学、合理、有效的评析方法来评估其综合影响，从而对环境敏感点采取针对性的处理措施，最大限度地避免枢纽方案对外部环境的不利影响，以保障铁路枢纽的顺利修建。

1. 铁路枢纽环境影响评价体系层次

铁路枢纽环境影响评价体系的建立应依据各时间阶段进行划分，主要从前期、后期两个层次展开分析与评估。前期层面，为铁路枢纽的选址决策阶段，主要探讨城市或城市群与该枢纽之间的互馈机制，重点关注城市群范畴内的城市在生态环境方面的影响；后期层面，为铁路枢纽的规划设计阶段，主要强调铁路枢纽与城市在实现枢纽综合性开发及城市功能拓展丰富时的相互协调配合，通过“节能环保”理念的引入，重点关注在铁路枢纽规划建设过程中节约资源、降低能耗、保护环境、减少污染等方面的措施。

2. 铁路枢纽环境影响评价指标选取原则

(1)阶段性

由于铁路枢纽在各时间阶段具有不同的管理调控原则与措施，因此，应针对不同的研究阶段采用不同的评估指标进行衡量。

(2)可比性

在指标体系的构建过程中，应要求各项指标具有普适性，其内涵、统计口径以及适用范围对于不同的研究区域必须具有一致性，同时要求评价指标含义明确清晰，数据获取方式便捷可靠，指标量化方法科学合理，并应尽量与现有的规范标准要求相符合。

(3)系统性与代表性相结合

在建立指标体系时，一方面要求所选取的评价指标能够全面、系统地反映评价的主要目标，另一方面应尽可能避免指标间的重复信息引入，在系统性、全面性以及代表性、简洁性方面加以平衡，从而确保所选取的指标具有高度的完备性与概括性。

(4)定性指标与定量指标相结合

由于铁路枢纽环境影响评价所涉及的问题较为复杂，因素繁多，既有可以量化测度的指标，又有仅能通过定性分析加以描述的指标，因此必须坚持定量与定性指标相结合的原则。

3. 铁路枢纽环境影响评价指标体系建立

1)铁路枢纽选址决策阶段环境影响评价

铁路枢纽选址决策是铁路枢纽规划设计的前提，其合理性将直接关系到铁路项目建设的顺利开展，并对枢纽建成后其效能的充分发挥以及持续性的运营收益具有重要影响，是研究铁路枢纽对环境影响的关键阶段。此阶段主要考察枢纽拟建城市在环境与资源方面的承载力状况，即重点分析拟建城市是否能够支撑起铁路枢纽的建设与运营。

(1)环境类指标

环境类指标主要考虑大气生态环境、水土流失、废弃物处理以及地质地貌四方面的承载力。

①大气生态环境承载力

铁路枢纽拟建城市通常需具备较优的大气环境质量，能够容纳枢纽建设与运营所带来有限的大气环境污染。由于铁路枢纽所处区域通常具有较高的开发密度，客流集聚性较强，且汽车等交通工具也较为密集，此均会对枢纽的大气环境造成一定压力。同时，极寒、极热等恶劣的气象环境也会严重影响枢纽的建设周期以及客流吸引能力。因此，在选址决策时，需对枢纽拟建城市所处区域的大气环境承载力进行详尽细致的调研分析。此外，由于修建铁路线路及枢纽时，或多或少会对城市土地生态系统带来一定影响，应要求拟建区域的土地生态系统具备较强的恢复能力。

②水土流失承载力

在铁路枢纽的施工过程中，路基开挖、回填、平整以及取土、弃土、桥涵修筑都对原地表造成破坏和干扰，损坏原地表的土壤、植被，致使土壤结构松散，抗侵蚀能力降低，在雨水作用下，一定范围内的土壤和水加剧发生流失。因此，为降低其对城市及周边土壤环境的压力，实现枢纽的安全、环保、高效运作，应要求拟建枢纽的地区具有一定的抵御水土流失的能力。此外，需制定切实可行的管控措施以控制水土流失，避免因枢纽建设而对城市土壤环境造成不可恢复的破坏。

③废弃物处理承载力

随着铁路枢纽的建设与运行，城市的人口、经济集聚效应会愈发明显，从而会进一步增大诸多废弃物的排放。因此，拟建枢纽的地区应具有完备的废弃物处理体系，从而在对枢纽建设规模进行较为准确估计的基础上，加强相应的废弃物处理能力，以保证枢纽高效、环保地持续运行。

④地质地貌承载力

目前铁路枢纽及其周边大多为多层级的综合开发模式，对地上地下的空间均会进行充分利用，再加上线路的引入建设，必然要求其所处地区具有适宜的地形地貌条件，如地势平坦、水系适度等。此外，还需要对城市的地质构造以及岩土状况进行细致的调研评估，以尽量规避强地震带、不良土质等环境不稳定与恶劣地段，减少对地质地貌环境的扰动，避免对地形、水系等造成较大改变。

(2)资源类指标

资源类指标主要考虑水资源、土地和森林绿地资源以及城市能源供应体系三方面的承载力。

①水资源承载力

由于铁路枢纽建设及周边区域开发会增加水资源的消耗，必然要求枢纽所处地区具有能满足其建设及后期运营需要的充足水源；同时，应具备较为完善的枢纽污水处理与循环利用方案，以减小因枢纽修建而给城市各方面用水可能带来的不利影响。

②土地和森林绿地资源承载力

土地资源是进行铁路枢纽建设的必要资源，应在对枢纽拟建规模进行合理规划评估的基础上，确保其用地需求。而枢纽拟建地区要想维持良好的生态环境，应在对该区域进行土地综合开发的同时，结合相应的景观绿化策略，着重加强对枢纽周边森林绿地资源的保护力度，以尽量维持原有的绿色生态环境。此方面承载力可通过人均用地面积、人均绿地面积、森林覆盖率等指标加以量化表征。

③城市能源供应体系承载力

铁路枢纽的建设与运营会对城市电力等能源供应体系形成一定压力。为减少枢纽能源消耗对城市能源供应系统的冲击，提高能源供应的可持续性，应要求枢纽所需的各项外部能源均维持在较为稳定的状态，以利于城市能源供应系统的持续高效运行。

2)铁路枢纽规划设计阶段环境影响评价

在铁路枢纽确定适宜的开发区域之后，其具体方案的规划设计也应尽量避免对周边环境造成不利影响。

(1)声环境影响

铁路枢纽的铁路噪声主要是列车运行过程中机车牵引噪声，机车、车辆与轨道相互作用产生的轮轨噪声，机车鸣笛噪声，机车、车辆制动噪声，站内广播产生的噪声等。虽然铁路枢纽一般车流量较大，但由于运行速度较低，一般情况下距铁路外侧轨道中心线 30 m 处铁路噪声贡献值基本满足《铁路边界噪声限值及其测量方法》(GB 12525—90)修改方案标准；距铁路外侧轨道中心线 30 m 外《声环境质量标准》(GB 3096—2008)4b 类区铁路噪声贡献值昼间基本小于标准、夜间基本超过标准;距铁路外侧轨道中心线 30 m 外《声环境质量标准》(GB 3096—2008)2 类区铁路噪声贡献值基本超过标准。

目前如鸣笛噪声等,可通过封闭线路两侧或立体式布设等措施大幅度减小,基本不会对枢纽周边环境产生影响;而包括轮轨噪声在内的运行噪声则必须采取具有针对性且多样化的隔声降噪措施,以将其降至符合国家标准。

目前针对运行噪声尤其是轮轨噪声的消声降噪方式主要有两种:一是通过选用低噪声车辆及轨道结构、铺设无缝长钢轨、采用重型钢轨与弹性轨道等轮轨减振措施在声源上控制噪声的产生;二是在传播途径上控制噪声,在接收点阻止噪声,如沿线建筑物进行隔声改造、在特定区段合理设置声屏障等。

声屏障的设置,可基于线路具体的环境条件,选择适宜的声屏障降噪结构,如直立型声屏障多适用于邻近线路的噪声敏感建筑,而半封闭型与全封闭型声屏障则适用于线路两侧高层建筑较为密集的地段。此外,应依据其结构特点,合理配置声屏障与线路以及建筑物之间的距离,声屏障的高度、长度以及结构设计方法也需要根据实际情况进行调整,以尽量提高其隔声吸声效果。

(2)振动环境影响

铁路枢纽的铁路振动主要是在列车运行过程中轮轨相互作用、激励产生的。振动源强主要与轨道结构、列车运行速度、轴重、地质条件等因素有关;列车振动扩散衰减规律受地质、地形、地貌等条件的影响,并随着距离的增加振动逐渐降低。由于铁路枢纽运行速度较低,距铁路外侧轨道中心线 30 m 外铁路振动一般满足《城市区域环境振动标准》(GB 10070—88)“铁路干线两侧”标准。

目前铁路的减振措施主要包含两类:一类是降低振动源的强度,以尽量减小其向外辐射的振动波能量;另一类则是阻断振动传播的途径,尽可能增大振动传播的衰减幅度。降低振动源的强度可主要通过对轨道等进行相关技术改造来实现,如采用无缝线路或合适的道床与轨道结构形式以增强轨道弹性等。同时,需加强运营期对轮轨的维护保养,及时进行轨道打磨与车轮清洁,以保证其始终具有良好的运行状态,从而减少附加振动。阻断振动传播途径的关键则在于阻断其地表传播途径,这是由于铁路运行引发的振动一般以表面波的形式传播,其振动能量主要集中于地表,会随着深度增加而急剧减小,且会随着距离增加而加快衰减。

此外,若铁路两侧地面具备天然沟渠、河道时,其会产生较好的减振效果,在枢纽地表层采取挖沟、筑墙等措施也能起到一定的减振作用。

(3)电磁环境影响

铁路枢纽设置的牵引变电所、GSM-R 基站产生的电磁辐射对电磁环境造成影响。根据类比调查,220 kV 牵引变电所围墙处工频电场和工频磁感应强度已能满足国家有关标准;

GSM-R 基站辐射功率密度超标范围为电磁以天线为中心、沿铁路方向两侧各 20 m 内、垂直铁路两侧各 10 m 内。同时，电力机车运行时，接触网与受电弓滑动接触瞬间离线会产生频带较宽的脉冲型电磁辐射，对周围环境造成一定程度的电磁污染，影响沿线各类电磁敏感设备使用，如会对邻近铁路 40 m 范围内居民的无线电视信号接收产生一定的干扰。

对于上述变电所等设施，可采用相应屏蔽手段控制其产生电磁辐射的传输，如利用全封闭型或半封闭型的屏蔽体即能起到一定的屏蔽效果。同时，在枢纽的规划设计过程中，应尽量保证铁路线路平顺，通过改善弓网关系来减少受电弓的瞬时离线率，从而降低电磁辐射强度；对于铁路沿线的各种无线设施，也应按照国家的相应标准，设置必要的保护间距，避免其相互影响。此外，居民电视信号接收受到干扰的问题，可通过采用高增益天线接收系统等方式解决。

(4)污水、固体废物环境影响

铁路枢纽的污水主要来自站段的职工和旅客候车产生的生活污水、动车组产生的集便污水，以及机车车辆检修产生的检修和洗刷废水等。铁路枢纽的固体废物则来自站段的职工工作、旅客候车及乘车产生的生活垃圾，机车车辆检修产生的金属切削、废油废棉纱以及蓄电池等危险废物。

由于铁路枢纽所在地区一般具有市政污水管网，若将检修废水、洗刷废水经处理后回用或纳入市政管网，生活污水、集便污水经处理后纳入市政管网，则能极大限度地降低对外环境的影响。

因此，为降低污、废水排放量，提高其循环利用效率，需结合枢纽的特点，分情况分类别建立污、废水处理及再利用系统。尤其是针对列车维护等产生的含油类污、废水，需要建立独立的回收净化系统，防止高油脂含量的污、废水直接进入城市水循环系统。针对清洗及旅客用水所产生的污、废水，需采用先进可靠、经济合理的处理工艺与再生利用模式，以建立完善的水资源回收及再利用系统，尽可能地提高水资源的循环利用率。

(5)生态环境影响

由于铁路枢纽一般位于大中型城市规划区内，土地开发强度大、人类活动极为频繁，基本没有珍稀濒危野生动植物分布，通常铁路枢纽对生态环境影响较小；但应注意枢纽周边是否存在脆弱生态区，此类区域动植物群落结构稳定性差，自然生产力水平较低，存在易引起自然灾害的潜在因素，且对外力承受力差，遭破坏后恢复比较艰难。因此，在规划设计其方案时，需在对拟建枢纽地区的生态环境状况进行全面、详尽调查的基础上，尽量减小枢纽方案对生态环境的扰动，尤其在穿越脆弱生态区时应采取必要和有效的防护措施，以最大限度地维持原本的生态平衡。

(6)城市景观环境影响

铁路线路通常需行经枢纽所处城市的市区边缘，而由于其专有路权要求，其通过方式多为封闭路段或高架路桥，会对整个城市环境的观赏性以及线路两侧建筑物的日照、通风、采光等带来不利影响。因此，为了使城市具有良好的景观环境，应在考虑铁路枢纽与其自然环境和文化环境相互协调的基础上，根据其行经区域的地形地貌以及用地分布进行合理的总体规划，在尽可能维持城市功能布局和铁路运营效率的基础上，重视枢纽方案与城市自然环境和文化背景的相符性，力争将铁路枢纽建设成为一处具备良好观赏性与实用性的城市功能性建筑与地标性景点。

4. 铁路枢纽环境影响评价方法

在确定上述两阶段各项评价指标的基础上，结合层次分析法与专家打分法等可对铁路枢纽环境影响情况进行综合分析与评价。层次分析法在第 13.2.3 节中有详细的方法介绍，此处不再赘述。

第14章 铁路枢纽总图规划典型案例分析

2016—2019年，中国铁路陆续完成了全路主要铁路枢纽的总图规划修编，对大型铁路枢纽的客、货运布局进行了较大调整。为此，本章结合已批复的《中长期铁路网规划》(发改基础〔2016〕1536号)及陆续完成的城市群区域性规划，选取了中国成都、重庆、北京、沈阳、西安、广州6个城市的特大型铁路枢纽作为典型案例进行分析，同时对英国、美国、俄罗斯、法国、日本、印度的主要铁路枢纽的典型案例进行介绍。

14.1 中国铁路枢纽

目前，中国铁路网分布了70多个主要铁路枢纽，其中北京、沈阳、天津、郑州、武汉、成都、西安、广州、重庆等特大型枢纽为典型代表。

14.1.1 成都铁路枢纽

成都铁路枢纽是新中国成立后建设起来的铁路枢纽。枢纽内的成渝铁路是新中国建成的第一条铁路。20世纪70年代，成都地区铁路形成衔接成渝、宝成、成昆及成灌支线等单线铁路，以成都、成都南客运站构成客运“一主一辅”布局，依托与成都站纵列的成都东中型编组站构成解编系统的“客货顺列-单环放射状”的枢纽雏形，其后的总图规划的思路是“打补丁”式补强，主要是对客货运站及编组站局部改扩建及修建进出站两端的联络线、疏解线。

成都铁路枢纽曾进行过三次总图规划和五次较大规模改造，逐步构成环形枢纽格局。进入21世纪后，中国铁路枢纽建设开始以“客运快速化、货运专业化、点线能力协调”为重点，成都铁路枢纽以西部大开发战略实施为契机，依托成绵乐城际铁路、沪汉蓉快速铁路引入枢纽，进行了一轮大规模的枢纽总图调整及大规模的建设工作，奠定了现代化铁路枢纽的基础及西南路网核心的地位。

随着成都国家级天府新区及成都新机场的建设，成自高铁、成达万高铁引入需要，2016年对枢纽总图的客运系统进行了补强。

1. 枢纽定位及衔接线网规划

成都铁路枢纽为全国六大铁路客运中心之一、七大动车基地之一。规划远景年度(2050年)将衔接12条干线、3条城际铁路,其中,成绵乐(南北延伸为成贵、西成)、成渝、成灌、成自为客运专线,成都到绵阳、成都到三台、成都到攀枝花为城际铁路,成兰、沪汉蓉铁路以客为主,成昆铁路客货并重,宝成、成渝、川藏铁路成康段以货运为主。远景枢纽客车日总行车量为1 200对(其中始发1 100对),货运19 000万t(其中枢纽地方货运量为10 000万t)。

2. 城市规划及空间格局

2021年末成都市常住人口为2 119.2万,其中,城镇常住人口为1 684.3万,常住人口城镇化率为79.5%,户籍人口为1 556.2万,户籍人口城镇化率为67.9%。

在天府新区规划获批以前,成都以中心城区为核心往四周发展,形成一个"饼"状格局。天府新区建成后,将形成"两核(主城区与城南天府新区的核心区)、多级"发展格局,贯彻"东进、南拓、西控、北改、中优",促进城市可持续发展。

3. 枢纽总图规划的特点分析

成都铁路枢纽为客货共线铁路干线、地方货运支线、高速铁路、城际铁路、城市轨道交通等"多网融合""客货分线"运行的"多环+放射状"的特大型现代铁路枢纽。

(1)客货分线格局的构建

成都铁路枢纽位于平原地区,没有重大的自然地形限制因素,城市建设发展以中心城区为核心,向四周放射状发展,重点打造郫县、龙泉、新都、新津、双流、都江堰等外围卫星城市,工业及物流业外迁城市北、南、东部片区。既有铁路环线(原成昆线+西环线)基本沿城市二、三环线间行经,适应和覆盖了城市布局形态,对其升级改造、停开货运列车后作为枢纽的客运环形轴线,再辐射各方向,即可实现客运邻城、入城的目标;同时,货运系统为适应城市功能区划和产业布局调整规划外迁,在枢纽北、东、东南侧另行修建货运外环线绕开城市建成区,并在其上的东北部新建成都北路网性编组站、城厢集装箱中心站以及大弯镇、新兴镇、新津货运中心,自成独立系统,从而实现枢纽内环客运-外环(外绕)货运的"客货分线、客内货外"、引入线依托两环线放射状辐射的局部双环形枢纽格局。目前,该格局已经实现。

远期后(远景),完善东、南侧货运环线,在枢纽外侧规划城际铁路大外环线,串联周边的卫星城,方便成都至绵阳、成都至三台、成都至攀枝花等城际铁路的引入。

(2)枢纽客运系统及主要客运站站址选择

成都铁路枢纽客运系统主要依托原内环线,形成相对独立的客运主骨架。枢纽各线呈放射状引入,其中高速及城际北侧及东侧引入条数居多,通过客流以南北向、东南向为主,既有成都、成都南站均位于内环线上,地理位置优越。快速客运站若利用成都站大规模扩建,可就近利用原成都东编组站作为动车基地，并辐射北部新城。但成都站大规模扩建将引起巨量拆迁；成都南站则受人民南路南延立交桥等大型建筑制约，扩建规模有限，动车基地尚需另行选址。因此，结合成渝高铁、沪汉蓉快速铁路、成绵乐城际铁路走向，经反复协调、权衡，快速客运站最终选址于环线东段的原沙河堡站区，既能方便利用原成都东编组站作为动车基地，城市又可借新客运站带动东部卫星城和工业区的功能转变、城市改造。成都站作为普速客运主要始发站兼北部快速客运始发站，进行规模适中的改扩建，从而构成枢纽的两个主要客运站；环线上的成都南、成蒲铁路接轨的成都西站作为两主客运站的重要补充，覆盖所在城市区域。

随着南边国家级天府新区及新机场的建设，成自高铁、成达万高铁引入，根据城市重点向南发展的新形势，在南边设立天府新区高铁站。

因此，枢纽的客运系统为依托内环客运环线，其上连接成都、成都东、成都南、成都西站，并依托南边的小环线在天府新区及新机场位置分别设置天府站及天府机场站，形成“三主（成都、成都东、天府）三辅（成都南、成都西、天府机场）”的六客运站，全域覆盖城市。其中成都东、成都南、天府站为高速客运站，其余客运站兼顾普速客运。

成都东为枢纽目前最大的快速客运站，位于市区东侧城市二、三环线间，衔接 7 条高速铁路，为铁路、地铁、公交于一体的立体布置的城市综合交通枢纽。其规模为 14 台 28 线，如图 14-1 所示。

图 14-1　成都东站

（3）客运站周边交通的衔接

成都市轨道交通规划基本上与铁路枢纽客运网规划同步进行，因此两网进行了充分协调。成都东站有地铁 2、7 号线在车站车场下及西广场地下设站交叉通过。成都站有地铁 1、7 号线在车站广场地下设站交叉通过。即将进行改造的成都站如图 14-2 所示。成都南、成都西站分别有地铁 1、7、18 号线及 4、7 号线在站区附近设站通过，成都西站尚有蓉 2 有轨电车衔接。成都南、成都西站分别如图 14-3 和图 14-4 所示。

图 14-2　即将进行改造的成都站

图 14-3　成都南站

图 14-4　成都西站

天府高速站周边除了有城市快速道路通过，附近还有地铁 18 号线以及规划和在建的地铁 19 号线、12 号线、20 号线、21 号线、26 号线引入，使天府站和成都市中心城区、双流机场及成都天府国际机场互相衔接，旅客可以快速到达。

天府机场站位于天府机场航站楼下，与地铁 13、18 号线共同设站，周边有“一高三快”干线公路网，规划机场货运通道，并与成都市高速公路共同形成高效畅达的“三环＋三射”高速公路网络。成都天府机场如图 14-5 所示。

图 14-5　成都天府机场

枢纽内成灌铁路为城市的第一条市域铁路，依托成灌快速公路大道通行，站点设置与沿线居民点和公交站点紧密配合，形成综合交通体，其中犀浦站为国内首座与地铁实现同站台旅客换乘的高架车站，如图 14-6 所示。

图 14-6　与地铁 2 号线同台换乘的成灌铁路犀浦站

(4)货运系统规划及编组站、物流中心站、综合型货场的站址选择

①货运系统规划

成都市工业布局依靠于北边的成-德-绵发展轴(德阳是中国重大技术装备制造业基地和全国三大动力设备制造基地之一；绵阳是重要的国防科研和电子工业生产基地；青白江是四川重要的冶金、建材和机械制造基地，是成都市的“七厂、八库”所在地)，城市的东边龙泉驿布局为汽车工业，城市南侧为高新产业。

枢纽的客货共线线路主要为北边引入的宝成线、成兰线，南边的成昆线，东北侧的达成线，东南的成渝线及西北侧的川藏线，分布于城市的北-东-南。枢纽的货运交流主要是宝成线、达成线与成昆线之间的交流，在原成昆线改造作为内环客运线的组成部分后，在城市东侧外围修建枢纽北-东-东南货运外环线，并通过其货运环线将编组站、物流中心站及综合型货场串联起来，构成枢纽货运主轴线。远期，随着其他城际铁路的不断引入，将其作为枢纽城际的通道，在枢纽外围再规划建设货运环线。

②编组站站址选择

原与成都客运站纵列的成都东编组站作为枢纽动车基地后，按解编系统集中设置的原则，在城市东北片区绕城高速外侧设成都北编组站，其位于枢纽货运外环线东北侧的货运轴线上，枢纽内货物列车集中在成都北编组站进行解编作业。

成都北编组站现为路网性特大型双向纵列式三级六场综合自动化编组站，其到、编、发规模分别为 12、32、14 条。成都北编组站如图 14-7 所示。

图 14-7　成都北编组站

③物流中心站、综合型货场的站址选择

枢纽主要货运径路上，设有城厢、大弯、新津、新兴镇等主要的铁路大型物流中心站。

城厢集装箱站为集装箱中心站和快货特货物流中心，为全路 18 个集装箱中心站之一，为枢纽内唯一的以集装箱运输为主的一级综合型物流中心站，距市区约 23 km，位于宝成、成渝、成昆、达成四条铁路干线交会处，东与达成线相连，西与成都北编组站相连，北与宝成线相连。成都铁路枢纽城厢一级铁路物流中心如图 1-29 所示。

大弯站为枢纽北部大型的综合型货场及散货物流基地，其地位与作用仅次于城厢集装箱中心站，为枢纽二级物流中心，位于枢纽货运环线的北段。青白江区的大弯镇与成都北编组站、城厢集装箱中心站紧邻并呈“品”字形布局。

货运环线东南段上的新兴镇站规划为枢纽内快速物流中心站，车站位于主城区的东南部、南部新城与龙泉驿区的中间。

既有成渝线洪安乡站为枢纽内危险品货运站，车站位于城市东侧的龙泉驿区，距成都主城区约 30 km。

远景，结合天府机场经济区规划，在天府机场附近设空港站物流中心；结合成都市工业布局规划，在龙简新城设龙简工业园站，在达成线淮口站设综合型货场。

(5)线路引入方式

客运专线：成渝城际铁路、成绵乐城际铁路、沪汉蓉快速铁路根据走向及覆盖经济据点需要，采用分线独立引入方式直接引入成都东客运站。为满足多站发车需要，同时尽量避免引入线对城市的切割，成绵乐城际铁路、沪汉蓉快速铁路及成灌市域铁路分别沿原既有环线走廊并行引入成都东客运站。枢纽西侧的成蒲市域铁路、成昆客线分别在成都西站、红牌楼站与环线接轨，可通过环线引入成都、成都东客运站。成自客专与成渝客专共廊并行，经天府机场站后引入天府站，出站后向北引入成都东客运站。

城际铁路：成绵城际铁路与成都到三台城际铁路汇合后和沪汉蓉快速铁路疏解，利用沪汉蓉快速铁路引入枢纽客运站；成都到攀枝花城际铁路与川藏线接轨后利用成蒲市域铁路引入枢纽客运站；远景规划枢纽城际环线。

客货共线铁路：北边的成兰、川青(格尔木)线均接入宝成线的枢纽前方站(青白江站)，利用枢纽北边的既有客车线(宝成线)及北环线分别引入枢纽客货运系统。川藏线从枢纽西南侧客货分线引入分别接入枢纽客货运系统。

(6)疏解及疏解区的设置

客运专线或普速铁路客货分线后的客车线与客运环线相连时都是按方向别疏解后“人”字形引入，在成都站东端、成都东站的南北两端有平面疏解、立体疏解及“平面＋立体”疏解，疏解区既有分散设置，也有集中设置，立交层数一般都达到三四层。

成都铁路枢纽东内环线为线路别三客线并行，分布有成都东、成都南站，车站均采用分场设计，成渝高铁双接成都东、成都南站，形成三角形“线路别＋方向别”组合疏解，构成枢纽南部调剂跨线车运行方向的节点。成都-成都东-成都南立体三角疏解区示意如图 14-8 所示。

(7)机务车辆及动车设备

①机务车辆设备

成都北编组站设成都北机务段、成都北机务折返段、成都大功率机车检修基地及成都北车辆段、站修所，承担枢纽内货机整备、检修及货车检修作业，距城厢集装箱中心站及大弯综合型货场、散货物流园区的机车停留及整备作业仅有一个区间，其余物流中心站的机车整备及检修作业可通过枢纽货运环线快捷进出。

成都站设成都机务段、成都客车技术整备所，承担成都站始发普速客车的机车整备、检修及车辆检修作业。

成都南站设成都南存车场，承担成都南站始发客车的车底停放。

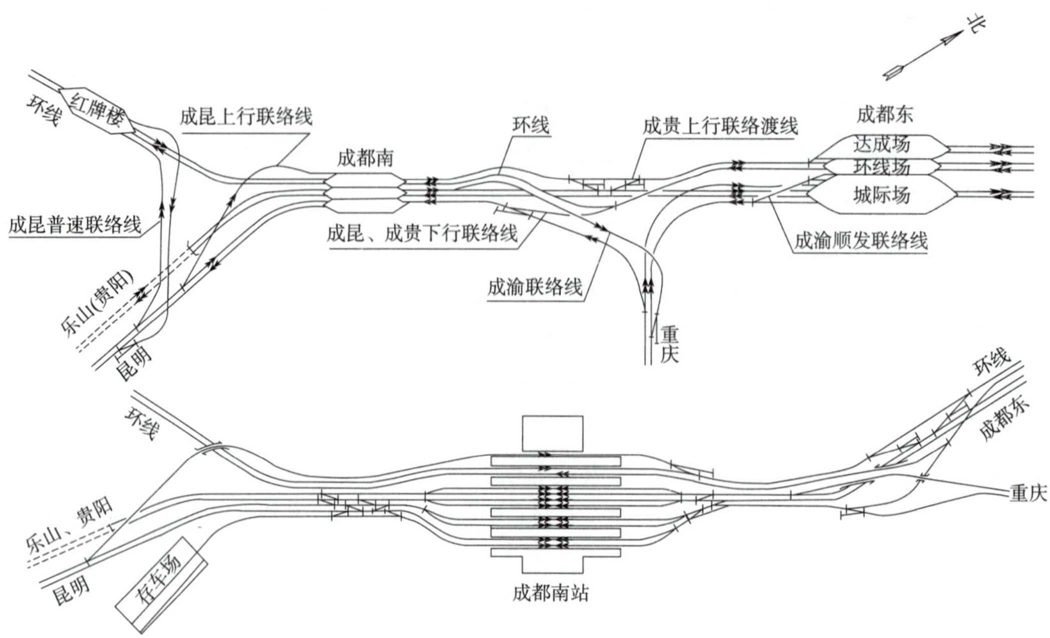

图 14-8　成都-成都东-成都南立体三角疏解区示意图

②动车设备

八里庄(原成都东编组站)设成都动车基地(图 14-9)。成都动车基地位于成都站、成都东站两主要客运站的中间,也在枢纽的内环线上,便于成都西站、成都南站两辅助客运站的动车出入。

图 14-9　成都动车基地

在南边的天府站规划动车运用所,承担天府站(主要客运站)、天府机场站(辅助客运站)两客运站的动车作业。

(8)其他

成都的城市交通主要由铁路、地铁(轻轨)、公共汽车、有轨电车(图 14-10)和私人汽车组成。成都拥有发达的地铁网。截至 2020 年 12 月,成都成为国内首个一次性开通 5 条地铁新线的城市,也是全国地铁运营里程最快突破 500 km 的城市,成都轨道交通已累计开通 13 条线路,运营里程达到 558 km,全线车站达 373 座,其中换乘站 46 座,日均客运量达 331.06 万人次。成都地铁站如图 14-11 所示。截至 2021 年 9 月,成都汽车保有量超过 500 万辆,居全国第二。

图 14-10 成都有轨电车

图 14-11 成都地铁站

14.1.2 重庆铁路枢纽

重庆作为中国中西部地区唯一的直辖市,区位优势突出,战略地位重要,是西部大开发的重要战略支点,处在“一带一路”和长江经济带的联结点上,在国家区域发展和对外开放格局中具有独特而重要的作用,是中国特大的综合交通运输枢纽,由铁路、公路、航空、水运和发达的城市交通系统联合组成。

重庆铁路枢纽位于国家“八纵八横”铁路网规划的沿江通道、包头至海口通道、京昆通道、渝长厦通道的交会处,是中国西南地区特大型铁路枢纽。目前枢纽衔接有襄渝、川黔、成渝、兰渝、成遂渝、渝怀、渝利、渝黔等普速铁路,以及成渝、渝万客专,辐射全国。枢纽主要为南北向伸长布置,跨距达 80 km,拥有各类车站 70 余个,构成主要干线客货分线、客货并列,主轴线线路共廊走行、沿江构成环线的伸长组合型特大型枢纽。

重庆铁路枢纽也是新中国成立后建设起来的铁路枢纽,其内的成渝铁路是新中国建成的第一条铁路。20 世纪 90 年代及以前,重庆铁路枢纽仅为衔接成渝、川黔、襄渝三条客货共线的干线铁路。襄渝线由北引入,川黔线从南侧引入,成渝线从西南引入,与中梁山东侧的货运支线构成“小环形+放射状”枢纽雏形。重庆站为伸入市区的尽头式客运站,位于枢纽南北轴线上的重庆西为编组站。

进入 21 世纪后,中国铁路枢纽建设开始以“客运快速化、货运专业化、点线能力协调”为重点,重庆铁路枢纽以沪汉蓉铁路通道的建设即成遂渝、渝怀、渝利铁路引入及襄渝二线扩能改造为契机,进行了第一轮大规模的枢纽总图的调整,规划及建设了枢纽北端沪汉蓉快速通道及重庆北客运站(原江北站)、兴隆场编组站及团结村集装箱中心站,构建了枢纽东西向快速客运通道,形成了“两客运站(重庆、重庆北)并重、解编集中(兴隆场)”的大型“多环＋放射状”的伸长特大型枢纽,初步构建了现代铁路枢纽的骨架。

随着国家级的两江新区开发及成渝客专、渝黔快速铁路、渝万客专(延伸为渝郑高铁)引入枢纽的需要,枢纽在原南北通道上的重庆东货运站及货场场地上新建重庆西第三客运站,利用原重庆西编组站场址修建动车运用所,重庆站改建为成渝客专的高铁站,从而形成了枢纽南北和东西向客运通道、三客运站并重的相对独立的客运系统。

目前,随着渝昆高铁、渝郑高铁、渝西高铁、沿江高铁、渝贵高铁和沿江货运铁路建设以及重庆东部茶园片区大力打造工业片区的规划调整,枢纽规划建设重庆东第四客运站和货运东、西环线以及与国铁互联互通,规划建设覆盖城市组团的市域铁路,枢纽将成为南北伸长-跨越东西-客货运径路构成大小环线的组合特大型现代铁路枢纽。

1. 枢纽定位及衔接线网规划

重庆铁路枢纽定位为全国区域性客运中心之一。规划远景年度将衔接 15 条干线,其中,成渝、川黔、襄渝、渝怀为 120 km/h 及以下普速铁路,成遂渝、兰渝、渝利、渝黔为 200 km/h 客货共线的快速铁路,其余为高速及城际铁路。远期枢纽客车日总行车量为 1 200 对(其中始发 1 100 对),货运为 19 000 万 t(其中枢纽地方运量 10 000 万 t)。

2. 城市规划及空间格局

重庆主城区被四周及长江、嘉陵江分隔为狭长形、多组团的格局,依地形进行总体规划,布局为“一城五片”:缙云山与中梁山之间槽谷规划为西部片区;中梁山、长江、嘉陵江之间为中部片区;中梁山、铜锣山、嘉陵江以北之间为北部片区;长江以南与铜锣山之间为南部片区;铜锣山与明月山之间为东部片区,规划为都市功能拓展的重点区域之一。

3. 枢纽总图规划的特点分析

重庆铁路枢纽总图为客货共线铁路干线、地方货运环线、高速铁路、城际铁路、城市轨道交通等“多网融合”“客货分线”运行的“多环＋放射状”的特大江河型现代铁路枢纽总图。

(1)枢纽客运系统

①枢纽客运通道

根据枢纽在路网中的地位和衔接线路的客货运输交流量,梳理出枢纽衔接的主要客货运输通道为:

包柳通道:经襄渝线至渝黔线,以及渝西、渝黔客专,为南—北走向。

沪汉蓉通道:经渝利线至成遂渝线,为东—西北走向。

川渝至华东—华南通道:经成遂渝线至渝怀线,以及渝长厦客专,为西北—东南走向。

②主要客运站及引入线布局

枢纽目前已经建成重庆北、重庆西、重庆三大客运站,布局于长江以北、以西,呈北强南弱、西强东弱格局。重庆市东部重点打造的茶园城市副中心尚无客运站覆盖。

因此，为补强枢纽客运系统，在既有重庆北、重庆西、重庆（由尽头式调整为贯通式站型）站的基础上，建设沙坪坝客运站，并在城市东部的茶园城市副中心区域内规划设置重庆东客运站，最终形成重庆北、重庆西、重庆东站为主要客运站，沙坪坝、重庆站为辅助客运站的“三主两辅”的客运系统布局。

重庆北站为枢纽目前最大的客运站，位于国家级两江新区的江北区、铁路客运通道的东西轴线上，设有横列的高、普速两个车场及动车、机务、车辆设施，主要衔接成遂渝、渝万（延伸为渝万郑）、渝利、渝怀等东西向线路，为铁路、轻轨、公交于一体的立体布置的城市综合交通枢纽，如图 14-12 所示。

图 14-12　重庆北站

重庆西站位于中梁山与长江北岸之间的主城区、客运通道的南北轴线上，为枢纽内的主要高速客运站，设有横列的三个高速场及枢纽内的主要动车段（所）。在建渝昆高铁引入重庆西站，利用既有联络线沟通重庆北站，进而与渝郑高铁贯通。重庆西站主要衔接渝黔、渝昆、成渝客专等南北向线路，渝西、渝贵高铁在重庆西站贯通。重庆西站如图 14-13所示。

图 14-13　重庆西站

重庆站位于主城区的中心，为尽头式车站，主要衔接成渝客专及成渝、渝黔等既有普速铁路。渝黔城际铁路(渝长厦客专)在重庆站与成渝客专贯通。重庆站如图 14-14 所示。

图 14-14 重庆站

重庆东站位于长江南岸的茶园片区(重庆市重点打造长江南岸新城)，为南北向布局，设有横列的三个高速场，主要衔接渝西、沿江、渝黔高铁等，依托其形成枢纽内郑—渝—昆快速客运通道。

③客运的环线构成

枢纽各线按各客运站的分工引入客运站，通过相应的疏解线、联络线引入其余客运站。襄渝南北通道、兰渝通道与枢纽的东南环线一并构成枢纽的客运环线，既能实行运输组织的灵活，又能实现多点发车。

(2)枢纽货运系统

①解编系统

重庆铁路枢纽属于“干线泾渭分明、空间间隔大”的伸长型枢纽。为避免车流过长的走行距离，降低运营成本，枢纽解编系统采用了编组作业“主辅结合-相对集中”的模式。位于城市西北、枢纽货运主通道的兴隆场编组站为区域性的主要编组站，负责干线车流的解编作业，规划在东环线东港站为地方性的辅助编组站，负责地方车流的解编作业，形成“一主一辅”解编系统布局。

主要编组站址选择：原既有重庆西编组站由于无大规模改扩建条件，拟改作为动车所后，新建编组站经多方案比选，从货车通路顺畅、减少折角车流量的角度出发，在枢纽主要货运通道的襄渝线回龙坝附近设置兴隆场双向纵列式三级六场综合自动化特大型编组站，各方向车流组织顺畅。兴隆场编组站如图 14-15 所示。

图 14-15　兴隆场编组站

辅助编组站站址选择：重庆两江新区为新规划的产值达万亿的国家级开发区，茶园片区也是重庆市重点发展的综合新城区。若货物进入兴隆场编组站进行解编作业平均走行距离达 130 km，故在东环线规划东港辅助编组站及货运站，有机串联南彭、东港、龙盛、空港、黄茅坪等产业园区，实现货运系统与产业园区的无缝衔接；东环线充分预留专用线、支线接入条件，实现产业园区、码头等铁路引入。

②物流设施布局

在兴隆场南侧的团结村设置集装箱中心站，靠近既有编组站，可共用机务车辆设施，且位于货运主轴通道且远离城区，对城市干扰小。重庆铁路枢纽团结村一级综合物流中心如图 1-6所示。

以两江新区、茶园、南彭物流基地等国家级开发区、大型工业园区、物流园区和百万吨级货运量企业为重点，规划建设环线，园区型、疏港型铁路支线和企业专用线，形成干支有效衔接、促进多式联运的现代铁路集疏运系统，畅通铁路运输“最后一公里”，建团结村、小岚垭两个全国性铁路物流中心，白市驿、南彭、木耳、龙盛四个区域性铁路物流中心，北碚、磨心坡、鱼嘴、唐家沱、黄磏、德感、双福、大路、澄江九个地区性铁路物流中心，形成“2＋4＋9”的全国-区域-地区三级物流节点网络的货运系统。

(3)交通衔接

枢纽内“三主两辅”客运站，依托轨道交通，形成以铁路为核心，集长途汽车、轨道交通、公共汽车、出租车、社会车等多种方式于一体的综合交通枢纽。

重庆北站有 4 条轨道线路与其衔接，分别为 3 号线、环线、4 号线、10 号线。轨道交通共设重庆北站南广场及重庆北站北广场两个站点，与重庆北站形成立体换乘、实现无缝衔接。

重庆西站有 3 条轨道线路与其衔接，分别为 5 号线、环线及 12 号线。轨道交通设重庆西站一个站点，与铁路重庆西站形成立体换乘、实现无缝衔接，其中 5 号线、环线为既有线路，12 号线为规划线路。

重庆东站所在茶园片区有 2 条轨道线路，6 号线为既有线路，8 号线为规划线路。重庆东站的建设对轨道交通线路进行调整，采取线路延伸、走向优化调整，以及相关线路增设支线等手段，加强轨道交通对重庆东站的服务与支撑。

重庆站有轨道交通 1 号线、3 号线与其衔接，在车站片区设有两路口站。

沙坪坝站共有 3 条轨道线路与其衔接，其中 1 号线及环线为既有线路，9 号线为在建线路。

(4)疏解及疏解区的设置

枢纽北部襄渝、遂渝、兰渝线引入枢纽实施客货分线，在磨心坡设立列车种类别-线路方向别疏解区，如图 14-16 所示。为贯通东西方向货运通道以及沟通渝利线至团结村集装箱中心站的货车径路，设立团结村"三角形"方向别疏解区；为贯通南北向、东西向客车径路以及沟通川渝城际网，设立井口"三角形"疏解区，襄渝、兰渝(成遂渝)客运双线按线路别布置，分别引入重庆北、重庆西客运站。团结村-井口疏解区示意如图 14-17 所示。

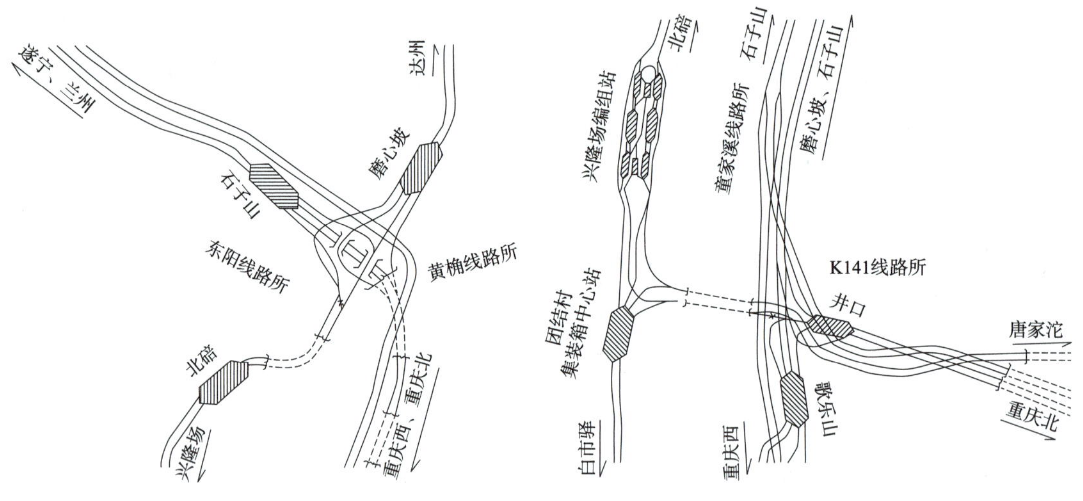

图 14-16　磨心坡疏解区示意图　　　　图 14-17　团结村-井口疏解区示意图

成渝客专沟通了重庆站、重庆北及重庆西站，渝黔铁路沟通了重庆北站，从而贯通了南北向和东西向客车径路；规划新增重庆西至沙坪坝联络线，从而沟通渝昆高铁与渝黔(江)城际铁路。重庆西站北端咽喉疏解区示意如图 14-18 所示。

(5)其他

受山城特殊地形限制，重庆无非机动车辅助交通，出行均需利用公共交通及私人汽车。重庆的城市交通主要由铁路、轻轨、公共汽车和私人汽车组成。重庆拥有高度发达的地铁(轻轨)网。截至 2021 年 6 月，重庆地铁运营线路共有 9 条，运营总里程达 343.3 km，设车站 219 座；在建线路 213 km。重庆跨座式轻轨如图 14-19 所示。截至 2021 年 9 月，重庆汽车保有量超过 500 万辆，居全国第三。

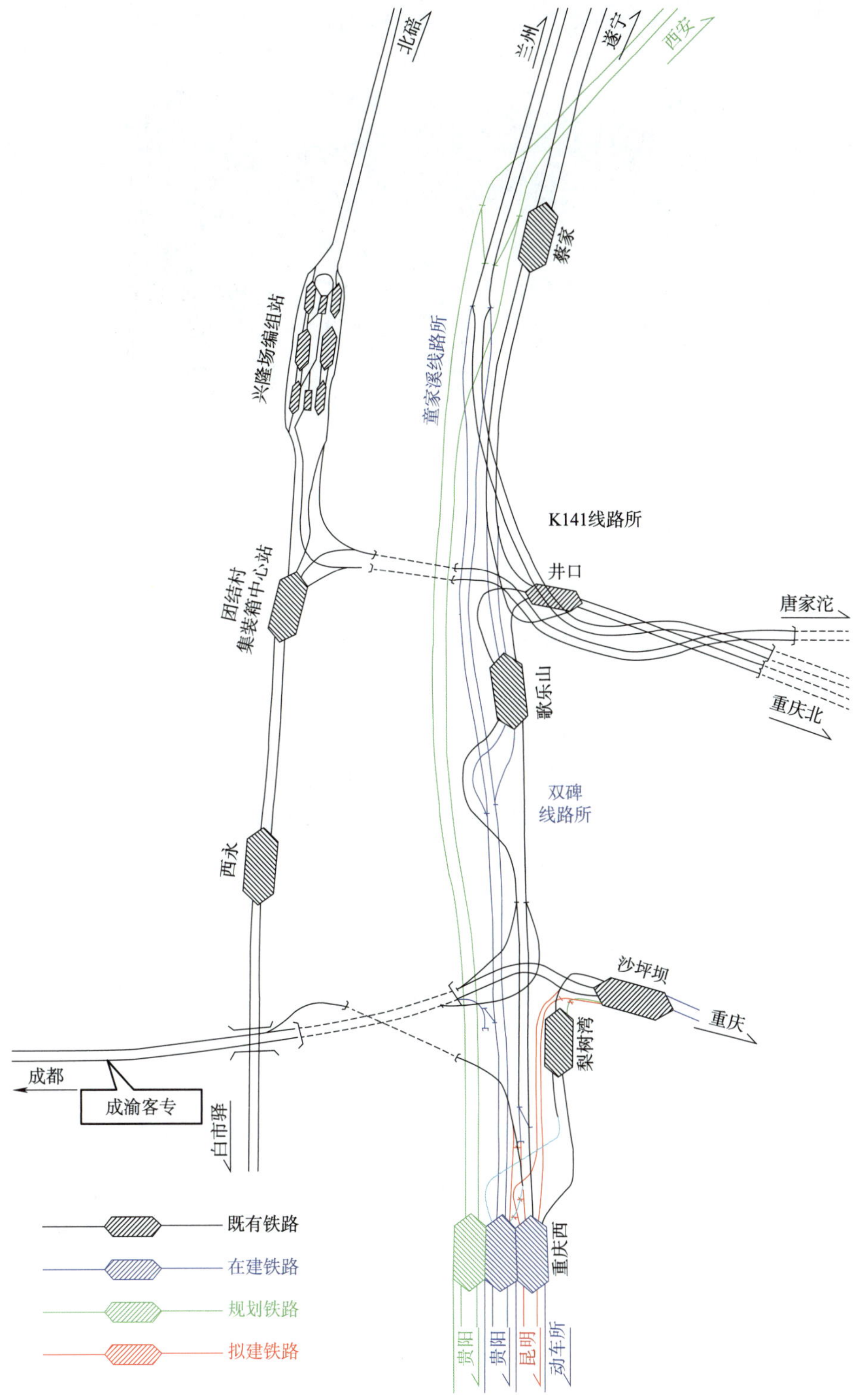

图 14-18　重庆西站北端咽喉疏解区示意图

图 14-19 重庆跨座式轻轨

14.1.3 北京铁路枢纽

北京是中国最大、世界特大的综合交通运输枢纽，由铁路、公路、航空、管道和发达的城市交通系统联合组成。

北京铁路枢纽是中国铁路网最大的铁路枢纽，铁路建设始建于 1896 年。北京铁路枢纽现衔接京山、京秦、京广、京九、京承、丰沙、京原、京包、京通、大秦等普速铁路，以及京津城际，京沪高速，京广、京沈、京张客专等铁路干线，拥有各类车站 70 余个。北京铁路枢纽属典型的环形铁路枢纽，城市核心区形成内环（北京—北京南—广安门—北京西）和外环（丰台、丰西—东南环—双桥—东北环—西北环—丰沙—丰台、丰西）两重环线。环线及放射线连接了 10 条普速铁路及 5 条高速（城际）铁路，成为京广（京石）、京沪、京津城际、京沈、京张等构成内环客运、外环客货兼顾、主要干线客货分线运输的“多重环线＋放射状”的特大型环形枢纽。

1. 枢纽定位及衔接线网规划

北京铁路枢纽客运系统已经形成相对独立的高速铁路、普速铁路网，研究及规划年度还将建京九、京张、京石、京唐、京霸、京雄等客运专线，设置北京、北京西、北京南、北京北、北京丰台、北京朝阳（原名星火）等主要的始发终到客运站。枢纽客运以中长途客运为主，兼顾市郊及中短途城际客运，并有国际列车通往朝鲜、蒙古和俄罗斯。

北京铁路枢纽通过京广、京九、京沪、京秦、京包、京承、京通、京原、丰沙等干线铁路与全国除海南、台湾以外的各省连接，目前也是中国铁路货运中心枢纽之一。

北京铁路枢纽将是由客运中环和客货运外环两条主要铁路环线以及联络线、支线、专用线组成的“多重环线＋放射状”的、完全实现客货分线、高普速客运分站的特大型铁路枢纽。

2. 城市规划及空间格局

(1)城市规划

根据《京津冀协同发展规划纲要》,在区域内,北京优化三次产业结构,发挥科技创新中心作用,突出高端化、服务化、集聚化、融合化、低碳化,大力发展服务经济、知识经济、总部经济、绿色经济,加快构建高精尖经济结构,优先重点疏解非首都功能产业,推动京津冀协同发展。

(2)城市空间布局

根据《北京城市总体规划(2016 年—2035 年)》,在北京市域范围内,构建"一核一主一副、两轴多点一区"的城市空间结构。

一核:首都功能核心区。

一主:中心城区,即城六区。

一副:北京城市副中心。

两轴:中轴线及其延长线、长安街及其延长线。

多点:5 个位于平原地区的新城。

一区:生态涵养区,包括门头沟、平谷、怀柔、密云、延庆 5 个区,以及昌平和房山的山区,是京津冀协同发展格局中西北部生态涵养区的重要组成部分,是北京的"大氧吧",是保障首都可持续发展的关键区域。

3. 枢纽总图规划的特点分析

北京铁路枢纽总体框架为客内货外、客货分离、铁路交通与市政交通密切联系、货运场站与城市物流协调一致,放射状铁路干线与两重枢纽环线相衔接,构成环形枢纽的总体框架结构。

(1)客运系统规划

北京铁路枢纽客运站按照干线引入车站的顺畅性、兼顾多点跨越发车的原则规划。

①客运站布局

北京站、北京朝阳站、北京东站位于枢纽东部,北京西站、北京丰台站位于枢纽西南部,北京南站位于枢纽南部,北京北站、北京清河站位于枢纽北部,形成"七主一辅"八客运站布局。北京站和北京西站分别如图 14-20 和图 14-21 所示。

②客运站分工

北京地下直径线建成通车后,使得西部的京广、京原、丰沙线与东部的京承、京哈、京包线有了便捷顺畅的双线通道,除个别东北方向与京沪线的通过车外,其他通过旅客列车在枢纽内利用地下直径线运行,枢纽内通过车原则上在北京站、北京西站办理。专运旅客列车和国际旅客列车原则上在北京站办理。北京铁路枢纽客运站功能详见表 14-1。

图 14-20　北京站

图 14-21　北京西站

表 14-1　北京铁路枢纽客运站功能表

车　站	规　　模	功 能 定 位(2030 年)	轨道交通衔接
北京站	8 台 14 线	规划年度办理枢纽京唐(京滨)城际、京秦第二城际铁路动车始发终到作业	衔接地铁 2 号线
北京西站	10 台 18 线	规划年度办理枢纽京广客专、京霸城际、京石城际铁路动车始发终到作业	衔接地铁 7、9 号线
北京南站	13 台 24 线	规划年度办理枢纽京沪高速、京津城际铁路动车始发终到作业及通过车作业	衔接地铁 4、14 号线
北京北站	6 台 11 线	规划年度以办理京张城际铁路的动车作业为主，兼顾京通线的普速车作业	衔接地铁 2、4、13 号线
北京丰台站	10 台 18 线	规划年度以办理枢纽京广线、丰沙线、京原线、京九线、京沪线普速旅客列车始发终到作业为主，兼顾部分京广客专旅客列车始发终到作业	衔接地铁 9、10、16 号线
北京朝阳站	7 台 14 线	规划年度办理枢纽京沈客专的动车始发终到作业及通过车作业	衔接地铁 3 号线

续上表

车　站	规　　模	功能定位(2030 年)	轨道交通衔接
北京通州站	8 台 14 线	规划年度以办理枢纽京哈线、京通线、京包线、京承线普速旅客列车始发终到作业，兼顾部分城际铁路通过车作业	
北京清河站	4 台 7 线	规划年度以办理京张城际的动车作业为主，兼顾京通线的普速车作业	衔接地铁 13 号线、昌平线

北京站、北京朝阳站、北京通州站主要承担枢纽东部客流。北京通州站分担北京站的京哈线、京通线、京包线、京承线普速客车始发终到作业，增加京唐(京滨)城际、京秦第二城际通过客车停站。

北京西站、北京丰台站主要承担枢纽西南部方向客流集散。

北京南站主要承担枢纽东南部京沪高速及京津城际铁路客流。北京南站如图 14-22 所示。

图 14-22　北京南站

鉴于京津城际、京沪高速场到发线综合利用率已达到 0.86，高峰小时运营实施困难。利用普速场开行京沪高速、京津城际铁路动车组旅客列车，缓解车站城际场、高速场到发线能力不足的状况。

北京北站、北京清河站主要承担枢纽北部客流。北京北站如图 14-23 所示。北京清河站，作为北京北站必要的补充，承担部分京张城际动车组始发终到作业。

图 14-23　北京北站

(2)客运站与周边交通的衔接

根据枢纽内各引入新线和规划线路，基于相互衔接节点的研究，考虑国铁客运线路之间互联互通以及客运站点与城市轨道交通紧密衔接，构建北京铁路枢纽网络型交通体系，实施站城一体化布局。北京铁路枢纽规划线路互联互通、客运站互联互通情况分别详见表 14-2 和表 14-3。

表 14-2　北京铁路枢纽规划线路互联互通

序　号	规　划　线　路		规划衔接点
1	环北京城际	京张城际	京张城际怀来站
2	环北京城际	京包铁路	延庆支线延庆站
3	环北京城际	京沈客专	京沈客专怀柔南站
4	环北京城际	京秦第二城际	环北京城际平谷站
5	环北京城际	京石城际	环北京城际涞水站
6	环北京城际	京唐城际	京唐城际香河站
7	京唐城际	津承城际	京唐城际宝坻南站
8	廊涞城际	城际联络线	廊涞城际廊坊东站
9	廊涞城际	固保城际	固保城际固安西站
10	京沈客专	京张城际	东北环线

表 14-3　北京铁路枢纽客运站互联互通

序　号	车　站	衔接轨道交通
1	北京站	衔接地铁 2 号线，在站前广场换乘
2	北京西站	衔接地铁 7、9 号线，在车站下方换乘
3	北京南站	衔接地铁 4、14 号线，在车站下方换乘
4	北京北站	衔接地铁 2、4、13 号线，在车站周边换乘
5	北京丰台站	衔接地铁 10、16 号线，通道换乘
6	北京朝阳站	衔接地铁 M3、R4 线，通道换乘
7	北京清河站	衔接地铁 13 号线，通道换乘

(3)货运系统规划

物流场站规划以市场需求为导向，与北京市城市总体规划和北京市物流业发展规划紧密衔接。站在京津冀协同发展的角度，统筹优化枢纽内货运场站布局和分工，构建布局合理、层次清晰、功能完善的铁路三级节点网络体系。

结合对各物流基地功能定位及所在城市节点的社会经济、产业结构、对外运输通道等条件因素，北京铁路枢纽规划一级、二级、三级三个层次的铁路物流基地，城市铁路货场考虑转型为城市配送中心。

规划年度近期，丰台西、黄村、百子湾、沙河、固安、张辛 6 个站维持现状，另外铁路货运改革，对枢纽内双桥、大红门、怀柔、庙城、三家店、石景山 6 个站货场进行补强。货运办理网点可根据货运需求结合既有货场位置设置或新增部分“无轨站”办理网点。枢纽内其他部分货场可根据城市发展要求适当用于开发建设。货运系统近期形成“12 个货运站多网点”的格局。

规划年度远期，货运外环线形成，在维持近期黄村行邮行包基地的基础上，新增平谷、武清、廊坊、涿州、怀来 5 个物流中心，其中平谷、武清、廊坊和怀来为综合型的，涿州侧重集装箱业务；近期规划的双桥改扩建为区域冷链物流中心站，庙城改扩建为汽车配件到卸、仓储及配送中心站，大红门、三家店、石景山、怀柔 4 个货运站调整为配送中心，同时根据运输需要新增若干办理网点。最终形成“1 环 8 站 4 配送中心多网点”格局：“1 环”由东南外环、西外环、北外环组成；“8 站”包括平谷、武清、廊坊、涿州、怀来 5 个物流中心站和黄村行邮行包快运办理站，双桥区域冷链物流中心站，庙城汽车配件到卸、仓储及配送中心站；“4 配送中心”为大红门、三家店、石景山、怀柔。

货运系统规划，在既有的铁路货场及城市规划的基础上，结合枢纽内铁路运输的车流特点及京津冀一体化区域铁路线网规划，将中心站的选址尽量改至北京市域以外。最大限度减少市内公路运输，按东北、东南、南部、西北四个方向布局规划综合型货运中心站，在城市的东北方向选择平谷，东南方向选择武清，南部方向选择廊坊，西北方向选择怀来；同时根据北京物流带的布局和集装箱运输的货运需求，涿州南侧货运外环线上，新设侧重集装箱业务的涿州货运中心站。

(4)解编系统规划

①枢纽解编系统规划

目前，枢纽以丰台西站为主要编组站，双桥站为辅助编组站，三家店站、石景山南站为枢纽主要技术作业站。

根据北京铁路枢纽在路网中的地位和作用，结合规划运量和车流特点，北京铁路枢纽维持一个主要编组站、一个辅助编组站的格局。规划年度远期，既有丰台西编组站、双桥编组站外迁，规划货运外环线新建廊坊南编组站及三河辅助编组站。新建廊坊南编组站和新建三河辅助编组站分别承担丰台西站、双桥站两编组站的解编功能。丰台西编组站与双桥编组站仅保留正线，其余线路及设备全部拆除。

丰台西编组站为纵列式三级八场自动化驼峰编组站，为大型路网性编组站。丰台西编组站如图 14-24 所示。

双桥编组站为枢纽二级三场辅助编组站，主要担当京承线、京哈沿线以及枢纽东部地区东北环、通州、怀柔北、燕郊、张辛站小运转列车的解编作业。

②2050 年枢纽内编组站分工

新建廊坊南编组站，替代丰西编组站路网功能，担当枢纽主要解编作业。主要承担丰沙线转京沪、京哈、京九、京广、京通线，京广线转京哈线，京原线转京沪线无调中转车流通过作业；承担京沪、京哈、京广、京九、丰沙、京原、京通线有调中转车流解编作业；承担枢纽内百子

图 14-24　北京铁路枢纽丰台西编组站

湾、三家店、双桥、丰西、黄村、固安货运作业中间站，顺义、廊坊、香河、怀来货运中心站以及三河编组站小运转列车的解编作业。

新建三河编组站，为枢纽辅助编组站，承担京九线与京哈线无调中转车流通过作业，承担京承线、京哈沿线车流解编作业以及枢纽内怀柔北、通州西、密云以及固安西编组站小运转列车的解编作业。

(5)机务车辆及动车设备

①机务段

枢纽内随着客运站分工变化，普速客车将集中于丰台站和通州站，因此，将既有北京机务段北京西区域、北京东区域拆除，随丰台站改工程和京唐城际工程配套建设北京机务段丰台分段和北京机务段通州分段，机务段本部设于丰台分段内。货运机务设备维持既有不变。

②车辆段

a. 客车车辆段

北京铁路枢纽内既有北京车辆段 1 处，既有北京客车技术整备所 1 处，既有北京西客车技术整备所 1 处。

b. 货车车辆段

北京铁路枢纽既有丰台车辆段 1 处，管辖范围内既有货车站修所 7 处。

③动车段及动车运用所

北京铁路枢纽规划的动车组运用维修设备共计有 7 处，分别是北京动车段、北京西动车运用所、北京北动车运用所、北京朝阳动车运用所、北京(大厂)动车运用所、廊坊(永清)动车运用所、城际(固安)动车运用所。北京动车段为全路七个动车段之一，如图 14-25 所示。

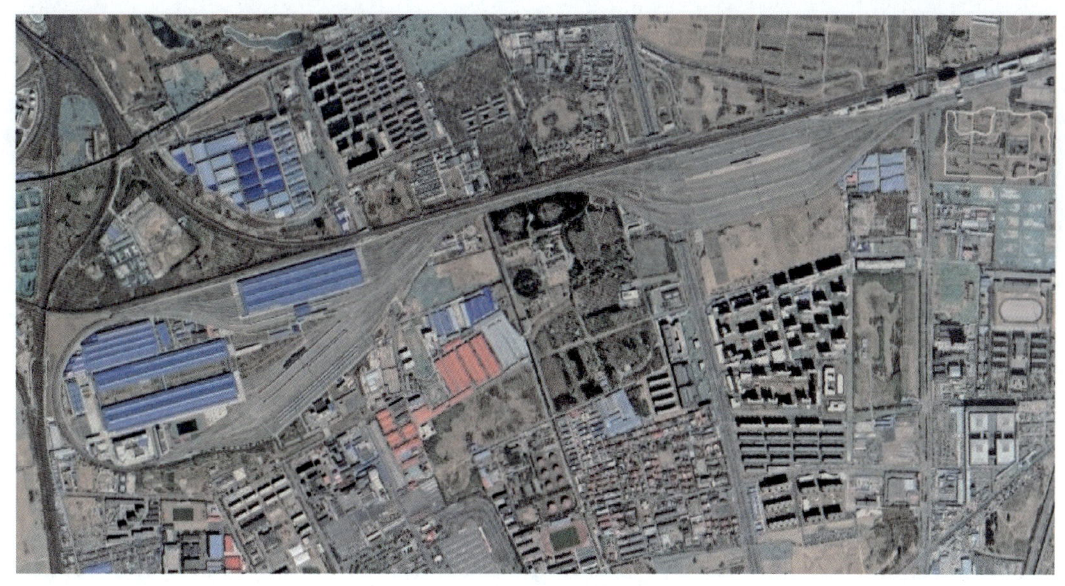

图 14-25 北京动车段

(6)其他

北京的城市交通主要由铁路、地铁、轻轨、公共汽车和私人汽车组成。北京市拥有高度发达的地铁网。截至 2020 年 7 月,北京地铁开通线路 23 条,运营里程 699.3 km,车站 405 座。截至 2021 年 9 月,北京汽车保有量超过 600 万辆,居全国第一。

14.1.4 沈阳铁路枢纽

沈阳是中国东北地区特大的综合交通运输枢纽,由铁路、公路、航空和多种城市交通系统联合组成。

沈阳铁路枢纽为中国东北铁路网最大的铁路枢纽,也是中国特大型铁路枢纽之一。目前,枢纽衔接京哈、沈山、沈吉、沈丹 4 条普速铁路,以及哈大、沈丹、沈抚、京沈 4 条客运专线及多条支线引入,拥有各类车站 20 余个,是中国典型的普速网叠加高速网、城际网的主要干线"客货分线、客内货外"、主轴线线路共廊走行的"环形+放射状"的现代化特大型铁路枢纽。东北地区铁路高速、城际客运网构建与沈阳铁路枢纽建设密切相关。沈阳铁路枢纽总布置示意如图 14-26 所示。

在秦沈高铁引入之前很长一段时期,沈阳铁路枢纽衔接客货共线的哈大、沈山、沈吉、沈丹 4 条铁路干线,形成以哈大铁路为枢纽客运主轴,串联沈阳、沈阳北客运站的"两主"客运布局,解编依托裕国路网性编组站及南侧苏家屯区域性站的"客货分线、客内货外"环形路网性铁路枢纽。秦沈高铁引入之前的总图规划的思路也是"打补丁"式补强,主要是客货运站、技术作业站改扩建及修建进出站两端的联络线、疏解线。

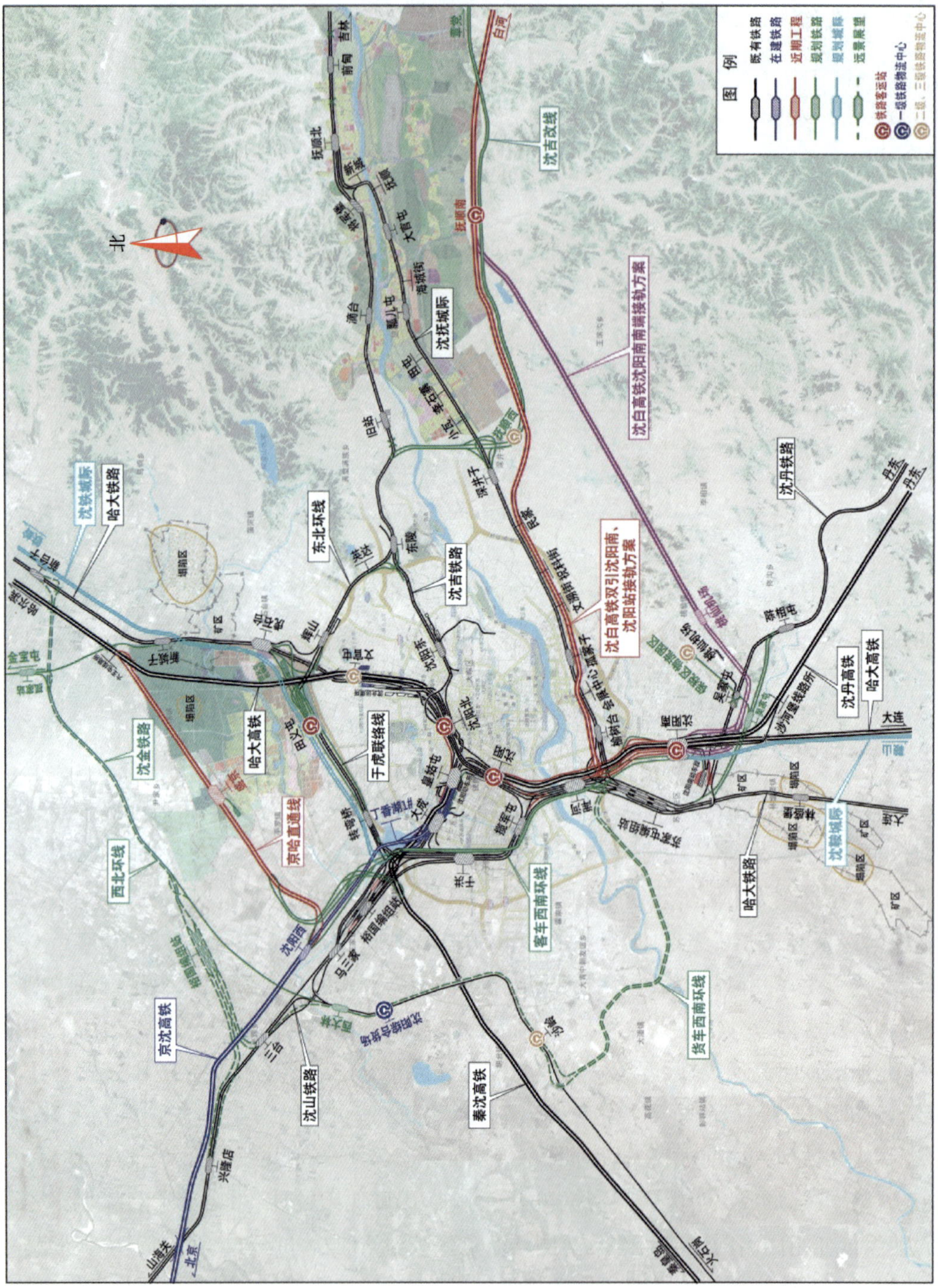

图 14-26 沈阳铁路枢纽总布置图

21 世纪初，沈阳铁路枢纽以秦沈高铁、哈大高铁、京沈高铁、沈白高铁等引入枢纽为契机，进行了多次枢纽总图调整及大规模的建设工作；随着珠三角城际网规划及广汕高铁、赣深高铁、深茂铁路的建设，2016 年对枢纽总图的客运系统进行了深入系统的研究。

1. 枢纽定位及衔接线网规划

枢纽规划远景年度将衔接 11 条干线、3 条城际铁路。其中，京沈、哈大、秦沈、沈丹、沈白共 5 条为高速铁路；沈抚、沈铁、沈鞍 3 条为城际铁路；哈大、哈金（金宝屯）、沈山、沈火（火石岗，规划）、沈丹、沈吉共 6 条为客货共线普速铁路；枢纽内东北侧为于虎联络线、东北环线、京哈直通线（高铁）及规划货车西北及西南环线。枢纽对外沟通北京（山海关）、秦皇岛、哈尔滨、金宝屯、吉林（白河、抚顺）、丹东、大连、火石岗 11 个行车方向。

2040 年货运总运量预测值为 28 834 万 t，其中通过运量为 22 587 万 t，通过运量占总运量的比重为 78.3%；远景枢纽办理客车 1 200 对。枢纽车流总量以通过车流为主，南北方向之间的交流量最大，西北、西南之间次之。

2. 城市规划及空间格局

根据第七次全国人口普查结果，截至 2020 年 11 月 1 日，沈阳市常住人口为 907 万。全市共辖 10 个市辖区、1 个县级市、2 个县，总面积 1.286 万 km^2。

构建“一城（中心城区）、六轴”的城镇空间结构。中心城区规划形成“一主、四副、多中心”的城市空间结构。四副位于主城区的东面，西面与抚顺市相邻。

3. 枢纽总图规划的特点分析

沈阳铁路枢纽为“普速铁路、高速铁路、城际铁路相互融合”“客货分线”“客内货外”的“多环+放射状”的特大型现代铁路枢纽。

（1）枢纽客运主轴格局

沈阳铁路枢纽为中国区域性客运中心之一，客运系统形成相对独立的高速铁路、普速铁路网，高速铁路网主要由哈大、京沈、沈丹等客运专线组成。

①普速客运网组成

哈大铁路由北向南贯穿枢纽，串联沈阳北、沈阳站形成了普速客运系统的主轴。沈山铁路由枢纽的西北方向引入，以“人”字形双接于沈阳、沈阳北两客运站。沈吉铁路从东引入沈阳北北咽喉。沈丹铁路从南侧引入沈阳站南咽喉。沈阳站如图 14-27 所示。

高铁及城际铁路引入后维持枢纽南北向的客运主轴。

②高铁及城际铁路引入

哈大高铁由北向南与既有哈大铁路共廊并线穿过枢纽，依次经过沈阳北、沈阳站并设高速车场，在城市南侧新设沈阳南高铁站，形成高铁主轴串联三高铁站的格局；京沈及秦沈高铁从东侧大成站前与既有线共廊并线引入，在皇姑屯疏解后双接于沈阳北、沈阳站；沈丹高铁从沈阳南南侧沿哈大高铁分方向引入；沈白高铁沿既有沈吉铁路并线引入沈阳南站北咽

图 14-27　沈阳站

喉，并修建联络线引入沈阳站，也形成双接两客运站格局；规划沈铁城际由北引入与于虎联络线共廊分线在裕国编组站东侧接上规划的客车西南环线顺既有线引入沈阳南站，与南侧引入沈阳南的沈鞍城际贯通。

枢纽形成以哈大高铁为主轴，依托沈阳北、沈阳南客运站的放射状高速客运网。沈阳南站如图 14-28 所示。

图 14-28　沈阳南站

(2)客运站分布

为更好吸引客流，将更多的优质客流引入城市中心，充分利用沈阳、沈阳北站的客运配套资源和站位优势，更多地办理高速动车组作业，规划年度远期考虑将沈阳铁路枢纽普速客车外迁，即把在沈阳、沈阳北站办理的普速客车外迁，于枢纽西北环线货运环线(于虎联络线)田义屯站新建普速客运站，作为枢纽第四客运站，集中办理枢纽各方向的普速客车作业。

随着沈白高铁及规划沈铁城际和沈鞍城际引入，在抚顺市南侧沈吉铁路与沈白高铁并行处集中设置抚顺南客运站，位于城区的既有抚顺北站改为沈抚城际的客运站。枢纽客运站最终形成沈阳北、沈阳、沈阳南站为主，田义屯、抚顺南、抚顺北站为辅的“三主三辅”布局。

(3)客运直通线及环线

为方便京沈高铁北京方向与哈大高铁哈尔滨方向的跨线车快速通过枢纽，修建了京哈直通线。随着城际铁路的引入，为缓解客运主轴及沈阳、沈阳北两个客运站的压力，理顺枢纽西南侧客运通道，规划秦沈高铁与京哈直通线的联络线以及既有货运西南环线旁规划客车西南环，形成了西侧客运环线。

(4)货运环线及客货分线的形成

枢纽货运格局由南北向与东西向的铁路干线构成，编组站位于枢纽的西南侧。为减少客货干扰及货车中穿城市对市区的影响，裕国(原名沈阳西)路网性编组站与南侧苏家屯区域性编组站之间的枢纽西南货运小环线，既沟通了两编组站的联系，又绕开了客运主轴通道，枢纽西北侧于虎联络线建成后形成枢纽西北货运小环线，哈大铁路与既有沈吉铁路之间为货运的东南环，由此基本形成了枢纽现状的客货分线格局。

远期随着客运增长及城际引入，并结合普速客运的外迁及西部工业发展的实际、物流需求，西部城市外围规划西北环线与西南环线，形成了枢纽大的西侧货运环线，将于虎联络线置换为普速客车通道；东侧既有沈吉铁路与改线后新沈吉铁路之间规划东南货运环线，完成东部货运环线。

综上所述，客运西北高铁直通线(京哈直通线)与普速环线(于虎联络线)、货运规划的西北与西南货运大环线与既有西南货运小环线，最终形成“客内货外”“客货分线”的格局。

(5)编组系统格局及选址

枢纽货流主要是东北通过沈阳铁路枢纽与其他区域交流，东北之间、地方车流和枢纽货流都集中在枢纽西南，因此编组站选址在枢纽的西南，根据枢纽的货流特点设置两个编组站。

枢纽西侧货运小环线与京山铁路交会处设置裕国编组站。裕国编组站负责关内与关外的车流解编作业，为双向混合式二级四场站型的路网性编组站。

关内铁路交会处、城市的西南侧郊区设置苏家屯编组站。苏家屯编组站负责关内及枢纽内部车流，为双向纵列式三级六场站型的区域性编组站，如图 14-29 所示。

(6)货运系统布局

沈阳铁路枢纽设有沈阳东、辉山等主要的铁路特大型物流中心站。

枢纽的工业布局主要在城市的西南，因此在城市外侧、靠近裕国编组站的枢纽货运大环线的货车西南环线上设置沈阳东一级铁路物流中心；在火石岗铁路与货车西南环线的交会处设置沙岭物流中心；在主城区城市北侧的哈大铁路文官屯、在城市南侧靠近机场的区域设置保税物流园区，抚顺城市西南沈吉改线段落规划抚顺西站，共设置 3 个二、三级物流中心。

图 14-29　苏家屯编组站

(7)动货基地

沈阳北动车运用所规划高铁快递办理站,集中办理快递包裹,是沈阳地区的高铁快递集散中心。

(8)机务车辆及动车设施

①机务段

办理始发作业的主要客运站及编组站设置机务设备。2030 年枢纽内机务设施布局维持既有:客运为沈阳机务段、沈阳北折返段,货运为苏家屯机务段、裕国折返段。2040 年结合规划的第四客运站,配套规划田义屯机务段 1 处。

②车辆设施

苏家屯既有货车段既有规模维持不变。

沈阳站与沈阳北站两站普速客车技术整备所维持。规划 2040 年将普速客运站搬迁至田义屯站,相应规划配套的客车整备设施。

③动车设施

动车设施为"一段(动车段)两所(动车运用所)"的格局。其中,沈阳南站为枢纽主要高铁站,车站南咽喉靠近沈丹铁路内侧设沈阳南动车段,沈阳站及沈阳北北咽喉靠近既有铁路通道分别设置沈阳、沈阳北动车所。

(9)综合开发

新建货运车站结合车站与周边区域的规划布局,适当配备仓储物流、小型商业、办公设施，以货运车站为区域物流发展的中心，带动区域物流产业的发展。

沈阳站、沈阳北站内和站外商业开发现状基本能够满足旅客需求，维持现有格局。

沈阳南站为新开通客运站，铁路周边超市、餐饮、快捷酒店还不完善，车站周边应增加商业、酒店等配套设施，满足旅客的餐饮、住宿、购物需求。

结合枢纽总体规划，将沙岭站和文官屯站规划为沈阳铁路枢纽二级物流基地，结合改扩建物流基地，适当配置汽配、酒店、餐饮、超市等物业。

(10)其他

沈阳的城市交通主要由铁路、地铁、轻轨、公共汽车和私人汽车组成。截至 2020 年 4 月，沈阳地铁运营线路共有 4 条，分别为沈阳地铁 1、2、9、10 号线，运营里程为 117.06 km，共设车站 92 座；在建线路 5 条，里程为 137.97 km，车站 88 座。截至 2019 年末，沈阳私人汽车保有量为 214.8 万辆。

14.1.5 西安铁路枢纽

西安是中国西北地区特大的综合交通运输枢纽，由铁路、公路、航空和多种城市交通系统联合组成。

西安铁路枢纽是中国西北铁路网特大型铁路枢纽，地处横穿中国东西向的“陆桥通道”与纵贯中国南北向的“包柳通道”以及宁西铁路、银西高铁、西平铁路、徐兰高铁、大西高铁、西成高铁的交会处，是中国六大铁路客运中心之一。目前，枢纽有陇海、包西、西康、宁西、侯西、咸铜等普速铁路，以及郑西、西成、西宝、大西、银西等客运专线引入，辐射全国，拥有各类车站 50 余个，构成主要干线“客货分线、客内货外”、中心成环、主轴线各线路共廊走行的伸长布置(东西长约 92 km)的“环形＋放射状”的布局，也是中国典型的普速网“环形＋放射状”叠加高速网“米”字形、城际网“井”字形的多轴放射状现代化的特大型环形铁路枢纽。西北地区铁路高速、城际客运网构建与西安铁路枢纽建设密切相关。

21 世纪初，枢纽已初步形成以陇海铁路为枢纽主轴的客货顺列加北环线的局部“客内货外、客货分线”的普速系统的格局，编组站由西安东迁建至东侧的新丰镇，集装箱中心站布置在城市外围北环线的东北角，靠近新丰镇编组站。以郑西、大西、西成高铁引入枢纽为契机，在北环线内侧、城市北侧修建枢纽内规模最大、设施配套最全的西安北高速客运站。随着西渝高铁、西武高铁引入并结合规划的城际铁路，2016 年对枢纽总图的客运系统进行了深入系统的研究，同时对货运系统进行了研究和补强。

1. 枢纽定位及衔接线网规划

西安铁路枢纽规划远景年度将衔接 15 条干线(其中新增西渝、西武、包西高铁)、6 条城际铁路(法门寺至咸阳机场、西安至法门寺、阎良至咸阳机场、西潼、西韩、渭蒲)，新城区外侧规划第二货运北环线，城市南侧规划客运环线并与城际共廊并行、规划建设新西安南辅助客运站，对外沟通 10 个行车方向。

枢纽货运量以通过为主，客运以始发终到为主，均占总量75%左右。2040年货运总运量为33 483万t，其中通过运量为26 420万t；客车为900对。远景年枢纽货运总量为3.5亿t，办理客车1 000对。

2. 城市规划及空间格局

根据第七次全国人口普查结果，截至2020年11月1日，西安市常住人口为1 295.29万。目前，西安下辖11个市辖区、2个县，总面积为1.075 2万km^2。

按照保护生态环境，加强区域与城乡协调发展的原则，在西安市域范围内，构建"一城（主城区）、一轴（陇海线）、一环（关中环线）、多中心（主城区外围的四个组团、三个副中心和三个县城）"的市域空间布局。

3. 枢纽总图规划的特点分析

西安铁路枢纽总体格局为"普速铁路、高速铁路、城际铁路相互叠加""客货分线、客内货外"的"多环+放射状"的特大型现代铁路枢纽。

(1)枢纽客运主轴格局及引入方式

西安铁路枢纽客运系统形成相对独立的高速铁路、普速铁路网，高速铁路网由郑西、西成、大西、西宝等客运专线构成。枢纽分布有主要的始发终到客运站2个，分别为西安、西安北站，均为通过式布置。其中，西安北站为高速客运站，西安客运站兼顾普速客运。枢纽客运以中长途为主，兼顾市郊及中短途城际客运。新建西安南高速客运站及阿房宫、纺织城辅助客运站，形成"三主两辅"的五客运站布局。

①客运主轴线及引入线

枢纽内普速客运系统，依托由东向西穿越西安市市区的陇海铁路及既有西安站，构成东西向普速客运系统的主轴，其余各线分别由东、西两侧引入。

高铁系统共有东西向与南北向两个客运通道，在城市东侧形成"十"字交叉。其中，陇海高铁从城市的北侧通过构成高铁系统的东西客运轴线，与既有普速客运主线平行；包西高铁与西渝高铁贯通形成南北向客运主轴。

②高铁及城际引入

陇海高铁、银西高铁、郑西高铁、大西高铁均顺普速通道共廊引入，在城市范围内顺东西向高铁主轴新通道集中共廊引入；南北向包西高铁、西渝高铁也尽量利用既有普速共廊引入。西成高铁从西南侧新辟通道接入东西向的高铁主轴，西武高铁从东南侧与渝西高铁并行引入南北向的高铁主轴。城际铁路大部分顺高铁或普速铁路通道共廊走行。

(2)客运站站址特点

既有西安站位于城市中心及东西向陇海铁路的普速客运轴线上的中心位置，规划保留办理西向普速客车作业，还主要承担短途动车的始发及大量城际车的始发作业。西安站如图14-30所示。

图 14-30 西安站

西安北站位于市区北侧客运北环线(东西向高铁主轴线)上,选在新老城区的接合部、城市东西向的中轴线上,衔接 6 条高速铁路,为铁路、地铁、公交于一体的立体布置的城市综合交通枢纽,办理枢纽内大部分的动车组作业。西安北站如图 14-31 所示。

图 14-31 西安北站

为满足主城区南侧旅客出行,在城市西南侧、两个新城及老城区的接合部、靠近既有陇海铁路位置的西成高铁上设置阿房宫高铁站,办理汉中方向的通过车。

在南北向高铁的轴线上、城市的东南侧设西安东高普速混合客运站,以办理北向、东向、南向的普速客车及南北向的高速动车,以利于“普速外迁”的实施。

在城市南侧高铁与城际并行的南环线上设置新西安南,主要办理南向的西成、西渝、西武高铁的动车组始发作业及西向少量的动车组作业,既方便旅客出行,又能缓解高峰时期西安北站的压力。新西安南站布置示意如图 14-32 所示。

综上所述,枢纽客运站设置既按方位,又考虑城市空间形态分布,以及满足主要跨线车

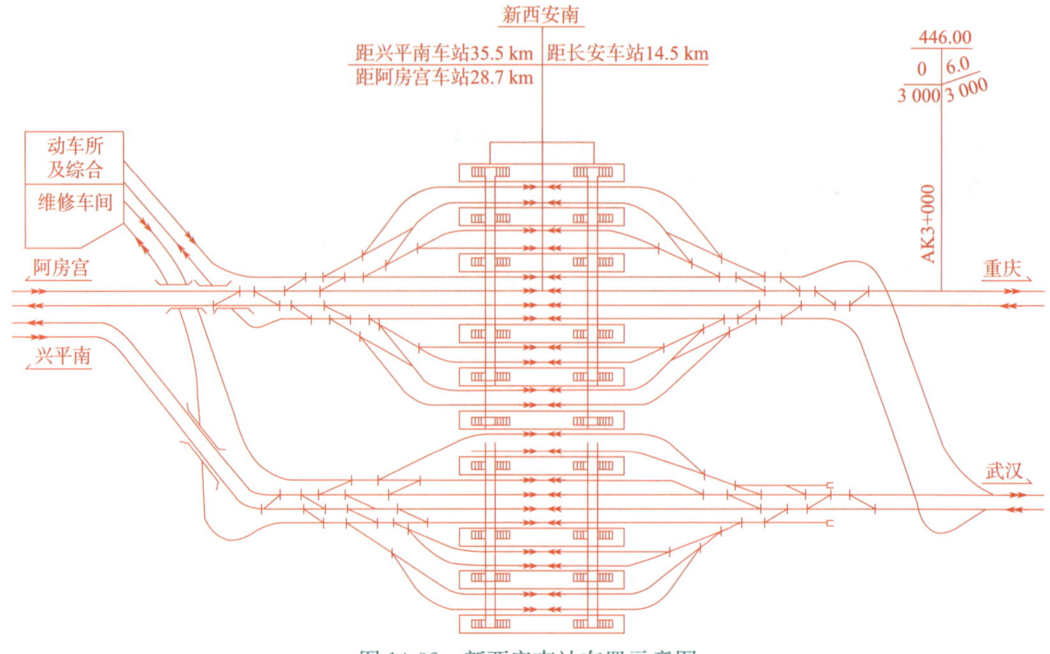

图 14-32　新西安南站布置示意图

顺畅运行，形成“四主（西安北、西安、新西安南、西安东）一辅（阿房宫）”的客运站格局。

（3）客运环线

东西向的高铁客运主轴和普速客运主轴，南向引入西成高铁和南北向引入渝西、包西高铁，以及相关的联络线构成主城区北边的客运小环。规划的南侧客运南环线及西南侧引入的西成高铁、南向引入的渝西高铁、东南侧引入的西武高铁及相关联络线，分别与城市中心的普速客运主轴及北侧高速客运主轴形成更大客运环线，最终形成大环套小环的“多环”客运格局，如图 14-33 所示。

（4）货运环线及客货分线的形成

东西向的普速干线穿过城区，南北向的普速干线从城市东侧边缘经过，因此枢纽先修建了外绕主城区北侧的货运小环线，规划外绕北侧新区的货运大外环线，形成北侧双环的货运环线格局，以及形成东西向的普速“客内货外、客货分线”的格局。

（5）编组系统格局及选址

枢纽内编组站按照集中设置的原则，在城市东北角、各线交会处、北环线的分歧处设新丰镇双向纵列式三级七场的路网性编组站。新丰镇编组站如图 14-34 所示。

（6）货运系统布局

城市的物流及工业区分布于城市北侧。枢纽在新筑设有一级物流中心，另在城市西北角的小北环线上布置咸阳北物流基地。城市西南角的西康线上布置西安南物流基地。最北边的大货运环线上的西北侧规划航铁物流基地，城市东北方向的工业区中心规划栎阳物流基地、渭南经开区物流基地，共计 5 个二、三级物流基地。位于主城区陇海线上货运点逐步外迁。

图 14-33　西安铁路枢纽大环套小环的“多环”客运格局图

图 14-34　新丰镇编组站

西安铁路枢纽货运(物流)系统总体规划布局示意如图 14-35 所示。

在城市东北角的西泉动车所(西安北)设西泉动货物流基地,在动车所走行线上出岔靠近新筑物流园区的区域规划动货物流基地,在城市西南角的新西安南动车所规划动货物流基地。

(7)机务车辆及动车设施

①机务段

利用编组站外迁后的原西安东站设置客机段,西安(纺织城)站预留客机折返段。新丰镇编组站设货机机务段及折返段,在编组站东侧的零口站设货机折返段。

②车辆设施

车辆利用原西安东站货车车辆设施进行检修。随着货场检修车的增多,实时修建新丰镇编组站的货车车辆设施。客车利用原西安东客车车辆设施进行检修。随着普速客车逐步外迁至西安(纺织城)站,实时修建普速客车的车辆设施设备。

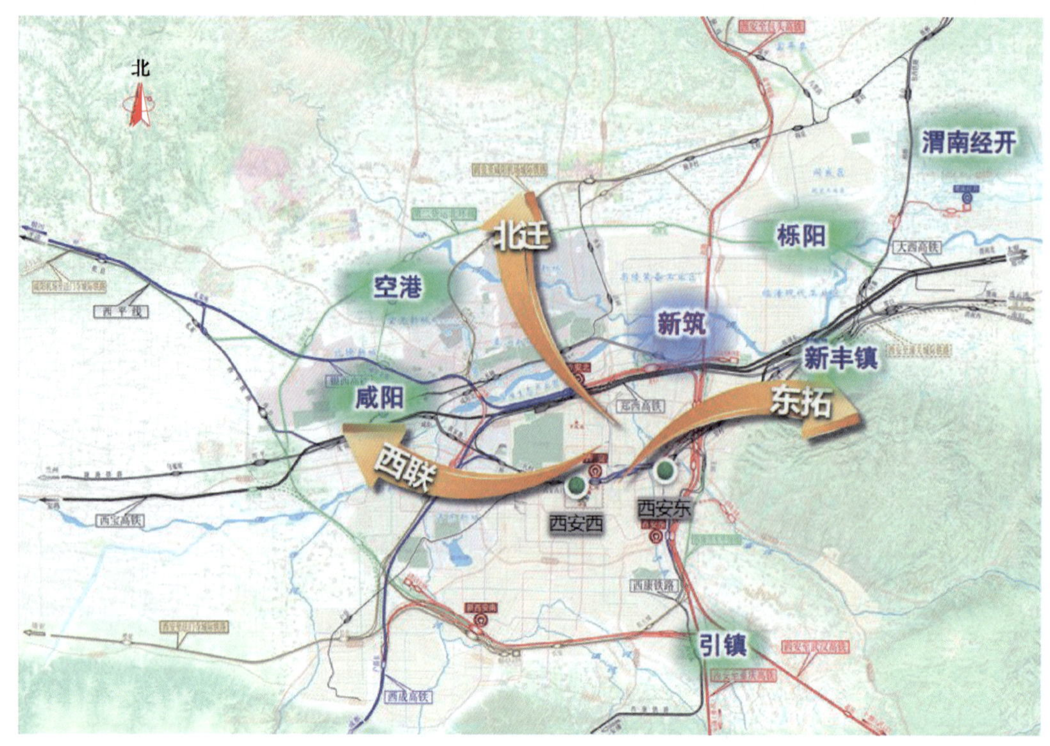

图 14-35 西安铁路枢纽货运(物流)系统总体规划布局示意图

③动车设施

按办理始发动车的车站配置动车设施的要求,枢纽新建的西安北、新西安南、西安东三个主要客运站都设有配套的动车所。随着西安站普速客车逐步外迁,西安站西侧的原客技站改为动车存车场。

(8)其他

西安的城市交通主要由铁路、地铁、公共汽车和私人小汽车组成。截至 2021 年底,西安有地铁线路 8 条,分别为 1、2、3、4、5、6、9、14 号线,总里程为 258.11 km,设车站 177 个;在建线路 7 条,长度为 155.756 km。截至 2020 年底,西安汽车保有量为 373.6 万辆,居全国第七位。

14.1.6 广州铁路枢纽

广州是中国特大的综合交通运输枢纽,由铁路、公路、水运、航空和发达的城市交通系统联合组成。

广州铁路枢纽为中国华南地区最大的铁路枢纽。目前,广州铁路枢纽衔接京广、广九、广茂、广深等普速铁路,以及武广高铁、广深港高铁、广珠城际铁路、贵广高铁、南广高铁、穗莞深城际铁路等客运专线,以及多条铁路支线,拥有各类车站 70 余个。客运系统形成相对独立的高速铁路、普速铁路网,构成主要干线客货分线、客货并列、主轴线共廊走行、向外辐射,并叠加放射状高速铁路网的组合特大型枢纽。广州铁路枢纽是中国典型的普速网叠加高速网、城际网及城市轨道交通网的“高速‘大’字形＋普速‘人’字形＋环形”的现代化的特大型铁路枢纽。珠三角铁路高速、城际客运网主要以广州为核心构建。

在相当长的时期内，广州铁路枢纽为衔接客货共线的京广、广深、广茂三条铁路，客运以广州、广州东客运站及广州北站的“两主一辅”布局，解编依托江村编组站及下元区段站的“一主一辅”的“客货顺列”的“人”字形的路网性枢纽。京广高铁引入之前的总图规划的思路是“打补丁”式补强，主要是改扩建客货运站、技术作业站及修建进出站两端的联络线、疏解线。

21 世纪初，广州铁路枢纽以京广高铁、广深港高铁、广珠城际铁路、贵广高铁、南广快速铁路、广珠铁路等引入枢纽为契机，进行了多次总图调整及大规模的建设工作；随着珠三角城际网规划及广汕高铁、赣深高铁、深茂铁路大规模建设，2016 年对枢纽总图的客运系统进行了深入系统研究。

1. 枢纽定位及衔接线网规划

广州铁路枢纽为中国六大铁路客运中心之一和七大动车基地之一，规划远景年度将衔接 14 条干线、7 条城际铁路，其中新增深茂、广湛、京九、广汕等客运铁路，枢纽内规划东北货车外绕线、南沙港铁路两条货运铁路，对外沟通 9 个行车方向。

远景枢纽干线铁路地方客运量为 1.6 亿人次，珠三角城际铁路客运量为 2.4 亿人次；货物总运量为 10 180 万 t，其中地方运量为 7 718 万 t，通过运量为 2 462 万 t，枢纽货运量以地方运量为主。

2. 城市规划及空间格局

实行广(州)佛(山)同城化、广(州)清(远)一体化，加强广(州)佛(山)肇(庆)等珠三角区域层面的规划协调发展的规划战略，形成“多中心、多轴线、连片发展”的空间布局。

3. 枢纽总图规划的特点分析

广州铁路枢纽为“普速铁路、高速铁路、城际铁路及城市轨道交通各自成网，又相互融合”“客货分线”“多中心＋放射状”的特大型现代铁路枢纽。

(1)普速系统客货分线的形成

枢纽北侧引入的京广铁路，西侧引入的广茂、柳广铁路与东侧引入的广深铁路构成枢纽“人”字形的普速系统主骨架。江村编组站位于中心城区北侧的京广主轴上。东西向、东北向及西北向货车穿越中心城区及客运站。

21 世纪初，广珠铁路(以货为主)从西侧正南方向跨过广茂铁路后，经西北引入江村编组站，修建了与广茂铁路的西北向联络线，构成了枢纽的西北环货场环线；2015 年开工建设从江村编组站北端引出至广深铁路的东北货运环线，并修建与京广铁路的东北联络线，形成枢纽完整货运环线，最终实现了普速系统的客货分线运行。

(2)客运系统布局

枢纽客运由国家干线铁路和珠三角城际铁路共同承担，两者分工各有侧重。国家干线铁路以承担中长途客流为主，兼顾珠三角城市群内各中心城市之间的直达快速客流；珠三角城际铁路以承担城市群内组团级的城镇客流为主；国铁干线网承担枢纽地方客运量的40%、珠三角城际网承担地方客运量的60%。

①线网引入

高速铁路一般顺既有通道独立引入，自成系统；珠三角城际铁路及轨道交通独立成网。

京广客专沿京广铁路由北向南引入，进中心城区的核心区域，为避免大面积拆迁以隧道形式通过，直至广州南站；贵广、南广高铁在肇庆地区汇合后设肇庆东站后四线并行顺广茂铁路预留通道由西侧引入，靠近京广客专后折向南紧靠京广客专引入广州南站北咽喉；规划的广湛城际铁路在肇庆东站设城际场后沿广珠铁路(货线)南侧引入棠溪客运站并串通广州、广州东、新塘客运站；规划的柳广铁路接入广茂铁路的肇庆站，局部增建二线进入佛山后实行客货分线，两线客车通过既有广茂铁路引入客运系统，规划西北货运环线双接广珠铁路(货线)。

赣深客专通过联络线与广汕客专相接，尔后从东侧顺广深铁路四线引入枢纽的客运系统；广深港高铁、广珠城际铁路从南侧引入广州南站与北侧的京广高铁、贵广高铁、南广高铁贯通。

珠三角城际铁路从不同方向引入，有与铁路共廊引入，有城际铁路与城际铁路之间共通道引入，也有独立分散引入，并形成多环格局。

②客运站布局及分工

枢纽内铁路客运站大致按方位设站，即东(新塘)、西(佛山西)、南(广州南、南沙)、北(广州北)、中(广州、棠溪、广州东)，形成“五主(广州、广州东、广州南、佛山西、棠溪)三辅(广州北、新塘、南沙)”。其中，广州北、棠溪站位于京广铁路，广州东、新塘站位于广深铁路，广州站位于三条普速铁路交会处，佛山西站位于贵广、南广高铁的交会处，南沙站位于深茂铁路，广州南站位于各高速干线的交会处。

广州南站为枢纽最大的高速客运站，位于市区南侧京广、广深港贯通轴线上，衔接京广高铁、广深港高铁、广珠城际铁路、贵广高铁、南广高铁，为集铁路、地铁、公交于一体的立体布置的城市交通综合体，是枢纽客运的核心车站，如图 14-36 所示。

图 14-36　广州南站

广州站在中国普速铁路客运史上非常著名，地理位置优越。按照“充分利用既有优质资源吸引优质客户、方便主城区的出行需求”的原则，将广州站、广州东站的普速客运作业移往棠溪站集中办理，广州站辅助广州南站办理各方向的动车客运业务，广州东站则主要办理东边的动车及城际列车始发终到作业。广州站和广州东站分别如图 14-37 和图 14-38 所示。

图 14-37 广州站

图 14-38 广州东站

佛山西站办理西边的部分动车及城际列车始发终到作业，广州北、新塘及南沙站主要办理通过车作业。

③客运站与其他交通方式的衔接

各客运站都有多条珠三角城际铁路及城市轨道交通引入，珠三角城际铁路在各客运站有并站设独立城际场（广州西、广州北、棠溪站），也有高架设城际场（新塘站）及下穿设城际场（广州南站）。枢纽规划年度（2030 年）各客运站布局及城市人口分布情况如图 14-39 所示。

④串联客运站，保证运输组织的灵活性

通过干线及设置必要联络线，各客运站串联，可实现“多点发车、交叉发车”，既能方便旅客出行，又能保证运输组织的灵活性。

广州南站向西串联佛山西站，向北串联广州北站。广州北、棠溪、广州、广州东、新塘客

图 14-39　枢纽规划年度(2030 年)各客运站布局及城市人口分布示意图

运站均串联。

通过枢纽内有关正线及联络线规划,枢纽及周边区域路网的联通条件将进一步完善。近期深茂铁路可引入广州南、广州、广州东等站,将来也可引入棠溪、广州北站,广汕客专、京九客专可引入广州、广州东站,预留的广湛城际主要引入棠溪站,同时也能引入广州、广州东等站。枢纽内部线网之间、客运站与引入线路之间以及客运站之间均具备良好的互联互通条件。总体来看,目前枢纽总图规划为互联互通提供了较好的条件。

(3)货运系统布局

枢纽按照"两整合一建设"的思路,对枢纽货运站进行整合,关停并外迁中心城区众多的小货场及运量较小的专用线,集中在枢纽西北货运外环线并靠近江村编组站南侧,新建大田特大型货场与集装箱中心站。在城市外围靠近规划物流基地西北货运环线、东北货运环线、广珠铁路和南沙港支线铁路均设置大型综合型物流中心或专门物流中心。

(4)动货基地

利用改建客运站优越地理位置、便利交通条件以及既有铁路用地规划动货设施,如规划利用棠溪货场设置城市速配中心。

充分利用高铁核心车站动车所配套设施规划动货基地,如在广州南动车运用段西侧设置高铁快运基地。

实行空铁公多式联运办理动货业务,如在白云机场空港物流园内规划高铁联运业务的办理场地。

(5)编组站设置

枢纽编组站遵循集中设置原则,在城市的外围、京广铁路与货运环线的交会处设置枢纽编组站——江村双向纵列式三级六场综合自动化编组站,负责各大干线的车流解编集结与无解编列车的机车换挂(图 14-40),在地方货流比较集中的地方设置辅助编组站——下元区段站,负责地方车流的解编作业,形成“一主一辅”的解编系统。

图 14-40　江村编组站

(6)动车及机务车辆设施

①动车设施

枢纽另在有大量动车始发终到新建的主要客运站配套设置动车运用所,既有站改扩建后办理动车的主要客运站将既有客车整备设施改建为动车配套设施,对辅助客运站的动车设施进行预留。

广州南动车段为全路七个动车段之一,规划维持广州南动车段,并对其高级修补强。维持广珠城际、佛山西、广州东石牌运用所,并将石牌客车整备所改造为动车设施;近期改造广州客车整备所为动车运用设施。广州南动车段如图 14-41 所示。

规划预留新塘动车运用所,南沙站预留存车场用地条件。

②机务车辆设施

办理普速客车的主要客运站配套完善客车机务车辆设施,编组站及大型物流中心配套完善货运机车车辆设施。

保留广州机务段检修设施、广州东机务折返所,保留棠溪站客机折返所、棠溪客车整备所;大田集装箱中心站及物流中心维持军田大功率机车检修段,江村编组站维持货机机务及货车车辆设施设备。

图 14-41 广州南动车段

(7)综合开发

新建线路引入枢纽新设客运站,利用国家相关政策重点研究综合开发机会,根据每个车站所处位置、当地经济发展状况,因地制宜制定各站综合开发的定位及策略,如南沙区是国家级新区与自贸试验区"双区"叠加发展区,最具开发价值。

对既有客运站充分发掘可能用地条件,进行相应开发,以实现综合效率,如广州站结合房地产走势及产业发展趋势,开发客运站周边土地资源。

对既有货场进行充分研究,根据城市对其定位及铁路站段功能进行配套开发,如将棠溪既有货场改为动货的城市速配中心,并结合城市规划和铁路车站需求,规划棠溪站铁路开发业态为商业、酒店、写字楼及住宅。

(8)其他

广州的城市公共交通主要由铁路、地铁、轻轨、水运、公共汽车和私人汽车组成。广州拥有高度发达的地铁网。截至 2020 年底,广州地铁已开通运营线路 21 条,运营总里程 676.5 km,车站 384 个;到 2035 年总里程将达到 2 029 km。截至 2021 年 9 月,广州市汽车保有量超过 300 万辆,居全国 14 位。

14.2 国外铁路及典型铁路枢纽

14.2.1 英国铁路及伦敦铁路枢纽

1. 英国铁路概况

英国全称为大不列颠及北爱尔兰联合王国,位于欧洲西部,由大不列颠岛(包括英格兰、苏格兰、威尔士)、爱尔兰岛东北部和一些小岛组成。面积为 24.41 万 km^2(包括内陆水域)。2020 年总人口约 6 708.1 万。

英国是世界第一个实现工业化的老牌帝国主义国家,1825 年境内建成了斯托克顿—达灵顿长 43.5 km 的世界第一条铁路,1863 年伦敦建成世界第一条地下铁道。到 1925 年,英国本土铁路营业里程达到 39 262 km 的顶峰,构成了四通八达的铁路网,最多时拥有铁路车站 6 382 个,铁路枢纽 130 余处。

随着第二次世界大战的消耗、各殖民地纷纷独立,英国国民经济和社会发展速度缓慢,加上公路、航空、水运等交通运输方式的激烈竞争,铁路运输业开始长时期走下坡路,铁路承担的社会客货运份额大幅度下降,不得已拆除、封闭大量长期亏损的铁路。1994 年英国铁路实行私有化改革,铁路由 1 家路网公司(国家控股)、25 家客运公司和 1 家货运公司经营。

截至 2015 年,英国的铁路营业里程为 16 132 km,其中电气化铁路 5 600 km,铁路车站 2 500 个,主要铁路枢纽 15 个,货运方面大力发展疏港货物直达运输、矿山基地直达运输和快速运输,取消了传统的编组站。根据《2020 国际统计年鉴》,截至 2018 年,英国铁路总长度为 15 961 km。

英国铁路网布局主要以大伦敦区为中心向外辐射,铁路大体呈南北走向,全岛纵深覆盖,南部密度最大,围绕枢纽呈放射状向四周城镇辐射。目前英国主要铁路枢纽分布见表 14-4。

表 14-4　英国主要铁路枢纽分布简表

方　位	主要铁路枢纽名称
南部	伦敦、韦斯顿、布里斯托尔、南安普敦
中部	伯明翰、彼得伯勒、曼彻斯特、利物浦、利兹、约克、诺丁汉
北部	格拉斯哥、爱丁堡、卡莱尔、达灵顿

英国铁路网目前主要办理客运业务,由于航空、公路、私家车运输发达,客运以市郊运量占比最大,一般中长途客车的运行时速多为 160～200 km。2007 年英国建成伦敦铁路枢纽圣潘克拉斯至英法海底隧道前多佛尔的设计时速 300 km 的高速铁路,长 109 km,主要运行"欧洲之星"和国内高速列车。英国铁路"欧洲之星"高速列车和汽车滚装货物列车分别如图 14-42 和图 14-43 所示。

根据《2020 国际统计年鉴》,2015 年英国铁路客运周转量为 29 亿人公里。

2018 年,英国启动了国家基础设施投资计划,建设伦敦至北部的时速400 km 的高铁 2 号线,对重要的既有线进行电气化提速改造等。

2. 伦敦铁路枢纽

伦敦是英国的首都,英国的政治、经济、文化和交通运输中心,也是与纽约并列的世界金融中心。伦敦位于大不列颠岛南端英格兰东南部平原上,横跨泰晤士河两岸,是世界著名的超级城市之一,市区面积为 1 578 km^2。截至 2021 年,伦敦总人口为 942.56 万。行政地带

图 14-42　英国铁路“欧洲之星”高速列车

图 14-43　英国铁路汽车滚装货物列车

以市中心(伦敦城)为圆心,伦敦划分为中心圈、内伦敦圈和外伦敦圈。

伦敦是世界特大的交通运输枢纽,由铁路、公路、水路、航空和城市交通系统联合组成。

伦敦铁路枢纽是由 500 多个各类车站组成的特大放射状铁路枢纽。铁路引入线分别在城市东南西北四个方位引入市中心,由各自铁路公司修建和运营,各引入线间没有设置闭合的环线,缺少相互联络,是特大型枢纽较为少见的布置。

枢纽主要办理客运业务,铁路引入线设置相互独立的 15 个主要客运站,其中 13 个设置在泰晤士河北侧中心区周围,2 个设在泰晤士河南侧。各客运站中 13 个采用尽头式布置,由各铁路公司独立运营,构成各自的客运系统。伦敦铁路枢纽客运站分布情况见表 14-5。

表 14-5　伦敦铁路枢纽客运站分布简表

方　　位	客运站名称
市区东部自北向南	利物浦街、勃劳特街、芬秋切街、卡诺恩街、伦敦桥
市区南部自东向西	霍尔邦伐特克脱、勃拉克福拉斯、查林克劳斯、滑铁卢、维多利亚
市区西部	帕丁顿、玛丽列邦
市区北部	国王十字、圣潘克拉斯、尤斯顿

由于英国本土幅员纵深较小，中长途客运需求不大，故伦敦铁路枢纽以办理市郊客运为主（占比 95%），利用引入线上众多密布的车站，主要为伦敦三级城市圈服务，兼办辐射全岛的中、长途客运。铁路枢纽在城市综合交通系统中具有举足轻重的地位。

图 14-44 所示为伦敦的滑铁卢火车站，其位于泰晤士河东侧，为高架布置的尽端式曲线站型，设有旅客站台 11 座、到发线 21 条。车站有地铁连接，构成综合交通枢纽。

(a)

(b)

图 14-44　滑铁卢火车站

伦敦地铁是世界上最古老的地下铁道，1856 年开始建设，1863 年投入运营。伦敦地铁网是世界最庞大的地铁网之一，总长 400 多公里。地铁内环线围绕市中心，并与铁路主要客运站和地面公交站紧密衔接，构成便捷的换乘关系。伦敦地铁典型车站如图 14-45 所示。

图 14-45 伦敦地铁车站

14.2.2 美国铁路及典型铁路枢纽

1. 美国铁路概况

美国位于北美洲，西邻太平洋，东濒大西洋，国土总面积为 937 万 km^2，由 50 个州和哥伦比亚特区组成。2021 年总人口约 3.33 亿。

美国于 1830 年建成境内第一条铁路。随着经济的迅速发展和新纳入版图的西部地区、中南部地区的开发，美国出现了持续数十年的铁路修建高潮，带动广大西部及中南部的开发、人口大规模的移动和大量城市的新建。1916 年，全美铁路营业里程达到 408 745 km 的最高峰，建成了除阿拉斯加、夏威夷外的全国铁路网；1887 年，美国创造了年建成铁路 20 619 km 的世界之最，拥有铁路枢纽 3 000 个，各类私营铁路公司达 2 000 多家。

20 世纪 30 年代后，随着铁路资本逐渐垄断集中，铁路公司彼此兼并。二战后，战争发展起来的航空、公路、水运交通纷纷涌入民用运输领域，铁路陆地运输市场受到极大挤压。在铁路公司兼并过程中，为利于与其他交通运输方式竞争，降低运营成本和提高经济效益，合并后的新铁路公司采取了大量封闭和拆除不必要的城市间平行铁路和经济效益差的铁路，在此基础上进行现代化改造，以提高铁路公司的吸引力和竞争力。20 世纪 30 年代开始，美国铁路营业里程逐年减少；到 2011 年，铁路营业里程减少至 224 792 km，其中一级铁路营业里程锐减到 194 077 km。一级铁路公司到 20 世纪 70 年代合并为 58 家，到 20 世纪末合并为 7 家，至今保持不变，见表 14-6。

表 14-6　美国一级铁路公司分布地区和营业里程简表

公 司 名 称	分　布	营业里程/km
联合太平洋铁路公司(UP)	中西部地区	56 881
伯灵顿北方圣塔菲铁路公司(BNSF)	中西部地区	49 900
切西滨海铁路公司(CSX)	东部地区	29 426
诺福克南方铁路公司(NS)	东南部地区	23 200
联合铁路公司(CON)	东部地区	19 630(后一分为二,分别为 CSX、NS 公司兼并)
堪萨斯城南方铁路公司(KCS)	西南部地区	4 578
伊利诺中央铁路公司(IC)	中部地区	4 320

根据《2020 国际统计年鉴》,截至 2018 年,美国铁路总长度为 150 462 km。美国铁路网呈现东中部密度大、西部较疏,沿海密度大、内地密度小的基本特点。多条横贯东西和南北走向的铁路干线构成了数百处铁路枢纽,其中东、中部路网稠密区域分布了 300 处左右大中型枢纽。美国主要铁路枢纽分布见表 14-7。

表 14-7　美国主要铁路枢纽分布简表

方　位	主要铁路枢纽名称
东部	纽约、费城、华盛顿、巴尔的摩、波士顿、奥尔巴尼、匹兹堡、伯明翰、新奥尔良、休斯敦、迈阿密、杰克逊维尔、哥伦比亚等
中部	芝加哥、圣保罗、底特律、堪萨斯城、克利夫兰、哥伦布、印第安纳波利斯、纳什维尔、孟菲斯、辛辛那提、圣路易斯、达拉斯等
西部太平洋沿岸地区	波特兰、西雅图、埃弗里特、萨克拉门托、奥克兰、旧金山、洛杉矶、圣迭戈等

美国铁路运营的显著特征是弃客固货。经过多年与航空、公路及私家车的竞争,铁路客运基本放弃(铁路客运价格超过航空),部分运营公司保留部分市郊、风景名胜地的旅游观光及休闲目的的专属客运业务(图 14-46)。

图 14-46　美国旅游观光客运列车

美国铁路运输以货为主，拥有目前世界上最大的铁路网络，承担了美国国内70%的汽车、60%的煤炭、40%的粮食以及矿产、化工品、木材等运输，仍是美国货物运输的第一大运输方式，其中重载运输、集装箱运输、滚装运输(图14-47)极为发达。

图14-47　美国汽车滚装运输

由于美国铁路属于私营铁路，枢纽大多由数家铁路公司经营建设，主要存在衔接线路方向多、车站密集数量多、枢纽范围大、线路及站场彼此分离、总体布局不合理、铁路资源浪费的问题和弊端。世界最大的美国北普拉特市贝利编组站如图14-48所示。

图14-48　世界最大的美国北普拉特市贝利编组站

根据《2020国际统计年鉴》，2018年美国铁路客运周转量为102.39亿人公里，货运周转量为25 252.17亿吨公里。

2. 美国典型铁路枢纽

(1)纽约铁路枢纽

纽约市位于美国纽约州东南部大西洋沿岸，是美国第一大城市及第一大港，也是一座世界级国际化大都市、世界第一大经济中心和最大的金融中心。2021 年，纽约市人口大约有 1 882.3 万，城市建成区面积为 789 km^2。

纽约铁路枢纽是世界特大型枢纽之一。纽约铁路枢纽承担了很大的城市内旅客运输量。市内铁路环线大多深入地下、穿越河道，连接了 15 个市区主要客运站，将曼哈顿与泽西城连接为一体。环线每昼夜开行旅客列车 2 000 多列，但绝大部分(80%)为环线、近郊和短途运输的市郊列车，中长途旅客运量很少。

枢纽最大铁路客运站为纽约中央火车站，建成于 1913 年，设于曼哈顿中心的 33～34 街地下、联合国总部西侧。车站采用地面建筑、地下多层乘车站台，集铁路、地铁车站于一综合体内。铁路分设于地下两层，站型通过式布置，共有股道 67 条、旅客站台 44 个，其中地下一层布置有 41 条股道，昼夜开行旅客列车 1 000 多列，完全“公交化”，日均发送 40 万人。车站候车大厅拥有世界上最大的公共空间，充满艺术色彩，是纽约地标性建筑。纽约中央火车站如图 14-49 所示。

(a)

(b)

图 14-49　纽约中央火车站

纽约铁路枢纽第二大客运站哥伦特站设在曼哈顿东中部的地下，尽头式布置，全日开行旅客列车 800 多列；第三大客运站霍博肯站位于哈得孙河边的泽西城，尽头式布置，全日开行旅客列车 250 多列。

纽约铁路枢纽货运系统基本上分布于城市郊区及港区，巅峰时原有 13 家铁路公司各自修建车站，其中，编组站 23 个、港湾编组站 42 个。20 世纪 60 年代后铁路公司相互兼并，拆除了大量编组站。兼并后，枢纽内四家铁路公司保留，进行现代化改造的主要编组站有 6 个，其中 4 个设置在城市西部的巴赛克、纽瓦克和帕特森地区，2 个设置在城市东部的皇后区和布朗克斯区。由于海运和内河航运发展较快，为海运、内河航运服务的铁路港湾编组站作业量仍较大，经调整、合并和现代化改造，数量减少了一半以上，但规模、现代化水平提高，作业效率、作业能力和经济效益均有较大增加。

纽约铁路枢纽货运的另一大业务是疏港运输。纽约港为全世界最大的海港、内河港口之一，港区总延长达 194 km，其中深水码头长 113 km。经过铁路兼并，四家铁路公司经营纽约疏港铁路，拆除、封闭了大量重复、条件差的铁路线路和站场设备，对保留的线路和站场进行现代化改造，大力发展重载、集装箱和水铁“门到门”联运，对原有的港湾作业区进行大规模改造，建成为集装箱多式联运基地，为美国发展横跨东西海岸的大陆桥集装箱多式联运作出了巨大贡献。纽约城市西侧泽西城铁路物流中心如图 14-50 所示。

图 14-50　纽约城市西侧泽西城铁路物流中心

纽约的城市旅客交通系统由地铁、市郊铁路、公共汽车、轮渡等组成。由于城市经济、金融、贸易等机构庞大而集中，卫星城市发展迅速，中心城区与卫星城市间的通勤客流巨大，

80%以上的人口依赖公共交通出行。近年来，市政府坚持可持续发展战略，限制汽车对城市的污染、城市道路的负荷，积极引导发展城市轨道交通，地铁和市郊铁路非常发达。纽约地铁和市郊列车分别如图 14-51 和图 14-52 所示。

图 14-51　纽约地铁

图 14-52　纽约市郊列车

纽约于 1904 年修建了第一条地铁。截至 2016 年，地铁总里程约 400 km，分布在哈得孙河以东的布朗克斯、曼哈顿、皇后和布鲁克林区，是市中心曼哈顿连接其他三区的主要纽带，共设有车站 400 多个，每天运送旅客 600 万人次以上。纽约地铁约 40%的路轨形式为地面或高架。

纽约铁路枢纽的特点是，主城区内铁路基本为客运专线，积极投身于城市客运交通服务，各方向铁路干线引入城市和车站设置考虑了承担市区和郊区客运的需求。在人口最密集的曼哈顿和泽西城，均引入了修建于地下的客运专线和规模较大的旅客车站，并与地铁、客运码头紧密衔接，形成便捷的换乘关系，如曼哈顿地下设置了切斯特、格林特、哈得孙、33 街铁路车站，并与地铁近距离衔接；设置在哈得孙河西岸泽西城的泽西城、霍博肯、威河津等铁路客运站，均紧邻客运码头设置。准轨铁路系统市郊列车完全实现“公交化”，成为了城市内部交通不可或缺的组成部分，每天承担市区及市郊短途客运量 50 万人次，值得世界各大城市的铁路枢纽借鉴。

(2)芝加哥铁路枢纽

芝加哥是美国伊利诺伊州城市，世界金融中心之一，是美国仅次于纽约、洛杉矶的第三大城市，市区面积为 606 km^2，2021 年人口约 887.74 万。芝加哥地处美国中部的密歇根湖西南侧和密西西比河两大水运系统的交汇处，为美国重要的工业城市、内河港口城市和货运中心，是美国中部地区的铁路运输中心，陆路交通和航空运输业均发达，是州际公路的中枢和国内外航空运输中心之一。

芝加哥铁路枢纽是世界最大的铁路枢纽之一。高峰年度，芝加哥铁路枢纽曾有 32 条铁路引入，拥有车站 600 多个，其中主要客货运站 30 多个，主要编组站、港湾站 20 多个，以密歇根湖岸线和沿湖铁路为界,枢纽设有四重半环形的铁路环线,众多引入线将城市分割成网格状,形成一个“多重半环+放射网格状”的特大型铁路枢纽。随着铁路公司的相互兼并,到20世纪末,芝加哥地区铁路公司已经兼并、整合为6家铁路公司,同时各铁路公司对重复、效益低的铁路线网及车站进行了大量拆除、废弃,目前枢纽外环线及引入线节点处仍保留有11个主要编组站、港湾站及10多个货运站。

芝加哥运河三角区保留设置了分属不同铁路公司的3个主要始发终到客运站。其中最大的为联合客运站,于1925年开始运营,坐落于芝加哥河的西岸,现供联合太平洋铁路公司(UP)和芝加哥通勤铁路(Metra)共同使用。联合客运站为尽端式地下布置,有旅客站台12座、到发线24条,日均客流量可达120 000人次。联合客运站不单单是一个转车的地方,也是举行婚礼、典礼、会议、招待会和宴会的重要场所之一。芝加哥铁路枢纽联合客运站如图14-53所示。

图14-53　芝加哥铁路枢纽联合客运站

芝加哥铁路货运主要为内陆及疏港货运。其三环及放射线上分布有多处分属不同铁路公司的铁路编组站、物流中心。如图14-54所示,UP公司所属的普洛维索编组站,位于芝加哥西郊、芝加哥国际机场南侧,为三级三场折线纵列式布置,到、编、发系统分别有30、68、27条股道。编组站南侧设有大型集装箱物流中心。如图14-55所示,UP公司所属的位于城市西南的集装箱物流中心,有到发(调车)线15条,贯通式装卸线9条。

芝加哥城市交通运输系统由铁路、公路、地铁和航空运输、私人汽车组成,其中航空运输发达,芝加哥国际机场曾长期为客货吞吐量世界第一的航空港。铁路客运主要为市内环线及市郊客运。

图 14-54 芝加哥铁路枢纽 UP 公司普洛维索编组站

图 14-55 芝加哥铁路枢纽 UP 公司集装箱物流中心

14.2.3 俄罗斯铁路及典型铁路枢纽

1. 俄罗斯铁路概况

俄罗斯位于东欧和北亚地区，国土跨越欧洲、亚洲，东邻太平洋，西邻大西洋，北邻北冰洋，东西长约 9 000 km，南北宽约 4 000 km，国土总面积为 1 709.82 万 km^2，居世界第一。2021 年总人口约为 1.46 亿。

俄罗斯于 1837 年开始修建第一条铁路，到 1917 年十月革命前夕，铁路营业里程达到 70 300 km，但大部分位于欧洲部分，亚洲部分仅占 17%。苏联时期，随着国民经济和社会迅速发展，铁路建设，特别是亚洲远东地区的铁路建设得到较大发展，铁路枢纽建设也大大加快。截至 20 世纪 50 年代，苏联已经建成铁路枢纽 450 多处，其中主要铁路枢纽 175 处，位于俄罗斯的占 60%。苏联解体前，拥有铁路营业里程 14.75 万 km，基本构成了覆盖全国的四通八达的铁路网。

苏联解体后，俄罗斯经济一直处于不景气的停滞阶段，铁路新线建设基本停止。目前俄罗斯铁路为国有铁路。截至 2018 年，俄罗斯铁路总长度为85 626 km，以轨距 1 520 mm 宽轨线路为主，电气化率、复线率均约 50%；俄罗斯铁路下设 17 个铁路局和 74 个分局，共管辖货运站7 000 余个，客运站和旅客乘降所 11 000 余个。

俄罗斯铁路网分布密度呈欧洲区多、亚洲区相对较小的基本特点。欧洲区人口密度大，经济相对发达，铁路网呈以莫斯科、圣彼得堡、伏尔加格勒为核心的放射状网格布局；亚洲区国土大多位于北极地区，铁路密度低，基本呈东西向走向。俄罗斯目前主要铁路枢纽分布见表 14-8。

表 14-8　俄罗斯主要铁路枢纽分布简表

方　位	主要铁路枢纽名称
欧洲区	莫斯科、圣彼得堡、布良斯克、斯摩棱斯克、伏尔加格勒、古比雪夫、罗斯托夫、乌里扬诺夫斯克、喀山、萨拉托夫、沃罗涅日、库尔斯克、沃洛格达、萨马拉、雅罗斯拉夫尔等
亚洲区	斯维尔德洛夫斯克、车里雅宾斯克、鄂木斯克、新西伯利亚、伊尔库茨克、巴尔瑙尔、克拉斯诺亚尔斯克、哈巴罗夫斯克等

俄罗斯铁路绝大部分为客货共线的普速铁路。进入 20 世纪后，俄罗斯开始实施《俄罗斯联邦铁路 2030 年运输发展战略》规划，预计到 2030 年，俄罗斯铁路网将新增线路 20 550 km，其中高速铁路 1 528 km，货运铁路 4 660 km。规划到 2030 年铁路建设的预算总投资为 13.7 万亿卢布。2008 年，俄罗斯将建于 1851 年、长 650 km 的莫斯科—圣彼得堡双线铁路改造为最高时速 250 km 的客货共线铁路。目前，正在建设莫斯科—喀山长 770 km、时速 400 km 的真正意义的宽轨高速铁路，远期将延伸至叶卡捷琳堡及中国北京，形成亚欧高速铁路通道。俄罗斯西伯利亚铁路如图 14-56 所示，莫斯科—圣彼得堡高速列车如图 14-57 所示。

俄罗斯铁路客货兼顾，客货并重，在全社会综合交通运输网中居主导地位。根据《2020 国际统计年鉴》，2018 年俄罗斯铁路客运周转量为 1 293.71 亿人公里，2017 年货运周转量为24 918.76 亿吨公里。

图 14-56　俄罗斯西伯利亚铁路

图 14-57　莫斯科—圣彼得堡高速列车

2. 俄罗斯铁路枢纽

(1)莫斯科铁路枢纽

莫斯科是俄罗斯联邦首都、莫斯科州首府，俄罗斯最大的城市，位于俄罗斯欧洲部分的中部，至今已有 800 多年的建城史，是俄罗斯的政治、经济、文化、金融、交通中心以及最大的综合型城市，是一座国际化大都市。莫斯科核心区面积约 1 081 km^2，2021 年总人口约 1 259.33 万。城市跨莫斯科河及支流亚乌扎河两岸，交通发达，是俄罗斯全国铁路、公路、河运和航空的枢纽。

莫斯科始建于 1147 年的克里姆林堡，是典型的"环形＋放射状"城市布局结构，从内向外分别为街道环、园林路环、大莫斯科环城铁路和莫斯科环城公路四个圈层。莫斯科市为典型的单中心集聚式发展形态，市中心区平均人口密度达到 2.9 万人/km^2。

莫斯科城市长期受冷战影响，处于空中威胁之下，因此莫斯科地区城市规划分为市区圈和郊区圈，市区圈面积约 878 km^2，郊区圈为距市中心 50～60 km、面积约 12 400 km^2 的远郊区。莫斯科公共交通系统高度切合城市布局，整体呈“环形＋放射状”的网络结构，既编织加密了中心城区的网络密度，又较好地辐射了城市外围的重点发展区域。莫斯科城市中心以大运量的地铁制式为主，外围区域辅以中运量的轻轨系统，并与国铁干线形成良好衔接。

莫斯科铁路枢纽的建设始于 1851 年。19 世纪 60 年代，弗拉基米尔、谢尔普霍夫、科洛姆纳的三条铁路相继引入莫斯科，1908 年建成长 54 km 的内环铁路，四条铁路连接成一个整体，形成环形枢纽的初步框架。在以后的 90 多年间，城市基本上在原有环形枢纽的基础上发展。

莫斯科铁路枢纽规划建设在满足城市经济布局需要的前提下，一直按照环形枢纽规划建设，以满足战备及迂回运输需要，并修建了由东南往西北的库尔斯克站通往白俄罗斯站的高架布置的枢纽直径线，内环圈主要为客运环线，位于市区圈，外环线主要位于郊区圈，以货运为主。目前，莫斯科铁路已有 12 条铁路干线，形成长 552 km 大外环的“双环＋放射状”特大型铁路枢纽。车站布置基本按照“客内货外”设置，枢纽内设置了 30 多个各类车站，内环及引入线尽端主要设置客运车站。目前，枢纽尚在进行莫斯科—喀山时速 400 km 高速铁路的建设。

铁路是莫斯科承担城市和市郊旅客运输的主要公共交通工具之一。莫斯科铁路枢纽内环铁路内侧设置有 9 个主要旅客车站（表 14-9），其中 7 个为尽头式布置。库尔斯克和白俄罗斯站规模较大，20 世纪 60 年代为配合沟通东南与西北方向，修建了由库尔斯克站通往白俄罗斯站的枢纽高架布置的直径线，两站因此改为半通过式布置。

表 14-9　莫斯科主要铁路客运站分布简表

方　位	主要铁路枢纽名称
市区东部	圣彼得堡、雅罗斯拉夫尔、喀山、库尔斯克
市区南部	帕韦列茨克
市区西部	基辅、白俄罗斯
市区北部	里加、萨维洛夫斯基

莫斯科铁路枢纽客运站大多于 20 世纪 60 年代以前建成，多为引入线尽头式布置。9 个客运站拥有旅客站台 60 座，旅客列车到发线约 120 条。最大客运站为历史与现代风格相结合的库尔斯克站，始建于 1860 年，由尽头式、通过式两个客运车场构成，有旅客站台 10 座、到发线 18 条；白俄罗斯客运站，由尽头式、通过式两个客运车场构成，有旅客站台 7 座、到发线 12 条。莫斯科铁路枢纽部分客运站如图 14-58 和图 14-59 所示。

由于俄罗斯土广人稀，城市较为分散，且国土冻土广布、铁路发生病害较为频繁，旅客列车速度较低，故枢纽客运站办理中长途客运较少（中长途大多为航空吸引），主要办理都市圈的市郊客运，中长途客运仅占 4%。客运站布置上，长途列车到发线与市郊列车到发线单独

图 14-58　帕韦列茨克客运站

图 14-59　雅罗斯拉夫尔客运站

分群布置，有效长长短不一。

莫斯科铁路枢纽内设有编组站 8 个，其中，内环线内侧东部 1 个，内外环之间市区东部边缘 2 个、西部边缘 1 个、北部边缘 2 个，外环线上东、西部各 1 个。8 个主要编组站中，位于外环线上的编组站 2 个，位于圣彼得堡引入线上内外环线连接线上的 1 个编组站为路网性编组站，其他位于内外环之间的 5 个编组站主要担当衔接线路相邻编组区段和枢纽内地区车流的取送和解编作业，类似于中国地方编组站和辅助编组站。

普列沃编组站位于市区东侧外环铁路上，呈南北布局，为纵列式三级四场编组站（图 14-60），共有调车线 24 条，到发线约 20 条。枢纽主要货场依托编组站设置。

总体看，莫斯科枢纽编组站由于缺少枢纽直径线，编组站设置过多，大多数作业效率不高，重复作业过多。尽管铁路研究了整合规划，但受制于国家经济实力和拆迁困难，尚未实施。

莫斯科铁路枢纽内设置有 40 多个货运站，其中大型货运站 7 个，均设置在市区外缘的内环和外环铁路之间。7 个大型货运站有 4 个位于市区边缘，其中东部、南部各 1 个，北部 2 个；市郊 3 个，其中东部 1 个，西部 2 个。众多的货运站造成枢纽内的货运作业分散，作业效

图 14-60　普列沃编组站

率低,车流取送比较复杂。目前,联邦铁路局关停部分作业量小、运营成本高的货运站,在保留的货运站中开展现代物流运输,收到良好的运营效果。

莫斯科的城市圈内旅客交通系统由地铁、市郊铁路、公共汽车、有轨电车、出租车、私人汽车等组成。由于出租车、私人汽车拥有量小(60 万辆),居民出行主要依靠公共交通。

莫斯科在 20 世纪 30 年代即结合战备需要,大规模修建地铁。截至 2020 年,莫斯科地铁线路有 15 条,总长度超过 400 km。莫斯科地铁主要结构为中心向四周辐射,呈"环+放射状"。所有地铁线路按照其开通顺序编号,其中长度大约 20 km 的 5 号线(即莫斯科中央环线),负责连接其余绝大部分分支线路。地铁车站以埋深大、艺术价值高在世界有很高的知名度。莫斯科地铁如图 14-61 和图 14-62 所示。

图 14-61　埋深极大的莫斯科地铁车站

图 14-62　极具艺术色彩的莫斯科地铁

莫斯科铁路枢纽利用双环线及放射状引入线组成了庞大的市郊铁路网络。市郊铁路网络以莫斯科市区为中心，依托 9 个主要客运站，向梅提什、伏努科沃机场、拉缅斯科耶、多莫杰多沃机场等卫星组团多个方向辐射。市郊旅客运量占俄罗斯全国市郊铁路客运量的 50%、占莫斯科铁路枢纽地区运量的 80%。莫斯科市郊列车和有轨电车分别如图 14-63 和图 14-64 所示。

图 14-63　莫斯科市郊列车

图 14-64　莫斯科有轨电车

总体上看，莫斯科铁路枢纽在城市公共交通中发挥了积极的作用，铁路高度切合城市形态，利用枢纽的两重环线和放射连接线及其上的众多客运车站，开行大量“公交化”的市郊列车，近百个乘车点覆盖了大量居民点和卫星城镇。市域列车已经作为城市公共交通的重要组成部分，市郊客运在铁路完成的客运量中占比达 80%以上，值得中国超大都市圈建设借鉴学习。

从货运看，由于莫斯科铁路枢纽的线路较长，编组站分布在外环和内外环连接线上，作业地点比较分散，每个编组站到发周边货运站的车流量不大，不具备组织直达小运转的条件，车流不得不在编组站间往返交换，据统计，每辆车需经过 3 次交换才能到达目的地。因此，整合枢纽编组站很有必要。货运站过多，亦需要整合。

(2)圣彼得堡铁路枢纽

圣彼得堡紧邻芬兰，在苏联时期称为列宁格勒，位于俄罗斯西北部，波罗的海沿岸、涅瓦河口，拉多加湖南侧，是列宁格勒州的首府，俄罗斯的中央直辖市，俄罗斯第二大城市和西北地区中心城市，全俄重要的水陆交通枢纽，也是世界上人口超过百万的城市中位置最北的一个，又被称为俄罗斯的“北方首都”。市区面积为 606 km^2，2021 年总人口约 550.43 万。

圣彼得堡是俄罗斯第二大交通枢纽，多条铁路干线在此交会，拥有俄罗斯最大的海港，也是重要的国际航空港，其航线同国内 200 多个城市以及 20 多个国家通航。

圣彼得堡位于波罗的海东岸，其铁路干线在城市外环呈放射状分别通向赫尔辛基、华沙、莫斯科及俄罗斯其他大城市，其中有 9 条铁路引入城市建成区域及港区，枢纽内设有 30 多个铁路车站。枢纽衔接线路总体呈“三重半环形＋放射状”布局，利用环线和放射线连接港湾，其中，5 条客运线路深入市区核心区域，终端设有客运站。

枢纽内主要客运站有市区北部、涅瓦河北侧的芬兰客运站以及市区南部、涅瓦河南侧由东到西分布了莫斯科、维捷布斯克、华沙、波罗的海四个客运站。5 个客运站共拥有旅客站台 29 个、总到发线 50 条，均采用尽头式布置，其中最大的莫斯科客运站位于 5 条主要大街交会的广场处，有旅客站台 7 座、到发线 12 条。圣彼得堡铁路枢纽莫斯科、维捷布斯克客运站分别如图 14-65 和图 14-66 所示。

图 14-65　莫斯科客运站

图 14-66　维捷布斯克客运站

枢纽内主要编组站为圣彼得堡编组站，设在市区以外的圣彼得堡—莫斯科铁路干线上，城市东南方向的涅瓦河西侧，为双向纵列式三级六场编组站(图 14-67)，共有调车线 67 条，到发线约 50 条，是俄罗斯的路网性编组站之一。枢纽主要货场依托编组站设置。

由于圣彼得堡同时是俄罗斯重工业城市和港口城市，枢纽衔接有大量专用线和港口支线，其上分布了较多铁路疏港货运设施。

圣彼得堡的城市交通系统由地铁、市郊铁路、公共汽车、出租车、私人汽车等组成，居民

图 14-67　圣彼得堡编组站影像图

主要依靠城市公共交通出行。

圣彼得堡的第一条地铁于 1955 年建成通车。截至 2021 年，圣彼得堡地铁共有 5 条运营线路，线路总长度为124.8 km，车站 72 个，将中心城区与大小涅瓦河分割的各个岛屿和城郊连接在一起。地铁站一般都设在商店的低层或十字街头的地下人行道里，有的直接与火车站的地下通道相连。

圣彼得堡铁路利用枢纽的环线和放射线连接其上的车站，开行部分“公交化”市郊列车，由于人口及周边城镇群布局不及莫斯科，市郊列车频次较少，是城市公共交通的重要补充。富丽堂皇的圣彼得堡地铁站如图 14-68 所示。

图 14-68　富丽堂皇的圣彼得堡地铁站

总体看，圣彼得堡铁路枢纽属于尽端式枢纽，枢纽线网骨架合理，主要车站分布得当，解编及货运作业集中，列车运行径路顺直，是布局建设较为成功的铁路枢纽。

14.2.4 法国铁路及巴黎铁路枢纽

1. 法国铁路概况

法国位于欧洲西部、大西洋东岸，国土总面积为 55 万 km^2。2021 年总人口约 6 781.3 万，其中城市人口约占 76%。

法国于 1826 年 10 月建成全长 21 km 的第一条铁路（圣艾蒂安—安泰基矿山铁路）。1937 年，法国国家铁路公司（SNCF）成立，国家拥有 SNCF 公司 51%的资产。到 1938 年铁路营业里程达到 64 000 km 的顶峰。二战期间法国铁路遭到极其严重破坏，获得解放的 1944 年仅维持通车 18 000 km。二战后开始重建，到 1950 年恢复到 42 000 km，但与其他国家一样好景不长，铁路经历了衰落、拆毁、新建的过程，到 2015 年，铁路营业里程为 33 013 km。1982 年，国家收购了全部私人股份，SNCF 公司成为国内唯一的铁路经营者。

法国铁路网布局基本上以巴黎等为核心，呈放射状布局。1976 年至今，法国先后建设和开通了东南线、大西洋线、北方线、东南延伸线、巴黎地区东部联络线、地中海线等多条高速铁路线。

铁路网高峰时有枢纽 100 处，随着铁路网的压缩，到 20 世纪末，拥有主要铁路枢纽 12 处。

法国是西欧较早开始进行高速铁路建设的国家。1983 年，建成总长 417 km 的 TGV 东南高速铁路巴黎—里昂高速铁路，最高时速为 270 km。其在技术和商业方面的巨大成功，使法国铁路这一传统产业摆脱了萧条，重新走向辉煌，同时在很大程度上也推动了全世界铁路行业的新发展。2008 年全球金融危机以来，受法国“国家经济复苏计划”推动，高速铁路建设步伐加快，续修建的 TGV 地中海线、东欧线、莱茵—罗纳线、南欧大西洋线、布列塔尼—卢瓦尔河大区线、尼姆—蒙彼利埃线等时速达到 300～320 km。截至 2021 年，法国运营高速铁路 2 735 km。法国 TGV 高速列车如图 14-69 所示。

图 14-69 法国 TGV 高速列车

近年来，SNCF 公司客运经营呈现大力发展 TGV 高速客运、积极开拓国际客运市场、努力实现品牌化经营、不断借助科技手段创新服务内容等特点。

货运方面，法国铁路开发了一系列快捷货运产品。为进一步改善铁路货运，2009 年 9 月法国政府宣布，在 2020 年前向铁路货运投资 70 亿欧元，以减少公路货运和二氧化碳排放量，规划到 2022 年使法国非公路运输占货运市场的份额从 14%增至 25%。近年来，法国政府从可持续发展的角度调整运输政策，重视提升铁路在综合交通中的地位。2011 年 1 月，法国新的“交通基础设施发展规划(Snit)”草案明确，未来 20～30 年内，法国政府将向交通领域投资 1 700 亿欧元，其中，铁路领域投资占总投资额的 52%。计划到 2030 年，将实现 100 亿吨公里的货运周转量、25 亿人公里的旅客周转量从公路转移至铁路，以及20 亿人公里的旅客周转量从航空转移至铁路，由此实现每年减少温室气体排放 200 万 t。法国快运货物列车如图 14-70 所示。

图 14-70　法国快运货物列车

2. 巴黎铁路枢纽概况

巴黎位于法国北部，为法国的首都，也是法国的政治、经济、文化、商业中心。巴黎是法国最大的城市，欧洲第二大城市。市区面积为 105.4 km^2，2021 年总人口约 1 107.85 万。

巴黎是世界上人口密度最高、公共交通网络最为完善的城市之一。巴黎铁路枢纽属于典型的特大型环形枢纽。枢纽内办理客运的车站和乘降点共有 250 多个，内环铁路内侧、市中心周围设置有 7 个主要旅客车站，即：塞纳河北侧的圣纳泽尔、巴黎北、巴黎东、里昂、贝尔西站，塞纳河南岸的奥斯特里茨、蒙帕纳斯客运站。除奥斯特里茨车站为通过式外，其余均为尽头式布置。为方便直通旅客列车，枢纽先后修建了奥斯特里茨—奥尔赛—安瓦利德、里昂—圣纳泽尔、巴黎北—留克西姆堡、巴黎东—留克西姆堡四条地下直径线。直径线连接的客运车站采用通过式或半通过式布置。

枢纽主要客运站中规模最大的为巴黎东客运站，位于市区北部的第十区，启用于 1849 年，紧邻巴黎北客运站，尽端式站型，设有旅客站台 15 座、到发线 29 条，车站开行多种国内外列车，方便乘客前往法国东北部和德国、奥地利等中欧国家，如远郊铁路（Transilien）、省际列车（TER）、法国高铁（TGV）、德国高铁（ICE）等列车。地下层设有地铁站，连接巴黎地铁。

巴黎铁路枢纽承担的中长途、市郊客运量巨大，年发送量达 5 亿人次，但由于航空、公路运输发达，中长途客运比重不大，铁路客运量在大巴黎区及远郊服务的市郊客运量占比为 95%，其中圣纳泽尔客运站承担比例达到 40%。巴黎铁路枢纽巴黎北站、圣纳泽尔站分别如图 14-71 和图 14-72 所示。

图 14-71　巴黎北站

图 14-72　巴黎圣纳泽尔站

法国铁路货运分为普运和快运，因此相应的编组站和货运站也分为普运和快运两大类。巴黎铁路枢纽内设置的主要货运站均设置在市区外缘的内环和外环铁路之间，均实现了装卸机械化，特别是托尔班克货运站是最具代表性的成件货物运输货运站，设有两套成件货物自动分拣、传送和装卸设备。

巴黎铁路枢纽内设置的主要编组站均位于远郊区、外环线与引入线的交会点上，东部的维尔编组站，西部的特拉伯编组站，东南部的维尔纳夫圣乔治编组站、维西编组站，北部的布尔热编组站。除维西为快运编组站外(另有辅助编组站 3 个)，其余均为普运编组站。

东南部的维尔纳夫圣乔治编组站位于塞纳河东侧，为纵列式三级三场站型，到达、编组、出发线分别为 24、48、25 条。维西快运编组站与维尔纳夫圣乔治编组站呈“十”字形布局，采用纵列式二级二场布置，设到发线 11 条、编组线 28 条。两场间设有大型集装箱快运站，有到发线 11 条、尽头式货物线 15 条。维尔纳夫圣乔治编组站如图 14-73 所示。

图 14-73　维尔纳夫圣乔治编组站

巴黎的江河海运也非常发达。铁路枢纽同样将铁路线延伸进内河港的 14 个码头装卸区，设置货场、港区编组站，其中热夫列港区铁路枢纽是巴黎港区最大的综合型铁路港区站。

巴黎大区轨道交通系统除传统铁路外，以地铁、RER 快线和区域电铁为主，以有轨电车、机场轨道线、缆车线等为辅。轨道交通系统每天承担约 1 400 万人次的交通出行，其中，地铁和 RER 快线在居民出行中占有重要地位。

截至 2020 年，巴黎大区地铁线路总长约 220 km，由 14 条主线和 2 条支线构成，共 300 多个车站。巴黎地铁由巴黎公共交通总公司(RATP)负责运营，平均日客运量为 400 多万人次。车站密度极大，在巴黎市区每 500 m 的覆盖范围内一定有一个地铁站，平均站间距仅为0.71 km，乘车便捷性很高。巴黎地铁首创了完全由电脑操纵的自动化行车管理模式，地铁车辆采用胶轮车辆(MP)与钢轮车辆(MF)相结合的方式。巴黎地铁车站如图 14-74 所示。

为实现人口逐步外迁，解决早晚高峰时段客流进出城的问题，巴黎市交通部门于 20 世纪 60 年代起，开始修建区域快速轨道线路(RER 快线)。截至 2020 年，RER 快线共有 5 条主线，共计587 km，呈“干线＋支线”的放射状网络结构，均采用铁路制式。RER 快线采用了高速度、大站距运行模式，平均旅速为 50 km/h，平均站距为 2.4 km。RER 快线承担的客运量约占巴黎大区公共交通客运量的 30%，仅次于地铁。RER 快线定位为市郊铁路，将郊区新城、主要城镇及重要活动场所与市中心直接相连，居民不仅可以快速穿越整个巴黎市，也可以从市域不经换乘就能到达市中心。通过若干换乘枢纽，RER 快线与地铁联合构成了快慢车分线运营体系，并在局部路段共线运营。巴黎市郊列车如图 14-75所示。

区域电铁是由 SNCF 公司运营的大巴黎郊区和远郊铁路。区域电铁从巴黎各大铁路枢纽站及部分 RER 快线车站出发，向巴黎大区远郊地带辐射，分为 5 个线网、8 条主要线路。区域电铁的发车频率与 RER 快线相当。

图 14-74　巴黎地铁车站

图 14-75　巴黎市郊列车

14.2.5　德国铁路及典型铁路枢纽

1. 德国铁路概况

德国位于欧洲中部，北邻波罗的海，国土总面积为 35.8 万 km^2。2021 年 9 月底总人口约 8 322.24 万。

德国于 1835 年建成第一条铁路，到 1913 年，营业里程达到 61 159 km 的峰值，基本建成铁路网。二战中，40% 铁路遭到破坏。1990 年前，联邦德国拥有的铁路营业里程为 26 900 km，民主德国拥有的铁路营业里程为14 000 km。德国统一后，拆除了部分低效的铁路。根据《2020 国际统计年鉴》，截至 2018 年，德国铁路总长度为 33 440 km。

德国铁路网分布较为均衡。20 世纪 40 年代前后建成的铁路枢纽最多时有 80 多处，到 20 世纪末减少到 18 处，主要有柏林、汉诺威、科隆、纽伦堡、慕尼黑、法兰克福、斯图加特、曼海姆、萨尔斯布肯、汉堡、不来梅、多特蒙德、埃森、雷根斯堡、乌尔姆、卡尔鲁斯、卡塞尔、明斯特。

1994 年，原西德联邦铁路和原东德国营铁路合并，成立德国铁路股份公司，并通过了"Netz 21"(21 世纪路网发展规划)，路网不再按线路在运输中的作用分为主干线、次要长途线路和其他线路，而按其用途和基础设施的标准分类。新型路网总体由三种路网构成：其一是优先网[形成相对独立的三部分铁路网，即铁路长途快速客运网(P 线路)、货运网、城市快速铁路]；其二是能力网(长途、短途和货物列车共线混合运行线路，根据运输负荷，对其瓶颈区段采取局部的协调措施，使速度趋于基本一致)；其三是地区网(用于补充优先网和能力网，运行地区旅客列车和货物列车)。

德国是欧洲较早开始进行高速铁路建设的国家。1971 年开工建设总长 327 km、时速 250 km 的第一条高速铁路(ICE)——下萨克森州的首府汉诺威至巴伐利亚州的维尔茨堡线，1991 年首个 ICE 列车正式运营。后续修建了曼海姆—斯图加特、汉诺威—柏林、纽伦堡—英戈尔施塔特等高速铁路。为增强铁路客运的竞争力，吸引更多客流，德国铁路公司采取全面推行节拍运行图，实施旅客列车更新换代，建设连接国内十大机场的联络线等措施，并大力介入城市内公共短途客运。截至 2021 年，德国运营高速铁路 1 571 km。

德国铁路公司承担的货运量总体上呈下滑趋势。为此，德国铁路公司实施面向货主、优化核心业务、物流化和国际化四个新战略，采取组建欧洲铁路货运联盟、大力发展物流和多式联运业务、实施大客户战略、推行零散整车货物运输生产系统、建立现代化的货主服务中心等主要举措。

根据《2020 国际统计年鉴》，2018 年德国铁路客运周转量为 794.56 亿人公里，2017 年货运周转量为 706.14 亿吨公里。

2. 柏林铁路枢纽

柏林位于德国东北部平原上，为德国的首都，面积约 892 km^2。截至 2021 年，全市共分为 12 个区,总人口为 356.68 万。柏林地势低平稍有起伏,施普雷河和大量湖泊、运河点缀其间,地区森林茂盛。施普雷河横贯市区,西流注入哈弗尔河。后者蜿蜒曲折,形成串状哈弗尔湖泊群,东端分布有米格尔湖等湖群。

柏林铁路枢纽为德国东北部铁路网的核心,目前有 10 多条铁路干/支线引入,共有车站 60 多个,修建了两重铁路环线:内环长 37 km,主要为客运服务;外环长 180 km,主要办理物流货运。柏林铁路枢纽属于典型的特大型环形枢纽,实现了客内货外的运输格局。

枢纽内办理客运的车站和乘降点共有 10 多个,其中主要客运站(柏林东站、中央站、格松德布伦嫩站、动物园站、波茨坦广场站等)伸入市中心,基本沿内环线内侧设置,站型采用“通过式或尽头式+直径线”布置,柏林东站—动物园站间修建了东西向高架直径线,中央站—波茨坦广场站间修建了南北向地下直径线,从而使东西、南北部跨线旅客列车可以顺直、便捷通过枢纽。枢纽内环线上密布有众多旅客乘降点,为环线市郊列车开行服务。

柏林莱尔特中央客运站是在原毁于二战的莱尔特车站的原址上新建的高架铁路车站,位于施普雷河北侧。车站历时 10 年建成,于 2006 年 5 月 26 日投入运行。车站位于南北向、东西向铁路十字交会处,由两个方向的车场立体交叉构成。连接巴黎和莫斯科的东西向车场为高架布置,有站台 5 座、到发线 8 条,其中有 2 台 4 线供东西向长途和短途列车使用,另 1 台 2 线供城市快速铁路使用;连接哥本哈根和雅典的南北方向铁路则从地下 15 m 处通过,规模为 4 台 8 线。柏林铁路枢纽中央客运站如图 14-76 所示。

图 14-76 柏林铁路枢纽中央客运站

柏林中央车站是一个建筑综合体,车站竖向为地上两层、地下三层,共 5 层。地面层供有轨电车、公共汽车、出租车、私人汽车、自行车和行人使用;地上二层为东西向铁路车场;地下一层为车站大厅、服务中心,并与三层地下停车场相连;地下二层为南北向铁路车场;地下三层为地铁车站。地面与地下各层之间通过自动扶梯和电梯相通。各交通工具间换乘走行距离小于 100 m,非常便捷。站房是城市的最高建筑物,被称为“玻璃的宫殿”。车站东西方向钢架玻璃结构贯通，南北方向两座平行结构的大楼将顶盖腾空架起，占地 15 000 m^2，成为继帝国国会大厦和勃兰登堡门后的第三座地标性建筑。

柏林铁路枢纽内设置的主要编组站均位于内环、外环线与引入线的交会点上，外环线主要供各衔接线间的直通货物列车通行，其上设置了 3 个承担中转车流改编的主要编组站，其余主要为地方车流服务。如图 14-77 所示，位于柏林东南侧波茨坦南部的纽斯蒂尼编组站为双向混合式三级五场站型，下行纵列式三级三场的到、编、发规模分别为 10、28、7 条，上行二级三场的到、编、发规模分别为 7、14、6 条。

柏林铁路枢纽内设置的主要货运站均设置在市区外缘的内环和外环铁路之间的联络线上。

图 14-77　柏林铁路枢纽纽斯蒂尼编组站

柏林的城市公共交通主要为地铁、公共汽车、有轨电车，如图 14-78～图 14-80 所示。第一条地铁于 1902 年通车，为柏林公共运输系统骨干。截至 2019 年，地铁网共有 15 条线路，车站 173 座，以柏林市区为中心点向外放射，总长达 332 km。由于柏林为水网湖泊地形，线路约 10%路段位于地面或高架，每年客运量达 4 亿人次。柏林的有轨电车原主要位于东柏林区，德国统一后保留下来，并进一步扩展，成为城市交通的补充。

图 14-78　柏林地铁车站

图 14-79 柏林公共汽车

图 14-80 柏林有轨电车

14.2.6 日本铁路及东京铁路枢纽

1. 日本铁路概况

日本位于亚洲东部，是四面环太平洋的岛国，由本州、四国、九州、北海道四个大岛和其他 6 800 多个小岛组成，陆地面积约 37.8 万 km^2。2021 年总人口为 1.25 亿。

日本 1872 年建成本土第一条长 29 km 新桥—横滨的京滨铁路，其后铁路发展较晚，到 20 世纪初才加快铁路建设进度，到 1945 年铁路营业里程达到 25 598 km 的峰值，均采用 1 067mm 轨距。日本铁路枢纽最多时有 60 处，大多是 20 世纪 40 年代前后建成的。20 世纪 50 年代以后，日本铁路受到公路、航空、水运等交通运输方式的激烈竞争，铁路运输业开始长时期走下坡路，连年出现巨额运营亏损，承担的社会客货运份额大幅度下降。

由于国土纵深浅，海岸多，港口多，日本国铁(JR)于 1984 年推行“开发客运市场、放弃铁路货运、保留疏港货运直达化”的发展战略，取消了传统的编组站。1987 年，由于亏损严重，JR 实行了民营化，组建了 6 家客运公司和 1 家货运公司(JR、西武铁道、东武铁道、东京急行电铁、京滨急行电铁、京成电铁、京王电铁等），采用“网客一体化、货运分离”的经营机制。

目前，日本铁路网由 JR 线路和其他轨道交通方式线路(包括私营铁路、东京地铁、地方交通、公营铁路)组成，其中 JR 线路主要为横跨全国的干线铁路，后者则主要为城市或市郊轨道交通线路。根据《2020 国际统计年鉴》，截至 2018 年，日本铁路总长度为 16 852 km。

日本是世界上第一个建成实用高速铁路的国家。20 世纪 60 年代，日本开始开展高速铁路规划建设。1964 年 10 月 1 日世界第一条时速 270 km 的东京—大阪间长 515.4 km 的准轨高速铁路东海道新干线正式运营，标志着世界高速铁路由试验阶段跨入了商业运营阶段。东海道新干线投入运营后，使包括东京、横滨、名古屋、大阪等大城市在内的东海道地区，原本旅客运输十分紧张的状况一下得到了缓和，取得了良好的预期经济、社会效益，掀起了铁路快速客运的浪潮，之后陆续修建了山阳(新大阪—博多)新干线、东北(东京—盛冈)新干线、上越(大宫—新潟)新干线、北陆(高崎—长野)新干线等高速客运专线，新干线线路不断发展，逐渐延伸至日本本州岛、九州岛的大部分地区。截至 2021 年，日本运营高速铁路 3 081 km，在建 402 km，计划再新建 194 km。日本新干线高速列车如图 14-81 所示。

图 14-81 日本新干线高速列车

2. 东京铁路枢纽

东京位于本州岛关东平原的南端，太平洋西岸的东京湾西北海岸上，是日本的首都，日本政治、经济和文化活动中心，也是日本最大的工商业城市、国际金融中心和世界级大都市之一。东京面积为 2 155 km^2，2020 年人口约 1 394.3 万。

东京铁路枢纽位于东京湾的西北岸，属于典型的特大型环形枢纽，修建有两重铁路环线：内环长 32.9 km，基本位于东京都区(中心区)，有 5 条铁路干线和 4 条支线引入，其中东半环只运行旅客列车，西半环客货共用，设置有 1 条东西向的枢纽客运直径线(绵丝町—阪田桥—代代木)；外环为半环线，长 71.7 km。

东京铁路枢纽属于主要办理客运的铁路枢纽，拥有全球最复杂、最密集、运输流量最高的轨道交通运输系统和通勤车站群。枢纽的两条铁路环线将旧干线和支线连为一体；3 条准轨新干线独立引入枢纽，在东京站交会，形成独立的高速运输系统。

目前，东京都市圈的轨道交通系统以JR线、私营铁路、地铁为主，具有多主体、多层次、多制式的特点。东京都市圈的轨道交通系统以“环＋放射状”的网络整体结构背靠东京湾呈扇形展开。东京铁路枢纽轨道交通的圈层以JR的山手环线为分隔，环内为地铁，环外为JR线和私营铁路。山手环线（内环线）是JR东日本旅客铁道株式会社经营的一条市郊铁路，是中心城区和郊区的分界线，也是地铁与市郊铁路的分界线。地铁布局以山手环线内为主，而市郊铁路则布局在山手环线外。从功能上讲，山手环线起着到发、换乘和直通的作用，是东京城市公共交通的动脉线。

山手环线以东京站为中心，在东京都区部（中心城区）形成一个封闭双线环线，轨距1 067 mm，直流供电，全长34.5 km，共设有30座车站，平均站距1.15 km，日运输量高达400万人次。日本客运量最大的前四名车站均位于环线上。山手环线的车站全部采用高架，站房在桥下；其他轨道交通的地面车站站台与轨道在桥下，站房高架。一般车站采用岛式站台，内外环实现同台换乘。

山手环线各方向线路引入，均考虑以平行进路方式，不干扰环线列车的运行径路，环线列车始终高密度发车。山手环线每天发车320多列，单向每小时运送乘客7万～9万人次。山手环线JR铁路开行的环线列车如图14-82所示。

图14-82　山手环线JR铁路开行环线列车

东京铁路枢纽有铁路车站120多处，其中绝大部分办理客运，主要客运站均形成铁路、地铁、其他轨道交通、公共汽车等组成的多层立体综合交通体。东京铁路枢纽内主要客运站见表14-10。

表14-10　东京铁路枢纽主要客运站

性　质	名　称	备　注
日均乘车人数为10万～20万	川崎、浦田、品川、神田、衔茶、秋叶原、目黑、中野、大宫、松户、上野	除川崎、浦田、中野、大宫、松户外均位于环线
日均乘车人数不小于30万	东京、新宿、池袋、涉谷、横滨	除横滨外均位于环线

东京铁路枢纽最大的客运站为东京站(图 14-83),是东海道新干线与东北新干线的端点站,同时也是旧有铁路干、支线客运列车最主要的起讫站;此外也有许多经由这两条新干线而直通其他新干线(九州新干线除外)的跨线列车自此发车。

(a)

(b)

图 14-83　东京客运站

东京站位于东京都市中心千代田区丸之内商业圈的中心,为南北走向的多条铁路的交会处及始发站,集铁路、地铁、饮食购物、城市公共通道为一体的多层次、各自独立、多功能、大运量的交通枢纽,为典型的立体交通设施和建筑,已经发展成地上两层、地下五层的客运综合换乘枢纽。铁路车场分别位于地上二层和地下三层内:地上二层为东西向三场并列高架布置,依次为东海道新干线车场(3 台 6 线)、东北新干线车场(2 台 4 线)及普通车场(6 台 10 线),总规模 11 台 20 线;地下一层东端为丸之内 2 台 4 线地铁车站,西端为八重洲 2 台 4 线地铁车站;地下四层八重洲站房侧,为既有线 2 台 4 线的京叶线车站;地下五层丸之内站房侧,为既有线 2 台 4 线的总武线车站。

东京地铁主要服务于半径为 15 km 的东京都区部(中心城区),市郊铁路(由 JR 线和私营铁路共同组成)放射线主要服务于半径为 50 km 的东京圈地区及更远地区,环线具有连接放射线和解决到发、换乘、直通的作用,并减少迂回客流和均衡客流。

日本修建地铁的最初目的是要替代地面电车,所以其布置非常紧密,集中分布在以东京站为中心的 5 km 半径范围内外。在东京市区最繁华的如东京、银座、新宿、饭田桥等站,均为地铁重要的换乘枢纽。

日本私营铁路在交通运输体系中负责地区性运输业务。东京都市圈私营铁路是 JR 线的重要补充,主要分布在山手环线外围,连接东京都和外围主要居住区。私营铁路线路通常都是独立线路,含有单轨、导轨、磁悬浮等多种新兴轨道交通制式。近年来为了提高线路可达性,特别是能够延伸到东京都的中心部分,私营铁路列车逐步与东京市的地铁相互直通运行。同时,私营铁路公司也开始和 JR 东日本旅客铁道株式会社合作开行相互直通列车。

东京铁路枢纽在 20 世纪 80 年代前,曾拥有武藏野、盐滨等 6 个现代化编组站和 40 个货运站、港湾站。1987 年 JR 实行民营化后,铁路主要开办旅客运输,货运主要办理疏港运输,采用货运集中、直达运输,取消了传统的货物集结-分配型的编组站,封闭、拆除了著名的武藏野、盐滨编组站以及一半以上的货运站、港湾站。位于东京湾的铁路港湾站如图 14-84 所示。

图 14-84　位于东京湾的铁路港湾站

总体看,东京人口和产业高度集中,中心城区土地稀缺,生活成本高昂,人口纷纷迁往郊区居住,中心城区白昼和夜间的人口数量比例达到惊人的 15∶1,上下班时段的人流极为巨大。因此,东京铁路枢纽建设以满足地区城市交通需要为目标,运输效率非常高,地铁站的设置与枢纽铁路客运站紧密衔接,或并行,或地上地下,形成非常便捷的衔接换乘关系。这些成功经验非常值得超大城市借鉴:

一是,城市客流绝大部分由地铁、市郊铁路、公共汽车、电车等城市公共交通共同承担,其中传统的铁路及辐射周边的市郊铁路成为城市客流的承运骨干,市郊铁路客运量占城市总客运量的 65%。铁路车站成为城市综合体。

二是,东京圈发达的轨道交通和巨大的运输流量,统一的票制起到很大作用。自 2007

年 3 月 18 日起，27 家铁路(轨道)公司和 32 家公交巴士公司联合推出可充值的记名 PASMO 卡，实现多种公共交通方式的票制互通。PASMO 卡还具备电子货币功能，可以在加盟店和部分自动售货机购物。

三是，地铁与其他私营铁路公司以及 JR 公司线路直通运行。通过直通运行，从市郊前往城市中心的乘客无需换乘，提高了郊区与东京市中心的客运能力和服务质量。同时直通运行避免了在市中心地下的重复建设与投资，也保证了双方公司的成本与收益。

四是，充分利用闲置的铁路线，开行环线、放射线的市郊列车，与干线、地铁形成综合换乘体。

14.2.7 印度铁路及典型铁路枢纽

1. 印度铁路概况

印度是世界四大文明古国之一，东邻孟加拉湾，西濒阿拉伯海，喜马拉雅山脉的南麓，为南亚次大陆及印度洋沿岸面积最大的国家。面积约 298 万 km^2，2021 年总人口为 13.92 亿，是世界第二大人口大国。

印度铁路网分布明显呈现北方较密、南部相对较稀的特点。印度铁路是多轨距系统，按轨距分，有宽轨(轨距 1 676 mm)、米轨(轨距 1 000 mm)和窄轨(轨距有 762 mm 和 620 mm 两种)铁路，大部分是宽轨铁路，主要繁忙干线、电气化线路都是宽轨铁路。

截至 2018 年，印度铁路总长度为 68 443 km。印度铁路网拥有铁路枢纽(线路节点)约 300 个，其中主要铁路枢纽约 100 个，如德里、孟买、加尔各答、瓦拉纳西、巴特那、阿格拉、肯德瓦、班加罗尔、斋浦尔等。

印度铁路大多属于国有铁路，干线铁路属于客货混运型。由于其他交通基础设施缺乏，旅客中长途出行基本依赖铁路，在大城市及其周边，铁路又承担了很大的市郊短途客运量。

根据《2020 国际统计年鉴》，2017 年印度铁路客运周转量为 11 498.35 亿人公里，货运周转量6 201.75 亿吨公里。随着中国高速铁路快速发展的引领作用，目前，印度与先进国家合作，正在修建金奈—新德里、孟买—艾哈迈达巴德之间的高速铁路。

总体看，铁路是印度货物运输、国民出行的主要交通方式。但印度铁路由于基础设施老化、轨距繁杂、客货运输需多次换乘、投资资金不足等问题，发展较为迟缓。铁路运输管理水平不高，运输效率、运输量及安全性在世界铁路国家中均表现较差，但发展潜力巨大。

2. 新德里铁路枢纽概况

新德里是印度首都，全国政治、经济和文化中心，印度第二大城市(仅次于孟买)，也是印度北方最大的商业中心。新德里位于印度的西北部，地处恒河支流亚穆纳河西岸。新德里面积约 1 482 km^2。根据印度国家统计局数据，截至 2021 年末，新德里首都辖区人口为 3 118.14 万。

新德里铁路枢纽有多条铁路干、支线引入，构成“东西双环并列的环形＋以中央火车站为中心放射线”的格局。枢纽其他车站均设置在向外放射的各衔接线及与环线的衔接处，共设有各类车站 30 余个。

新德里铁路枢纽中最大的客运站为位于新德里市中心康诺特广场北边 2 km 的中央车站，有客运站台 9 座，到发线 16 条，南北向通过式布置，双向旅客广场，每日发送 36 万人次。新德里客运站如图 14-85 所示。由于其他轨道交通发展缓慢，铁路尚承担了大量的市郊客运。

(a)

(b)

图 14-85 新德里客运站

新德里铁路枢纽南部德里—马图拉铁路上奥克哈拉设有双向二级四场编组站，上下行系统的到、编规模分别为 12、22 条及 7、14 条，如图 14-86 所示。

新德里的城市交通由地铁(轻轨)、公交车、私人车辆组成。地铁建设较晚，自 1984 开始计划，1998 年开始建设，2002 年一期工程开通运营，其后陆续建成 2 号线、德里机场快线等，多地面、高架敷设。截至 2018 年，新德里共开通 8 条地铁线，有车站 173 座，线路总长 156 km。

图 14-86　新德里铁路枢纽奥克哈拉编组站

总体看，新德里铁路枢纽结构较为简单，由于客货共线，缺少疏解设施，技术标准较低和科技装备不足，客货交叉干扰较大，通过能力小，行车安全条件较差。

第15章 中国铁路枢纽规划建设的发展方向及展望

中国铁路,特别是以高速铁路为代表的现代化铁路建设取得了举世瞩目的成就,铁路枢纽规划设计技术已经基本成熟,枢纽建设取得了巨大成就,对经济可持续发展、全社会进步作出了巨大贡献,在世界铁路建设历程中具有鲜明的后发优势和国情特色。在未来,强大、旺盛的社会需求必然要求中国铁路网"由大向强、由强变精",铁路客运向高速化、"公交化"、高安全、高密度发展,铁路物流向重载化、快速化发展,中国铁路枢纽规划设计及建设仍存在进一步优化、持续改进、不断提高的巨大潜力,需要长期地继续探索、创新。

15.1 中外铁路枢纽对比及中国铁路枢纽面临的问题

15.1.1 国外典型铁路枢纽发展的特点

发达国家的大型铁路枢纽,基本上都是20世纪30年代以前自由资本主义时期,在盲目竞争中建设发展形成的,此后经历了铁路收归国有和铁路公司相互兼并,在降低运输成本、提高经济效益上采取了一系列的改革措施,铁路枢纽杂乱无序的状况有所改善。从前述的国外诸多大型铁路枢纽发展历程可以看出,国外发达国家的铁路枢纽具有以下共同的基本特点:

1. 枢纽线网密度大,衔接线路多,运输灵活性高

国外发达国家铁路修建都较早,经过初期无序扩张、恶性竞争,枢纽衔接的线网多,大多十余条到数十条,且重要方向多为共通道的复线甚至四线、六线,分属不同铁路公司。这在铁路建设初期,造成了一定的资源浪费和重复投资,后期由于其他运输方式竞争,铁路运量不足,造成能力虚糜、固定支出增大,这也是国外大量重复功能线路遭到拆除的基本原因。

目前看来,经过20世纪的整合后,铁路枢纽的基本构型难以根本改变,规模和能力过度富裕的情况仍然存在,运营维护成本高,但也为弹性运输创造了可能,可以满足个性化和突发性运输需求,运输质量较高。

2. 枢纽总体格局以环形、半环形叠加放射线、伸长组合型布局为多，基本实现了客货分线运输

国外发达国家铁路枢纽，经过长期积累发展，线网总体格局多以多重环线、半环线叠加放射线、伸长组合型布局为多。为避免过长的迂回运输，部分枢纽各主要方向间多修建高架或地下的直径线或较顺直的联络线联通，其他构型的枢纽也基本在外围各主要引入线间修建多重环线、联络线沟通，在外围布设货运站、编组站等，避免货车在市内运行。

另外，枢纽衔接的线路虽大多采用客货共线的运输模式，但由于线路通过能力大，在枢纽辐射范围、城市周边、城市远郊即实行“客货分线、客内货外”，在城市圈、城市郊区以内、市中心等区域，线网一般作为中短途、市郊客流服务的客运专线使用，或白天基本供客运使用，货车仅在夜间或白昼客运平峰期运行。

3. 客运线路上车站较多、较密，多可为市郊、短途通勤客运服务

国外发达国家的铁路枢纽基本上都具有车站多、密度大的特点。历史上各铁路公司为扩张，竞相争设车站造成设站过密。后由于城市扩张，车站大多为建筑、居民区包围，货运外迁后逐步丧失货运功能，在政府鼓励、需求引导下，这反而成为了一种宝贵的客运资源。这些车站纷纷强化其客运功能，大量开行市郊、短途客车，成为城市综合交通运输的一种重要补充和经济效益的新增长点。另一个特点是，丧失货运功能的城市铁路上，车站设置门槛低，到发线满足接发短编组列车、满足旅客可乘降即可，设施简易，不追求“高大上”，只要有需求即可设置。故国外城市内铁路车站分布大多间距 3～5 km。如日本东京铁路枢纽，除新建的新干线等客运专线外，有各类既有铁路车站 120 多个，绝大部分都办理客运作业，每日开行各类客车 4 500 多对，对支撑东京短途市郊、通勤客流起决定性作用。日本市郊列车乘降所如图 15-1 所示。

图 15-1　日本市郊列车乘降所

4. 城市内铁路客运站较多,均构建成综合交通枢纽

国外发达国家的城市枢纽内,一般分布有多个铁路客运站,大多有 6 个以上始发终到客运站及大量停站通过的中、小型客运站。始发终到客运站多为尽头式布置,并且多按方位别独立使用,较少相互跨线运行。这些客运站都构建成城市的综合交通枢纽,成为集铁路、地铁、轻轨、公交、商贸于一体的城市综合体。

5. 编组站、货运站较多,整合难度大

由于国外铁路大多为私营铁路,各有利益,造成同一枢纽各自设置自成体系的客货运设施,同一枢纽内分布了众多分属不同铁路公司的编组站、货运站,相互协作不够,再整合、关并的难度很大。在铁路收归国有的铁路枢纽,由于先期车站多,城市及土地私有的制约,整合车站的难度也很大。车站布局不合理、功能重复的状况很难根本改变。

6. 多式联运高度发达

国外发达国家的铁路经历了长时期惨痛的衰落后,各铁路公司,特别是私营铁路公司,都认识到封闭、单一的铁路运输在综合交通发达的形势下已经难以“独善其身”,纷纷开展公铁、空铁、水铁联运业务,在机场、港口、市区外围新建、改建多式联运物流中心,实行“一票直达”,取得了联合运输、降低整个社会物流成本、各方共赢的良好效果。如美国芝加哥铁路枢纽,整合后的多处闲置编组站改造为货运站、物流中心,大力开展公铁驮背运输、集装箱运输及行包快运。加拿大温哥华港口海铁联运现场如图 15-2 所示。

图 15-2　加拿大温哥华港口海铁联运

15.1.2　中国铁路枢纽发展的特点

中国铁路起步晚、起点低、工业化程度低,铁路枢纽的建设发展具有自己鲜明的特点,很多方面与国外是相对立的。

1. 枢纽衔接的线路相对较少，线网密度较小但行车密度大

中国铁路枢纽大多是新中国成立后发展、建设的，受国民经济发展和国家财力的限制，铁路建设以需求为牵引，精打细算，枢纽衔接线路基本上按照规模适中、适当超前的原则，遵循"初期单线—双线—电气化—提速"的技术路径进行逐步扩能改造。枢纽一般衔接的线路较少，线路通过能力利用率大，行车密度高(货车追踪时分最小达 6 min)，一个行车方向很少有多条铁路并存的情况。例如，中国最庞大的北京铁路枢纽，也仅规划衔接客货共线铁路 12 条，独立成网的高速铁路(城际铁路)12 条。

2. 枢纽总布置图格局多样，重要枢纽基本实现客货分线

中国城市地形各异，造成城市总体形态和所在铁路枢纽的总体布局各不相同。中国铁路枢纽总图可归纳分为三角形、交叉型、组合型等九类，同类图型形态各异，环形、半环形、放射形布局的枢纽多位于浅丘平原地带，其数量在全国枢纽占比较少。

长期以来，中国铁路仅为客货共线运输的普速铁路。进入 21 世纪后，主要铁路枢纽结合高速铁路的引入，贯彻"客内货外、客货分线、绿色环保、和谐共建"的建设理念，在线路深入城市中心、近郊范围时，线路基本上作为客运专线使用或新建客运引入线。

3. 重要枢纽客运系统逐步成网，相对独立

中国很多大型、特大型枢纽，依托多条、多方向的高速铁路、城际铁路的建设，基本上构架起了相对独立的客运专线网络。如北京、上海、广州、成都、武汉等铁路枢纽，多条高速铁路引入后形成了独立于普速铁路网的客运专线网，并在进一步扩展中。共廊走行、高普分线的枢纽引入线如图 15-3 所示。

图 15-3　共廊走行、高普分线的枢纽引入线

4. 枢纽内车站总数较少，客运站更少，主要客运站相互有机衔接

中国铁路枢纽建设长期贯彻"先通后备、勤俭建设"的方针，枢纽内车站均为满足线路通过能力和客货运作业需要而设，单线铁路上车站站间距多在 10 km 以上，双线铁路多在 5～

20 km 间，车站绝不多设，车站条件预留也不足。

中国铁路枢纽内，办理始发终到客车的客运站一般衔接方向多、设备设施高度集中，多属于“巨无霸”车站，客运站总数较少，主要的大型铁路枢纽一般设有 3～4 个客运站，北京铁路枢纽设有 7 个始发终到客运站。同时，由于中国铁路客运长期以承担中长途客运为重点，开行的站站停客车车次很少，枢纽内很多具备客运功能的中间站的客运设施基本闲置，远未发挥出潜力。

客运站建设时，城市轨道交通尚不发达或空白，因此各客运站间大多修建了联络线以相互联络，相互间可以实现“多点发车”，满足部分旅客就近出行、减少在城市内流动的需求。这是中国客运站运营与国外枢纽客运站基本“专站专用”运营最突出的区别。

5. 旅客运输以中长途为主，城市短途市郊客运比重极低

长期以来受制于国民经济发展水平，其他交通方式发展滞后，依靠铁路出行是中国居民中长途旅行的基本方式。在资源有限的情况下，铁路将绝大部分资源投入中长途客运版块，无论线网布局、车站站址选择、车站数量还是车站设施设备配置等，都是为中长途客运服务的；对时效性要求高、运距短、速度慢、瞬时流量大的市郊短途客运，投入较少或基本放弃。这与国外铁路客运性质完全相反。

目前，中国铁路部门已经认识到铁路在城市内部的综合交通中发挥的重要作用，借鉴国外的成功经验，除与地方政府合作，利用铁路富裕能力开行市郊、环城短途客车外，也开始筹划、启动市域铁路，填补运输的空白。成都至都江堰的新建市域铁路如图 15-4 所示。

图 15-4　成都至都江堰的新建市域铁路

6. 枢纽内编组、货运作业高度集中

中国铁路枢纽在规划设计中，一直以来贯彻编组、货运集中作业的理念，提高效率。一般枢纽仅设一个编组站，作业量大，仅在某些方向径路过度迂回时才考虑另设辅助编组站（如沈阳铁路枢纽），或者企业自备工业编组站。传统的货运站设置也强调作业集中，在此基础上再根据需要改扩建为专业型、综合型物流中心。不言而喻，这种作业高度集中模式保证

了中国铁路货运的长期运营高效率，与国外形成鲜明对比。

7. 多式联运较不发达，潜力巨大

中国铁路过去实行计划经济体制时间较长，综合交通理念建立较短，社会多种运输方式的规划建设归口各自的主管部门管理，相对独立发展，如公路、水运、航空、城市轨道交通等，基本上自成体系，在自身单一运输模式下一票直达，较少相互协作、联合运输。铁路与机场间，基本上仅仅是铁路通过机场附近设站，利用停站通过列车接运少量民航旅客；在港埠地区，铁路也基本上以专支线的形式伸入港区，只起到部分长距离大宗货物的疏港作用，与水运客运基本不存在接驳业务。目前，国家已经认识到综合交通、多式联运的重要意义，但有机协作的合作道路还很漫长。

15.1.3 中国铁路枢纽规划建设存在或即将面临的问题

中国铁路建设遵循“规划先行”的基本原则，同样，铁路枢纽建设的基本依据是由国铁集团代表国家批准的铁路枢纽总布置图(总图规划)。在铁路国有、建设运营高度集中管理的模式下，中国铁路及枢纽以有限的路网规模，“投入经济、功能适用、运营高效”的特点屹立于世界铁路，创造了铁路客货运周转多年世界第一的优异成就。

回顾中国铁路枢纽建设历程，从规划设计的角度特别是有利于实现《中长期铁路网规划》的角度看，中国铁路枢纽规划建设尚存在或将面临以下主要问题或不足：

1. 枢纽总图规划的威权不足，应予以强化

(1)枢纽总图规划前瞻性不足，总图规划项目维护困难

铁路枢纽总布置图编制，往往受对国民经济发展规划的预测制约，前瞻性不足，体现在铁路网扩展需求、客货运量的预测不足或过度超前，并且由于总图编制、审批、维护等管理权限的限制，枢纽总图对地方的约束力有限，没有像城市总体规划那样具有法律效力并得到地方政府的重视和维护。由于规划的线网、场站设施的规划用地等基础性资源不像国外可一次性购入、储备，故规划项目的用地往往被地方政府和城市建设挪用、侵占，枢纽总图往往处在不停地修改、调整、补强之中。

(2)枢纽总图规划年限与城市规划不协调，调整频繁

铁路枢纽总图规划的基本依据是全国铁路网规划，互为依据，同时与城市规划密切相关。中国铁路总图规划一般考虑近期 10 年、远期 20 年、展望 30 年以上，这对地方城市规划而言年限太长，城市总体规划一般 20 年，每 5 年一修编。规划期由于城市化建设的发展，地方总体规划调整的频度和力度大大增加，这期间全国铁路网和总体目标规划也会调整，也造成铁路总图规划的基本依据多变，难以落地。

(3)物权制约枢纽规划的实施

铁路枢纽的规划建设周期长，实施过程中不可避免会发生征地拆迁。由于广大民众物

权意识、维权意识的增强，征地拆迁变得极其困难，往往拖长建设周期、增加巨额投资，甚至不得不根本性调整建设方案。

因此，要解决上述问题，制定更合理广泛的审批层级和范围，赋予审批后的总图具有法规效力就极为必要，让地方相关部门参与规划，赋予义务与铁路部门共同审批、共同维护。

2. 枢纽规划设计的可实施性较差

(1)建设项目环保措施不强，导致项目远离城市、功能减弱

铁路枢纽一般均位于大中型城市内或周边地区，人口、生产生活设施密集，铁路运输天然存在噪声、震动、电磁辐射等，特别是普速铁路，基本上为全日行车，昼夜影响周边居民生活。在过去的铁路枢纽建设中，过度强调初、近期的工程经济性，对环保设施重视不够、能省则省，开通运营后更是对环保呼声视而不见。这就造成地方政府和居民本能地反对铁路进城、近城，铁路新线、站场设施建设也离城越来越远，线路越来越迂回，枢纽范围越来越大，民众出行越来越不便利，实属得不偿失。

(2)枢纽物流场站规划建设方面缺失，仍需加强、优化

尽管中国众多铁路枢纽内已经建设了一批铁路物流基地(装车地、综合物流中心、专业物流中心等)，设施经过了优化整合，但物流场站、基地规划建设仍不能完全满足社会经济发展需要，需要进一步改进。

①中小枢纽(地区)内物流设施布局优化尚应继续加强

铁路枢纽运营，实现“客内货外布局、客货分线运输”已经成为国内外铁路、城市规划的基本规划建设理念。在中国诸多大型枢纽内，结合新建引入线和既有线改扩建工程，大多按此理念进行了迁建、整合、关闭等方式的规划建设。但在中小型枢纽以及衔接大量支线、专用线的枢纽(地区)，由于产权、归口部门各异，布局调整的理念、重视程度和执行力度与大型枢纽的建设还有很大差距，铁路枢纽内还未能完全禁绝货物列车在城市内运行和装卸等，汽车短途货物运输穿行城市问题突出，既不利于城市建设、消除扰民，也不利于铁路自身利用既有的设施设备来开展新型客运业务。在今后的铁路改扩建中，中小型枢纽还需要继续实施“客内货外布局、客货分线运输”理念。

②铁路物流基地建设仍存在配套设施空白，运营管理严重不足

在枢纽内的物流场站的规划建设中，过度强调枢纽的设施设备集中，物流基地列车技术作业设施和能力不足，一般未配设机务、车辆等设施，解编、取送作业和机务、车辆等配套设施大多依托枢纽内编组站提供，导致物流基地难以及时组织、开行基地直达列车、快运列车。

铁路物流基地规划建设重视满足大宗货物、整车运输等传统货物的需要，但对社会需求旺盛、批量小、批次多、到站散、时效性高、附加价值高、发展迅速的新型物流(快递业)应对不力，缺乏有效承揽手段，快件受理困难，在途环节繁多，不能提供“门到门”服务，使得这部分高效益的物流量转向航空、公路甚至高速铁路，而铁路自己则沦为低价值的装卸者、运输者，

处于附属的"打工"地位。这有缺乏满足社会快递物流需要的作业设施设备、铁路运输产品单一(无法提供货运动车、快运列车)的"硬件差"原因,更有物流组织水平不高、管理理念落后、不思进取、缺乏作为的"软件"原因。顺丰快递业务如图 15-5～图 15-7 所示。

图 15-5　高速客运动车承担顺丰快递业务

图 15-6　顺丰航空快递

③编组站规划建设仍有不足,重解编,轻直通

随着商品社会化、资源精加工"坑口"化,铁路大宗资源型货物运输绝对量已经难有大幅度提高的空间,但社会对缩减货物运输时间的需求强烈,这就要求跨区域、长交路的基地直达、技术直达、直通运输比例逐步提高。但长期以来,中国编组站规划建设重视车辆到—解—编的"一条龙"流水作业,对停站无改编列车的作业较不重视,表现为编组站缺少直通车

图 15-7 顺丰快递开展的汽车物流

场或直通到发线数量不足，缺少环到-环发设施满足车列无改编折角转向（环到-环发设施一般仅少数特大型、路网性编组站配设），直通车列特别是需折角换向的直通车列在编组站的作业流线不顺，停留时间过长（一般占全程送达时间的 30%）。

（3）客运系统规划和场站建设方面仍存在不足

①枢纽总图规划缺乏对地方主导的城际铁路、市域铁路的规划。

由于投资主体的关系，在中国，除具有路网延伸功能、与干线铁路连通的城际铁路外，中心城市与其他大、中型城市间的“点到点”城际铁路建设一般由地方政府作为投资主体，而干线客运系统（国铁）建设则由国铁集团负责。铁路枢纽总图规划缺乏对地方主张的城际铁路、市域铁路的统筹规划，前瞻性不强，往往回避或遗漏。在认识上，国铁系统认为城际铁路、市域铁路规划属于地方规划，一般不纳入铁路枢纽总图规划，形成国家铁路规划、地方铁路规划“两张皮”，相互间无约束力。

②客运站总体布置一味平面摊铺，占地巨大。

大型、特大型客运站规划过度强调初、近期的工程经济性，先占为主，客运站总布置基本上属于平面摊铺（图 15-8），很少有国外客运站常见的各客运车场“立体交叉、竖向延伸”的布局（图 15-9），建成的铁路客运站大多空间（竖向）利用率低，占地巨大，也制约了后续城际铁路、市域铁路的引入。

③过度强调城际客运与干线客运的互联互通、多线共站、站段一体集成设置，对建设环境要求高，导致车站总布置普遍运用横列贯通图型，形式单一，加剧了车站选址的难度，新建客运站往往不得不远离城市，进而造成旅客乘降不便，城市配套设施投入巨大。

④多客运站枢纽过度强化客运站“多点发车”，疏解极其复杂，选址困难。

多客运站枢纽一般属于大型枢纽。在城市综合交通建设上，铁路客运站建设是超前于地铁等城市轨道交通的，为向旅客提供就近乘车的便利，中国同一城市的各客运站间一般都修建了联络线。各客运站均可往某一方向发车，仅在发车频次上区分主次，为此修建了极其复杂、投资巨大的跨线联络线、疏解线，旨在减少旅客因择站在城市内频繁转换交通方式耗

图 15-8　32 股道平面布设的西安北站

图 15-9　柏林铁路枢纽车场立体交叉的帕佩街站

时行走。这与国外客运站间“较少联系、专站专用”有很大不同。

“多点发车”作为“以人为本”理念的具体体现，有其合理性，但应因地制宜。若所有枢纽均采用这种“一刀切”模式，新建客运站就显得布置过于复杂，导致复杂的疏解对城市过度切割、对建设环境要求严苛等问题凸显，反过来迫使客运站站址越选越远，反而加剧旅客出行不便，违背了“以人为本”的初衷。

因此，在新一轮的客运站建设中，应平衡、利用好城市轨道交通的功能，在轨道交通发达的城市及城市群，“专线专站、方位乘车”的模式也值得研究和推广。

归根到底，多方面、多头管理，造成铁路规划的前瞻性不强，总图规划难以“落地”，是制约新建客运站引入城市困难的关键缘由。

15.2 中国铁路枢纽规划建设的发展前景

世界上任何一件工业产品，从其诞生之时起，其技术进步即伴随其生存过程的始终，直至被全新的产品完全替代。铁路及铁路枢纽作为工业化的运输产品，也必然需要改进提高。

进入 21 世纪后，中国铁路经历了几次重大战略调整，先后进行了 6 次既有线客运大提速，建设“八纵八横”客运专线为骨架的高速铁路等。目前，以高速铁路为代表的客运专线建设基本成网，铁路编组站建设和物流基地建设也取得重要成果，中国铁路网还将进一步扩展、发展和优化。展望未来，中国铁路枢纽规划建设必将在以下方面获得进一步改进和发展。

15.2.1 铁路枢纽的数量、覆盖范围和服务内容进一步扩展

(1)铁路枢纽的数量和覆盖范围必将大大增加。

按照建设“资源节约、环境友好、绿色环保”国度、走新型工业化道路的国家发展战略和《中长期铁路网规划》，中国城市化建设步伐将极大加快，重要城市及其卫星城镇的建设发展和运转，都不可能离开铁路的支撑，这对铁路及铁路枢纽的规划建设提出了更高的要求。

中国铁路已覆盖全国所有省份并构建成网。截至 2021 年底，全国铁路营业里程达到 15 万 km，其中高铁达到 4 万 km，稳居世界第一，拥有铁路枢纽约 60 个，主要铁路地区约 45 个。根据《新时代交通强国铁路先行规划纲要》(铁发改〔2020〕129 号)，展望到 2035 年，铁路网规模将达到 20 万 km 左右，其中高速铁路 7 万 km 左右。

在世界主要铁路大国铁路建设处于基本规模稳固、继续提质增效、重点发展客运的“平缓”状态下，只有中国铁路一枝独秀、一日千里，引领铁路发展的潮流。随着中国铁路网络覆盖进一步扩大，诸多铁路地区将发展为铁路枢纽，产生更多的铁路枢纽和地区，同时位于城市的既有铁路枢纽的覆盖范围必将大幅度扩充，铁路网将基本实现内外互联互通、区际多路畅通、省会高速连通、地市快速通达、县域基本覆盖，路网结构更加优化，骨干作用更加显著，更好地发挥铁路对经济社会发展的保障作用。

(2)铁路枢纽的产品种类(服务内容)必将得以进一步增加。

过去，中国铁路客货运输在运力一定的情况下，按照“抓大放小”“有所为、有所不为”方式开展铁路运输：在客运方面，基本不介入城市综合交通运输规划建设，基本放弃了市域、市内短途客运；货运(物流)方面，对多式联运、新型物流(快递业)应对不力，丧失了很大的市场份额。

在铁路及枢纽加快发展的今天，中国铁路充分吸取发达国家的经验，利用新兴的信息技术、智能技术，改进、创新经营理念，利用广覆盖的线网和车站设施，大力介入和开展城市市内、

市郊短途运输,货运方面充分利用高速铁路网,开展快速、个性化的快运物流,为社会提供更优质、更丰富的运输产品,为“资源节约、环境友好、绿色环保”可持续发展战略提供支撑。

15.2.2 改进枢纽规划理念,提高铁路运营水平

1. 继续改进枢纽行车组织

1)货物运输组织方面

中国经济结构的主体已经进入由高能耗、高污染的加工制造业,向低能耗、高效益的服务业快速转变的新阶段,反映在全社会物流上,明显的趋势就是货运总量增长乏力以及大宗货运比重下降,零担及轻快货运上升。以公路运输为主的物流企业正在迅速抢占这个市场,而以承接整车、集装箱运输的铁路传统物流方式,却把众多拥有大量货源又不需要整车的广大货主排斥在门外,有错失进一步发展的风险或已经发生。因此,现代化铁路枢纽的规划设计应着眼于经济转型和物流发展趋势,进一步提高铁路编组站、物流中心服务经济发展的能力。

(1)国外铁路运输产品发展趋势

美国铁路货运的运输产品以大宗货物重载运输和集装箱联合运输为主,在运输组织上均开行重载列车,如大宗货物重载列车和双层集装箱列车(图 15-10)。这种选择固然与美国幅员辽阔不无关系,但更为重要的原因是,美国铁路的“摊子”太大、固定成本过高,使得铁路必须通过提高单位生产率来降低单位生产成本。

德国铁路货物运输具有高密度、小编组、点到点的特点,适应德国幅员小、工业分布广、运距短的国情。其铁路整车运输、直达运输及公铁联合运输产品发达。采取了开行快运货物列车(在选定的经济中心之间开行,平均速度为 45～50 km/h)、国际货物列车(运输距离较远,一般 A 日开,C 日到)、普通货物列车(国内开行,A 日开,B 日到,要求调度在 24 h 内给予时间优先保证)等车种。同时发展直达货物运输:一是开行物流列车,承担大公司或大企业的厂间运输;二是开行计划运输直达列车,根据与货主协商的计划开行大宗物资货物列车;三是开行小量物资运输直达列车,根据货源灵活开行。德国铁路快运货物列车如图 15-11所示。

图 15-10 美国铁路双层集装箱运输

图 15-11 德国铁路快运货物列车

英国铁路随着市场化改革的不断推进，新的公司纷纷加入铁路货运市场，铁路迎来了过去无法想象的兴旺繁荣，铁路货运量创历史新高。英国铁路的新增运量主要来自铁路和海运、公路的联合运输。一些大型零售商和大工厂将其绝大多数商品存积于某一个港口，货物数量居高不下，港口和公路均难以承受。因此，通过承接此类运量，铁路迎来了二次发展。

综上所述，从美国、德国、英国铁路运输产品发展来看，有三个特点较为突出：其一，注重发挥铁路在大宗货物运输方面的优势；其二，提高铁路服务水平，包括提速、增强灵活性、加强对货主的服务；其三，注重与其他运输方式优势互补，实行联合运输。

(2)中国铁路货运市场展望

中国铁路根据货流特点制定货运产品，主要开行始发直达、技术直达、直通、区段、重点摘挂、沿零摘挂、小运转列车等。这种货运产品构成适合中国国土面积广大、货运运距长的特点，也适应中国经济发展阶段(以大宗货物为主)，同时与中国铁路历史形成的生产力布局也是匹配的，能够较好地提高铁路运输能力，发挥铁路运输的优势，为国民经济发展服务。

随着中国经济逐步转型，中国货运市场也在逐步发生深刻的转变：一方面受到资源、环境、经济发展阶段等的制约，传统重工业产品产能过剩，煤炭、矿石、钢铁等大宗商品的运量下滑明显；另一方面随着中国高新技术产业发展和电子商务的发展，附加值较高、时效性强、单批次运量小的货运量快速上升。

为了适应市场变化，进一步改进铁路服务工作，国铁集团推出了铁路货运组织改革，主要包括改革货运受理方式、改革运输组织方式、清理规范货运收费、开展“门到门”全程物流服务四个方面内容。国铁集团不断推出新举措，如加大集装箱列车的开行力度、开展高铁快递业务，开行“电商专列”“快运专列”等。未来根据市场需求，繁忙干线还将大力发展双层集装箱运输(图 15-12)，加强铁路与公路、铁路与水运的联合运输。

图 15-12　铁路双层集装箱及公路车辆驮背运输

(3)铁路编组站、物流中心运输组织应主动适应市场需求

一直以来,铁路货运以大宗商品为主,编组站运输组织目标主要是完成解体编组任务,实现各方向列车满编出发,有效降低铁路货运成本。由于铁路货运国家限价,且货物时效性不强,这种运输组织方式对铁路运输企业来说可以实现收益最大化。目前,高附加值物流方面,公路已抢占了大部分市场份额。对于铁路编组计划来说,一方面要完成大宗货运的运输任务,另一方面也要加快送达速度,货运列车尽量快编组、少编组或不编组,因此,未来铁路编组站的运输组织目标将变得多元化。

①铁路货运"客运化"

经过最近几年的运输实践,铁路货运提高送达速度已经积累了较多的实践经验:其一,货物快运化、集装化,减少散装运输;其二,固定开行班列,中途不解编,变过去的"动车"编组为"动箱"编组,铁路货物像旅客一样进行快速上下车作业;其三,利用铁路生产力网络,增加开办集装箱业务的车站。通过优化编组计划,部分列车可以实现少进编组站,或不进编组站。

②编组计划的时效性

在铁路运价逐步市场化的前提条件下,改变过去以降低铁路运营成本为目的的编组计划原则,实行市场化编组计划原则,对于重点客户、高附加值货物列车实行优先编组、优先通过;加强与大客户的联系协调,增强货物来源的提前预测、预报,提高编组计划的针对性,减少编组站停时,加速送达速度。

③实行联合运输,开展"多式联运"

大力推行"公铁"联运和"水铁"联运,是扩大铁路运输市场份额、提高铁路服务质量的有效措施。铁路编组计划应考虑"门到门"运输最优化,而不仅仅是铁路运输本身的最优化。因此,未来铁路运输编组计划要充分考虑货主需求、时效性、运输成本、不同运输方式分工协作等多种因素,在提高铁路收益的同时,不断提高铁路市场化份额,实现以铁路运输为主的综合运输服务体系。

④充分利用客运专线网,轻快货物运输动车化,加快轻快货物的运输及送达

截至 2021 年底,中国高速铁路已经投入运营 4 万 km;规划到 2035 年,路网规划总规模为 20 万 km 左右,其中高速铁路为 7 万 km,另有更多的城际铁路和时速 160～200 km 的客货共线快速铁路。这无疑是一笔巨大的财富和资源。受列控技术条件和技术标准限制,普通的牵引列车不能在客运专线上运行。而客运专线有典型的高峰和平峰期,日均运行16～17 h(早上 6:00～晚上 12:00),再扣除夜间 4 h 的固定综合维修期,完全可以利用空闲期、平峰期开行快速的动车组货运列车。

2)改进、提高旅客运输组织

铁路旅客运输无疑是中国未来铁路运输的主要增长点。据统计,欧美国家人均 GDP 达到 2 000 美元时,年人均出行次数为 127～396 次;2021 年中国人均 GDP 已达到 12 500 美元以

上，但铁路承担的年人均出行次数不足 2.0 次。中国没有充足的资源，不可能发展为“汽车上的国度”，但中国高速铁路规模于 2021 年底已经达到 4 万 km，未来还将进一步增加，另外还将有大量地方政府主导的中短距离的“点到点”城际铁路，铁路客运在未来必然有井喷式的增长，必须未雨绸缪，进一步提高服务质量。

(1)充分利用高速铁路、城际铁路等，大力开行“公交化”列车。

应充分利用客运专线，根据交路长短，合理、弹性安排行车计划，高峰时段、黄金时段大量集中开行列车，实行“公交化”滚动发车，巩固和提高高速铁路在中长途旅客运输中的占比，让铁路旅行从人们的一种“可能”选择变成一种刚性的“合理”消费需求。

(2)重视中间地带旅客运输，探索为同城化服务的列车开行方式。

目前，中国铁路较为重视线网始终点间的运输，客运专线上开行一站直达、大站直达列车较多，但对始发城市与中间城市间、中间城市相互间的旅客运输则不够重视甚至视而不见，好一点的情况则仅开行少量交错停车的列车来兼顾。即便如此，这也仅仅部分解决了始发城市与中间城市的交流，无法满足中间城市间的交流需求，而且车次少、间隔时间长，很多旅客不得不采用先往大站再短途汽车到达目的地的“迂回战略”，社会的不满情绪强烈。因此，需要探索更合理、更人性化、具有弹性的“站站停”列车开行方式，提供铁路对社会的全方位运输服务。

(3)加强市域铁路的规划建设和既有线客运设施改扩建，大力开行市域铁路。

市域铁路又称为通勤铁路、市郊铁路，是大都市市域范围内的客运轨道交通系统，服务于城市与郊区、中心城市与卫星城、重点城镇间等，服务范围一般在 50～100 km 之内。北京首都机场快线列车如图 15-13 所示。

图 15-13　北京首都机场快线列车

国外发达国家铁路枢纽均承担了大量的市郊短途客流运输，在巴黎、东京、伦敦、纽约、莫斯科等大都市圈，市域短途铁路运输已经成为人们日常交通的主要方式之一，其客运量占铁路客运量的 80％以上。德国柏林市郊列车如图 15-14 所示。

图 15-14　德国柏林市郊列车

中国铁路长期对城市近郊短途客运处于“虽不留空白，但点到即止”的认识状态，目前尚没有专为短途通勤客运服务的市域铁路，长期以来，枢纽也仅仅能做到就便利用既有铁路，开行少量的主要解决铁路职工、厂矿职工通勤用的市郊列车，兼顾路外旅客短途运输，但由于车次少、站点稀、速度低，客流并不理想，很多枢纽甚至停开此类列车，市域客运基本上属于空白，潜力和发展空间很大。

因此，位于中心城市和城市群、大都市的铁路枢纽，可以利用新建市域铁路，或利用货运外迁的枢纽线网和场站设施等，加大居民区附近站点设置力度，开行短编组、“公交化”、高峰时段可加大密度的市域牵引列车或动车组列车，在短途通勤中充分发挥铁路运输的天然优势。

(4)加大电子商务在旅客运输中的作用，为旅客“预定—支付—出行—更改”提供便捷化的全面服务。

目前国铁集团大力推进电子客票、网上支付手段，展现了良好的发展势头。

2. 按照运输组织优化的原则，搞好编组站的合理布局和建设规划

铁路编组站对铁路网货物运输效率起决定性作用。编组站规划，应贯彻全路一盘棋的思路，根据一定时期的货物特点和运输需要，优化运输编组计划，科学地动态确定编组站的路网地位和分工，合理核定编组站的设施设备配置，避免编组站改扩建简单盲目地规模堆砌“一刀切”。

路网上通过型的编组站，应大力强化直通功能，增建、扩建直通车场、直通环线等，弱化解编功能，加快直达、直通货物列车的周转。

3. 继续强化主要通道上铁路枢纽能力，确保通道畅通和中长距离运输优势

中国是一个东西、南北跨距达 5 000 km 的大陆型大国，只有通过铁路中长距离的运输和保证跨越多个枢纽的通道畅通，才利于把国家和重要经济区连为一体。多年的统计资料也表明，铁路在中长距离的客货运输周转量持续增长。为提高铁路通道的综合运输能力，确

保主要通道客货畅通无阻，必须在强化通道上的线路、路基、桥隧的同时，同步强化通道上的枢纽站场，具体应采取以下对策：

(1)铁路枢纽内的主要通道应顺直，满足跨线列车运行不迂回，不失时机地修建双线、三线、四线或多线，以及主要联络线和环形枢纽的客运或客货运直径线。

(2)繁忙的铁路枢纽和编组站、客运站的进出站线应贯彻点线协调、高峰运输的理念，进出站线不宜采用简单合并引入的方式，应根据高峰时段“密集接发、大进大出”的规划理念，配设足够的设备规模，避免列车排队、等线、插缝式运输，进出站线布置应灵活、便捷，主要交叉应立体疏解。

(3)枢纽内的客货运作业、编组作业应集中，车站设置应合理，点线能力相互匹配和协调。通过的客货车较多时，应设置顺直的跨线通道及其车站和车场，避免列车迂回、绕行。

(4)主要铁路枢纽的编组站、客运站和货运站应具有较大的运行调整能力和弹性，储备一定的规模和能力，具备“蓄洪调峰能力”，以应对突发事件(灾害、战争)造成正线中断行车、停留需要，必要时修建战备迂回线。

4. 强化枢纽地区的大宗货物直达运输、集装箱和行包直达运输及多式联运的线路、站场设施

开发新型货运产品，提高铁路运输的竞争力和吸引力。

(1)强化大宗货物集散地直达列车基地站的建设，配设足够规模的车站和机务、车辆等配套设施，开行基地直达列车。

(2)依托铁路枢纽，在国际和国内集装箱集散的主要港口、国境站和内陆城市，建设“门到门”的集装箱、轻快货物多式联运基地，逐步建成以铁路为纽带，联结港口、机场、口岸以及内陆集装箱、轻快货物联运基地的多式运输网络，多开行“五定”直达列车。“五定”即定点(装车地点)、定线(固定运行线、固定编组)、定车次、定时(固定到发时间)、定价(运输价格)。

(3)探索、研究适合行包运输的站场规划设计技术，为行包快运直达运输创造条件，建立铁路自己的物流网络，实现收取、运输、配送、加工“一条龙”、“门到门”。

15.2.3 构建铁路-城市和谐、站城融合的铁路枢纽

中国经济发展的必然结果是城市化的进程加快。发达国家的城市发展经验表明，超大、特大型城市要彻底解决环境污染、交通拥堵、生产生活成本高昂的诸多弊端，疏散部分城市功能，构建以一个中心城市为核心，同附近有密切经济联系的由中小城市、卫星组团共同组成城市群的模式是社会总成本最低、最合理的模式，如美国的波士顿城市带，日本的东京、大阪、名古屋三大城市圈，英国的伦敦-利物浦城市带等。在中国，长江三角洲、珠江三角洲、京津冀地区、环渤海地区以及洛阳-郑州-开封中原城市群、成渝经济区、长株潭地区等，正在形

成一个以中心城市为核心，众多经济关系密切、经济互补的大中城市组成的城市群，正在成为中国经济可持续发展的引擎。

城市群要解决环境污染、交通拥堵、生产生活成本高昂等“城市病”，发达的交通，特别是最具比较优势的铁路必然是最必要的条件之一。目前，中国铁路枢纽的客运与国外典型枢纽的最大区别，在于承担的客运量绝大部分为中长途客运，国外则绝大部分为短途、市郊乃至市内客运，中国铁路的作用还远远没有发挥出来。

中国城市、超大城市群建设和运作，已不可能离开铁路枢纽，但铁路枢纽也必须进一步研究如何与城市轨道交通、地面公交等共同构建成城市的综合交通体系，构建“铁路-城市和谐、站城融合”的铁路枢纽，充分发挥铁路在城市综合交通中的骨干作用，发掘其在短途、市郊方面的作用。

1. 构建铁路和城市轨道交通一体化的“多网合一”的综合交通枢纽

大型铁路枢纽所在的城市，必然同时存在货运铁路、客运专线和城市轨道交通。客运干线、货运干线是城市对外的中长途客货运输的骨干；城际铁路主要负责连接城市圈或城市群，实现同城化；城市轨道交通侧重解决旅客在城市内的“门到门”流动需求。这四张运输网是现代化大型城市不可或缺的。但在中国，铁路与城市轨道交通间长期以来协调较少，各自独立发展，没有及时形成最优化的综合运输合力。这也是中国与发达国家城市建设显著的差距。

因此，大型枢纽应构建为货运铁路独立成网，客运铁路（高速、城际、市域铁路）与城市轨道交通有机联系、主辅分明、协调的“四网共存、三网合一”的综合交通枢纽。

2. 建设特色鲜明、相对独立的城际客运专线网络

过去的中国枢纽建设中，城际铁路（特别是兼具部分路网功能的城际铁路）基本按照干线客运专线的模式选址、布局和建设。随着“点到点”城际铁路增多，不应再简单套用干线客运专线“高大上”的建设模式，否则车站只能越选越远。

相对干线客运专线（高速铁路），城际铁路并不一定需要与干线客运专线物理连接，其始发客运站衔接方向不多，规模较小，可相对独立设置，故选址相对灵活、容易（不考虑配套设施同站设置）。城际铁路客运站的选址、引入线引入方式和站点布置，应因地制宜，以最大限度方便旅客出行、促使旅客愿意选择铁路环保出行为基本目的，探索适合城市内部就近出行特点的具体建设模式。在城际铁路站点与干线铁路站点的连接、协调上，必须发挥城市轨道交通的作用，起到“三网衔接”的连接作用。

就旅客运输而言，国内外运营实践均证明，高速铁路、城际铁路、城市轨道交通三种方式共存并相互驳接、便捷换乘，“三网有机协调、综合换乘”布局具有最大化的社会效益和经济效益。

3. 利用既有线和新建市域铁路，发展市郊铁路客运，各轨道交通系统实现票制互通

国外的成功经验表明，铁路枢纽可以在城市内部及城市圈的短途客运市场占有很大的

份额。因此，铁路枢纽规划设计应确立“主动承担城市内的旅客运输”的新理念，把市郊铁路（市域铁路）的客运线路、站场设施列为枢纽总图规划不可缺少的极其重要的组成部分；行车组织上，充分考虑城市旅客运输的不均衡性（早晚通勤高峰），开行短、快、灵活、频次多的市郊短途列车。市郊列车如图 15-15 和图 15-16 所示。

图 15-15　东京铁路枢纽开行的市郊列车

图 15-16　北京铁路枢纽开行的北京—通州市郊列车

中国铁路推行“客内货外、客货分线”运输后，大量位于市区、市郊的既有铁路已经相对闲置，有的甚至按照地方政府意见予以拆除，部分枢纽取消开行多年的市郊列车。然而，既有线为宝贵资源，应适当增加车站数量，研究开行市郊、市域列车，以此作为城市综合交通的重要补充。新建市域铁路的线路和站场设施，应与其他交通运输方式紧密衔接，构成城市的总体运输网络，为城市旅客提供便捷的出行和换乘条件。

同时，为真正实现综合交通目标，还必须统一票制。实现综合公交一卡通，并有月卡、年卡、学生卡、长者卡等多种类型。方便和满足各类乘客需求，培养庞大的乘车群体，使早出晚归的通勤通学人群出行放弃自驾，愿意或者必须乘坐环城铁路、市域铁路。

4. 客运车站要合理选站、设站，站区构建综合交通枢纽或建筑综合体

客流量大的重要客运站，应大力推行集铁路、城市轨道交通、公交车、出租车及私人汽车等一体的“零换乘”综合交通枢纽，这成为世界上重要的铁路客运站的一种发展趋势。主要服务于环城、市郊的客运车站，也应加强规划建设，因地制宜增站、设点，设施配置以满足快速乘降、简洁够用为原则，避免“高大上”带来繁琐误事而丢失客源。在中国，这方面的规划建设得到了高度重视和实践，需要在次级城市、中型客运站予以推广。

15.3　中国铁路枢纽规划建设水平提高的技术对策

15.3.1　枢纽总图及站段配置进一步优化

1. 衔接线路多的大型枢纽，尽量构建环形枢纽

引入线方向较多的枢纽，为便于各方向间的客货交流，避免各引入线集中于少数汇合点形成能力瓶颈，宜采用环线（半环线）和联络线连接各方向引入线，从而形成“环形线＋引入线放射状”枢纽。环形铁路枢纽示意如图 15-17 所示。

国内外铁路枢纽的建设实践和发展历程均表明，“环形线＋引入线放射状”格局的枢纽是多衔接线枢纽的一种较合理的构型，易于实现“客内货外、客货分线”的布局，客运站也易于伸入城市设置，契合客运专线夜间行车少的基本特点，特别是对终到型枢纽而言。

中国衔接行车方向较多（4 个及以上）的大型枢纽，发展到一定程度后，已经难以简单地用“十”字形、顺列式、并列式等图型类别界定，多属于组合型枢纽，有客运专线时，尚叠加了客运专线线网。在无重大地理限制的情况下，发展为环形、半环形枢纽几乎为必然趋势。

实际上，所有类型的枢纽图型都容易发展为环形构型，只是在工程经济性上的取舍。在社会对绿色、环保要求更高的今天，货车不进城、“货外客内”的社会呼声越来越高，经济性让位于合理性和环保需要将成为一种必然的决策。因此，有条件的铁路枢纽，应规划枢纽货运外环线、客运环线和直径线，规划具有前瞻性。

2. 对于衔接线路多、跨线直通比大的枢纽，研究快速通过模式

保证铁路中长距离运输、跨越多个枢纽的通道畅通，在枢纽规划层面蕴含了两层含义：一是枢纽具有足够的设施设备规模，客货列车能够接得进、发得出，并储备一定的规模和能力，具备“蓄洪调峰能力”，这是基础的基础；二是客货列车通过枢纽具有最顺直的径路，通过枢纽所需时间最短。

（1）修建客运直通联络线，客车快速通过——下线模式

列车以最短径路始发终到、跨线通过枢纽是枢纽线路规划追求的重要目标。枢纽既是长大交路的跨越点，也是地方客流、货流的集散点。目前，中国铁路，特别是客运专线铁路，普遍采用停站、通过相结合的模式，跨线客车须通过主要客运站续行，而其在枢纽内运行的

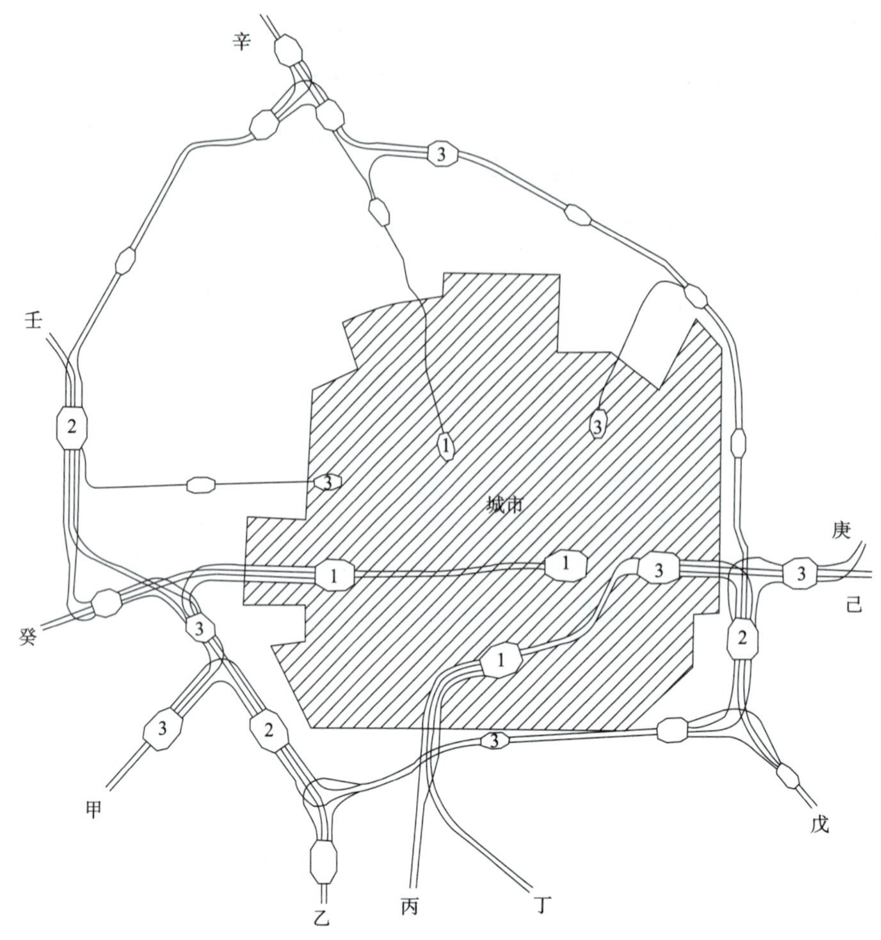

图 15-17　环形铁路枢纽示意图

1—客运站；2—编组站；3—货运站

径路往往低于干线技术标准，这就造成长途跨线旅客被迫付出时间成本。随着客运列车种类多样化、开行方式"公交化"的趋势，预测未来重点枢纽、重要城市间"点到点"运输将增长，要求快速（等速）跨越中间枢纽和城市，这就要求枢纽引入线尽可能顺直快捷。

长交路跨线通过客车较多、引入线较迂回、需降速运行的枢纽，可以考虑在枢纽外围或主要方向间修建客运直通（直径）线，以"裁弯取直"，专门满足不停站通过的客车不降速运行用，提高跨线客车的通过速度、缩短运行时间，减少对始发客运站的作业干扰。终到下线-通过外绕模式示意如图 15-18 所示。

这一规划思路在贵阳铁路枢纽贵阳北高速客运站建设中得到过成功运用。贵阳为喀斯特山地地貌，城市发展以组团式布局，地形及规划限制较多。沪昆高铁建设中的新建贵阳北站为贵广、成贵、沪昆高铁与渝黔、贵开快速铁路的交会点。经多站位研究，很难有站址将走向、规划、地质、新老城区等方面因素均衡好。经与规划部门多次协调、论证和地质地形选线比选，新客运站最终选址在金阳新城规划区，但各引入线技术标准较低，距老城区较远，丘壑

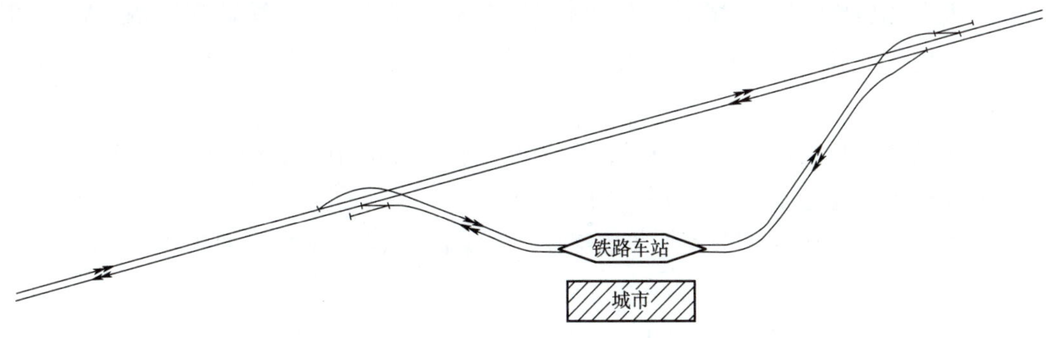

图 15-18　终到下线-通过外绕模式示意图

纵横的地貌造成主城区居民出行困难。解决方案是：设西环、东北环线构成枢纽东西（沪昆）、南北（渝黔—贵广）向的快速客运直径线并兼作市域铁路，为长交路不停站通过客车运行服务，而始发终到客车、需停站通过客车则下线进站，形成枢纽内客运“终到下线、通过外绕”的双通道，新老客运站依托贵广线纵列串接并开行站间市域列车（图 1-3），较好地平衡了走向与站址的矛盾。

（2）直通货车不进编组站，另行修建货运跨线直径线或直通场模式

对于货运（物流）系统而言，铁路编组站是货运机车交路的始终点，货物列车均需停站进行技术作业。枢纽编组站站址一般是各种不利因素综合平衡、取舍的折中结果。对有较多无改编中转列车通过的枢纽，无改编中转列车在编组站的作业是列车技术检查、换挂牵引机车。目前，中国无改编中转列车的直通作业基本上在到达（出发）场进行，这就不可避免地会与本站解编列车的作业产生相互间交叉干扰，进而制约编组站的综合作业能力。因此，对于无改编及改编作业均强大的繁忙编组站，当无改编列车径路过于迂回，点（编组站）、线（衔接线路）能力不协调时，可以研究在编组站附近或其前后方区间线路适当衔接处，设置顺直的外围直径线（单线或双线）和相对独立的专供无改编中转列车作业的直通车场，可以大幅减少无改编中转列车的走行距离、缩短停留时间，还可减少对编组站其他作业的干扰，释放编组站解编能力，也利于减少对城市的影响。

例如，西安铁路枢纽在扩能改造研究中，由于其货运北环线能力饱和，需要修建第二货运北环线，若按常规思路接入新丰镇编组站时，则造成无改编通过列车绕行、在编组站内迂回折角，因此考虑在其接轨的包西线的张桥站设置直通场并配设机务折返段，以保证西—东、北—东方向间直通车流顺直通过枢纽。

3. 枢纽引入线规划必须强化环保选线、规划选线，不可妄自“以我为大”

铁路枢纽位于城市及周边，居民区密集，城市规划、环境敏感点等外部控制因素多，在经济发展的今天，新的铁路引入线规划建设若不能满足绿色环保，对城市少切割、少拆迁的要求，必将丧失建设可能。规划选线除应综合运用传统的地形、地质、经济等综合选线技术外，应特别高度重视和加强环保选线、规划选线理念，并遵循以下选线原则：

（1）线路走向与城市总体规划、地方交通、农田水利和其他工程建设相协调，布局合理。

（2）应根据铁路网规划、城市总体规划、产业布局、运输需求、客货流特点和自然与工程条件等因素，综合确定车站分布和选定客货运站站址。客运站应接入城市，并应与其他运输方式衔接。

（3）符合生态环境建设、城市规划和环境保护规划；充分利用既有交通走廊，减少对生态敏感区的分割，避免造成生态环境岛屿化。

（4）尽量绕避特殊环境敏感区，确需穿越时应在采取减缓不利影响的环境保护措施的前提下经综合比选确定，并依法取得相关主管部门的批准。

（5）满足环境保护、水土保持、土地节约和文物保护等要求。

（6）尽量避免或减少大型居民区、厂矿企业等的拆迁，避免引起城市规划的重大调整。

（7）线网布局尽量充分利用既有交通走廊，或共廊走行，尽量减少对城市的分割。铁路共廊并行引入城市如图 15-3 所示。

（8）充分运用先进技术手段，跨越江河、穿越城市及敏感区时，线路及车站灵活采用水下、地下、地上以及相互立体的走行方式。

15.3.2 编组站的综合效率进一步挖掘

编组站的基本作业是到—编—发作业，其综合作业能力受这三个环节的最小能力控制。目前，在中国铁路货运绝对量增长放缓的趋势下，编组站的基本构架已趋于稳固，不大可能再重起炉灶改进基本图型结构，因此要进一步提高编组站能力，基本上属于优化作业、挖掘潜力的改扩建范畴。

从系统能力协调、消除短板出发，进一步提高编组站综合作业能力的技术措施主要有以下几点：

1. 满足高峰时段高密度接发货车需要的技术措施

中国编组站技术设备规模均是按照全日均衡作业（全日 24 h，扣除综合维修天窗 3 h 后实际作业时间为 21 h）确定的。从中国铁路发展趋势看，大量高速铁路、城际客运专线修建后，原客货共线铁路上普速客车将大幅度减少，释放出较大的货运能力，同时随着全社会环保意识的增强，也要求减少乃至消除货运列车夜间行车扰民的环境问题，这就必然产生编组站在特定时间内货物列车密集到达，次日密集发车的状况（全日作业时间压缩为 16～18 h），形成作业高峰时段。这就需要编组站具有夜间“列车仓库”蓄积车流的功能。因此，应研究加大技术设备规模、满足高峰时段作业需要的措施。

（1）编组站进出站线宜直接衔接编组站，消除列车排队现象。

中国编组站为简化咽喉布置、减少占地、节省工程投资，一般将多条衔接线路在编组站前方某站汇合并线后引入、引出编组站。这种模式经济性较好，但多线并为一线，必然造成并线地段一线能力制约多线能力的情况，大量列车在前方车站及编组站出发场内排队等待，形成能力瓶颈，无谓增加车辆在途时间，更无法满足高峰密集接车、发车需要。

因此，繁忙干线应相对独立地直接引入、引出编组站，即衔接线路“大进大出”，消除能力瓶颈，做到点线能力协调。到达(出发)场设计，必须满足各方向同时接车(发车)、敌对进路相互隔开、各种作业平行进行的需要。

(2)到达(出发)场规模应满足各方向列车同时密集到达(出发)需要。

到达(出发)场规模应按照高峰小时计算的规模确定，即：每一衔接线路需要的到发线数量，应是按该线的最小追踪时间，在车列待解(出发)、腾空到达线的时间段内需要接入的列车数。多条衔接线路时，应分别计算汇总，并考虑调机走行需要的走行线数量。

以中国铁路特大型双向纵列式编组站一般都具有 12～15 条到达线计，衔接合并后的 2 个接发车方向，综合接车能力为 100～130 列/日。若以满足高峰时段最小追踪间隔 8 min 计算，则需要 18～20 条到达线。

到达系统需要考虑“调峰蓄洪”功能，这也是国外编组站到达(出发)系统规模普遍比中国编组站大的基本原因。

2. 进一步提高编组站解体、编组能力的措施

编组站的驼峰要有较高的解体能力及储备，在高峰时期能够迅速解体列车，缓解到达场的列车积压压力，应对列车集中到达的状况。

(1)多推多溜模式。

目前，中国大中能力驼峰解体普遍采用双推单溜模式，驼峰配设 2～3 台调机，最大解体能力可达 5 000 辆/日左右。若对驼峰、调车场及到发场进行技术改造，采用三推双溜或四推双溜模式，尾部增设牵出线，多机平行作业，解体、编组能力尚可提高 20%～30%。布置示意如图 15-19 所示。

驼峰的解体能力和推峰模式的确定，也应引入高峰时段需要的解体能力的概念。如某到达场高峰小时需要接入 16 列解体列车，则驼峰需要的高峰解体能力为 880 辆/h，每解体一列车列需要 8 min。很显然，这种情况下，要求驼峰不能空闲，并须采用三推双溜或者四推双溜才可适应高峰期作业需要，否则只能延长车列待解时间，增加车列在编组站的中停时。

(2)提高驼峰解体车列的推峰速度。

中国铁路规定，驼峰解体车列的推峰速度按 7 km/h 设计并检算。实际运营中，为保证设备安全储备，推峰速度一般低于 5 km/h，这就增加了驼峰的有效占用时间，降低了驼峰解体能力。随着中国装备制造和控制技术的进步，应逐步提高驼峰推峰速度。

(3)增加调车场调车线数量。

相比国外铁路编组站，中国编组站调车线的有效长较长，但是由于多组列车比重大，实际容车量少、利用率低。中国特大型编组站调车场一般设置了 32～36 条调车线，个别达到 48 条；而国外大型编组站普遍达到 50～60 条，有效长则长短结合。调车场如图 15-20 和图 15-21所示。

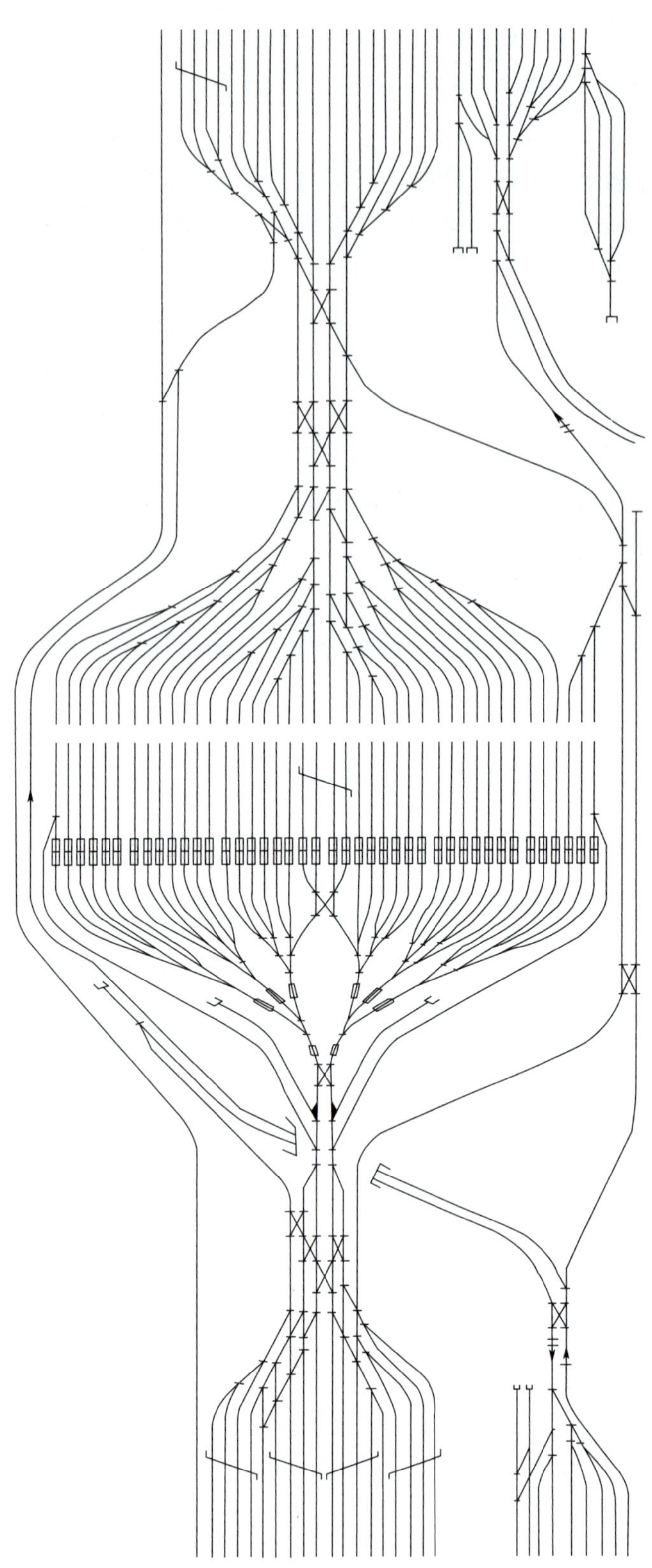

图 15-19 编组站驼峰四推双溜、调车场尾部牵出线匹配布置示意图

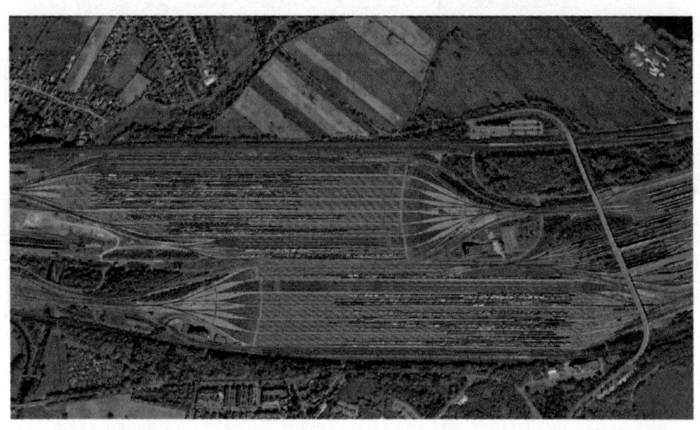

图 15-20　德国马申编组站 64 条调车线的调车场

图 15-21　美国贝利编组站 64 条调车线的调车场

总体上看,国外编组站的平均作业量和行车密度远远低于中国,但同等作业量的编组站设备规模普遍大于中国,除了初期建设时规模即偏大的历史原因外,另一原因就是国外铁路运输“客户需求是上帝”的理念深厚,货物列车行车开行具有一定的随机性,运量忽大忽小,易形成短时高峰,编组站不得不配设较大的规模以储备必要的能力。

这一规模上的区别,也反映出中国编组站设备利用率高的特点。“储备能力以备高峰急需”的思路值得中国借鉴。

纵列式编组站,一般解体能力远大于编组能力。车辆在编组站的中停时占比最大,最不可控的耗时显然是车辆集结耗时。因此,对不能及时编组的车辆蓄积在调车场内,以应对夜间只编不发、车列蓄积的需要,显然更合理。这就需要调车场要有较多的分类线和较大的容车量。这也是国外编组站调车场规模普遍大于中国的原因。

但调车场是编组站横向最宽处,调车线不可能无限增加,因此可采取以下措施:

①缩减线间距,扩充调车线数量。

基于调车场内全程自动化、无人作业的发展趋势,调车线线间距满足超限货物超限宽度及一般的人员活动的需求即可,可考虑线间距采用 4.5 m。一个按常规 5.0 m 线间距布置的 32 条调车线的调车场,其同样宽度内即可多设置 3～4 条调车线。

②加组号及容车能力。

编组站一般解体能力大于编组能力，在中国这种情况更为突出，原因是：其一是尾部编组作业属于平面调车作业，效率难以提高；其二是调车线数量少，同一调车线不同组号的车辆混合占用，造成编组作业繁杂。很明显，每一组号占用一条调车线，将大大简化编组作业，提高效率。但这必然造成调车场急剧扩张，现实中难以全面推广。因此，部分具备条件的编组站，可推广箭翎线的使用范围。

箭翎线具有分割线路、灵活、投资小、见效快的显著特点，在调车场中其作用不能仅局限于编组沿途摘挂列车，而应扩展为有效分隔调车线、提高调车线利用率的功能，可使原来一股道上几个较少组号车流的车辆混合集结变为单独集结，又不增加车场规模，可起到扩展调车线数量、简化编组作业的效果，也满足铁路物流中心列车、个性化快运列车甚至车辆段的段修和站修取送等特殊需要，是解决中国编组站分类线长、数量少、利用率低的有效途径，也是提高编组站编组能力的重要措施。

箭翎线根据具体情况，可以设在调车场某一线束或两个双向系统间的交换场上，如图 15-22所示。

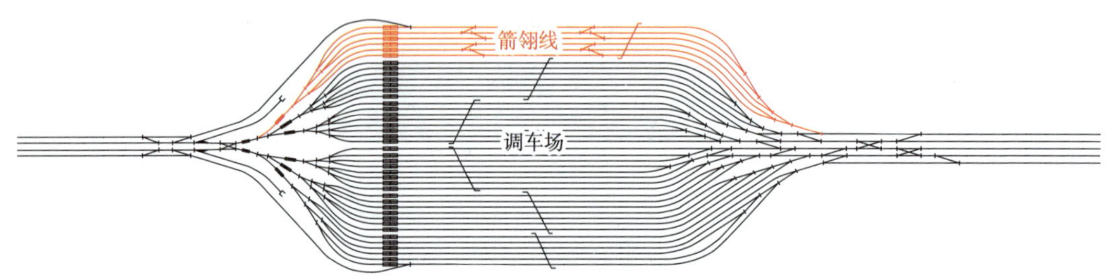

图 15-22 调车场线束内设箭翎线布置示意图

3. 繁忙编组站增设独立的直通车场

长大交路的无改编中转列车在编组站的主要作业是换挂牵引机车、列车技术检查。目前，中国无改编中转列车的直通作业基本上在到达（出发）场进行，这就不可避免地与本站解编列车的大量作业产生相互间交叉干扰，进而制约编组站的综合作业能力。因此，对于无改编及改编作业均强大的繁忙编组站，当点、线能力不协调时，可以研究在编组站附近或其前后方线路适当衔接处，设置相对独立的无改编中转列车作业的直通车场，彻底释放编组站解编能力，如图 15-23 所示。

4. 适应铁路重载、货车大型化发展趋势

中国中东部地区的繁忙铁路干线，已经或即将向重载运输方向发展，总重 94 t 的 C_{70} 车辆陆续投放运营，大力开行 5 000～10 000 t 长编组重载列车。因此，位于重载运输径路上的编组站，其到—编—发车场也应进行相应的改扩建，使其能够便捷地接入和编组出长大重载列车或单元组合重载列车，以适应货运列车重载化的要求。

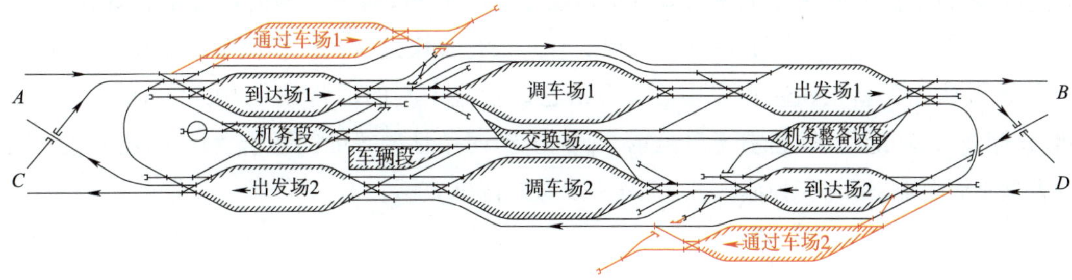

图 15-23　增设直通场的双向式三级编组站示意图

①到达场、出发场或直通场部分线路延长有效长，满足重载列车或组合列车需要。

②适应货车大型化、重载化，对驼峰进行技术改造。

修订《铁路驼峰及调车场设计规范》(TB 10062—2018)，如重新标定车辆单位基本阻力、气候条件重新界定、设计计算车辆类型重新选定等。

延长驼峰峰顶平台，增加减速器制动能高。中国驼峰净平台长度按照 50 t 载重车辆设计。随着 C_{70}、C_{80} 等大型车辆增加，车辆转向架中心距、轴距增加较大，导致驼峰解体频频出现摘钩困难、咬钩、追钩现象，极大危及作业安全。

③延长部分调车线有效长。无条件延长调车线有效长或困难的编组站，可以采用增设调车线、分段集结、发车前跨场组合编组等方式。

5. 集约用地，优化、改进编组站总布置图

中国国土的基本国情是，人多地少且分布不均，节约土地是永久的国策。铁路大型站段绝大部分分布在人口高度密集的东中部地区和城市周边，铁路建设节约土地意义重大而急迫。

编组站通常占地巨大。双向纵列式三级编组站一般纵向分布长达 7 km，横向宽达 500 m。这就对编组站选址、站型改建提出了严苛的要求。中国很多路网性、区域性编组站，受到建设环境的限制，如山海关、石家庄、南翔、沈阳西等，站型难以再次改扩建，不得已采用混合式站型，综合能力难以再提高，未能充分发挥出在路网上优越的位置优势。因此，尽量缩短编组站的纵向长度具有积极意义。

《铁路技术管理规程》(普速铁路部分)规定，调车作业推进运行时最大速度不得大于 30 km/h。中国小号码道岔制造技术完全满足这一规定，因此可推广采用以下措施：

①到达场驼峰端、调车场尾部、出发场非接发车的入口端采用 6 号对称道岔，缩短咽喉长度。

②机务段(折返所)、车辆段(站修所)等段所线路连接推广采用 6 号对称道岔。

15.3.3　铁路物流中心的综合效率进一步发掘

“十五”期间，中国铁路重点规划了 18 个铁路集装箱中心站和数十个集装箱办理站，部

分建成投入运营，同时诸多枢纽对既有货运站进行了整合，建设大型的物流中心站。“十二五”期间，依托这些中心站(办理站)，因地制宜融入行包快运、特货、小汽车运输等功能，构成了大型、特大型的新兴铁路物流中心。但从这些物流中心的运营效果看，除传统意义的装卸、仓储、转运功能外，铁路物流门槛高、机制僵化、时效性差等的问题仍然存在，还需大力吸引大型物流企业、第三方物流入驻，需进一步做好以下方面：

1. 继续扩展、深化物流中心的功能

物流无边界，只有不断更新的社会物流需求。铁路从传统的大宗货物简单物理位移的运输转向更个性化、可流通加工的现代物流运输；为社会提供全方位的服务，尚应在包装、分拨配送、流通加工、信息服务、金融物流等服务方面继续深度改进、挖掘潜力，吸纳社会上成功的物流企业运营、管理的经验。受限于铁路人力资源和管理理念，必要时，应引进货运代理、第三方物流，开展联合运营、协同运输。

在铁路物流中心规划设计层面上，除传统的运输、仓储功能区外，应以社会物流的需求为先导，深入研究物流加工区的模式，配设合理、适用的物流设施设备，满足不同物流业务个性化、多样化的需求，不应以铁路建成的既有设施强加其使用。

2. 加大零散货物快运中心建设，开展多式联运

零散货物快运不同于简单掏装箱式的集装箱运输，而类同于快递。铁路应紧密跟踪社会需求，规划建设零散货物快运中心，利用既有线、快速铁路开展零散货物铁路快递业务，利用自身优势开行时速 160 km 及以下的“五定”快运列车。货物批量大、货源固定的区域，可以建设公铁两用货区，与公路快递行业联合开展铁路“驮背运输”，实现公路、铁路间车辆“滚装”。厢式货车如图 15-24 和图 15-25 所示。

图 15-24　美国公铁两用厢式货车

图 15-25　美国铁路“驮背运输”货车

3. 大力开展铁路快递业务，探索货运动车化的模式和场站布置

在世界铁路货运中，快捷运输一直是高附加值货物的主要运输方式。1984 年法国开行了时速 160 km 城际间货运列车。2012 年法国、德国开行了时速 300 km 高铁货运专列。高速邮政专列如图 15-26 所示。

图 15-26　法国 TGV 铁路开行的高速邮政专列

据统计，2017 年全国社会物流总额为 252.8 万亿元，快递服务企业业务量达 400.6 亿件，同比增长 28%，业务收入为 4 957.1 亿元，同比增长 24.7%。中国已成为超过美国的世界快递业务量最大的国家。目前，中国的快递运输主要依赖公路和航空，铁路承担的快递业务量仅占两成左右，并且仅仅作为承运者，收益非常微薄。截至 2021 年底，中国高速铁路运营里程达到 4 万 km，覆盖了 80% 的大城市；规划到 2035 年，高速铁路运营里程达到 7 万 km 左右。20 万人口以上城市将实现铁路覆盖，其中 50 万人口以上城市高铁通达。全国 1、2、3 h 高铁出行圈和全国 1、2、3 d 快货物流圈将全面形成，人享其行、物畅其流，安全优质、人民满意。这是其他任何国家和行业所没有的极其丰厚的运输资产。

因此，随着货运动车化的技术突破，中国铁路应深入研究利用客运专线（快速铁路）网的通达性、富裕能力，前瞻性地规划建设一批动车快递物流中心，开行铁路高速电商（快递）专列，彻底改变目前将快递物件作“快递旅客”的原始、初级运输方式（图 15-27），这也是铁路物流走向精细化、个性化、快速化的必然发展方向。

怎样利用铁路枢纽的客运专线网开展快速物流运输，采用设置独立的动车货运物流中心模式，还是货运动车下线进入传统的物流中心作业模式，抑或利用动车段（所）设置专用的快速物流功能区，尚需要进一步研究和探索。研制中的货运动车组如图 15-28 所示。

图 15-27　高速客运站内等待动车组装车的快递包裹

图 15-28　中国铁路研制中的货运动车组

15.3.4　枢纽内客运站、线网的规划设计继续完善和优化

根据《新时代交通强国铁路先行规划纲要》（铁发改〔2020〕129 号），中国铁路在相当长的时期内，将有一个持续、快速的发展，大量铁路枢纽将面临新的规划建设，即使在高速铁路

覆盖的城市及枢纽，仍面临新的客运专线引入、新建客运站的问题。怎样适应这一发展趋势，是铁路规划建设的重要课题和研究方向。必须吸取教训和反思不足，吸纳发达国家铁路建设的成功经验，以新的思路、新的方法，探索枢纽客运站、线网规划设计的新模式。

1. 构建多客运站的铁路枢纽，客运站设置集中、分散相结合

随着城市进一步发展，一方面为了更好地服务城市，客运站应进城，另一方面由于客运站占地广大、设备集中，城市建设又尽量限制进(近)城，那种动辄设置特大(大型)客运站、集中作业的模式将越来越难。

目前，中国干线客运网基本覆盖了大中城市；今后，中心城市间、次级中心城市与中心城市间及其相互间的中短距离的城际铁路、市域铁路将有很大的发展。很显然，这些城际铁路引入城市和枢纽，不可能都在既有大型、特大型客运站终止，既无引入条件，也无非此不可的必要。大量的城际铁路必然以最短径路引入城市、深入城市内布设车站，车站与城市的连接，则应由其他城市轨道交通——地铁、轻轨、磁悬浮、现代有轨电车、空轨等承担。因此，不能再刻意追求机械的客运集中、超大客运枢纽的模式，在既有站资源、条件利用净尽时，应考虑一个城市布局多个客运站，客运站分布走乘降分散、整备集中、广域覆盖的发展道路，可以探索以下模式：

(1)模式 1:置换设站模式

利用站址条件较好的既有普速客运站、功能弱化的货运站、中间站甚至区间线路改造为客运站等，另选新址还建普速客运站。

大型枢纽都设置有普速客运站，具有较优越的地理位置和较为完善的配套设施，且周边多为铁路陈旧建筑，拆迁代价相对较小。同理，位置优越的货运站、中间站甚至区间线路，也可能具备建设客运站条件。这种模式在枢纽改造中已有运用。

中国普速客运虽不可能消失，但占比呈下降趋势，大部分将为快速客运所替代。置换模式属于客运站功能调整，局部利益服从整体利益。如南宁铁路枢纽的南宁客运站，位于城市中心，具有 7 台 13 线的规模，贵南客专引入中考虑置换为快速客运站，在枢纽普速环线西南侧的五象还建普速客运站，调整后既消除了客运主轴线高普速共线，也使枢纽快速客运总规模达到 20 台 37 线，满足了贵南客专引入后枢纽客运需求，并在五象预留进一步发展条件，虽普速旅客乘车距离变长，但更大比例的快速旅客得以改善。

置换设站模式部分克服了站址远离城市的缺点，可使部分始发终到、立折列车在城市内进行，实际上是多点发车理念的运用。由于不可能设置专用的动车走行线，动车出入段需要利用正线进行，对于早高峰，动车组需要提前出段。比较适用于城际铁路引入城市的情况。最大的问题是既有引入线技术标准不高，动车组局部限速运行，可能需要适当改造既有线。

(2)模式 2:客运车场分散模式

由于城市发展明显快于铁路建设，新建客运专线越来越难以深入城市，拆迁代价越来越大，设置作业集中的大型客运站必然造成站址越选越远，城市配套投入越大，居民出行越显不便。因此，为避免新建客运站规模过大造成站址远离城市的弊端，客运站可以采用“化整为零”、分散设置客运车场的模式，如图 15-29 所示。

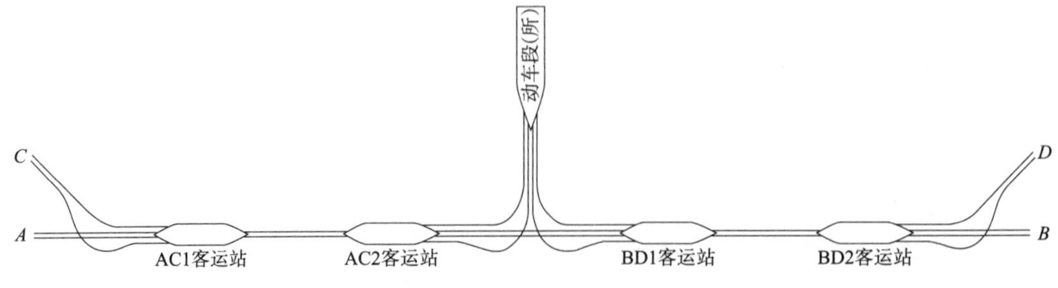

图 15-29 客运站分散模式布置示意图

这种方式是将传统方式的大型客运车场拆分为数个规模较小的车场，“化整为零”，在适当地点另行集中设置动车、机务车辆段(所)，类似于多站发车，即可降低对建设环境的过高要求，更易进入城市或邻靠城市，也增大了客运站对城市的覆盖面。但也存在发车固定、换乘续行不便的缺点。

(3)模式 3：主辅分离模式

跨线长交路客车占比高、换乘要求大的客运站，可以采用主站稍远、辅副站(始发终到及立折)入城的“主副辅分离”设站模式，即：城市外围适当位置设置主要客运站，为兼顾中心城区及城市其他组团居民出行需要，条件允许时，可进一步延伸、邻近城市内，设置始发兼立折城际站，增大辐射范围。布置示意如图 15-30 所示。

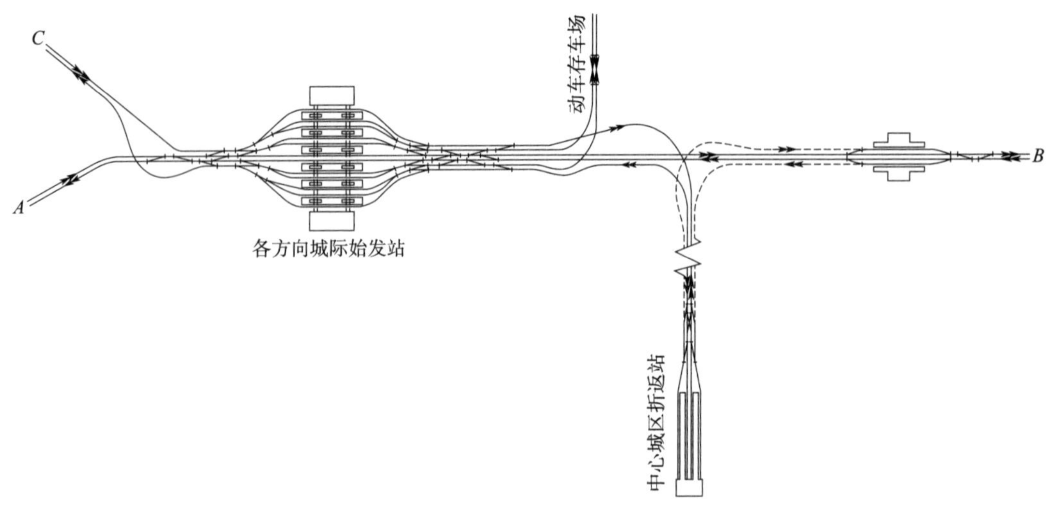

图 15-30 外围始发站延伸至城市中心布置示意图

这种模式在客运专线深入机场、港口时运用较多。

(4)模式 4:既有站重叠高架模式

为利于客运专线引入城市,最大限度利用城市及既有线建筑空间,客运站的布置形式应灵活多样,因地制宜采用高架、地下设站模式。

为使客运专线引入既有站区,受场地限制,可交叉、高架于既有车场上方。图 15-31 所示为既有共站分场客运站,第三方向引入后高架于咽喉区,构成立体交叉的三场共站分场六方向客运站。这种布置的最大难点是建设期间对既有站施工干扰问题。

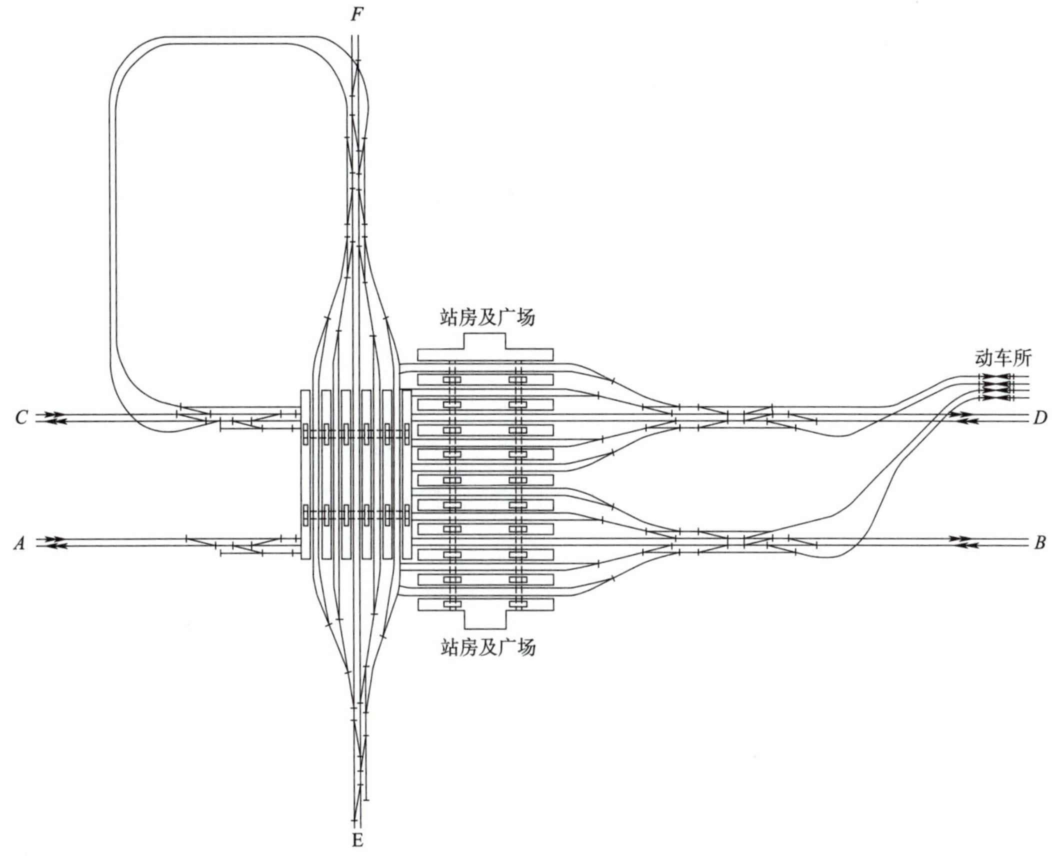

图 15-31　直通-停站下线模式布置示意图

(5)模式 5:地下设站模式

引入线引入城市后,可考虑在地下设置客运站,有条件时可建成城市综合体。这种模式的特点主要是车站体量受地下结构空间允许极限、超大断面隧道技术、地下结构技术限制,引入线、车站规模难以做大且投资巨大,可作为非高峰时段延伸的辅助立折站。这种模式在客运专线引进航空港时运用较多。深埋隧道车站布置示意如图 15-32 所示。

2. 灵活选择枢纽引入线方式

中国客运专线引入枢纽的方式,按线路的空间形态,有平面、高架、地下三种方式;按其

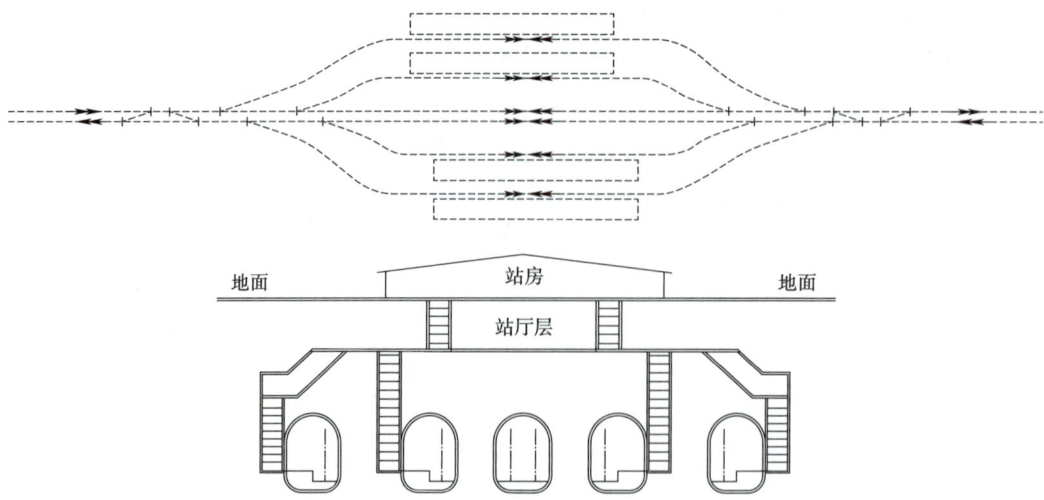

图 15-32　贵阳铁路枢纽龙洞堡机场深埋隧道车站布置示意图

引入枢纽内的线路走向和既有铁路的关系，可以采用并行引入、并线引入、分线独立引入三种方式。其中，并行引入、并线引入方式适用于线路引入既有站区，属于特殊类型；分线独立引入方式采用较多。

分线独立引入的前提是城市具有可利用、可控的土地这一最核心的资源，包括新征土地、既有铁路用地、拆迁后获取的土地，同时受环境敏感点、规划、拆迁可操作性的制约。今后，随着拆迁代价的加大，为获得较为优越的站址，引入线高架引入、地下引入城市（甚至穿越江河）的方式将会越来越常用。

3. 合理确定客运站的分工，不一律追求多点发车

多客运站的枢纽，一般有集中式、方位别式和混合式三种分工。集中式属于枢纽（地区）内仅有一个客运站的情况，无需赘述。

（1）方位别式分工

方位别分工客运站按照最短径路的原则分配作业，即：车站办理方位最顺直、径路最短方向的始发终到及通过作业，各客运站间旅客换乘通过城市轨道交通、公交等方式解决，相对独立，跨线联络线少或者没有。

方位别分工客运站布置简洁、占地少，但最大缺点是居民不可能方位别居住、分布，部分居民不能就近出行。这种作业分工在国外较为普遍，各铁路公司负责一条或几条高速铁路，相对独立运营。

（2）混合式分工

混合式分工，即：客运站作业以方位别为主，兼顾开行其他方向列车，实现枢纽多点发车。从旅客的角度看，混合式分工显然更便捷，客车开行主次兼顾，通过发车频次和对数来调剂主要去向、次要去向，旅客不必刻意选站，克服了部分方位别分工的不便。其主要缺点

是站址环境要求高，各客运站间、各干线间需修建联络线（直径线）、客运站跨线联络线，土地占用多，工程造价高，对城市分割加剧。

中国多客运站枢纽的客运站一般采用了混合式分工，实现了广覆盖多点发车功能，减少旅客的时间成本和城市交通负担，运行良好，服务质量高。在新的建设环境和形势下，若混合式分工可能带来客运站难以进城（近城）、城市分割加剧的问题，造成客运站远离城市时，则应“丢车保帅”，采用方位别分工，不宜本末倒置。

4. 站段远离模式，动车基地后方化

始发客运站建设是用地大户，往往达数千亩，其中配套的动车段（所）往往占 70%左右。常规的车站选址侧重于站段一体（一般相距 10 km 内，绝大部分在 5 km 内）选址。这种模式优点众多，但对规划的要求最严苛，优良的站址附近很难找到数平方公里的设段空间，车站往往将就段址进行选址。这实际上是转嫁了走行代价，用旅客的不便代替动车空走行。

因此，为避免站段一体造成客运站选址过远的弊端，可研究站段远离模式，即：客运车场、动车段（所）不拘泥于一体设置，结合城市规划、地形条件，因地制宜采用客运车场进城（邻城），远郊布设动车段（所）的模式，如图 15-33 所示。

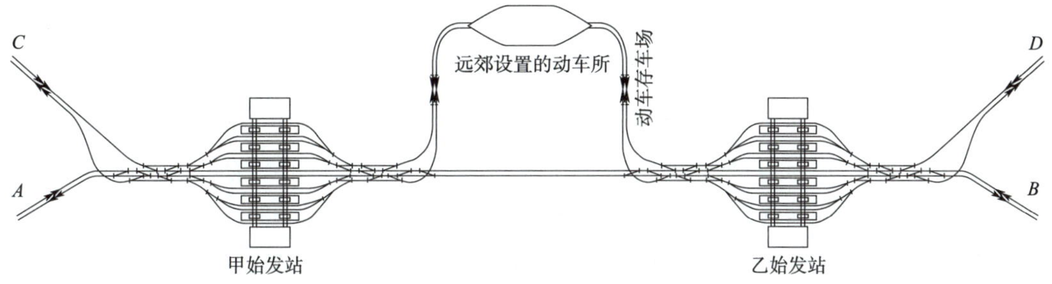

图 15-33　站段远离模式布置示意图

15.3.5　利用闲置、能力富裕的铁路规划开行市郊列车

中国是世界上拥有超大城市（人口 1 000 万及以上）、特大城市（人口 500 万～1 000 万）数量最多的国家，特别在东部、沿海地区，形成了众多的中心城市和区域城市组成的城市群。相比国外，中国铁路枢纽的客运站数量较少，客运作业仅仅局限于某几个特大型、大型的始发终到客运站，主要提供中长距离运输服务，而大量的市郊、短途交通需求则由城市轨道交通、公共交通和私人汽车等来满足。

国外的成功经验表明，铁路枢纽完全可以在城市内部综合交通中发挥应有的作用。中国大型枢纽基本实现了“客货分线、客内货外”的格局，货运列车作业大多在枢纽外围作业，城市内既有铁路仅仅作为客运通道和供客运列车必要的交会、越行使用，白昼大量时间处于能力富裕和闲置状态。因此，完全可以考虑利用既有线路和场站设施，开行“短交路、小编组、高密度、公交化”的市域列车，办理市郊客运作业。

要开行短交路的市域列车，尚应做好以下工作：

1. 加密既有线的车站数

市郊、市域客运的基本特点是短途、客流固定、站点密疏不定。中国单线铁路站间距一般在 10 km 左右，双线铁路车站一般在 25 km 左右。为便于开行市郊、市域铁路，可以根据居民点的分布和需求，在线路平纵断面较优的地段增设车站或乘降所，加密车站分布(站间距 3～5 km)，以增大铁路的覆盖和服务范围。

2. 有条件时重新布局市域铁路

大型枢纽所在地的城市，可以根据城市规划发展需要，规划新建市域(市郊)铁路。市域铁路的建设模式根据社会需要确定，采用客货共线、客运专线模式均可，线路敷设采用地上、地面、地下相结合的方式。

由于重庆城市独特的“山城”地形地貌特征，居民出行不具备非机动车辅助的条件，出行方式只能以公共交通为主。为此，城市内部的旅客运输，除公共汽车网、城市轨道交通(跨座式单轨)网外，利用铁路枢纽的既有内环线少有货车开行、较为空闲的特点，开行部分城市内立即折返的短途客车，并规划以中心城区为核心、向城市周边辐射的大都市快速轨道交通网。

重庆直辖市的快速轨道交通网在市区内采用客运专线铁路制式，城市郊区外围采用客货共线模式(兼营货运)，与枢纽的铁路网互联互通，并与城市轨道交通形成便捷的换乘关系。城区都市快轨线网规划全长 384 km(不含利用的铁路二环线 276 km 和城市轨道 8 号线 25 km)。其中，主城区形成一横两纵的线网格局，主城区都市快轨线网长 210 km；城市发展新区都市快轨线网长 174 km，城市发展新区有 4 条都市快轨线至潼南、永川、江津、綦江。

同样，贵阳城市地处喀斯特山地地貌，居民出行也只能以公共交通为主。为此，枢纽总图规划时未雨绸缪，规划了利用西环线、东北环线和南环线组成的串接外围城市组团的环形客运线，一方面为不停站通过的跨线列车通过用，另一方面其上分布较多的车站和乘降所，基本覆盖城市郊区组团，依托铁路枢纽主要客运站，开行“公交化”的立即折返式环线市郊快速列车。

15.3.6 城际铁路、市域铁路引入方式和设站新模式的进一步探索和研究

中国城际铁路，目前建设、运营的主要还是兼具路网功能的城际铁路，如广深港、沪宁、成绵乐、沪杭、京石、宝兰、柳南城际等，在客运专线网络中都是干线高速铁路网的有机组成部分，故基本参照高速铁路模式进行了规划建设，由国铁集团(原铁道部、中国铁路总公司)统一负责规划建设和投资。随着投资主体和规划建设部门的转移(地方省市自行建设)，大

量的中心城市与次级城市间、中心城市与卫星城镇间的“点到点”城际铁路开始大量涌现，这是以前铁路枢纽规划较少考虑的。

很显然，高速铁路与城际铁路有很大的区别，高铁模式不能简单普适于城际铁路而无限推广。城际铁路采用干线高速铁路的“高大上”建设模式，不仅没有建设条件，而且没有必要，必须探索新的规划设计思路和模式。

1. 深刻认识城际铁路与高速铁路的主要特征和区别

城际铁路与高速铁路在运营特征和技术特征上均有很大不同。

城际铁路运营上的主要特征有：一是可自成体系，相对独立运营。除兼具路网功能的城际铁路外，一般“点到点”城际铁路不必与干线客运专线物理连接；二是站点分布较密，结合经济据点设置，紧密结合城市规划，尽可能覆盖重要居民点，一般站间距在 5～20 km 间；三是列车开行方式多样，一站直达、大站直达、交错停站及站站停列车并存，满足不同时间需求的乘客需要；四是交路较短，主要功能是连接中心城市和次级中心城市，线路长度多在 300 km 内；五是时效性强，高、平峰时段列车开行密度差别较大，高峰时段高密度接发车。

城际铁路在技术上的主要特征有：一是设计行车速度的范围较广，一般可为 120～160～200 km/h，部分兼顾路网功能、有中长途跨线列车运行时也可达 350 km/h；二是列车编组辆数一般采用 8 辆小编组，车站到发线有效长较短，一般为 400 m，客流量较小时甚至可以 6 辆、4 辆编组，部分客流小、停站车次少的车站可不设配线（到发线）；三是动车组运用效率高，停站时间较短，一般在交路终点站（始发站或重点车站）折返往复运行，动车组一般早（开始日间运行）、晚（结束日间运行）出入动车段（所、存车场），平峰时段可在车站到发线停放；四是动车组设备与干线客运专线动车组设备合设，或独立设置并存；五是车站规模不大，布置形式多样，通过式、尽端式布置并存，车站立面布置灵活，高架、地下、地面设站相结合。

上述特点明显有别于以国家高速铁路（设计速度 250 km/h 及以上）为代表的客运专线，因此城际铁路在规划理念、技术手段上都应有其特点、特色。

2. 目前铁路枢纽城际铁路采用高铁模式建设存在或即将面临的问题

一是，其引入、并场的大型、特大型客运站规划过度强调初近期的工程经济性，建成的铁路客运站空间利用率较低，主辅客运站总体布置基本上属于“平面摊铺”，占地巨大，制约了后续铁路“补丁”引入的可能性。

二是，过度强调多线共站，站段一体集成设置，车站总布置形式单一、普遍采用横列贯通图型，加剧车站选址的困难，客运站往往不得不远离城市，造成旅客出行不便。

三是，规模较大，车站布置复杂，进出站耗时长，点线能力匹配困难，制约开行列车密度。

3. 城际（市域）铁路引入枢纽（地区）的一般方式

城际铁路、市域铁路主要服务中短途旅客，其基本定位决定了其车站设置应最大限度方便乘客出行，尽可能深入城市或既有铁路客运站，尽量减少换乘频次。因此城际铁路引入最为核心的问题是站址选择问题。

(1)城际(市域)铁路客运站站址选择思路

大体上,首先考虑引入既有主要客运站;其次考虑引入辅助客运站;再次考虑引入站位条件好的车站或区间,以及完全独立新建。

城际铁路客运站站址选择必须满足进城(近城)条件以及中短途旅客不同于中长途出行的刚性需求;否则设站较远、不便,就可能丧失中短途旅客,迫其就近选择公路等可"点到点"的交通方式,"城际、市郊"就丧失了意义。

(2)城际(市域)铁路引入既有客运站的一般方式

长期以来,国家干线铁路一直是铁路规划设计的重点,客运站(含有较强大客源,可开行部分始发客车和立即折返客车、大部分客车停站通过的辅助客运站)一般占据了城市最好的地理位置,并有较完善的配套设施等。当尚需要规划建设其他城际(市域)铁路时或城际铁路与客运专线干线换乘客流比重大时,城际铁路无疑应引入既有主客运站或其他客运站。

城际(市域)铁路引入既有客运站属于客运站集中式布局,成立的前提是引入线路能"引得进、走得通",主客运站及其周边有一定的建设空间和建设条件,城际(市域)车场"立得住",站区综合交通系统疏散能力足够,能够承接新增的城际客流。设站方式一般可以考虑以下几种:

①设站方式 1:并行引入既有主要客运站——分线分场布局

分线分场布局,即:城际(市域)铁路引入枢纽地区主要客运站,设相对独立的城际车场与其分场并列布置,共用站房、动车组设备及站区综合交通设施。当然,条件困难时也可以采用地下设站方式布局。

②设站方式 2:利用他线引入既有主要客运站——共场布局

共场布局,即:城际(市域)铁路于既有客运专线区间某处接轨,后利用既有客运专线引入既有客运站。

很明显,方式 1、2 必须在城际线路与干线同步建设或前建工程已充分规划预留的前提下才有可能实施。两方式旅客换乘便捷、资源充分共享,运营便利性和工程经济性协调最佳,是较理想的模式,在枢纽客运站建设中最为常见、运用最多。

③设站方式 3:引入既有主要客运站站区——尽端式布局

大型客运站广场、车站咽喉区两侧一般布局为综合交通设施(如公交车场、出租车场等)、商贸功能区等易于改扩建的设施。当城际铁路不具备方式 1、2 的条件,且线路终止时,可利用城际(市域)车站相对短小、简易的特点,在车站咽喉区或广场两侧、站房附近城市主干道上方或地下适当位置设置尽端式城际车场,立面上可采用高架、地下模式,动车组设备考虑在区间某车站的适当位置设置,如图 15-34 所示。

为最大限度发挥站区的土地和空间资源价值,城际(市域)车站可考虑与综合交通设施、商贸功能区构建为综合体,平面布置可采用直线或曲线等形式。

④设站方式 4:引入既有主要客运站站区——跨线通过式布局

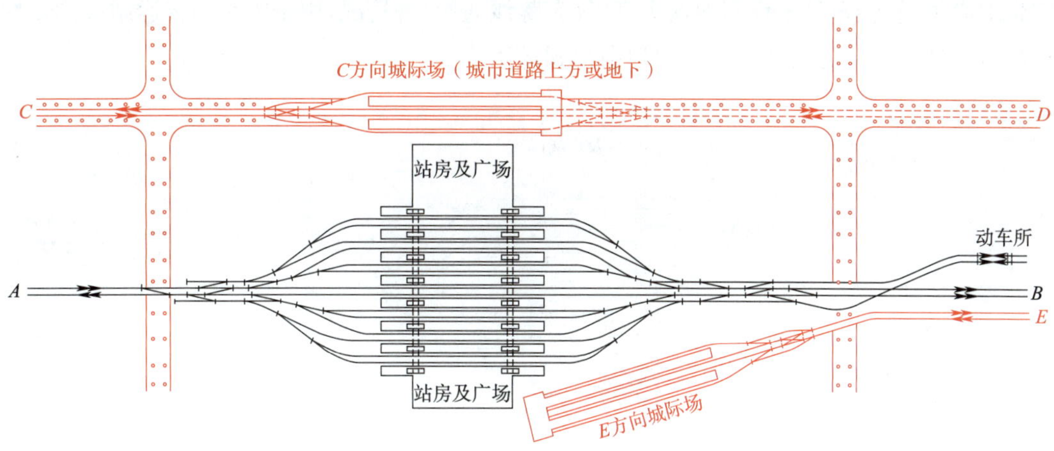

图 15-34　既有客运站站区周边设置城际车场示意图

跨线通过式布局，即：在车站客运设施范围外的两端咽喉区上方或地下，或利用两端城市道路上方（地下）设置城际（市域）车站，如图 15-35 所示。该类方式在广州南站、沪昆客专上饶站得到工程实践。

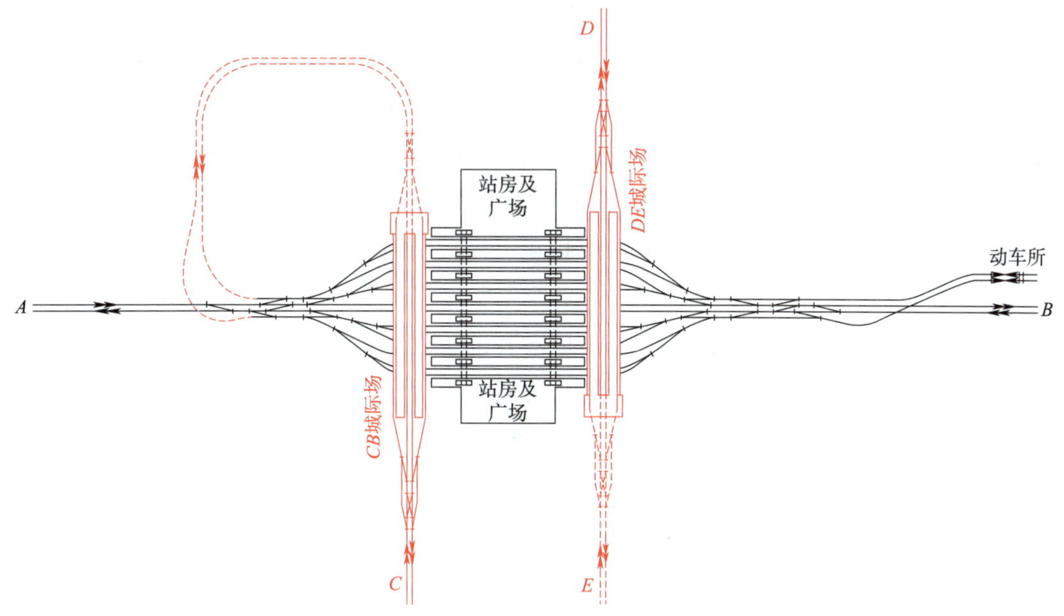

图 15-35　既有客运站两端跨线设置城际车场示意图

⑤设站方式 5：引入既有主要客运站站区——平行高架（地下）式布局

平行高架（地下）式布局，即：作为方式 4 的演变，城际车站也可考虑采用高架（或地下）方式设置于既有主客运站上方，如图 15-36 所示。这种方式建设期对既有站运营干扰大，高架车站设置受客运建筑（高架候车室）等制约，线路拔高太高，工程巨大，故适用于用地极其宝贵但必须设置、车站未设高架候车室(仅有跨线通廊)等情况,用于中小型客运站或同步建设的客运站。这一方式在柳州站规划中得到运用。

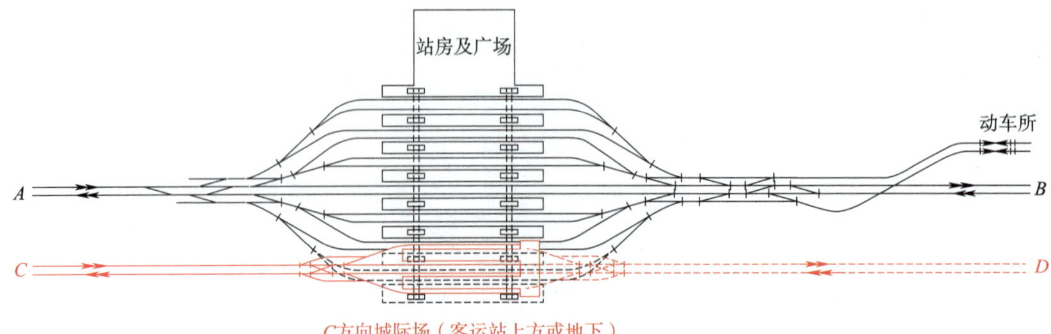

图 15-36　既有客运站车场内设置城际车场示意图

总体看,上述设站方式 3、4、5 属于旅客终到型换乘模式,对建设环境要求、适用条件各异,旅客在站区范围广义上实现换乘,便捷性显然逊于方式 1、2,属于不得已的“补丁式”布局,必须因地制宜研究比选确定。

(3)城际(市域)铁路引入枢纽新建客运站的方式

以上城际(市域)铁路引入枢纽既有客运站站区的五种设站方式,是基于与既有客运站互联互通的目的,基本上属于围绕既有主辅客运站捆绑式设置方式,适用于城际铁路与既有站换乘或跨线需求强烈,且其具备上述必要的建设条件的情况。是否必要,归根到底还是看客运需求,但既有客运站及站区的空间资源毕竟有限,多条城际(市域)线引入均追求最佳的“三网合一”必然导致争抢站点和巨大的改扩建工程,也严重干扰既有客运站运营,可能往往得不偿失。

因此,多条城际(市域)线引入枢纽时,应对其进行适当甄别、分配,在充分利用既有客运站及站区空间资源的前提下,客流相对独立、跨线换乘比重不大、旅客大部分终止于城市的较单纯的城际(市域)铁路,应考虑在其经过的城市功能区另行选址建设城际(市域)铁路线网和车站。设站方式一般可考虑以下几种:

①集中设置城际始发车站或城际车场群

城市功能区(机场、港口、CBD、人居中心等)设置吸纳各条城际铁路的城际(市域)始发站,并配套共享运营段所以及城市公交、轨道交通等设施,采用类同于干线客运专线客运站的布局模式。

②利用既有国铁线置换设置城际(市域)客运站

有既有铁路的枢纽和地区,可考虑充分利用既有铁路设施(如城市区位优势明显、位置适宜的中间站、会让(越行)站,甚至是区间线路的合适地点),改变其性质设置城际始发站。

③新建尽端式城际(市域)铁路始发站

根据某一特定的城际(市域)铁路的功能、宏观走向及城市形态,分散设置城际(市域)各自的始发站。线路及车站可以考虑尽端式总体布置方式。

车站尽端式布局在中国一直运用较少,存在其衔接线路少、接发车占用同一咽喉、灵活性不足的缺点。目前国铁仅在青岛、重庆、湛江、瑞丽、珠海等路网末梢的枢纽(地区)有所运用。国外则相反,尽端式车站在国外铁路枢纽运用较普遍,如伦敦铁路枢纽的维多利亚、滑铁卢、查林站,德国法兰克福站,瑞士苏黎世站,巴黎铁路枢纽的圣纳泽尔、里昂站,莫斯科铁路枢纽的喀山、帕韦列茨克站等。尽端式客运站如图 15-37 和图 15-38 所示。

图 15-37　德国法兰克福尽端式客运站

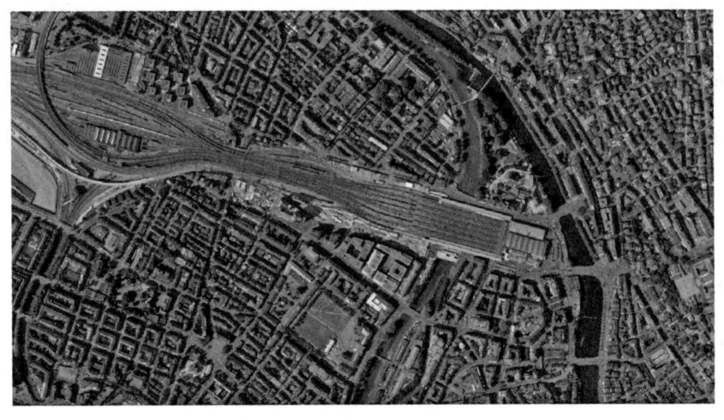

图 15-38　瑞士苏黎世尽端式客运站

尽端式车站不甚适用于衔接方向多、多段所接轨、通过客车较多的情况;但其具有站坪短捷、用地少而紧凑、可三面邻靠城市的独特优点,地形适应性强,特别利于深入城市的核心区,这恰恰是城际铁路所需要的。因此,客流单纯,以连接城市间的始发终到为主,远期又无延伸需要的城际铁路,或者土地资源极其有限、填补铁路空白的城市,可以研究放射线引入尽端式布局的方式。尽端式城际(市域)车场布置示意如图 15-39 所示。

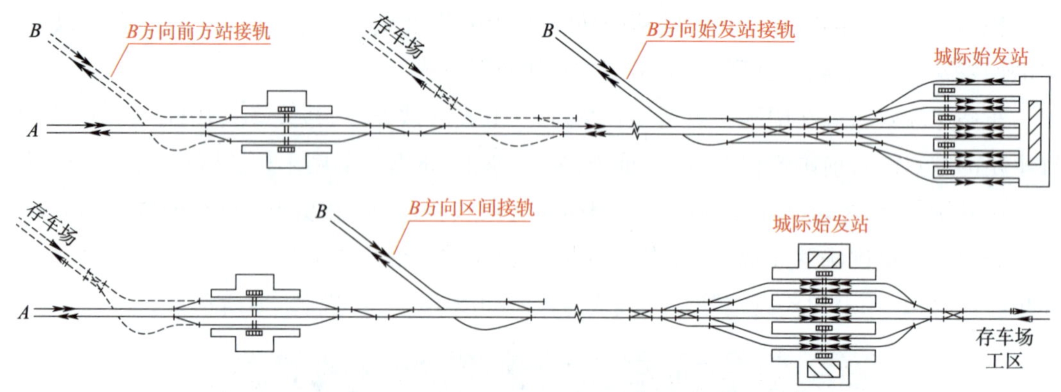

图 15-39 尽端式城际(市域)车场布置示意图

15.3.7 客运站规划设计精细化,高度重视站内旅客换乘

中国地域广大,旅客出行目的众多,不可能完全实现理想的"点到点"运输服务。长期以来,中国铁路对长途跨线旅客在铁路客运站内不出站换乘的问题没有给予足够的重视,既没有换乘设施,也没有引导管理人员,基本采用"随终到旅客出站,再作为始发旅客进站候车检票上车"的模式,大大降低了铁路客运特别是高速铁路客运的服务质量和效率。因此,中国铁路践行"以人为本"的客运服务理念,在今后的客运站规划设计中,应做好以下工作:

1. 在规划设计中,规划旅客站内换乘流线

中转换乘旅客最合理、最简洁的流线无疑为"下车—站内指定区域候车—检票—上车",不需要繁琐的"验票出站—再次安检进站—候车"环节,以及为此付出的不必要的物理位移和时间代价。过去的客运站规划设计中,没有对中转换乘流线进行规划和确认,导致后续设施设备的缺失,今后必须补上这一短板。

2. 完善客运建筑规划设计,满足旅客站内换乘需要

客运建筑设施规划设计中,设置专用的中转旅客候车区域,可以考虑以下方式:

(1)采用高架候车模式时,在高架候车室内或跨线通廊内开辟独立的中转旅客候车区,并建立其与各站台的独立联系,避免换乘流线与进出站流线交叉。这种方式类似于机场旅客中转换乘。

(2)设置独立的中转旅客通道(兼候车区)沟通各站台。

(3)旅客出站主通道附近设置独立的中转候车区,并沟通各站台。

(4)具备同台换乘的站台,根据需要适当加宽,设置中转待乘区。

对既有客运站,鉴于大量客运站已经建成运营,采用上述措施对车站总布置和建筑再次改扩建显然是不现实的,因此只能采用补强、完善的方式予以改善,可以考虑以下方式:

(1)推行同台换乘。具备同台换乘条件的,在岛式站台上设置中转旅客换乘休息区或座椅等,如利用天桥梯步下建筑空间,或者站台两端旅客活动较稀少的区域等。这种方式是最

简单、实施最易，但需要安排好列车的接续问题，考量调度指挥及运营管理的水平。

（2）基本站台范围增设中转候车区。打通基本站台与出站通道的联系，补强、新建中转旅客候车区或调整利用既有候车室，分流中转旅客直接进入该候车区。基本站台一般均具有宽于中间站台的宽度，除大型迎送活动外，一般利用率较低，可在其适当位置增建中转旅客候车区。

（3）站台端增设独立的中转旅客通道（候车区）。旅客站台尽端另行设置相对独立的中转换乘旅客通道或建筑（高架或地下），通往各站台，在其中设置旅客候车休息、盥洗、购票检票等客服设施。这种设置方式主要是考虑利用站台端设施少、易于实施的特点，避免与既有客运建筑物的干扰和对运营的干扰，也不破坏或恶化既有设施布局的对称性。既有客运站增设中转旅客换乘通道示意如图 15-40 所示。

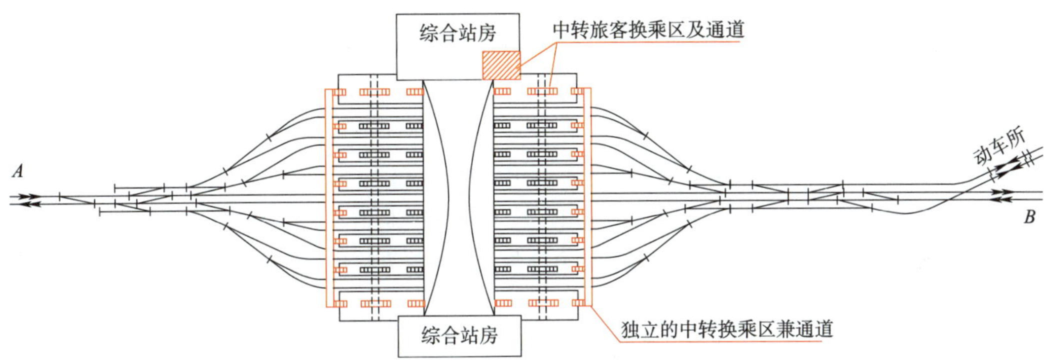

图 15-40　既有客运站增设中转旅客换乘通道示意图

3. 运营管理上站内旅客换乘的对策

（1）在列车调度、指挥上，合理安排列车到发线接发车车次，大力组织、推行同台换乘。

（2）客运站到发线按照“五固定”原则运营，相对固定到发线和站台，并多媒体告知旅客，做到旅客有序选择站台，避免混乱。

（3）简化中转换乘旅客乘车流程，专人引导、讲解、咨询，处理好漏票、逃票问题。

（4）为避免客流流线交叉引起拥堵、混乱，应高度重视客流引导，并在列车到达前告知旅客换乘流程及行走流线。

（5）增强设备及加强组织，消除站内人为“两次高峰”。

推行“安检—检票”一体、允许适当提前站台候车的措施。客运员应在检票口引导，提前开关检票口，缓解人流高峰检票压力。为保证安全，可加大站台宽度设置待乘区（地铁模式），站台安全标线内侧增设安全门。

总之，中国铁路枢纽具有世界上最大的网络系统和场站设施，以及最大的货运需求和短中长途客运群体，铁路在中国综合交通中的骨干作用是不可替代的。铁路及铁路枢纽的规划建设是一项伟大的事业，需要温故而知新，需要持续不断地改进和创新。这一事业的发展，必将使中国从铁路大国建设为铁路强国，引领世界铁路的发展浪潮，真正为国家的伟大建设保驾护航。

参考文献

[1] 国家铁路局. 铁路车站及枢纽设计规范:TB 10099—2017[S]. 北京:中国铁道出版社,2017.

[2] 朱颖,许佑顶,林世金,等. 高速铁路建造技术·设计卷(上、下)[M]. 北京:中国铁道出版社,2015.

[3] 吴家豪. 铁路枢纽设计优化[M]. 北京:中国铁道出版社,2011.

[4] 许佑顶,敖云碧,杨健,等. 现代铁路站场规划设计:编组站篇[M]. 北京:中国铁道出版社,2017.

[5] 刘其斌,马桂贞. 铁路车站及枢纽[M]. 2 版. 北京:中国铁道出版社,2009.

[6] 铁道第四勘察设计院. 铁路工程设计技术手册:站场及枢纽[M]. 北京:中国铁道出版社,2004.

[7] 刘敏. 德国铁路考察报告[J]. 铁道运输与经济,2001(12):40-42.

[8] 刘晶. 层次分析法在编组站建设项目中的应用研究[J]. 铁路通信信号工程技术,2010(5):40-43.

[9] 魏鸿儒,张力鑫,吴荣波. 基于多层次模糊综合评价模型的编组站建设优化方案研究[J]. 商业文化,2012(10):336.

[10] 杨健. 铁路站场及枢纽设计理念和方法探讨[J]. 铁道工程学报,2010(6):102-108.

[11] 吴朝荣,杨健,张家发. 铁路进出站线疏解方式及接轨站布置探讨[J]. 高速铁路技术,2011(6):4-9,14.

[12] 敖云碧,杨甲锋. 构建重庆主城区综合交通枢纽的探讨[J]. 铁道运输与经济,2015(10):86-90.

[13] 王铁中,张家发. 城际铁路引入城市的方式探讨[J]. 高速铁路技术,2015(6):39-44,48.

[14] 钟成,张家发. 客运专线铁路引入枢纽(地区)模式探讨[J]. 高速铁路技术,2016(3):23-28.

[15] 国家铁路局. 高速铁路设计规范:TB 10621—2014[S]. 北京:中国铁道出版社,2014.

[16] 国家铁路局. 城际铁路设计规范:TB 10623—2014[S]. 北京:中国铁道出版社,2015.

[17] 杨健,罗江成,袁光明,等. 西南地区铁路大型快速客运站选址、站场规划设计与思考[C]//铁道部工程设计鉴定中心,中国交通运输协会. 2011 中国铁路客站技术交流会论文集,2011.

[18] 吴岳南. 世界主要国家铁路驼峰现代化的发展近况及趋向[J]. 世界铁路,1991(2):1-5.

[19] 国家铁路局. 铁路驼峰及调车场设计规范:TB 10062—2018[S]. 北京:中国铁道出版社,2019.

[20] 中华人民共和国铁道部. 铁路驼峰信号设计规范:TB 10069—2000[S]. 北京:中国铁道出版社,2001.

[21] 汤百华. 自动化驼峰调速系统[M]. 北京:中国铁道出版社,1993.

[22] 张红亮,杨浩,魏玉光,等. 我国铁路编组站发展趋势探讨[J]. 铁道运输与经济,2010,32(9):33-33.

[23] 张红亮. 高速铁路背景下我国铁路枢纽编组站发展对策[J]. 综合运输,2012(5):58-60.

[24] 朱亮,赵楠,杨旭. 国内外编组站发展对比研究[J]. 高速铁路技术,2011(S2):223-230.

[25] 吴家豪. 国外铁路编组站[M]. 北京:人民铁道出版社,1977.

[26] 吴岳南. 国外铁路中小型驼峰现代化[M]. 北京:中国铁道出版社,1980.